现代城市管理学
基础教程

XIANDAI CHENGSHI GUANLIXUE

JICHU JIAOCHENG

张 波 主 编

刘江涛 副主编

国家行政学院出版社

前　言

2005年1月,由原人事部中国高级公务员培训中心与中央广播电视大学共建的行政管理专业(本科)开设了市政规划与管理必修课程,出版了《市政管理学基础》(第一版)作为指定教材,并在北京大学政府管理学院城市管理专业本科教学作为参考书使用。在近一年的使用过程中,原书的基本框架和内容得到了使用各方的认可,但也存在一些薄弱环节和问题,对此关心本教材的各方,特别是原人事部高培中心和中央电大的同仁们,给编者提出了许多中肯的意见和建议。2007年2月,结合新的形势和使用中收到的意见和建议,借重印之际对原书进行了修订,出版了《市政管理学基础》(第二版)。

2007年至2009年,是我国加速发展的时期。这一时期,我国国民经济整体实力进一步增强,成为全球第三大经济体。特别是,2008年我国成功举办了第29届奥运会、残奥会,国际形象进一步得到提升。同时,在2007年出现的国际金融危机面前,我国经济一枝独秀,成为全球经济成长的新引擎……

伟大成就的取得与城市的发展关联密切。21世纪初也是我国城市化进一步高速发展的时期。2008年,我国城市化水平已达45%。新的政治、经济和社会形势呼唤城市管理工作有新的举措与之相适应。

2009年,为适应新的形势,中央电大《市政管理学》课程已更名为《城市管理学》。人力资源和社会保障部中国高级公务员培训中心领导建议将教材《市政管理学基础》修订增删为《现代城市管理学基础教程》。为对应中央电大教学改革需求,编者们共同努力进行本次教材的修订工作。

为保持课程的完整性和连续性,本次修订将原《市政管理学基础》教材中相对微观的有关概念进行重新梳理。教材的整体修订以绪论及第一章、第二章为重点,第三至十章进行相关微调。修订内容占原教材比重约为1/3,教材总篇幅基本不变。

修订的主要内容包括:

1. 加强与新形势的对接,增强城市管理的必要性、可行性探讨。

对城市的起源部分进行了适度压缩;对城市的涵义部分,增加十七大、十七届三中全会关于城乡一体化发展的相关政策介绍;对城市的发展部分进行适度压缩,对现代城市部分做部分修订,增加信息化、网络化、区域化等内容。

对为什么城市需要被管理? 城市不做管理会有什么问题? 等城市管理的必要性问题和城市管理的可行性问题进行了探讨。

2. 以城市管理的内涵和内容充实市政管理。

将传统市政管理的视点予以提升,对城市管理的主体、内容进行了新的梳理。对现代城市政府的职能和体制予以介绍。增加了"促进多元主体共治的城市管理方式方法创新"一节。

3. 将城市管理所涉及的重要理论独立成章,并予以强化。

对城市管理涉及的理论核心——新公共管理理论、实现城市高速成长的动力基础——经济增长与发展理论、促进区域协作的根基——重复性囚徒博弈理论和实现城市永续成长的源泉——可持续发展理论进行专门论述。

4. 将城乡一体化的新精神予以进一步的突出。

适度导入十七大、十七届三中全会关于促进城乡融合发展的相关内容,介绍了近年来我国促进城乡一体化的典型举措。

本次修编中,周波、张丹、徐冠男三位同学进行了全程参与,段磊、赵亮、成丁、戴昕、刘海涛、郭瑞、谢燮、贾淑芳、张鸿起、赵东敏、王玉芝、郑德成、李明、郑玉、刘杰、张民、宋立耘、黄志刚、张沛、曾玉、李宏、杨遴杰、刘翊、史晓琳、费向克、刘宇、孙鹏、樊建峰、张智勇、申洪刚等老师和同学协助进行了部分编辑工作。本教材除了一般意义上的统编之外,也注重对某一领域具有更深入研究的前人思想的借鉴。在写作过程中,一方面我们根据我国城市管理发展的历程,尽可能的整合现有的资源,使之与我国的国情密切衔接;另一方面,也根据国际上学科发展的进程,将新公共管理领域和城市管理领域的新观点、新理念尽可能的融合起来。特别需要说明的是,笔者在写作的过程中,参阅了大量文献,本书一些章节的部分篇幅系从王雅莉、张永桃、尤建新、张觉文、马彦琳、刘建平等先学所编、著的《市政学》《城市管理学》等相近著作中选优引用、整合拓展的。虽然很多观点亦是笔者独立思考得出的,但凡有相似之处,笔者必不敢忘却"巨人的肩膀",又考虑教材文字的前后通畅,故多完整的引介某些段落,以避免行文散乱。这些引用已获得上述同仁的书面或口头许可。特别需要鸣谢的是,深圳市城市规划院前院长王富海教授研究团队授权我们使用他们完成的《珠江三角洲城镇群协调发展研究·协调机制专题报告》中的部分内容,在此一并说明。

张 波

2009 年 10 月

于北京大学廖凯原楼

目 录

绪 论 ……………………………………………………………………… 1

第一节 城市与城市化 …………………………………………………… 2
  一、城市的起源 ………………………………………………………… 2
  二、城市的涵义 ………………………………………………………… 3
  三、城市的发展 ………………………………………………………… 6
  四、城市化 ……………………………………………………………… 10

第二节 城市管理的必要性与可行性 ………………………………… 13
  一、城市管理的必要性 ……………………………………………… 13
  二、城市管理的可行性 ……………………………………………… 18
  三、城市管理思想的演进 …………………………………………… 20

第三节 怎样认识城市管理和城市管理学 …………………………… 24
  一、城市管理的内涵、对象 ………………………………………… 24
  二、现代城市管理的特征 …………………………………………… 29
  三、城市管理研究的方法 …………………………………………… 30

第一章 城市管理主体 ………………………………………………… 35
第一节 城市管理的主体构成 ………………………………………… 36
  一、城市管理的政治性主体 ………………………………………… 36
  二、城市管理的参与性主体 ………………………………………… 39
  三、政治性主体与参与性主体的关系 ……………………………… 46
  四、主体的契合——管治 …………………………………………… 48

第二节 城市政府的体制与职能 ……………………………………… 52
  一、城市政府的管理体制 …………………………………………… 53

二、现代城市政府的职能 …………………………………………… 64

第三节　促进多元主体共治的城市管理方式方法创新 ………… 74

一、电子政务与电子政府 …………………………………… 74

二、网格化管理 ……………………………………………… 76

三、多元主体协同的下一代创新模式 ……………………… 78

第二章　现代城市管理基础理论 …………………………………… 82

第一节　新公共管理理论:促进城市体制管理创新的基石 ……… 83

一、新公共管理理论 ………………………………………… 83

二、新公共管理与传统管理的区别 ………………………… 85

三、新公共管理理论的主要做法 …………………………… 88

四、新公共管理对城市管理的启示 ………………………… 89

第二节　经济增长与发展理论:实现城市高速成长的动力基础 … 90

一、规模经济理论 …………………………………………… 90

二、范围经济理论 …………………………………………… 92

三、集聚经济理论 …………………………………………… 94

四、成长经济理论 …………………………………………… 95

五、增长极理论 ……………………………………………… 96

六、其他区域经济理论 ……………………………………… 98

第三节　重复性囚徒博弈理论:促进区域协作的根基 ………… 99

一、囚徒博弈 ………………………………………………… 99

二、囚徒困境的破解 ……………………………………… 102

三、囚徒博弈及其破解对现代城市管理的启示 ………… 102

第四节　可持续发展理论:实现城市永续成长的源泉 ………… 104

一、经济可持续 …………………………………………… 104

二、生态可持续 …………………………………………… 105

三、社会可持续 …………………………………………… 105

第三章　城市发展战略管理 ……………………………………… 109

第一节　城市发展战略的涵义和内容 ………………………… 110

一、城市发展战略的涵义 ………………………………… 110

二、城市发展战略的内容 …………………………… 110

三、城市发展战略的制订过程要点 …………………… 113

第二节 城市发展战略的制订 ……………………………… 117

一、城市发展战略观:从资源到营销 ………………… 117

二、城市营销的内涵 …………………………………… 117

三、城市营销的主要内容 ……………………………… 118

四、营销导向城市发展战略的主要作用和措施 ……… 120

第三节 新形势下我国城市发展战略管理的潜在重点 …… 121

一、全面导入绿色 GDP、人文 GDP 的目标绩效观 …… 121

二、构建敏捷城市,提高城市对外部环境变化的敏捷 … 122

三、全面导入循环经济 ………………………………… 122

四、重视突发事件管理 ………………………………… 123

五、新形势下我国城市发展战略管理案例——建设"三个北京" … 123

第四节 城市发展战略管理的组织保障——学习型政府 … 125

一、学习型政府的内涵和特征 ………………………… 125

二、建立学习型政府的作用和意义 …………………… 127

三、学习型政府的构建 ………………………………… 128

第四章 城市规划与建设管理 …………………………… 132

第一节 城市规划与管理的基本内容 ……………………… 133

一、城市规划的定义及其发展 ………………………… 133

二、城市规划的任务和原则 …………………………… 136

三、城市规划的基本内容 ……………………………… 138

四、城市规划工作的特点 ……………………………… 140

第二节 城市规划管理要点内容 …………………………… 142

一、城乡规划管理机构 ………………………………… 142

二、城市规划编制:主体与过程 ……………………… 143

三、城市规划的审批 …………………………………… 144

四、西方城市规划管理体系与方法简介 ……………… 145

第三节 城市土地利用规划和用途管制 …………………… 147

一、土地利用规划 ……………………………………… 147

二、土地用途管制 …………………………… 151

三、城市土地使用制度 …………………………… 153

四、城市土地供给和土地储备制度 …………………………… 156

第四节　基础设施建设与管理 …………………………… 159

一、基础设施的涵义与特性 …………………………… 159

二、基础设施建设途径 …………………………… 162

三、基础设施经营与管理 …………………………… 170

第五节　城市成长的空间管理 …………………………… 175

一、城市成长管理内涵 …………………………… 175

二、西方国家城市成长的空间管理制度简介 …………………………… 177

三、中国城市成长管理的起步 …………………………… 181

第五章　城市经济管理 …………………………… 189

第一节　城市经济管理的基本内容 …………………………… 190

一、城市经济概述 …………………………… 190

二、城市经济管理概述 …………………………… 191

三、新条件下城市经济管理领域的核心要务 …………………………… 197

第二节　市场失灵与政府调控 …………………………… 199

一、市场失灵的涵义及其原因 …………………………… 199

二、政府应对市场失灵的宏观调控 …………………………… 200

三、政府应对市场失灵的微观规制 …………………………… 202

四、城市土地市场失灵的应对 …………………………… 203

第三节　政府失灵与调控 …………………………… 205

一、政府失灵的涵义 …………………………… 205

二、政府失灵的主要原因 …………………………… 206

三、政府失灵的调控 …………………………… 207

第四节　城市财政管理 …………………………… 209

一、城市财政管理概述 …………………………… 209

二、城市财政管理的性质与职能 …………………………… 211

三、城市财政管理以及财政收支 …………………………… 213

第六章　城市社会管理…………………………………………… 220

　第一节　城市人口管理……………………………………… 221

　　一、城市人口管理概念与内涵 …………………………… 221

　　二、我国城市人口运动趋势 ……………………………… 225

　　三、我国城市人口管理特点 ……………………………… 228

　第二节　城市住宅管理……………………………………… 233

　　一、城市住宅管理的意义 ………………………………… 234

　　二、我国的城镇住房制度沿革 …………………………… 234

　　三、城市政府住宅管理职责 ……………………………… 236

　　四、政府对城市公共住宅的供给和经营管理 …………… 239

　第三节　城市社区管理……………………………………… 244

　　一、城市社区的涵义与类型 ……………………………… 244

　　二、城市社区管理的涵义和主体 ………………………… 246

　　三、城市社区管理的内容 ………………………………… 248

　　四、国外社区管理的典型模式 …………………………… 249

　　五、我国城市社区管理现状及对策 ……………………… 250

　　六、城市社区自治 ………………………………………… 252

第七章　城市环境管理…………………………………………… 257

　第一节　城市环境的涵义和特征…………………………… 258

　　一、城市环境的涵义 ……………………………………… 258

　　二、城市环境的特征 ……………………………………… 259

　　三、城市环境问题的出现和污染的严峻现实 …………… 261

　　四、城市污染治理的主要瓶颈 …………………………… 262

　第二节　城市环境管理的主要内容………………………… 263

　　一、城市环境管理的概念和发展 ………………………… 263

　　二、城市环境管理的内容 ………………………………… 264

　　三、城市环境管理的原则与手段 ………………………… 270

　　四、城市环境管理制度的基本内容 ……………………… 273

　第三节　城市环境管理的主要内容………………………… 275

　　一、循环经济是从源头解决环境问题的经济 …………… 275

二、循环经济对末端治理的历史性超越 ……………………… 276

三、循环经济的 3R 原则 ……………………………………… 277

四、循环经济中 3R 原则的排列顺序 ……………………… 279

第八章 城乡关系协调与管理 ………………………………… 283

第一节 我国现代城市化发展脉络 ……………………………… 284

一、城市建设健康发展时期(1949 年～1957 年) ………… 284

二、城市发展波折时期(1958 年～1965 年) ……………… 285

三、城市发展停滞时期(1966 年～1978 年) ……………… 286

四、城市发展恢复正常、城市化进程加快时期(1978 年以后) ……… 286

第二节 城乡发展中的冲突与调和 ……………………………… 289

一、城市边缘区的经济和社会问题 …………………………… 289

二、城市中的乡村——必须妥善解决的课题 ……………… 294

三、城市中的农民:要成为享受居民待遇的城市住民 …… 302

第三节 城乡关系的最高形式:城乡一体化 ………………… 303

一、城乡一体化定义 …………………………………………… 304

二、城乡一体化的战略意义 …………………………………… 304

三、城乡一体化的发展要点 …………………………………… 306

四、近年来我国推进城乡一体化发展的政策和相关实践 ………… 307

第九章 城市—区域协调发展与管理 ……………………… 312

第一节 城市发展的非独立性 …………………………………… 313

一、传统的封闭式城市发展思路的不足 …………………… 313

二、区域协调的内涵和特征 …………………………………… 315

三、城市群协调发展的益处 …………………………………… 316

四、城市群协调发展的要求 …………………………………… 316

第二节 西方发达国家区域协调的具体做法 ………………… 317

一、国外区域协调机构的发展过程和特征 ………………… 317

二、典型案例——美国区域规划机构的运作方式分析 …… 323

第三节 城市与区域协调发展的类型与途径 ………………… 327

一、当前我国区域协调中需要解决的主要问题 …………… 327

二、城市和区域协调发展的类型 ……………………………………… 329

三、区域协调的不同调控模式 ………………………………………… 330

四、区域协调的管理组织形式 ………………………………………… 332

五、区域协调的多种手段 ……………………………………………… 333

六、区域协调的新形势：Citistate（城市联盟）………………………… 336

第十章 城市突发事件管理………………………………………… 340

第一节 城市突发事件管理概述 ……………………………………… 341

一、突发事件的界定与分类 …………………………………………… 341

二、突发事件管理及其结构 …………………………………………… 342

三、突发事件管理的功能体系 ………………………………………… 345

第二节 突发事件处理的一般程序和手段 …………………………… 347

一、确认危机来源 ……………………………………………………… 347

二、危机判断 …………………………………………………………… 348

三、预警系统的建立 …………………………………………………… 348

四、危机管理的应对阶段 ……………………………………………… 349

第三节 美国及纽约市突发事件管理体系简介 ……………………… 350

一、美国国家突发事件管理体系 ……………………………………… 350

二、纽约市危机管理办公室介绍 ……………………………………… 355

第四节 城市突发事件管理相关案例 ………………………………… 358

一、城市自然灾害应对 ………………………………………………… 358

二、城市事故灾难处理 ………………………………………………… 359

三、公共卫生突发事件处理 …………………………………………… 360

四、公共安全突发事件处理 …………………………………………… 362

五、综合案例——北京 2008 年奥运会 ……………………………… 362

参考文献 …………………………………………………………… 369

后记 ………………………………………………………………… 377

绪　论

◎ **教学目的与要求**

通过本部分的教学,了解城市管理学的基本概念,我国城市化发展历程和城市管理学的发展历程;理解城市的起源和发展,城市化发展的阶段和各自特征;掌握城市化的概念和内涵,城市管理的必要性与可行性,掌握城市管理学学科内涵以及城市管理学的研究方法。

◎ **内容提要**

本章主要介绍了城市管理学的相关基本概念和背景知识。首先从城市管理学的客体——城市的产生和发展入手,介绍城市的内涵和发展规律,引出城市化的定义、内涵及衡量尺度;在此基础上,阐述现代城市管理的历程,在加速城市化的大背景下,探讨城市管理的必要性和可能性;最后,在对历史实践的总结归纳中,揭示城市管理的内涵、对象、特征等一般性内容,阐明城市管理研究的一般方法。

第一节　城市与城市化

城市作为人类生产和生活的重要承载空间形式之一,在现代社会中所占的地位十分重要。城市往往在一个地区的社会、政治、经济和文化中居于主导地位,代表和展示着人类文明的最新发展高度。《中国大百科全书·社会学卷》把城市定义为:"大量异质性居民聚居,以非农职业为主,具有综合功能的社会共同体。"《中外城市知识辞典》中对城市所下的定义为:"区别于乡村的一种相对永久性的大型聚落,是以非农业活动为主体,人口、经济、政治、文化高度集聚的社会物质系统。"实质上,现代城市主要从人口数量和密度、产业结构及行政管辖三个方面区别于农村地区,简单来讲,城市是以非农产业和非农业人口聚集为主要特征的居民点。

城市作为一种现实的物质形态,实质上代表着现代社会的文明形态。相应的,城市化是世界经济社会发展与进步的标志之一,城市社会及其生产生活方式的扩展在区域信息化、工业化、国际化的推进过程中都扮演着重要的角色。在本节,我们将探讨城市的起源、城市的涵义以及城市在人类历史上的发展过程,并在此基础上对城市化的概念予以解析。

一、城市的起源

城市是一个历史范畴。作为人类居住的一种聚落形式,城市并不是在人类文明的萌芽阶段就产生的事物,而是人类社会经济发展到一定程度之后出现的,是社会大分工的产物。

(一)最早的人类定居点

旧石器时代,人们过着完全依附于自然的狩猎与采集经济生活,游猎是其主要生活方式。而旧石器时代晚期,伴随着生产模式的转变,人类转入了相对定居的生活。考古学家发现,大约在15000年前的中石器时代,部落居民点出现了。当时人们学会了饲养家畜,社会发展进入了一个新的阶段,但为了寻找牧草和适宜气候,他们不得不经常在过冬暂息点与夏季放牧地之间流动,并从事实物交换。

(二)农业革命与农业居民点

到了新石器时代中期(约10000到12000年以前),原始人学会了播种以及有组织的采集,使农业与畜牧业分离开来,即人类生产史上的第一次社会大分工。农耕技术的出现让人类步入农业革命时代。原始的农业和畜牧业为人们提供了经常的食物积存,因而人们进入了永久的定居生活,并使得经常性的交换成为可能。目前考古学家研究认为,最早的土地耕作者居民点产生于公元前7000～4000年,最早的农村定居点是那些建立在农业区的定居点,主要分布在尼罗河、底格里斯河、幼发拉底河、印度河、长江和黄河等冲积平原上。

(三)城市革命与城市的产生

世界上第一批城市诞生在公元前4000～3000年,是在原始社会向奴隶社会发展的过程中产生的,如古埃及的孟菲斯城和我国的殷墟、商城。随着第一次社会大分工,人类从使用石器工具进化到使用金属工具,而金属制造技术的不断改进,使原始手工业的整个面貌起了变化。手工业逐渐从农牧业中分化出来,从而产生了第二次社会大分工——手工业与农牧业的分工。其后,出现了直接以交换为目的的商品生产活动和商人这一新的职业,即第三次社会大分工,这是人类社会中城市形成的直接原因。

生产工具的进步,促使了生产力的飞速发展,商品交换日趋频繁,商人逐渐脱离了生产,专职进行商务活动。农民和手工业者也从商品交换中获得自己不能自足的商品,这些商品交换活动从时间上的不确定和地点上的流动逐渐转为时间和地点上的固定,即形成了集市。商人和手工业者摆脱了对土地的依赖,自然地趋向于有利于加工和交易的交通便利的地点,或在临近集市的地方聚居,产生了固定的交换商品的居民点,逐渐形成了最早的城市雏形。城市是社会经济发展的重要产物。在集市贸易型居住聚落产生的同时,由于生产力与社会分工的发展,人们有可能生产出比自身消耗更多的产品,这样就有了人剥削人的可能,为了掠夺财富与奴隶,战争也接连不断,所以在各集市贸易型聚居点设立的同时,防御功能显得十分重要,这就逐渐形成了既有集市功能、又设防的城市。

城市的产生是继人类社会第一次革命——农业革命后的另一次革命——城市革命。城市的规模效益和聚集效益优势在城市发展中逐步展现出来,使城市成为人类聚居地的主要形式,以及人类最优秀的物质文明和精神文明展示和传播的重要舞台。

二、城市的涵义

从城市的形成过程中我们可以看到,城市最初是一种具有防御和商品交换功能的人类定居点。其中的内涵也可以直接从"城"和"市"两个字符的意义中读出。"城"——城堡、城池，具有防御功能；"市"——市场、集市，具有商品交换商业功能。而这"城"和"市"的功能又是农业居民点一般不会同时具备的。

（一）"城"和"市"的统一[①]

在古汉语中，"城"和"市"是两个有着独立涵义的语汇，城市的出现使得这两个字符统一在一起。

《说文解字》中对"城"的解释是："以盛民也"，清代段玉裁对此注解为："言盛者，如黍稷之在器中也。"这一解释中，将"城"比喻为容纳民众居住其中的器皿，因为从外形上来看，城的周边有墙垣，就像容器的壁一样将内容物包含起来。为什么民众要将自己的居民点包在城墙之内呢？这就需要谈到城的本质功能。早在《墨子·七患》中就精辟地论述到"城者所以自守也"，也就是说城是用来防御的。于是，《吴越春秋》中便有了"鲧筑城以卫君，造廓以守民，此城廓之始也"的论述。此外在《管子》"度地篇"中也有"故圣人之处国都，必于不倾之地，而择地形之肥饶者，向山左右，经水若泽，内为落水之泻，因大川而注焉"的言论，反映了地形条件对造"城"的影响和造"城"的标准。

《说文解字》中对于"市"的解释为："买卖所之也"，也就是说市是买卖所去的地方。《易·系辞下》中有文："日中为市，致天下之民，聚天下之货，交易而退，各得其所。"可见，"市"的最初意义就是买卖交易的场所，即今天所说的"市场"、"集市"。最初，这种市场是无定所的、临时性的。但随着交易的发展，便逐渐形成了较固定的场所，并形成了不同的市场等级。商人摆脱了对土地的依赖，聚居在市井之中，逐渐形成了较大的聚落，于是"市"除了"集市、市场"的意义外，又逐渐产生了"市镇"的涵义。

城市的重要特征之一便是人口集聚，如前所述，"城"与"市"都具备这一特征，由于这一共性，这两个原本不同的概念随着社会的发展便逐渐产生了相关的内涵，两个不同的事物也产生了联系，并逐渐趋同。"城"与"市"的统一形成了城市最原本的内涵。

（二）城市与乡村的关系

同农村居民点——乡村一样，城市是人类所创造的一种人工的生存环境，城

---

① 此部分内容参考张觉文编著：《市政管理新论》，成都：四川人民出版社2003年版，第17-21页。

市的产生源于农村居民点的物质财富累积,可以说,城市是在一定的社会经济条件下从乡村中脱胎而来,城市的发展也与乡村的发展相互作用、相互影响,当然,城市与乡村之间也存在着一些明显的区别。这种区别的关键在于:城市在空间上具有更强的集聚性。城市的集聚性包含了诸多要素,主要包括人口的集聚和经济活动的集聚。

其中,人口的集聚表现为人口规模的增大和人口密度的增高。这个特征在古代城市中就已经显现,在现代更加明显,人口规模在百万甚至千万以上的城市逐渐出现,同时,城市中的人口密度远远高于农村,城市中的人口密度可以达到每平方千米千人乃至万人以上,在一些城市的商务中心区(CBD)工作日昼间人口密度可以达到每平方千米近百万人。城市人口的集聚除了上述的静态表现之外,还有将乡村人口吸引至城市内部的动态表现,城市的规模越大,其吸引力越大。

城市不仅聚集了大量的人口,而且在有限的地域空间中集中了大量的资源和社会经济活动。城市是国民财富最集中、最发达的地方。在城市革命之后,统治者往往选择城市作为自己的居住地,伴随政治权力的集中,大量的国民财富也集中到了城市,此后的工商业发展更是进一步繁荣了城市的经济。与乡村相比,城市具有稠密的人口、密集的建筑、频繁而大量的社会经济活动等特殊景观,成为人流、物流、信息流、资金流的高度聚集地。

当然,从辩证法角度来看,城市与乡村是对立统一的一对主体,城市的发展不能孤立于乡村而独立实现。城市与乡村的统筹协调发展对于国民经济的发展和社会的稳定具有十分重要的意义。我国改革开放三十年来,城市与农村的经济建设均取得了举世瞩目的成就,但随着经济社会的发展,城重乡轻的总体格局仍未显著改善,城乡二元结构愈发突出,城乡经济社会发展一体化体制机制有待建立。

党和政府高度重视城乡关系问题,进入新世纪以来,更是将"统筹城乡发展"作为"五个统筹"之首,党的十七大报告指出:"统筹城乡发展,推进社会主义新农村建设。解决好农业、农村、农民问题,事关全面建设小康社会大局,必须始终作为全党工作的重中之重。要加强农业基础地位,走中国特色农业现代化道路,建立以工促农、以城带乡长效机制,形成城乡经济社会发展一体化新格局。"十七届三中全会进一步指出:"我国总体上已进入以工促农、以城带乡的发展阶段,进入加快改造传统农业、走中国特色农业现代化道路的关键时刻,进入着力破除城乡二元结构、形成城乡经济社会发展一体化新格局的重要时期。""必须统筹城乡经济社会发展,始终把着力构建新型工农、城乡关系作为加快推进现代化的重大战略。统筹工业化、城镇化、农业现代化建设,加快建立健全以工促农、以城带乡长效机制,调整国民收入分配格局,巩固和完善强农惠农政策,把国家基础设施建设和社会事业发展重点放在农村,推进城乡基本公共服务均等化,实现城乡、区域协调发展,使广大农民平等参与现代化进程、共享改革发展成果。"同时,针对"建立促进城乡经济社会发展一体化制度"的目标提出了一系列的政策要求。

三、城市的发展

城市一经形成,就成为促进经济发展与社会进步的巨大推动力,并且伴随社会生产力自身发展与生产关系的变革,逐步成为一个国家或地区的政治、经济、文化中心。纵观世界各国城市发展的历史主线,城市的发展走过了古代、近代和现代三个阶段的历史过程。

(一)古代城市①(约公元前 4000 年~约 1760 年)

古代城市主要是指原始社会后期、奴隶社会和封建社会时期的城市。这一时期是人类农业文明占主导地位的历史阶段,其时间跨度长达五千多年,城市的发展经历战争的盛衰存亡,几经兴废。

人类社会的原始城市规模狭小,功能单一,建筑粗糙,居住和活动分散。进入奴隶社会,城市的经济功能还不很突出,主要是行政、军事、宗教和手工业的中心。由于社会生产力水平很低,不少城市居民都还从事一定的农业劳动。

到了封建社会,一些主要河口和海岸出现了商业城市。这一时期城市发展相对于最初形态有了跨越式的成长,其主要特征是:(1)城市所处位置大都是交通便利之处,如宁波市位于甬江、奉化江和余姚江的三江口汇流之地,唐宋以来就是最繁华的港口之一,近代也曾是"五口通商"中最早的对外开埠区。此类地区容易成为商品市场和贸易中心,农产品的集散地。(2)手工业匠人在城市的专业化和集中化趋势不断增强,城市对乡村和周围地区的影响逐渐扩大,成为手工业生产的集中地。(3)城市的规模主要取决于其自身的经济实力和对外的吸引能力,总体规模较小、数量少。(4)城市消费规模超过生产规模,城市的消费主要靠农村的地租和税赋来支撑,这时,城乡关系是对立的。古代城市的这些特征使城市功能逐步多样化,一些城市管理问题也开始突出,相应的法律条文也开始产生。

---

① 本部分(一)(二)部分,参考自王雅莉主编:《市政管理学》,北京:中国财政经济出版社 2002 年版,第 5–11 页。

总体来看,古代城市的经济功能较弱,主要以政治、军事功能为主,经济上以手工业和初级商业为主,规模小、质量低、技术含量少,发展十分缓慢。

(二)近代城市(约 1760 年~1950 年)

18 世纪欧洲的工业革命揭开了城市革命性发展的序幕。随着以现代机器体系为基础的新一代生产力的崛起和资本主义生产关系的确立,城市工业迅速发展,大工业城市的数量急剧增加,导致城市总人口迅速增加。如英国伦敦总人口 1800 年为 86.5 万,1900 年增加到 453.6 万;法国巴黎总人口 1800 年为 54.7 万,1900 年增加到 271.4 万;美国纽约总人口 1800 年为 60 万,1900 年增加到 343.7 万。这些近代城市的形成,标志着人口城市化的开端和城市发展史跨出决定性步伐的阶段。这一阶段城市发展的显著特征是:(1)工业化推动了城市化,城市是机器大工业生产的中心,集聚效应使生产原料、劳动者、资金以及市场信息等生产要素迅速向城市集中,带动了城市交通、市场的发展,使之同时成为商业贸易的中心。(2)城市规模快速扩张,人口数量和用地猛增。城市的迅速发展同时表现出两种倾向:一方面城市各种先进的公用设施与市政工程逐步出现并迅速普及,促进了城市发展;另一方面出现了环境污染,布局紊乱,交通拥塞,用地、住房紧张等一系列严重的“城市病”。(3)城市成为行政管理中心,城乡差距拉大。随着城市的发展,城市文明成为农村人口向往和追求的目标。农村则越来越变成城市粮食、资源、劳动力和工业原料的单纯供应者,并依附于城市的发展。于是,城市的中枢管理职能也日益突出起来。

(三)现代城市(1950 年~今)

第二次世界大战结束以后,世界进入了现代城市的发展阶段。这是城市发展历史上前所未有的高级阶段。城市人口迅猛增长,经济实力空前增长,出现了前所未有的巨型城市、特大城市、大都市区、都市连绵带等,如墨西哥的墨西哥城,日本的东京,巴西的圣保罗,美国的纽约,我国的上海、北京等超过 1 000 万人口的巨大城市,美国的波士顿—华盛顿都市连绵带,我国的长江三角洲、珠江三角洲等城市密集区域等。

考量现代城市的发展,势必要将其置于现实的时代背景之下,充分分析全球化、信息化、网络化等因素对城市的深刻影响①:

---

① 本部分参考张波、刘江涛:《城市管理学》,北京大学出版社 2007 年版,导论部分内容。

1. 信息化

世界处在信息化的过程之中,信息技术广泛地渗透和改变着人们的工作和生活,信息已经成为经济发展的战略资源和独特的生产要素,成为社会经济发展的强大动力。这一以现代通信技术和计算机技术为先导的多方位的信息化浪潮,同样也影响和推动着城市建设、城市规划和城市管理,冲击和改变着传统的城市职能和城市结构,城市发展面临新的契机,呈现出新的趋势,具体表现在:

(1)城市产业结构的信息化。信息产业通过对其他产业的广泛渗透影响,使得工业、商业的活力得以增强,经济效益得以增加。伴随着城市信息化的过程,城市产业结构开始由传统的物质生产为主的经济模式向新兴的信息产业为主的经济模式转变。城市经济结构中的信息产业逐步成为主导产业,所占比重增长很快,例如,2006 年北京市信息产业占 GDP 的比重已达 16.6%,成为国民经济的重要支柱。

(2)城市信息中心职能日趋加强。城市是创造、获得和传播信息的场所。随着信息网络的不断发展,信息服务社会化、信息产品产业化、信息市场现代化已成为城市信息产业的发展方向。城市成为信息产业发展的最佳环境,各级城市将逐步成为不同地域信息流通、管理和服务的中心。

(3)城市空间布局结构的变化。在城市的信息化过程中,有两种对立的趋势同时发展:其一,城市的信息网络大大拓宽了城市的活动空间,使城市延伸其各种功能的地域分布。这就是城市布局形态的扩散化趋向。其二,多方面、高质量的协调合作需求又有将城市各种功能在中心区域重新集聚的趋向。扩散化趋势将引导城市产业和人口的疏解,使其部分工业职能外迁,城市外围出现了一些新的制造中心,从而使城市的功能结构得以纯化,空间区划更为明晰;集聚化趋势则促使了中心地区的进一步发展和繁荣,城市中枢功能更为强大。因此,现代城市往往呈现区域化格局,核心城市的商务控制能力进一步提升,核心城市又通过交通、信息等网络和周边城市共同构筑区域城镇体系。

(4)信息化促进了城市管理和规划的手段科学化。由于现代信息技术的迅猛发展,城市可通过信息基础设施的建设,成为高度信息化的城市,城市管理手段变得非常先进。

2. 网络化

"网络化"是指经济、社会各要素相互联系、相互作用从而形成网络化结构的现象。对此,曼纽尔·卡斯特尔(Manuel Castells)在《网络社会的崛起》中指出:"网络社会既是一种新的社会形态,也是一种新的社会模式。"[①]城市在一个以网

---

① [美]曼纽尔·卡斯特尔著:《网络社会的崛起》,北京:社会科学文献出版社 2003 年版。

络为基础的社会结构中是高度动态的、开放的社会系统。在技术网络化背景下，一方面，城市经济呈现网络化的特征，城市的生产和管理向网络形式演变，金融流动呈现网络化；另一方面，城市的社会组织形态面临重构，"全球网络化企业模型"成为网络时代应对全球竞争的一种基本的企业组织形式，其他社会组织的活动也将拓展到基于信息网络的更大范围。

3. 全球化

全球化正在成为新世纪最重要的特征之一。在这个过程中，以大都市为核心的城市序列，主动地或被动地进行着全球化，城市的发展开始进入一个全新的时代，即全球化时代。全球的城市将再一次分工，在正建立起来的全球城市网络系统中，重新定位自己的角色。通讯技术革命和全球运输费用的相对降低，铺垫了大都市全球化的前提，全球经济一体化、各国的发展政策以及社会文化的相互影响，构成了大都市全球化的基本框架条件。全球化对于城市空间和社会结构的影响最为直接和突出，集中表现在全球经济网络中的控制性节点，特大城市的空间和社会结构越来越强调与全球网络的外向关联，而城市内部关系则变得支离破碎，形成城市内部新的具有更多涵义"二元结构"。[①] 这就是说，在全球经济体系中，城市中的一部分（空间的和社会的）被包括在内，而另一部分则被排斥在外。被排斥在外的城市功能如果不能在地方化的过程中找到自身的发展支撑，则可能成为诱致城市衰退的要素，甚至会引致参与全球经济体系的部分功能产生衰退。

在如此的宏观背景之下，现代城市的发展主要呈现出三个特点：

1. 城市日益成为现代经济活动的中心，成为人类主要的聚居地。经济增长推动了人口向城市集中的步伐，世界上住在城市里的人 1950 年占总人口的比率为 28.4%，到 2000 年已达到 50% 左右，目前，发达国家有 70%～90% 的人口都在城市中生活。城市里不仅拥有便利而广阔的商品市场和先进而雄厚的科技力量，还拥有现代化的工业、交通运输业和服务业；特别是第三产业得到空前发展，商贸、金融、证券、房地产、咨询等行业蓬勃兴起，各种商业活动和金融活动异常活跃。城市不仅自身综合实力雄厚，还决定并推动着整个国家和地区的经济发展。需要说明的是，在城市谱系中，大都市在国民经济中的地位仍在加强，中小城市的专业化、特色化趋势越来越显著。大中小城市和谐成长，各司其职的格局正在形成。

2. 城市空间组合上发生了巨变，要求城市朝着高质量和多功能方向发展。

---

① 唐子来：《信息化和全球化时代城市管理的新议题》，《城市规划汇刊》，1999(3)，第 75～76 页。

随着现代科学技术和社会生产力的迅猛发展,社会分工愈益细密化,城市内部出现了有规律的空间分布。大城市内部出现了较明显的地域分工,如工业区、商业区、住宅区、文教区等。同时现代科学技术的发展使得城市具有发达的基础设施,可以满足向高质量、多功能发展的社会要求。在单一城市发展的基础上,出现了城市群落、城市带、城市圈等城市群体布局,甚至有的发达地区出现了跨国的城市群落"一体化"的趋向。

3. 城乡融合、差别趋小。现代城市是随着科学技术和社会生产力的发展而发展的,这种发展从物质和文化上都为农村现代化提供了示范。农村在生产条件、技术手段和交通状况、教育水平以及生活服务设施方面,都直追城市,城乡差别不断缩小,出现了城乡融合的过程。

对于城市发展的三个阶段的主要特征,我们可以在表 0-1 中进行总结:

表 0-1　各历史阶段城市发展的主要特征①

城市发展阶段	发展状况	城市建设	经济功能	城乡关系
古代城市	城市规模很小,城市数量很少	设施简陋,生活条件落后	手工业集中,农产品在此集散	城市相对封闭,城乡分离
近代城市	城市规模扩张,数量猛增	市政设施比较完备,生活条件改善	机器大工业集中,商贸业发达	城乡对立,差距进一步拉大
现代城市	城市数量持续增长,形成大都市连绵区	市政设施完备,城市生活环境便利、生态	第三产业发育,信息中心,城市功能多元化	城乡差距趋小,逐步一体化

四、城市化

(一)城市化定义与内涵

1. 城市化的定义

纵观世界历史,一个国家工业化、现代化的过程,也是逐步实现城市化的过程,城市化是我国实现工业化和现代化的必然路径。

"城市化"又称"城镇化"(Urbanization)这一术语是在 160 年前(约 1850 年左右)出现的。当时,西班牙一位名叫塞尔门的工程师写了一本《城市化的理论问题》,第一次使用了"城市化"一词,书中区分了"城市化"和"乡村化"。

---

① 资料来源自王雅莉主编:《市政管理学》,北京:中国财政经济出版社 2002 年版,第 1 页。

根据联合国教科文组织出版的《社会科学辞典》,关于"城市化"的概念至少有四种不同的表述:城市中心向周围影响及扩展(地理及经济学家的提法);人口中城市特征的出现(农村社会学家经常使用);人口集中的一个过程(人口学家使用);人口集中的过程,其中城市(镇)人口占地域人口比率增加(社会学家较为倾向的解释)。

在我国,《中国大百科全书·社会学卷》把城市化定义为:"社会经济关系、人口、生活方式等由农村型向城市型转化的过程。"

2. 城市化的内涵

城市化,本质上是社会生产力的变革所引起的人类生产方式、生活方式和居住方式转变的过程,是传统的乡村社会向现代的城市社会演变的自然历史过程。城市虽产生得较早,但现代意义上的城市化却是始于产业革命之后。

城市化的内涵主要包括以下五个方面:

(1)人口向城市的集聚;

(2)农业人口向非农业人口的转变;

(3)农业产业向非农产业的转变;

(4)农业景观向城市景观的转变;

(5)农民向市民的转变。

3. 城市化水平的衡量

城市化是世界经济社会发展与进步的标志之一。城市化水平,一般可以用城市人口占总人口的比重来表示。从全球范围来看,世界城市化的历史进程大致可分为三个阶段:1760～1850 年为第一阶段,即世界城市化兴起的阶段,1850年,英国成为当时世界上第一个城市人口超过总人口 50％的国家;第二阶段是1850～1950 年,欧洲和北美等发达国家加速城市化,多数发达国家城市化率超过 50％;第三阶段是 1950～2000 年,全世界加速城市化,在这个阶段,世界城市人口的比重由 1950 年的 28.4％上升到近 50％。预测到 2030 年世界城市化水平将达到 60％,其中发达国家达到 80％,发展中国家达到 57％。

从 1949 年到 2008 年底,我国城市(镇)人口由不足 6 000 万上升到逾 6 亿,城市(镇)化水平由 10.6％上升至 45.68％。城市总数达到 655 个。①

---

① 中华人民共和国国家统计局网站 http://www.stats.gov.cn/was40/gjtjj_detail.jsp? search-word=％B3％C7％CA％D0％CA％FD％C1％BF&channelid=6697&record=1

(二)城市化浪潮的成因

一般认为,城市化的影响因素包括四个方面,即经济增长(集聚效应、规模经济);技术进步(农业技术的提高、交通与通讯技术发展、建筑技术发展);总人口的增长(剩余劳动力出现的途径之一)和人口的流动。从城市化浪潮的动力机制来看,上述的四个方面影响因素又可以归纳为以下三个方面的动力系统。

1. 工业化是城市化的内在动力

产业革命冲破了自给自足、分散无序的农村自然经济的桎梏,使得资本和人口在机器大生产条件下高度集中,由此导致城市规模的不断扩张和城市数量的急剧增加。工业化之所以能引起如此巨大而深刻的城市革命,是因为它所具有的几个特殊经济本性,即所谓的"初始利益棘轮效应原则"[①]和"循环累积因果关系原则"。工业边际产出大于农业,使工人工资高于农民收入,吸引着农村人口向城市中心迅速集中。人群的集中带来了大规模的市场活动、商业经营以及服务业的发展,创造着新的就业机会。这些因素的相互影响,使城市化的趋势越来越强劲。

2. 农业现代化是城市化的推动力

综观世界城市发展史,城市总是首先在那些农业分工完善、农村经济发达的地方兴盛起来。农业为城市人口提供商品粮,为城市工业提供资金原始积累、原料、市场和劳动力,等等。农业现代化程度和生产力水平越高,所能提供的剩余劳动力和剩余农产品越多,城市发展就越快。

3. 信息化是城市化的后续动力

随着现代信息技术的出现、发展与应用,信息产业形成并在一些城市成为主导产业,社会生产力进一步提高,工业社会让位于一个崭新的社会——信息社会(又称后工业社会)。后工业社会最大的特点就是大多数劳动者不再从事农业和制造业,而是从事服务业。据《世界发展报告》的统计表明,在 1960~1980 年间,发达国家在制造业中就业的人数一直徘徊在 38% 左右,制造业产值比重甚至还有下降的情况,但同期的城市化水平反而上升了 10 个百分点,这就是第三产业即服务业的迅速增长所致。

(三)城市化进程的轨迹

1979 年美国地理学家 R. 诺塞姆发现,各国城市化进程所经历的轨迹,可以

---

① 棘轮效应即所谓正向驱动容易而逆向驱动极为困难的现象。

概括成一条稍被拉平的"S"型曲线,即通常所说的城市化进程的阶段性规律。城市化进程可分为三个阶段(如图 0-1):

(1)初期阶段:城市化水平低于 30%,发展速度比较缓慢;

(2)中期阶段:城市化水平处于 30%~70%左右,发展速度很快;

(3)后期阶段:城市化水平高于 70%,发展速度大为降低,进入平稳阶段。

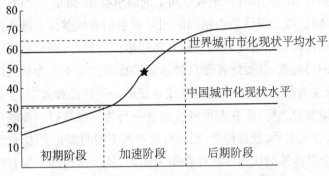

图 0-1 城市化发展的 S 型曲线(诺塞姆曲线)

近年来,我国城市化速率高位运行,城市化水平年增长均达到 1 个百分点以上,正处在城市化高速发展时期的关键阶段。城市的健康持续发展对于国民经济和社会发展有着至关重要的作用。

第二节 城市管理的必要性与可行性[①]

在全球化的过程当中,国家之间的竞争逐步演变为以城市为核心的区域之间的竞争。现代城市在发展中逐渐显现出智能化、信息化、生态化、协同化、精细化等新的潮流和特征。全球的城市化浪潮正深刻的影响着全球的政治、经济和社会版图,城市和城市化日趋成为当前经济社会活动的核心因素。在如此的全球背景下,探讨城市管理在推动城市发展方面的必要性和可行性具有重要意义。

一、城市管理的必要性

(一)城市特性决定城市需要管理

从系统论的角度来看,管理是促使系统整体产生放大效应,实现整体优化的

---

① 本节内容主要参考张波、刘江涛编著:《城市管理学》,北京:北京大学出版社 2007 年版,导言部分内容。

一个过程。这说明管理是有关整体的一种活动,而这种活动可以创造效益;也就是说,管理可以增加价值。对城市而言,是否有必要被管理与城市的特性具有直接的关联。城市具有相互联系性、复杂性以及开放性特性,这些特性从本质上决定了城市需要管理。

1. 相互联系性

城市不是众多的人和物在地域空间上的简单叠加,而是一个以人为主体、以自然环境为依托、以经济活动为基础的相互联系的有机整体。城市内部主体之间的相互关联使得城市管理不同于私人部门单一的目标,而必须同时满足若干子目标组成的目标簇,并要使各受众群体能够接纳。对于作为私人部门的企业而言,其诉求主要是利润、市场占有率或者获取一定的品牌效应,企业运营中在某一管理决策制定之后,所有人员将按照这一行为标准执行。而城市的管理涉及认识水平、收入水平、教育程度、利益取向迥然不同的多元主体,他们在不同尺度内对一项公共政策的认知可能存在很大差异,从个体理性出发有时很难达成决策。城市必须通过管理协调相互联系的各方主体之间的关系和利益,构建多元联动且和谐的管理体系。

2. 复杂性

城市是由许多不同类型、不同性质、不同层次子系统所组成的复杂的巨系统,是现代社会中政治要素、经济要素、社会事务、信息流和科学技术要素大量聚集的场所,是构成现代社会网络最重要的节点。由于众多的人流、物流、资本流、信息流的往来汇集,使得城市的日常事务纷繁复杂。城市的日常运行是一个庞大的系统工程,千头万绪,如果仅凭市场自我的梳理和调节,势必会影响城市运营的效能和质量。

3. 开放性

城市是一个开放系统,与外界不断地交换着能量、物质与信息,从输入粮食、蔬菜、水、燃料、日用品,到输出废水、废气、废物等污染物;从输入资本、文化、信息,到输出文化的、精神的、物质的各种产品,不断进行的输入—输出行为就构成了城市系统的循环,以保障城市维继稳定有序的状态。城市需要向"周边"①区域辐射它的能量和信息,进行社会化大生产要求的专业化协作,与"邻近"地区进行经济技术联合。与此同时,城市也在不断接受更大规模城市和区域(甚至包括全球化)的辐射和影响。这些决定了城市系统整体结构具有开放性。城市的开

----

① 现代社会的发展使得城市的外向联系跨越得越来越远,很大程度上突破了简单的地域衔接概念,因此,"周边"一词需要从全球的角度加以理解。后文"邻近"加载引号具有同样的涵义。

放性使得城市不仅要处理系统内部问题,还要处理与城市外部的关系,综合考虑系统内外各种要素的竞争、合作、协调与统筹。所以,城市的开放性决定了城市需要管理,以促进城市系统有秩序地正常运行,提升本区域的综合竞争能力。

(二)市场的不完备性决定城市需要管理

市场经济是现代城市经济运行的基本规则,但在强调市场主导的前提下,讨论城市管理,则是因为城市的某些事务不可能由市场达成有效形态。众所周知,市场不是万能的,市场的自组织力量在处理问题时出现了许多失误或不合意的结果。这种现象的出现可以归为两方面的原因:一是我们不恰当地将本应由其他制度来处理的事情交给了市场,超越了市场的能力界限;二是人的主观认识与客观事实不相符合,或者说没有充分认识和掌握市场制度运行的本质特征以及规律,导致在市场的运行过程中出现偏差或问题。

1. 市场具有不完备性

经济学家经过长期的探讨,得出有两类事情是市场不能胜任的,即在这两个领域市场失灵。第一类市场失灵是由市场制度本身的假设不完全造成的,即完全竞争的市场假设不存在,造成市场失灵;第二类市场失灵与完全竞争假定无关,即使市场是完全竞争市场,但其运行结果仍然存在缺陷。具体来看,第一类市场失灵包括以下五方面:(1)公共品,如道路建设等;(2)外部效应,如污染问题;(3)竞争失灵,如过度竞争;(4)信息失灵,如信息误导引致恐慌;(5)宏观经济失衡,如产业结构失衡,失业等。第二类市场失灵是市场运行结果本身的缺陷,可以分为两个方面:(1)个人偏好不合理,如我国很多城市过高的房价与需求前置相关,青年人成家置业过程中往往并不与自身收入等相匹配,而希望一步到位,最终造成需求超过供给,引发价格上涨;(2)收入分配不公平①,由于中低收入阶层需要将收入的大部分甚至绝大部分用于吃穿住用等基本生活,因此收入分配不均会造成贫富差异加大,甚至可能引发社会冲突。

2. 城市中市场失灵普遍存在

在城市中,市场失灵的现象普遍存在。城市中有众多不排他的公共产品,例如城市治安管理的提供等,不能够由市场消费过程实现;城市中还存在由于主体集中造成的外部效应,如日光遮挡、污染物外泄等问题,并不能完全由市场交易消除或者平衡。

---

① 对此,可参见公共经济学对这一问题的阐述。

3. 管理在一定程度上能够纠正市场失灵

现代管理学和经济学已经证明,管理在一定程度上能够纠正市场失灵。例如,城市的环境污染问题,由于环境污染造成的私人成本远低于社会成本,厂商和消费者具有向外排污的内在冲动,因而在单纯的市场条件下公共环境极易出现无人照管的"公地悲剧"。此时,需要城市管理者通过向企业和居民征收排污费和环卫费,用以治理污染①;或者是由政府出面协调,将污染的外部性予以内部化,建立并维护环境管理体系。又如,由于受到信息导向不明、决策支持系统乏力等外部条件的限制以及市场机制特有缺陷制约,城市基础设施和公共设施建设方面的投资可能不足,某些城市人口增长幅度较大而城市基础设施和公共设施建设投资增长缓慢,城市建设投资有效性大大降低。针对此类现实,城市管理者需要协同金融与财政部门对城市市区内基础设施和公共设施建设实行鼓励,保证其最低供给规模,使其与房地产开发规模保持适当比例关系。再如,城市的突发性事件有很多,诸如公共卫生、自然灾害、恐怖威胁及环境污染等,单纯依靠市场的力量是无法解决的,必须依赖良好的城市管理,综合城市各种应急服务资源,统一指挥,联合行动,才能为市民提供相应的应急救援服务,为城市的公共安全提供强有力的保障。此外,从2008北京市成功举办"无与伦比"的第29届奥运会、残奥会等重大事件上也可看出,举国举城办大事也是"管理"蕴含的优势之一。

管理虽然可能解决市场失灵的问题,但是,管理同样可能失效。在城市管理过程中,也有可能出现不当,即管理过程非但未能有效地克服市场缺陷,甚至阻碍和限制了市场功能的正常发挥,引起经济关系的扭曲,扩大市场缺陷和加剧市场紊乱,致使城市资源无法实现优化配置。在现实中,城市管理并不是总能达到预期的效果,有时不仅不能够补救市场的失灵,反而降低了社会效益。特别是在政府集中分配的资源过多、计划性过强的城市,一旦管理失效,其损失之大远远超过市场失效。管理失效包括四个层面:(1)管理未能实现预期的社会公共目标;(2)管理的成本太高,效率低下,造成了资源的大量浪费;(3)管理活动往往带来损害市场效率的副作用②;(4)过强的管理给了投机者准确的预期,造成地方经济大幅振荡。

---

① 我国建设部 2006 年 8 月宣布,自 2006 年底,全国所有城镇将开征污水处理费,之后还要逐步提高收费标准,原则上达到每吨 0.8 元。这一举措有利于水资源的节约利用和处理,有利于城市环境的改善和中水系统的推广,对我国 60% 的城市缺水的现实问题将产生"节流"效力。2009 年,我国北京等城市进一步上调污水处理费,北京居民水价将分三年逐步调高污水处理费 0.42 元/立方米。

② 参见,谢罗奇:《市场失灵与政府治理——政府经济职能与行为研究》,长沙:湖南人民出版社 2005 年版,第 32-34 页。

(三)管理、市场各司其职可以提高效能

1. 管理、市场理应各司其职

管理与市场是作用于城市运行的两种不同力量。管理和市场两者各有优势，但也存在缺陷，所以任何唯市场无管理或唯管理无市场的城市运行都是片面的、不完善的，管理与市场组合才是最佳选择。由此可见，管理不能替代市场发挥作用。

城市管理不是替代市场，而是为了更充分地发挥市场的功能，这是城市管理的一个基本出发点和立足点。如果城市管理替代市场发挥作用，必然会使市场发生扭曲，破坏市场竞争，阻碍市场自身功能的发挥，导致市场的低效率。因而，管理的范围应该严格限制在市场失灵领域。现代经济学理论和西方发达国家的实际经验已经证明，市场机制是迄今为止最有效的资源配置工具，因为市场机制能够以最快的速度、最低廉的费用、最简单的形式把资源配置的信息传递给相关的决策者。因此，凡是市场能够有效调节的经济活动，城市管理就没有必要插手，否则会适得其反。只有做到管理与市场的优势互补，才能促进城市的高效运行。

2. 管理对市场的完善

城市管理和市场机制的范围和领域有各自的有效边界，市场能有效发挥作用的领域，要充分发挥市场的基础性调节功能；市场不能有效发挥作用的领域，涉及社会利益的目标时需要城市管理来实现。一旦超出范围，管理和市场都会带来低效率。具体来讲，城市管理主要进入以下市场失灵的领域：

(1)建立和维护市场秩序。如财产权利的有效保护、契约责任的严格履行、市场本身竞争性的切实维护等，需要城市管理者尤其是城市政府在相关条例、制度、规定的订立和司法服务等方面发挥积极作用。

(2)弥补市场不完全的缺陷。对此，城市管理者应根据不同的情况，实行间接替代或直接替代措施。间接替代是指依靠城市管理的力量实行体制方面的改革和调整，尽力消除市场缺陷，使市场机制趋近完善；直接替代则是指针对一些市场功能的缺陷，城市管理者尤其是城市政府规定各种数量调节与价格调节的措施对市场功能进行替代。

(3)克服市场制度可能产生的外部性问题。对于存在市场外部负效应的领域，城市管理者的作用表现为：凡是能够明确界定外部负效应的受害者和获益者并涉及当事人相对少的领域，城市管理的作用是合理界定产权和建立承担后果的法律规范，基本上不实施直接的限制和禁止行为；凡是外部负效应的涉及面宽、不能明确具体利害人的领域，城市管理应实施直接的限制或禁止行为。

(4)稳定城市经济。一般来说,城市经济运行的目标主要包括如下内容:第一,在平抑和消除宏观经济周期性波动影响的同时,实现城市经济的长期稳定发展;第二,合理配置公共资源,实现城市经济的协调发展;第三,保障充分就业,实现收入公平分配。[①] 城市管理必须维护市民利益和保证经济发展的需要,对垄断企业进行必要的管制;同时,为了获取持续的竞争优势,城市管理还要将鼓励创新、创造发展环境作为自身的主要职能,弥补市场的不足。从管理体系来看,作为管理者之一的城市政府应承担提供公共产品的主要责任,如组织城市基础设施的供给,提供各种社会公益服务,提供由社会保险、社会福利、社会救济等保障制度形成的城市保障体系等。

(5)调节收入分配。效率和公平是城市管理必须要面对的问题。市场经济条件下,市场机制的作用能有效地实现效率目标,但对公平目标的实现则难有贡献。这就引出了城市管理在公平与效率之间的权衡和出于公平考虑对收入的再分配问题。一般而言,城市管理不应介入收入的初次分配,对初次分配的调节主要应采取法律手段(如就业法、劳动保障法等);但对收入的再分配,城市管理者要科学运用税收机制和财政转移支付手段,既缓解贫富差距,又有利于鼓励先进、刺激效率提高。最终目标是适当缩小城市不同阶层劳动者之间的收入差距,以防止城市收入两极分化过大和财富分配过于悬殊所带来的不良社会后果。

二、城市管理的可行性

(一)城市管理能够产生绩效

除了能够弥补市场的缺陷之外,管理自身还能够产生被感知的绩效。

1. 良好的管理可以创造效益

管理的意义是在既定的权力界限之内,对事物进行治理、处理和调理,使事物可以井然有序、积极健康地发展。从系统论的角度来看,城市管理不仅可以有效地组织城市的日常运行,更可以使城市这个复杂的系统整体在运行过程中产生乘数效应,实现整体功能的优化。在当今全球化的背景之下,一个城市面临着多层次的竞争,既有城市所在区域层面上的竞争,也有城市之间的竞争,甚至还包括城市内部若干地域单元以及若干群体内部的竞争。这种高强度的竞争环境和竞争压力,使得城市发展除了要遵循一般意义的"发展路径"之外,还要考虑到外部环境的影响。由于一个城市所拥有的有利资源要素总

---

① 谭善勇:《城市管理概论》,北京:经济科学出版社2003年版,第81-82页。

是相对稀缺的,因此需要良好的城市管理来对城市资源进行有效配置和科学投放,努力克服市场的短视和不稳定,实现资源的优化利用。良好的城市管理可以产生良好的绩效,不仅可以使城市的经济增长力、人才吸引力、信息流动性、应急反应的敏捷性以及对外形象都大大提升,还可以使城市的产业结构更加合理,社会繁荣稳定,从而实现城市竞争力的提升。一个拥有强竞争力的城市可以为不同的利益主体提供良好的发展环境,实现各个利益主体满意度的提高,并进一步对人才和投资产生向心力,为持续提升城市的竞争力创造机遇,以此来实现城市的效益增值。

2. 管理可降低社会总成本

管理是一种积极的活动,通过减少个体活动的阻碍与摩擦,使总体效用超过所有个体效用加总之和,可以带来超越支付成本的收益。相较于没有管理的无序状态,个体所付出的代价降低,总体运营的成本下降。在一个有序发展的环境之中,城市中各类主体除了为城市管理的运营成本付费,遵从管理本身也可以被看做是一种支付形式。管理不仅仅可以使城市的运营更为高效,提升城市的整体竞争力,其本身还是一个可以创造价值的过程。比如在城市规划与城市定位中,通过协调城市内部以及城市与周围地区的产业布局,可以使各地区的分工更加明确,基础设施配套和衔接更有针对性,一定程度上避免重复性的无效率竞争,从而降低资源的浪费。

(二)城市管理是需要成本的付"费"产品

管理固然有益,但城市管理并非免费。政府或其他城市管理主体,需要凭借政治权力和公信力,通过税收等手段来筹集资金,再以预算支出等形式支付城市管理的费用。由于城市内部的运营系统十分庞大,所要处理的事务种类繁多、层次不一,需要有专门的政府部门和专业的技术人员从事城市管理工作。想要获得良好的城市管理绩效,往往需要很大的代价。当然,政府也必须在一定的预算约束之下提供公共产品,如果城市管理的成本在政府的预算约束(含赤字)之外,那么政府也无法做到为城市提供城市管理。

(三)城市管理需要被管理主体有支付意愿

在城市内部,企业、组织、住民和其他诸多相关团体作为被管理者,享受管理带来绩效的同时,需要负担直接的或者间接的成本,直接的付费主要是以纳税为主要形式的货币支付,而间接的付费包括限制自身的某些自由等,即如前文所说,遵从管理本身也是一种支付形式。

推行城市管理首先要衡量住民和其他相关组织、团体的支付意愿。管理行为最终得以实施的必要条件是管理的成本小于(存在搭便车条件下的)主体支付意愿总和的计量。[①] 如果城市居民、企业不愿意支付,说明城市管理的绩效存在问题,即对于各主体而言,所需承担的支付总和要大于管理给他们带来的好处(包括可计价的和不可计价的)。特别是当城市多元主体具有较强的"以足投票"能力时,城市管理者更要充分考虑其支付意愿和支付能力。

城市管理要确立以公众满意为导向的思路,通过提供高品质的服务使城市的企业、住民产生支付意愿;同时,还应该考虑其支付能力,只有实现较低的运营成本,较高的绩效水平,良好的发展预期,并不断提高资金的使用效率,才能顾及更多城市主体的支付能力,从而使政府有限的财力得到有效的利用。

三、城市管理思想的演进[②]

城市管理思想源远流长。可以说,城市开始产生和出现之时,城市管理思想就已萌发。原始社会、奴隶社会和封建社会的城市管理思想经历漫长时代的考验,从城市的安全防卫、市政设施组织、空间规划等角度进行了长期的探索。《周礼·考工记》[③]、《管子·乘马篇》[④]等是中国古代城市规划思想的代表著作。在西方,强调对称的城市空间组织、强调以广场为核心的公共空间组织等经验导向的城市规划思想也支撑了早期的城市管理。从现代意义的城市管理来说,则主要是源起于古典经济学的思想。

(一)"守夜人":现代城市管理思想源起

城市管理思想与经济学有着千丝万缕的关系。近代城市管理思想可追溯到古典经济学著名的"看不见的手"理论。斯密在《国富论》中论及资本的所有者时

---

① 由于城市管理提供的服务具有很大程度上的非排他性,虽然有些类似俱乐部产品的公共服务可以做到谁付费谁受益,但是大多数的公共产品很难做到排他,例如,城市的治安管理是每个人都可以享受到的,无法把那些不愿意为治安管理付费的人排除在外,因此一定会产生搭便车的现象。

② 本节第一、二部分内容参考张波、刘江涛编著:《城市管理学》,北京:北京大学出版社 2007 年版,第一章,编者有调整。

③ 如:匠人营国、方九里、旁三门。国中九经九纬,经涂九轨,左祖右社,面朝后市,市朝一夫。这一思想对我国城市规划、管理影响颇深。今天的北京城比较严格地遵循了这一体系。

④ "凡立国都,非於大山之下,必於广川之上。高毋近旱,而水用足;下毋近水,而沟防省。因天材,就地利,故城郭不必中规矩,道路不必中准绳。"这一思想对考工记的"符号性"思想进行了修正。

指出:"确实,他通常既不打算促进公共的利益,也不知道他自己是在什么程度上促进那种利益。……由于他管理产业的方式目的在于使其生产物的价值能达到最大程度,他所盘算的也只是他自己的利益。在这场合,像在其他许多场合一样,他受着一只看不见的手的指导,去尽力达到一个并非他本意想要达到的目的。也并不因为事非出于本意,就对社会有害。他追求自己的利益,往往使他能比在真正出于本意的情况下更有效地促进社会的利益。"① 可见,"看不见的手"的比喻是用以形象地阐述个人谋求自身利益的动机和行为会导致社会公共利益增长的社会经济机制,即市场或市场机制。

因此,在这一思想的影响下,人们开始认为城市政府只要当好"守夜人"或"夜警"就可以了。但"守夜人"或"夜警"并非意味着无所事事,因为斯密在《国富论》的"论君主或国家的费用"一章中,就包括"国防费"、"司法经费"、"公共工程和公共机关的费用"等。② 所以,"看不见的手"只是实现社会公共利益的必要条件,而非充要条件。

(二)城市规划:城市管理思想的阶梯

城市规划科学在城市科学的思想中,占有十分显赫的地位。城市管理思想的演进很大程度上是循着城市规划思想的阶梯进行的。

英国社会活动家埃比尼泽·霍华德的"田园城市"方案的提出,一般被看作是现代城市规划思想的开端。霍华德于1898年10月出版了《明日的田园城市》一书,书中提出"田园城市"乃是一种兼有城乡优点,并力避二者缺点的结合体,既能体现城市的近便性、紧凑性,又尽占乡村的宽裕性、自然性。全部土地归全体居民所有,使用土地须交租金,土地上各种建设的收入及增值均归集体所有。城市的规模须有限制,超过限度的人口由近邻的较小居民点来接纳。③

此后,英国生物学家和城市研究学者盖迪斯首创了调查—分析—规划的城市规划程序,他在1915年出版的《演变中的城市》具有强烈的现实主义与理想主义相结合的精神。其理论精髓是:按城市的本来面貌去认识城市,按城市的应有面貌去创造城市。1933年,以勒·柯布西埃为首的国际现代建筑学会(CLAM)第四次会议召开,议题是"城市功能"。会议通过了《雅典宪章》,第一次明确提出

---

① [英]亚当·斯密:《国民财富的性质和原因的研究》下卷,北京:商务印书馆2002年版,第27页。
② [英]亚当·斯密:《国民财富的性质和原因的研究》下卷,北京:商务印书馆2002年版,第254—374页。
③ 需要说明的是,霍华德的理论仅限于部分理性,其部分假说并不完全符合经济规律和城市成长规律,因此,田园城市的尝试多以失败告终,但其思想却为后人深入研究城市管理提供了重要的窗口。

"居住、工作、游憩与交通四大活动是研究及分析现代城市设计时最基本的分类"。《雅典宪章》是世界近代城市规划发展的历史性总结,是城市规划理论发展史上的一个里程碑。

1977年8月,一些世界知名的城市规划设计师齐聚秘鲁首都利马,以《雅典宪章》为出发点,经过辩论,通过了《马丘比丘宪章》。该宪章在肯定了《雅典宪章》相关原则的同时,又提出了一些新的观点,特别是关于城市功能分区问题;认为《雅典宪章》中"为了分区清楚却牺牲了城市的有机构成","否认了人类的活动要求流动的、连续的空间这一事实";提出了"不应当把城市当作一系列的组成部分拼在一起来考虑,而必须努力去创造一个综合的、多功能的环境"。《马丘比丘宪章》最大的特点在于表明了城市规划理论由"功能分区"向"功能综合"转变的强烈倾向。

在现代城市规划理论发展的历史过程中,还有许多其他的城市规划思想,如"邻里单位"思想、"有机疏散"思想、"广亩城市"思想、"城市缝补"思想、"拼贴城市"思想以及城市规划中的新马克思主义、女权主义等,这些思想和理论都在不同程度上影响着城市的规划和发展,并经由经济学家、社会学家和哲学家等科学工作者以及广大的人民群众的传播、判别、推广而最终和现代城市管理进行了有机的融合。直至今日,在世界大多数国家的城市内,城市规划往往都作为城市管理的导则或总览出现。

(三)城市管理理念与实践的新转变

随着城市管理理论探索和实践工作的不断深入,特别是在信息化和全球化等宏观性外生因素的强烈作用下,业已存在的城市管理模式受到了巨大的挑战。同时,西方的新公共管理和可持续发展等理念的繁荣,以及西方主要国家的政治经济改革深刻地影响了城市管理的理念与实践。在这些因素的共同作用下,城市管理的指导思想逐渐实现了与当代主流管理思想的对接。具体而言,城市管理的理念与实践在以下若干方面实现了标志性的转变:

1. 在管理理念上,由狭义的城市规划和市政管理向"以人为本"的现代城市管理转变。现代城市管理已经在传统的市政管理概念基础之上,实现了对城市更广范围和更高层次上的导向性管理,在内涵上已不限于狭义的城市规划制订与执行、城市基础设施管理等方面。在管理过程中,人本主义思想得到了较好的体现,服务意识在城市管理工作益发凸显。进一步的,柔性管理、敏捷管理的理念与实践对城市管理将产生更大的影响。

2. 在管理体制上,力求从局部管理向统筹管理转变。统筹管理的全局观是城市管理提升管理效能的核心指针之一,随着城市内部、城乡之间和城市之间人流、物流、资金流、信息流的流动趋于复杂化、网络化,城市发展所涉及的主体多元化趋势日益增强,城市管理必须从更高的视角实现对城市总体发展脉络的把握和引导。这就要求城市管理必须从封闭的、城乡分割的、高度集中的模式向开放的、城乡统筹的、多元协同的模式转变。于此同时,管理的主体发生了改变,城市政府从城市管理的绝对主体转为城市管理主体之一,其导向性作用加强而部分职能逐步弱化。其他主体,如市民组织、私部门等越来越多的参与到城市管理中。

3. 在管理对象上,城市管理呈现出由具象管理向抽象管理转变的趋势。传统的城市管理内容局限于与城市自身物质形态相关的方面,例如路灯、道路、桥涵、给排水、市容等。现代城市管理的具体内容突破了物质形态,更加注重城市住民以及城市的发展。城市政府对城市经济社会的管理逐步超越实务层面,着力于对城市发展规律性的探索,并在这种探索的基础上,利用法律、经济等柔性手段实现对城市发展的原则性规范。

总体上说,城市管理思想及其实践的演进轨迹可以简要归纳如下:

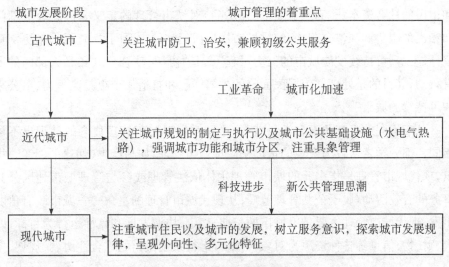

图0-2 城市管理思想的演变轨迹

第三节　怎样认识城市管理和城市管理学

一、城市管理的内涵、对象

(一)城市管理的内涵

如前所述,城市管理不仅是有必要的,而且良好的管理是有需求的。至此,有必要对城市管理的概念和内涵加以辨析与界定,从而更加系统、深入地研究城市管理的现状与发展。

城市管理从宏观上来看,是把城市整体作为管理的对象。在城市管理的过程中,种种复杂的因素使得管理不得不重视"协调"的作用;城市作为一个为人们提供良好生活环境的系统,也必须以管理实现自身效益的优化。那么,究竟什么是城市管理呢?

2000 年 5 月,联合国人类居住中心在《关于健全的城市管理规范:建设"包容性城市"的宣言草案》中提出:城市管理是个人和公私机构用以规划和管理城市公共事务的众多方法的总和。这是一个调和各种相互冲突或彼此不同的利益以及可以采取合作行动的连续过程。它包括正式的体制,也包括非正式的安排和市民的社会资本。[①] 范·戴克(Van Dijk)对城市管理的定义是:"将公共部门和私人部门协调和整合起来,解决城市居民所面临的主要问题,建设一个更富竞争性、平等、可持续发展城市的努力过程"[②],是"协调、整合公共和私人部门的所有行动,其目的是处理城市居民面临的主要问题和打造一个更具竞争力、更公平和可持续的城市"[③]。

基于不同的观察角度和学科背景,中国学者对城市管理概念的认识也不尽相同。部分学者从较为宏观的角度来解读城市管理,如马彦琳、刘建平(2005)指出,现代城市管理是指多元的城市管理主体依法管理或参与管理城市地区公共事务的有效活动,属于公共管理范畴;从现代城市管理的主角——城市政府角度出发,现代城市管理主要是以城市的长期、稳定、协调发展和良性运行为目标,以人、财、物、信息等各种资源为对象,对城市运行系统做出的综合性协调、规划、控

[①] 参见城市研究网国际文献 http://www.urbanstudy.com.cn/show.aspid=245.htm,访问时间:2006 年 4 月 8 日

[②] 转引自[荷]曼纳·彼得·范戴克著:《新兴经济中的城市管理》,北京:中国人民大学出版社 2006 年版,第 7 页。

[③] 同上,第 45 页。

制和建设、管理等活动。①

另一部分学者则从相对中观的层次出发,侧重于对管理本身的界定。如叶裕民(2008)指出,现代城市管理是以现代信息技术为手段,以构建城市高效有序运行的体制机制为核心,运用新公共管理决策、实施、监督分工制衡的基本理念对城市实施高效有序管理。② 尤建新(2003)认为,城市管理是以提高城市生活水平为目标,以城市经济、社会和环境为对象,有效使用城市资源推动城市综合效益长期稳定发展的活动。③ 在这里,城市管理被界定为一项具有特定目标的活动。这几种定义更明确地指出了城市管理的主体、目标、对象以及方式。

相对于上述的定义方式,有的学者还从比较具体的角度提出:城市管理就是城市政府对城市的经营行为,即以城市为对象,对城市运转和发展所进行的控制行为,其主要任务是对城市运行的关键机制——经济、产业结构进行管理和调节。④

总结以上的定义,可以发现,宏观视角下的城市管理是一种有机过程。概念的重点在于协调,包括主体的协调(公共和私人部门)、手段上的协调(多种手段的协同并用)、目标上的协调(协调多元主体利益)。中观层次或偏微观的层次上,城市管理更多的强调管理活动本身,概念多侧重于城市管理的公共性,重点在于管理体制、机制和手段。

从管理主体来看,部分学者强调公共部门和私人部门的有效协同,多元共治,在城市发展问题的解决过程中发挥各自适当的作用;另一部分学者更侧重于从传统的城市政府管理角度来界定城市管理,以政府在城市管理中发挥的作用及这种作用的体制机制手段作为主要研究内容。很多概念虽未点明主体,但从实质上更强调城市政府管理。

与此相应的,不同的学者对于城市管理的目标也有各自的侧重,但总体而言可分为两个子目标:公共福利的改进和城市实体的发展。部分学者更强调目标的公益性,而另一部分学者更多从城市的发展和有序运行来描述城市管理的目标指向。

从城市管理对象的角度,比较具有操作性的广义的城市管理一般包含城市(空间)增长管理、城市建设管理、城市运行管理、城市环境管理四大部分。中观

---

① 马彦琳、刘建平:《现代城市管理学(第二版)》,北京:科学出版社2005年版,第5页。
② 叶裕民:《中国城市管理创新的一种尝试》,《中国软科学》,2008(10),第52~64页。
③ 尤建新:《现代城市管理学》,北京:科学出版社2003年版,第2页。
④ 钱振明:《善治城市》,北京:中国计划出版社2005年版,第19页。

层面上的城市管理一般限于城市建设管理、城市运行管理和城市环境管理。而微观层面的城市管理一般仅包含交通系统运行、基础设施运行、公用事业发展、运行安全管理与公共环境建设。

为了使讨论、研究具有明确的针对性,本书参考其他学者的定义,认为**城市管理是多元主体共同参与的,在不同行政关系影响下,以城市这一空间、经济、社会系统的运行为对象的治理活动。城市管理的根本目标在于根据公众需求,在不破坏城市生态友好程度的基础上,采用协调、规划、控制、建设、引导等管理方法,提升或维继城市在区域中的综合竞争能力,从而为城市公众营造宜居、宜业的发展环境。**

(二)城市管理学的研究对象[①]

根据以上对现代城市管理概念内涵的讨论,城市管理所研究的对象应该是全方位的,而不应该仅仅局限于研究诸如经济管理、社会管理、环境管理等具体的管理对象。因为城市是一个复杂的系统,城市管理是涉及诸多环节的活动,故而有必要全面考察城市管理的研究对象。

1. 城市管理的目标

对城市管理而言,目标就是管理所要达到的最终效果。拥有明晰的目标可以使行动更加具有针对性。因此,城市管理的目标是城市管理研究的对象之一。

城市的出现在于它有着特定的社区集散中心功能,而城市管理的本质就是要充分实现城市功能。[②] 1933 年国际现代建筑协会制定的、具有里程碑性质的《雅典宪章》提出城市的四大功能是:居住、工作、游憩、交通。1972 年的《马丘比丘宪章》则在《雅典宪章》的基础上强调了城市急剧发展中如何更有效地使用人力、土地和资源,如何解决城市与周围地区的关系,提出生活环境与自然环境的和谐问题。[③] 在可持续发展理念(1992 年以来)的导引下,城市管理的目标不仅在于实现城市的功能,而且要营造人类住区的可持续发展。联合国人类住区中心(C. U. N. ,Center for Human Settlements)于 2000 年 5 月发布的《健全的城市管理:规范框架》中还提出,城市发展的核心是人本身,而城市中的贫困、边缘化以及社会排斥影响了当今城市的发展,所以建设"包容性城市"是城市管理应

---

① 本节内容主要参考张波、刘江涛编著:《城市管理学》,北京:北京大学出版社 2007 年版,导言部分内容。

② 尤建新:《现代城市管理学》,北京:科学出版社 2003 年版,第 2 页。

③ 李德华:《城市规划原理(第三版)》,北京:中国建筑工业出版社 2001 年版,第 27 页。

当追求的目标。① 当然,不同的城市具有不同的空间、经济、社会结构,因此城市管理的具体目标是多样化的。

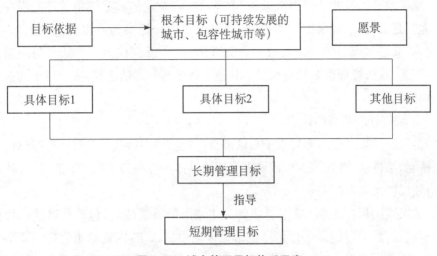

图 0-3 城市管理目标体系示意

2. 城市管理的主体

传统上认为城市政府是城市管理的主体,因为城市政府可以调动大量的资源,利用行政指令、政策对城市的经济、社会事务进行管理。然而,面对政府可能出现的低效率与官僚作风,城市管理不得不考虑多主体的共治。在现代城市管理研究中,管理主体已经成为一个不可或缺的研究对象。

城市政府在城市管理主体中仍然居于核心地位。面对日益复杂的治理问题,城市政府既要平衡与非政府组织的关系,通过重振公民的信任、回应公民的要求获得新的合法性;又要通过改变组织架构、理顺内部关系来提升自己的能力,增进政府治理的有效性。② 因此,城市管理研究要着力于城市政府的职能定位与治理模式。

20 世纪 70 年代以来,当人们越来越对政府主导社会事务的能力和意愿产生怀疑的同时,非政府组织在世界各国获得了蓬勃的发展,兴起了一场所谓的"全球性结社革命"③。在当代城市管理中,非政府组织在提供特殊公共产品、代行政府职能、制约政府权力等方面的作用亦不可忽视。在中国的城市管理中,非

---

① "包容性城市"是指城市中的每个人不论财富、性别、年龄、种族或宗教信仰,均得以参与城市所能提供的生产性机会。
② 钱振明:《善治城市》,北京:中国计划出版社 2005 年版,第 148 页。
③ 同上,第 173 页。

政府组织的作用正在逐步加强,故而有必要对此加以研究,探寻非政府组织参与城市管理的有效模式。

除了政府以及非政府组织以外,市民、媒体、企业等都是城市管理的潜在主体,尤其是市民。"健全的城市管理"要求市民的广泛参与并发挥更大的作用。市民,尤其是城市中的贫困人口和弱势群体,必须得到权力来有效参与决策过程。因此,城市管理也要研究市民等其他主体参与管理的途径,实现城市的多元主体共治。

3. 城市管理的具体内容

传统的城市管理内容局限于与城市自身物质形态相关的方面,例如路灯、道路、桥涵、给排水、市容等。现代城市管理的具体内容突破了物质形态,更加注重城市住民以及城市的发展。

从宏观的层次上看,城市管理要关注城市的发展战略,包括战略的选择依据、制定过程、关键因素等;另外,城市是区域中的城市,因此城市管理需要研究城市与区域的关系、城市与区域的协调等。从中观上看,城市管理通常包括经济管理、社会事务管理、环境管理、空间管理这几个方面,其中每一个方面中还包含许多具体内容。涉及城市住民切身利益的事务,可以被看作是城市管理的微观层面,比如城市住民管理、公共住宅管理以及基础设施管理。由于现代城市之间的竞争日益激烈,城市品牌成为宣传、营销城市的重要环节;另外,城市发展过程中存在的不确定因素很多,城市可能随时面临突如其来的威胁与危机,故而非常态事件和突发事件的处理关系到城市的生存与发展,应该被纳入城市管理内容的研究对象之中。

4. 城市管理的模式

现代城市管理已经由单一主体的管理逐步演变为多元主体的治理。治理的模式关系到城市管理的组织形式、运行机制、制度安排、资源配置以及方法手段,进而最终影响城市管理的绩效。因此,城市管理模式是城市管理研究的对象之一。

对于城市管理模式,踪家峰等认为城市治理的模式主要有四种:企业化城市治理模式、国际化城市治理模式、顾客导向型城市治理模式、城市经营模式。[①]尤建新等则提出了以公众满意为导向的城市管理模式,认为在城市管理中引入公众满意理念可以在认识与评价、监督与预测、激励与预警、挖掘与改进以及沟

---

① 四种模式的具体解释参见踪家峰等:《论城市治理模式》,《上海科学院学术季刊》,2002(2),第115~123。

通与回应几个方面发挥作用。① 当然,对于不同的城市,究竟应该怎样进行治理,则要在现代政治学、行政学和城市科学研究的基础上,依托分权、新公共管理等新理念,依据具体的情况进行分析。

二、现代城市管理的特征

现代城市主要是在近代工业城市基础上发展起来的新城市,在全球化时代中,面对信息化与网络化,现代城市以及现代城市管理具有不同于以前城市的特征。

现代城市的特征可以归结为三个方面②:

第一,聚集经济与分散经济的对立统一关系在现代城市发生了实质性的变化,即现代城市已成为聚集的社会经济活动中心。

第二,城市的人工环境得到了充分的发展,其适聚性和宜居性空前提高,但城市生态问题对发展提出了新的制约。如果新产生的城市生态问题不能得到有效的解决,就会阻碍现代城市的可持续发展。

第三,聚集空间的形成,基本上摆脱了自然要素的束缚,并且其形式呈现多样化发展趋势。城市群、城市带以及卫星城市等的产生就是现代城市聚集空间形态多样化的结果。

基于现代城市的特点,不同的学者对现代城市管理的特征有不同的认识,归纳起来,可以包括四个方面:

(一)协调管理目标的前瞻性与持续性

城市发展战略是对城市发展方向与模式的预想;是城市短期目标与长期目标的统一。发展战略的选择与制定是前瞻性与持续性的有机结合。城市管理最终要贯彻城市的发展战略,因此城市管理也应当具有前瞻性与持续性。所谓前瞻性是指城市管理不仅要解决现存的问题,而且要预想到未来可能产生的问题,做好预警;持续性则强调城市管理的各种措施要有始有终,不能朝令夕改,以免浪费资源。

(二)注重城市管理主体的多元性与参与性

城市这一庞大的系统工程的正常运作需要社会的各个组成部分、城市各项活动的参与者对于城市经济社会活动的运行规则的建立以及对于城市未来

---

① 尤建新、陈强:《以公众满意为导向的城市管理模式研究》,《公共管理学报》,2004(5),第55页。
② 钱振明:《善治城市》,北京:中国计划出版社2005年版,第15页。

发展方向的选择达成共识。[①] 城市管理的多元性强调了管理主体不仅包括政府,还包括非政府组织、企业、市民等,多元主体共治才有可能将复杂化、多样化的现代城市内外部关系理顺。然而,众多治理主体也需要协调,充当协调角色的主要是城市政府,其他各非政治性主体起到参与治理以及监督、评价、回应的作用。

(三)注重管理决策的合法性与科学性

合法性(legitimacy)指的是社会秩序和权威被自觉认可和服从的性质和状态,它与法律规范没有直接的关系。[②] 正式的制度框架,如法律、政策、公约(包括城市公约与国际公约)等一般比较容易被认可和服从;非正式的制度,比如地方习俗等,一旦被自觉认可以及遵守,就同样具有了合法性。城市管理的顺利、有序进行依赖其合法性的建立。因此,现代城市管理不仅注重法制,而且也要更加尊重传统与习俗。

在知识化、信息化、全球化的时代中,城市管理的手段以及工具是科学技术发展的产物。正确的决策依赖于科学的思维方式与预测方法,良好的治理也要依靠信息的大量获取。数字城市、电子政务的运用已经逐步地使城市政府功能强化,并且加速了城市政府管理的民主化。

(四)培养管理方式的系统化与市场化

城市作为一个"人群运动"的综合社区,其诸系统要素错综复杂。因此,现代城市需要被当作一个系统来进行管理,才能做到有针对性并实现优化。对现代城市的大量信息,只有经过系统分析归纳,才能使管理有序化,决策科学化[③]。

城市管理的市场化就是在城市管理的过程中引入竞争机制。这一方面是因为政府自身是一个"经济人",要追求自身利益的优化;另一方面政府对变化的反应可能不够敏捷。因此,现代城市管理具有市场化导向,许多事情政府已经交给营利性部门。

三、城市管理研究的方法

城市管理学作为一门综合性的边缘科学,其研究方法也是综合性的。对于

---

① 马彦琳、刘建平:《现代城市管理学(第二版)》,北京:科学出版社2005年版。
② 俞可平:《治理与善治》,北京:社会科学文献出版社2000年版,第9—11页。
③ 叶南客、李芸:《现代城市管理理论的诞生与演进》,《南京社会科学》,2000(3),第55页。

社会科学的各种研究方法,它都能加以使用,这里对主要方法加以说明:

(一)系统分析方法

现代城市管理的多元主体、多重目标等特性决定了城市管理具有一般复杂巨系统的特征,因此,从系统论的视角出发,运用系统分析方法,将城市和城市管理作为一个系统加以研究,是研究城市管理的必然要求。这就要求把城市作为一个有机的、相互关联的系统整体进行全面的分析,对城市管理内部与外部的各种关系进行综合研究和分析比较,关注城市管理各子系统的性质或行为对城市整体性质与行为的影响,科学地确定城市管理的整体目标和全面方案,优化城市管理系统的整体效能。系统观念和系统分析方法在城市管理学中应用的主要内涵是[①]:(1)横向与纵向研究相结合,即把城市构成各部分之间的关系与城市社会生产和再生产过程联系起来分析;(2)动态与静态研究相结合,即把城市机构与体制的静态表现与城市管理活动的动态表现联系起来分析;(3)宏观、中观、微观研究相结合,即把研究中观层次的城市管理与宏观层次的国家管理、微观层次的基层(如居民委员会)管理的各种问题联系起来分析。

(二)综合分析方法

城市管理所涉及的问题纷繁复杂,对于城市管理的全面认识有赖于对城市发展横向与纵向尺度的综合考量,必须对城市经济问题、城市社会问题、城市环境问题加以统筹考虑。这就要求管理者在具有宏观视角的同时,具有专业化的问题应对能力和一定的专业素质,对政治学、城市和区域经济学、公共管理学、城市社会学、城市规划学、经济地理学、金融学、发展经济学等学科知识具有一定的储备,并加以灵活运用。优秀的城市管理者和卓越的城市管理学家应当学会从城市管理的角度,运用综合分析方法弥补单一研究方法的不足,从问题本身出发,广泛吸收各方面的信息和知识,将各学科的知识融合在一起,研究事件的横向与纵向影响机制,厘清事件的脉络。

(三)定性分析和定量分析相结合的方法

城市管理所面临的问题具有较强的异质性,对于不同问题的分析与研究应当分别采用合适的方式方法,构建适宜的研究工具体系。其中,定性分析方法和

---

① 参见王雅莉主编:《城市管理学》,北京:中国财政经济出版社2002年版,第35页。

定量分析方法应当得到统筹应用:一方面,我们要注重运用归纳和演绎、分析与综合以及抽象与概括等方法,对获得的城市管理信息进行思维加工,从而能去粗取精、去伪存真、由此及彼、由表及里,认识城市问题本质、揭示城市发展规律;另一方面,也要在广泛收集有关城市现象、城市问题的大量数据资料的基础上,用数学方法和定量分析技术把有关城市现象、城市问题之间的关系数量化,以对城市管理活动规律的认识进一步深化和精确化。

(四)理论联系实际的方法

城市管理学是一门实践性很强的科学。城市管理学通过对复杂的城市管理问题进行深入研究,从中概括出一般规律,并以这些规律指导城市管理的实际工作,加强城市管理的科学性,推进城市管理的理性化。因此城市管理学的基本研究思路是从实践中来,到实践中去,这也是"从实际出发"的唯物论对于科学研究的最基本要求。因此,城市管理学的研究,要坚持理论联系实际,要坚持以中国的城市实际问题为中心。这种研究要针对实际,有的放矢,要符合城市管理问题的实际,切合城市管理实践的迫切需要,能对城市管理实践有指导作用,能帮助解决城市管理实际问题,有助于城市管理效率的提高,有助于推进城市管理的科学化、现代化。

我国城市管理学作为中国特色的社会主义市场经济体制下的适应城市管理需要的应用学科,必须善于从本国实际情况出发,理论联系实际,实事求是地进行探讨,力求能够反映出自身的特色。具体来说,我国城市管理学要坚持以马克思主义为指导思想,坚持党的改革开放政策,坚持两个文明建设一起抓的战略方针,坚持"五统筹"的科学发展观,积极探讨新时代的城市管理理念,使城市管理学的研究取得更多的得以指导实践的理论成果。

【本章小结】

一、本章关键词

城市　城市化　城市管理　城市管理学

二、本章知识点

城市产生的条件

城市的涵义

现代城市的特征

城市化的内涵

城市化水平的衡量

城市管理的内涵

城市管理的必要性与可行性

现代城市管理的对象

城市管理学的研究内容和方法

三、本章复习题

1. 简述城市产生的历史过程。

2. 简述城市化浪潮的成因。

3. 简述城市管理的涵义。

4. 简述城市管理的必要性。

5. 城市管理学的研究对象是什么。

四、本章思考题

1. 为什么说城市是一个历史范畴?

2. 城市管理是否等同于单纯的城市行政?

五、建议阅读材料

1. 沈玉麟编:《外国城市建设史》,中国建工出版社 1989 年版。

2. 董鉴泓主编:《中国城市建设史》(第二版),中国建工出版社 2003 年版。

3. 许学强等主编:《城市地理学》,高等教育出版社 2000 年版。

4. 刘易斯·芒福德著:《城市发展史》,中国建筑工业出版社 1985 年版。

5. 高松凡、杨纯渊:《关于我国早期城市起源的初步探讨》,《文物世界》,1993 (3)。

6. 王邦佐:《拓展市政学的研究》,《天津社会科学》,1997 (4)。

7. 夏书覃:《中国政治学、行政学、市政学研究世纪末展望》,《中国行政管理》,1995 (2)。

8. 杜平:《古罗马城糟糕的市政管理与腐朽的市民生活》,《福建师大福清分校学报》,1998 (3)。

六、本章参考资料

1. 王雅莉主编:《市政管理学》,北京:中国财政经济出版社 2002 年版。参阅第一章相关内容。

2. 张觉文编著:《市政管理新论》,成都:四川人民出版社 2003 年版。参阅

第一章、第二章相关内容。

3. 张永桃主编:《市政学》,北京:高等教育出版社 2000 年版。参阅第一章相关内容。

4. 马彦琳、刘建平主编:《现代城市管理学 》,北京:科学出版社 2003 年版。参阅第一章相关内容。

5. 李德华主编:《城市规划原理（第三版)》,北京:中国建筑工业出版社 2001 年版。参阅第一章相关内容

6. ［美］曼纽尔·卡斯特尔著:《网络社会的崛起》,北京:社会科学文献出版社 2003 年版。

7. 秦甫:《现代城市管理》,上海:东华大学出版社 2004 年版。

8. ［荷］曼纳·彼得·范戴克著:《新兴经济中的城市管理》,北京:中国人民大学出版社 2006 年版。

9. 张波、刘江涛编著:《城市管理学》,北京:北京大学出版社 2007 年版。

第一章　城市管理主体

◎ **教学目的与要求**

通过本章的学习，了解城市管理主要相关主体的运作方式，了解城市政府管理体制和政府城市管理职能的相关内容；理解政治权力系统与政治参与系统在城市管理中的地位、职能和相互关系，理解管治的内涵与原则和具有代表性的城市管理方式方法创新；掌握城市管理的主体构成体系和城市多元主体的作用结构与相互关系。

◎ **内容提要**

本章介绍了中国城市管理中各方面的主体。这些主体可以根据其在城市管理中的政治和权力地位分为政治权力系统和政治参与系统两大类。其中政治权力系统在我国城市主要有中国共产党组织、市人民代表大会、市人民政府、市人民法院和市人民检察院；政治参与系统包括市政协、市民主党派、市人民团体、城市居民委员会和市民个体，以及城市中的非政府组织。本章主要介绍了上述主体的性质、地位、组成、职能和行动方式等方面的内容。

传统的市政管理学研究认为，市政管理的主体是城市政府，也包含一定的城市公共团体和市民，这是由市政公共管理的性质所决定的。而在更为广义的城市管理中，除了城市政府之外，一些社会公共团体、企业、学者以及市民等都已经成为管理的主体，对城市公共事务的管理决策产生重大影响，并发挥重要的作用。

本章将围绕上述问题介绍三方面内容：城市管理的主体构成及各种城市管理主体间的契合与协作；主体组成核心——现代城市政府及管理体制；以及促进多元主体共治的城市管理方式方法创新。

第一节　城市管理的主体构成

正如范戴克所言:"一个城市的构架和形象通常是由它的居民,而不是政府官员和简单意义的城市管理人员所决定的"。[①] 从城市管理的主体构成来看,包括政治性主体和参与性主体。构成主体的两个方面需要进行协调,实现良好的共治。

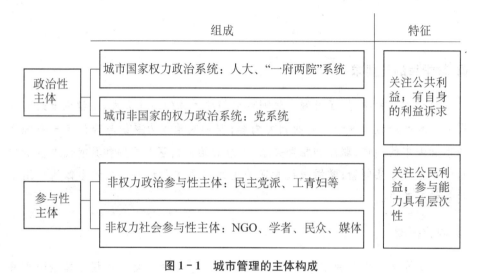

图 1-1　城市管理的主体构成

一、城市管理的政治性主体

城市管理的政治性主体主要是指拥有政治权力的城市管理主体。在我国,这些主体包括:执政党——中国共产党的城市党组织;城市国家权力机关——市人民代表大会及其常委会以及城市政权机构,即市人民政府和由市人民法院、市人民检察院组成的司法机关(简称"一府两院"),以及这些机构的下级组织机构。

(一)中国共产党的城市党组织

1.性质和地位

中国共产党是中国工人阶级的先锋队,代表先进生产力的发展要求,代表先进文化的前进方向,代表最广大人民的根本利益。中国共产党是我国的执政党,

---

① ［荷］曼纳·彼得·范戴克著:《新兴经济中的城市管理》,北京:中国人民大学出版社2006年版,第3页。

是全面领导中国政府的政党组织,是中国国家政权和社会主义事业的领导核心。城市国家权力机构、行政机构、司法机构都必须坚持中国共产党领导的原则,中国共产党的城市党组织在城市政治权力系统中处于领导和核心地位。城市国家权力机构、行政机构、司法机构在中国共产党组织的领导下,按照各自职能的分工,各司其职,按照统一的目标,进行城市中的各项管理活动。

2. 组成

中国共产党组织有中央和多级地方组织,城市党组织是中国共产党的地方组织,以市一级党组织机构为例,其组成部分主要有:市党代表大会、市委员会、市委常委会、市纪律检查委员会。

3. 党对城市和城市政权的领导

中国共产党是执政党,是城市政权的领导者,但城市党组织本身并不是城市国家政权机构。它并不直接、具体地管理城市事务,而是体现为市委对城市和城市政权机构的领导,市委的领导作用主要体现在三个方面:政治领导、思想领导和组织领导。

(二)市人民代表大会

1. 性质和地位

我国《宪法》规定:"中华人民共和国的一切权力属于人民。"人民代表大会制是我国的政体,是我国的根本政治制度,是人民行使权力的制度保障。市人民代表大会是市的国家权力机关,在城市的行政区域内代表人民行使国家权力。市人民代表大会在整个城市国家家关中处于首要地位,城市行政机关、司法机关都由它产生,并对它负责,接受其监督。它决定本市区域内的重大事项,同级的地方国家行政机关、司法机关都由它产生,对它负责并报告工作,接受它的监督。

2. 组成和职权

直辖市、设区的市的人民代表大会由下一级人民代表大会选举的代表组成,不设区的市、市辖区的人民代表大会由选民直接选举的代表组成。市人民代表大会主要有地方立法权、决定权、任免权和监督权。

市人大常务委员会是市人民代表大会的常设机关,是市人民代表大会闭会期间行使城市国家权力的机关,由市人大在代表中选举产生,对市人大负责并报告工作。

根据《中华人民共和国地方各级人民代表大会和地方各级人民政府组织法》的规定,直辖市、设区的市的人民代表大会根据工作需要,可以依法设立法制委员会、财政经济委员会、教育科学文化卫生委员会等专门委员会。

(三)市人民政府

1. 性质与地位

市人民政府是市人民代表大会的执行机关,是城市国家行政机关。作为市人民代表大会的执行机关,市人民政府必须执行市人大及其常委会的决议,对市人大及其常委会负责并报告工作,接受市人大及其常委会的领导和监督。

市人民政府的性质和地位具有双重性。作为城市国家行政机关,市人民政府是组织和管理本市行政区划内行政事务的机关,必须执行本市人大及其常委会的决议;同时,它必须执行上级国家行政机关的决议和命令,对上级国家行政机关负责并报告工作,接受上级国家行政机关的领导和监督,并服从最高国家行政机关——国务院的统一领导。正是市人民政府的这种双重性,保证了中央和上级行政机关对全国城市行政工作的统一领导,并能够在地方范围内实行因地制宜的管理措施。

2. 组成和领导体制

直辖市、设区的市的人民政府分别由市长、副市长、秘书长、局长、委员会(办)主任等组成。不设区的市和市辖区的人民政府分别由市长(区长)、副市长(副区长)、局长等组成。直辖市、市、市辖区的人民政府每届任期5年。

3. 市政府的职权

城市政府的主要职权有:执行市人大及其常委会的决议以及国务院、省级人民政府的指示、规定和命令;领导所属工作部门和下级人民政府的工作,改变或撤销县、区政府和市政府所属工作部门不适当的决议、指示和命令,讨论制定和组织执行国民经济年度计划和长期计划(规划),决定与生产建设和人民生活有关的重大措施;讨论制定年度财政预算,决定实现预算的重大措施;依照城市总体规划,研究决定和组织实施城市建设的重大工程项目;决定加强城市管理的重大措施等。根据我国宪法,市人民政府依照法律规定的权限,管理本市范围内的经济、教育、科学、文化、卫生、体育事业、城乡建设事业和财政、民政、公安、民族事务、司法行政、监察、计划生育等工作,发布决定和命令,任免、培训、考核和奖惩行政工作人员。总之,城市政府对于涉及城市的公共事务都要进行管理。

4. 市政府的机构设置

市人民政府根据工作需要和精干的原则,设立必要的工作部门。市政府的工作部门是指在市政府统一领导下,负责管理城市某一方面或某些方面行政事务的职能机构,称为局、委员会、科、办公厅(室)等,大致包括:综合经济管理机构;专业经济管理机构;社会管理机构;监督管理机构;治安司法机构;办事机构和直属机构。

市辖区、不设区的市的人民政府,经上一级人民政府批准,可以设立若干街道办事处,作为它的派出机关。街道办事处的任务是办理市、市辖区人民政府交办的有关居民工作的事项;指导居民委员会的工作,反映居民的意见和要求等。

(四)市人民法院

市人民法院是代表国家独立行使审判权的审判机关。所谓审判权是指依法审理和判决刑事案件、民事案件、经济案件、行政案件等的权力。

市人民法院从属于市人民代表大会及其常务委员会,由市人大及其常委会产生,对市人大及其常委会负责并报告工作,接受市人大及其常委会监督。

市人民法院与其上下级人民法院是监督关系,接受上级人民法院的审判监督,通过受理上诉、抗诉、申诉等渠道对下级人民法院的审判活动进行监督,上级法院有权对下级法院已经产生法律效力的错误判决和裁定进行提审或指令下级法院再审,纠正错误判决和裁定。

市人民法院的职责是审判刑事案件、民事案件、经济案件、行政案件,通过审判活动,惩办一切犯罪分子。解决民事纠纷,促进城市行政机关依法行使职权,以保卫人民民主专政制度,维护社会主义法制的尊严和社会秩序的稳定,保护社会主义公有财产,保护公民私人所有的合法财产,保护公民人身权利、民主权利和其他权利,保障城市的社会主义现代化建设和改革开放事业的顺利进行。

(五)市人民检察院

市人民检察院是代表国家独立行使检察权的国家法律监督机关。所谓检察权,即依法监督城市国家机关和国家工作人员、企事业单位、人民团体和全体市民遵守宪法和法律的权力,是维护宪法和法律在城市统一、正确实施的一种特殊权力。

市人民检察院由市人大及其常委会产生,对市人大及其常委会负责和报告工作,接受市人人及其常委会的监督。市人民检察院与其上下级人民检察院是领导关系,下级检察院必须接受上级检察院的领导。

二、城市管理的参与性主体

城市参与性主体又称非权力系统,是指虽不具有正式决策和执行的权力,但对城市发展问题的决策和执行有积极影响作用的群体、组织和个人的总称。与政治性主体相比而言,城市管理的参与性主体没有足够的资源和能力完全实现自身对城市各个要素的影响,但是,参与性主体具有发言权、监督权和参与权,这对于政治性主体来说是一种有效的制约和必要的补充。在现代城市中,城市管理的政治性主体与参与性主体互相影响、互相制约,形成了一种不可忽视的互动关系。

(一)市政治协商会议

1. 性质和地位

我国的政党制度,是中国共产党领导的多党合作和政治协商制度。在城市的中国人民政治协商会议地方委员会简称市政协,市政协是城市的爱国统一战线组织。是在中共市委领导下和全国政协、省政协指导下,实现党派合作的形式,也是在城市中发扬社会主义民主,实现政治协商、民主监督、参政议政的重要形式。

市政协是一种相对松散的政治联盟组织,不是国家权力机关和行政机关,不享有国家权力,所通过的决议也没有法律约束力。但在中国共产党领导的多党合作和政治协商制度下,市政协与国家政权机关有着十分密切的关系,因此在城市公共政策的制定和实施中发挥着重要作用。这主要表现在:市政协会议与市人大会议一般同步召开,分合穿插,共同讨论和协商城市的各项重大问题,市政协委员在政协会议期间也会根据民众意见,提出各类议案,供市政府和市人大参考;同时,市人大会议一般都吸收市政协委员参加并发表意见;必要时,市人大常委会和市政协常委会举行联席会议,协调立场,商讨有关问题;市委、市人大、市政府做出重大决策时往往先举行座谈会,征求市政协的意见。

2. 组成与任期

直辖市、市和市辖区等有条件的地方,设立人民政协市(区)委员会。人民政协委员会由中国共产党的城市党组织、城市各民主党派组织、无党派民主人士、市人民团体、各少数民族和全市各界的代表以及台湾同胞、港澳同胞、海外侨胞的代表组成。凡赞成人民政协章程的党派、团体和个人,经人民政协委员会常务委员会协商同意或邀请,可参加人民政协委员会。

人民政协委员会的职权是:选举政协市委员会主席、副主席、秘书长和常务委员;听取和审议常务委员会的工作报告;讨论并通过有关决议;参与对国家和城市事务中重要问题的讨论,提出建议和批评。市政协设常务委员会主持会务。

市政协根据工作的需要设立办事机构——办公厅(室)处理日常事务,办公厅(室)由政协秘书长负责。根据需要设立工作机构,如秘书处、行政处等,负责处理各类具体事务。

3. 职能

市政协的基本职能是根据中国共产党、各民主党派和无党派人士"长期共存、互相监督、肝胆相照、荣辱与共"的方针,对国家的大政方针和城市事务、群众生活中的重要问题进行政治协商,并通过建议和批评发挥民主监督的作用。

(二)市民主党派组织

民主党派是指接受中国共产党领导,参加爱国统一战线的各政党的统称。我国目前共有 8 个民主党派,它们是:中国国民党革命委员会(简称"民革")、中国民主同盟(简称"民盟")、中国民主建国会(简称"民建")、中国民主促进会(简称"民进")、中国农工民主党、中国致公党、九三学社、台湾民主自治同盟(简称"台盟")。这些民主党派绝大多数是在中国共产党的统一战线政策的影响下发展起来的。

1. 性质与地位

各民主党派是中国共产党的亲密朋友,是爱国民主党派。中国共产党是执政党,民主党派是参政党,民主党派的参政议政,是中国共产党领导下的多党合作和政治协商制度的重要组成部分。与各民主党派的多党合作和中国共产党的一党领导是一个有机的整体,是中国共产党领导的多党合作和政治协商制度这一基本政治制度不可缺少的有机组成部分,双方"长期共存、互相监督、肝胆相照、荣辱与共"。各民主党派将长期存在和发展,这是我国宪法所明确规定的。

2. 组织形式

各民主党派在城市和市辖区设有党的代表大会和委员会;凡是具有 3 名党员以上的单位、业务系统和地区,设立民主党派的基层组织。具体包括党小组、支部委员会和总支部委员会。

各民主党派市代表大会的名额和选举办法由其同级委员会决定。各民主党派的市代表大会拥有以下职权:贯彻执行该党全国代表大会、中央委员会和上级组织的决议和决定;听取和审议同级委员会的工作报告;讨论并决定同级委员会的重要事项;选举同级委员会。

各民主党派的市委员会由该党市代表大会选举产生,一般由主任委员、副主任委员、常务委员、委员和秘书长组成,任期与同级代表大会相同。各民主党派市委员会向同级党的代表大会及上级组织负责并报告工作,实行集体领导和个人分工负责相结合的制度。市委员会可以根据工作需要,设立必要的工作部门,其负责人选由同级委员会决定。

(三)市人民团体

1. 组成与性质

市人民团体是指,以表达和维护一定阶层的群众的具体利益为基础,担负着部分社会管理职能,起着依照各自的切身利益协调社会各部门之间关系的作用,并按照一定章程组织起来的群众性的社会政治团体。在我国城市特指市工会、市妇联、市共青团等组织。

市人民团体是中国共产党领导下的为社会主义事业服务的重要力量,是党领导的工人阶级、先进青年、各族各界妇女和其他广大人民群众的组织,是党联系群众的桥梁和纽带,是国家政权的重要社会支柱。

2. 各人民团体法律地位和组织制度

(1)市工会

中国工会是中国共产党领导的职工自愿结合的群众组织。市总工会由中共市委和省总工会领导,以市委领导为主。根据《中国工会章程》和《工会法》规定,中国工会实行产业与地方相结合的组织领导原则。按照产业分工和产业性质设立的相应的市级产业工会,是各产业工会组织的市级领导机关。

根据《工会法》,市总工会、产业工会具有社会团体法人资格。

直辖市、市设总工会,总工会设办公室和有关工作部门,如组织部、宣教文体部、保障工作部等,具体数目根据城市情况和工作需要而定。

总工会设主席1人,副主席若干人及各部门负责人若干人。

(2)市妇联

市妇联是全国妇联的地方组织,是中共市委领导下的全市各族各界妇女的群众团体。由中共市委和省妇联双重领导,以市委领导为主。

市妇联设主席1人、副主席若干人和各工作部门负责人若干人。

市妇联机关没办公室和有关工作部门,如组织部、宣传部、权益部、儿童工作部等,具体数目根据城市情况和工作需要而定。

(3)共青团组织

中国共产主义青年团是中国共产党领导的先进青年的群众组织,是党的助手和后备军。

团市委由中共市委和团省委双重领导,以市委领导为主。设书记1名、副书记若干名及各部门负责人若干。

团市委机关设办公室和工作部门,如组织宣传部、工农青年部、学校少先队工作部等,具体数目根据城市情况和工作需要而定。

上述人民团体的主要领导人和工作人员均为在编专职人员,团体经费部分由国家财政拨款,与党政部门关系密切,兼有一定的行政职能,在城市管理中发挥着重要作用。

(四)非政府组织

1. 组成和性质

"非政府组织"(Non—Governmental Organization)的英文缩写为NGO(或为NGOs),国内外对其有着不同的名称(如第三部门、非营利组织、公民社会、民间组织、社会中介组织、慈善机构等)和理解。其定义一般有广义和狭义之分,最广义的NGO,就是独立于政府和企业之外的其他所有组织;狭义的NGO,即非政治、非宗教、非营利的组织,政治组织(如政党)和宗教组织则不在此范畴。非政府组织起始于19世纪初,二战以后,尤其是近20年来,已经成为成熟社会的重要建设者。根据联合国2002年发表的人类发展报告,到2000年为止,国际性的非政府组织已达到37 281个。

根据国际上研究NGO问题的权威、美国约翰·霍普金斯大学教授萨拉蒙的观点,一般将具有如下7个属性的组织称之为NGO。这7个属性是:(1)组织性,指合法注册,有成文的章程、制度,有固定的组织形式和人员等;(2)民间性,又称非政府性,指不是政府及其附属机构,也不隶属于政府或受政府支配;(3)非营利性,指不以营利为目的,不进行利润分配;(4)自治性,指有独立的决策与行使能力,能够进行自我管理;(5)志愿性,指成员的参加和资源的集中不是强制性的,而是自愿和志愿性的;(6)非政治性,指不是政党组织,不参加竞选等政治活动;(7)非宗教性,指不是宗教组织,不开展宗教活动。

2. 范围和职能

对我国非政府组织的界定和范围,一般认为,从我国有关规定来看,我国非政府组织的定义与国际上的非政府组织定义在内涵上是基本一致的,比如非政府性、非营利性、非政治性和非宗教性。另外的三种属性——组织性、自治性和志愿性在有关规定中也都不同程度地有所反映。因此,我国的非政府组织,主要包括社会团体和民办非企业单位两种形式。

我国非政府组织的产生,主要源于两个方面的需求:一是基于其成员的需要,执行为成员谋取利益的服务职能;二是基于国家的需要,履行服从国家利益的管理需求。上世纪80年代以来,随着经济全球化的发展,非政府组织在国际事务中扮演了越来越多的重要角色。

与此相呼应,我国的非政府组织一方面数量大幅增加,一方面作用日益显现。经过20多年的改革,我国已初步建立了社会主义市场经济体制。伴随着经济体制转轨进程,我国的社会转型也有了一定的进展。今天,在改革已进入到以调整重大利益关系为主要任务的攻坚阶段,社会转型也到了关键时期。积极发展非政府组织并使其发挥作用,是经济转型期面临着的重大课题。随着非政府组织的发展壮大和非政府组织人员素质的不断提升,作为独立的非政治性的集团,NGO在城市建设和管理中起着越来越重要的作用,特别是在经济建设、贸易促进、民间诉讼、城市建设等领域的参与性逐步提升。

(五)城市居民委员会

1. 性质和地位

居民委员会是城市居民自我管理、自我教育、自我服务的基层群众自治组织,它不是国家政权机构的组成部分,但在城市基层工作中却是不可缺少的组成部分。

1989年12月,七届人大常委会第十一次会议通过的《中华人民共和国城市居民委员会组织法》为城市居民委员会的建设提供了法律依据,使城市居民委员会的建设步入了一个新的发展时期。居民委员会的性质可以总结为基层性、群众性、自治性、社会性四个特征。

居民委员会不是政权机关,也不是基层政府的派出机构,但它与基层政权机关关系密切,它接受基层政府或者它的派出机关的指导、支持和帮助,并且居民委员会的设立、撤销或规模调整,由区(市)人民政府决定,因此,居民委员会是与基层人民政府及其派出机关既有区别又有密切联系的基层群众自治组织。

2. 组成

《居民委员会组织法》规定:"居民委员会根据居民居住状况,按照便于自治的原则,一般在100户至700户的范围内设立。"机关、团体、部队、企事业组织,不参加所在地的居民委员会。这些单位的职工及家属,军人及随军亲属,参加居住地区的居民委员会,其家属聚居区可以单独成立家属委员会,承担居民委员会的工作。

居民委员会一般设有居民会议、居民代表会议、各专门工作委员会、居民小组。

3. 任务

居民委员会作为基层政府联系人民群众的桥梁和纽带,肩负着如下的任务:

（1）宣传宪法、法律、法规及政策，维护居民的合法权益。

（2）办理本居住区的公共事务和公益事业。包括修路，建桥，兴办托儿所、敬老院，搞好公共卫生，开展群众性的文化娱乐活动等。

（3）调解民间纠纷。

（4）协助维护社会治安。

（5）协助政府做好与居民利益有关的公共卫生、计划生育、优抚救济、青少年教育等工作。

（6）沟通政府与居民之间的联系。向政府或其派出机关反映居民的意见、要求和建议。

（7）搞好社区服务。在不妨碍城市管理、市容卫生的前提下，开展便民利民的社区服务活动，兴办服务性的第三产业。

（8）加强民族团结。尤其是多民族居住区的居民委员会，更应做好这项工作。

（9）管理居民委员会的财产。包括居民委员会的办公用房、第三产业的收入、为办理公益事业所筹款项等，应详细登记，账目清楚且公开，接受居民监督。

（六）市民

1. 市民的概念

市民，从一般意义上来说是指城市居民。但是，在现代中国，市民是有特定涵义的。在我国，市民指居住在城市所辖区域内，持有本市有效户籍的合法公民。根据我国现行法规和相关制度，构成我国市民概念的基本条件依次为：具有本市户口（身份）、居住在市区内（地域）、从事非农业生产劳动（职业）。

2. 市民参政的内涵和意义

市民参政，是指市民个人或群体通过一定途径和形式向政府及其领导人员提出各种要求和建议（亦称市民的利益表达），向有关部门进行检举揭发，行使选举、罢免、监督等权利，阻止或促成某项政策的行为，参与城市管理与决策的各项活动。其具体内容将在本章后半部分详细讲述。

城市是国家的重要组成部分，市民也是国民的重要组成部分，而且随着我国城市化的迅速发展，市民将成为我国国民的主体构成部分。因此，市民参政对社会主义民主的发展具有举足轻重的重要意义。市民参政是发展社会主义民主的重要切入点，是市民当家作主的集中体现，是廉政建设的推进器。

3. 市民参政的途径与方式创新

随着我国城市化和城市管理现代化的迅速发展,广大市民自身素质和参政意识的不断提高,市民参政的途径和方式显得相对贫乏和不足,成为制约我国市民参政和社会主义民主政治发展的主要因素。因此,市民参政途径和方式的创新,成为促进市民参政的重要任务。

(1)市民意见表达方式的创新

市民参政的基本形式之一是意见表达,即隶属于不同职业、社团和组织的市民,通常以个人意见和建议的形式参与市政管理和决策活动。一般说来,市民个人的意见表达,可以采用自接或间接的口头表述、署名的文字表述(电话、信函、新闻、意见或建议书、揭发或检举材料)等方式,也可以通过工会或市民团体等机构表达团体的意见和建议。

(2)市民利益表达方式的创新

市民利益表达是指代表某种利益的市民组织或市民团体,通过一定途径和方式,向城市权力机构提出政治和经济等方面利益要求的行为。市民利益表达是市政决策的重要参照系,也是城市民主政治建设的一个重要内容。在法律允许的范围内,我国市民利益表达的主要途径或渠道包括:个人联系渠道、代理人或代表渠道;集团参与渠道和市民监督渠道。

(七)广义非权力系统

广义上的非权力系统,不仅包括以上所论及的传统的非权力主体,还涉及许多其他的在城市中居住、工作、经营的主体以及在城市之外、但与城市有密切关系的主体。

在城市领域之内,非权力系统的要素包括:私部门(城市企业、学界)、广义城市住民(没有城市户籍的人,如深圳市外来的非户籍人口数量远远超过户籍人口数量,将这些外来群体纳入城市管理者的范畴,对推动城市发展非常重要);跨越城市领域的非权力系统的要素可以有:跨区域的非政府组织(如绿色和平组织)、旅游者(尤其是对旅游城市)、投资者(尤其是投资拉动型城市)、传媒机构等。

三、政治性主体与参与性主体的关系[①]

政治性主体与参与性主体都有参与城市管理的必要,并且两个系统分别有不同的责任与义务,那么有必要进一步说明这两个系统之间的相互关系。

---

① 本部分内容参考张波、刘江涛编著:《城市管理学》,北京大学出版社 2007 年版,第二章。

　　根据两个系统中各要素的属性,可以将其分解为权力、市场力、社会力三个大的方面。由美国学者斯通(C. Stone)为主要创始人提出的城市政体理论(Regime Theory)对于这三方面之间的关系进行了比较系统的描述。所谓"政体"是指非正式的(相对于正式选举的市政府而言)管治城市的联盟机制。[①] 这个理论主要基于发达国家的城市提出,但是具有比较普遍的意义,它向人们展示了城市中各个利益集团之间具有的密切联系,城市的正常运行与发展离不开这三个方面的力量。

　　首先,城市政府作为权力的主要载体,由城市选民选举产生,因此政府必须满足选民的要求。然而政府可以动用的资源非常有限(通常是预算资金),不能单独完成增加就业、完善设施等任务,所以政府必须寻求与市场力的合作。

　　其次,企业、资本的所有者作为市场力的主要承载者,其最终目的是获得利润。他们趋向于同政府合作,但前提是政府要采取各种方式吸引企业,如减免企业税收,低价提供建设土地,简化建设审批手续,修改、简化规划条例(如允许提高容积率)等。这样,政府与企业就形成了"权钱政体"。这一联盟要受到来自社会力的制约。

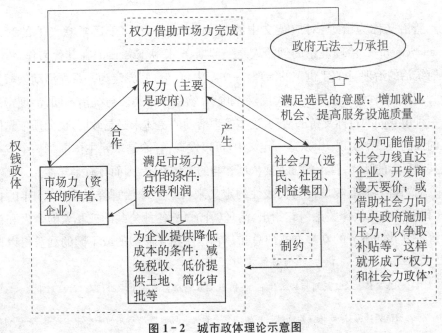

图 1-2　城市政体理论示意图

①　[美]张庭伟:《新自由主义、城市经营、城市管治、城市竞争力》,《城市经营》,2004(5),第 44 页。

再次,在特定的情况下,政府也要谋求与社会力的合作,从而抑制大企业意志的膨胀或者向中央政府施加压力,获得补贴与各种支持。这样就形成了"权力与社会力政体",但是"在全球化的今天,争夺国际资本和投资项目是在全球舞台上进行的。由于国际资本的高度流动性,地方政府和一城一地的市民在和市场力谈判时的筹码越来越少,甚至国家政府的影响力也在下降。如果政府真的和社会力结成同盟,坚持要求大企业做出让步,则大企业完全可能会投资到别的城市甚至别的国家"①。因此,这一联盟要因时、因情势发挥作用。②

四、主体的契合——管治③

城市管理的主体显然不仅仅只有城市政府,城市中的住民、团体、企业等都是城市管理的主体,只是各自的分工以及效能有所不同。那么,在多元主体管理的前提之下,主体之间的协调与协作就非常重要。管治的最终目标正是要实现主体的契合以及在此基础之上的善治(善治的基础为新公共管理理论,为保持本书的结构连续性,新公共管理的理论介绍将在第二章予以展开)。

(一)管治的内涵

管治又称为治理,对应英文中的"governance",不同于通常意义上的管理(management)。治理理论的创始人之一罗斯诺(J. N. Rosenau)在其代表作《没有政府统治的治理》和《21 世纪的治理》等文章中将"治理"界定为一系列活动领域里的管理机制,它们虽未得到正式授权,却能有效发挥作用。与统治不同,治理指的是一种由共同的目标支持的活动,这些管理活动的主体未必是政府,也无须依靠国家的强制力量来实现。④ 从这一定义中,可以发现:管治是多元主体围绕一个或一组共同目标的活动;管治的方式要依据参与的主体而定,因而具有多样性。

对"管治"具有权威性与代表性的定义来自于全球治理委员会 1995 年的报告《我们的全球伙伴关系》,它指出:治理(管治)是各种公共的或私人的个人和机构管理其共同事务的众多方式的总和。它是使相互冲突的或不同的利益得以调

---

① [美]张庭伟:《构筑规划师的工作平台——规划理论研究的一个中心问题》,《规划研究》,2002(10),第 21 页。

② 此图依据:[美]张庭伟:《构筑规划师的工作平台——规划理论研究的一个中心问题》,《规划研究》,2002(10)的相关论述绘制。

③ 本部分内容参考张波、刘江涛编著:《城市管理学》,北京大学出版社 2007 年版,第二章。

④ 俞可平:《增量民主与善治——中国人对民主与治理的一种理解》,转引自王浦劬、谢庆奎:《民主、政治秩序与社会变革》,北京:中信出版社 2003 年版,第 68 页。

和并且采取联合行动的持续的过程。它既包括有权迫使人们服从的指示制度和规则，也包括各种人们同意或以为符合其利益的非正式的制度安排。它有如下四个特征：(1)治理不是一整套规则，也不是一种活动，而是一个过程；(2)治理过程的基础不是控制，而是协调；(3)治理既涉及公共部门，也包括私人部门；(4)治理不是一种正式的制度，而是持续的互动。[①]

(二)实现良好管治的原则

管治的最终目标是实现"良好的管治"(good governance，也可以称为"善治"或"良治")。善治的本质特征在于它是政府与公民对公共生活的合作管理，是政治国家与公民社会的一种新型关系和最佳状态。联合国亚太经济社会委员会(United Nation Economic and Social Commission for Asia and Pacific，UN ES-CAP，2001)认为，善治应能确保腐败的最小化，少数的和弱势群体观点及要求能够在决策中得到体现，并能为当前和未来社会的需求切实负责。[②]

以世界银行组织和联合国教育培训与研究组织为代表的学者们认为，良好的管治应当具有以下特征[③]：

(1)市政府必须支持民主过程，并对市民负责；

(2)开发政策和途径能够适度地满足各类社团的需求；

(3)应确保管理层的各级领导了解他们的任务和责任；

(4)建立有效的政府间联系(区域内部各层级、相邻区域及跨空间区域)；

(5)确保各级政府间的资源配置公正、公平、公开；

(6)鼓励有助于创建成功社区的管理创新；

(7)确定政府机构工作人员的行为的伦理准则并监督其行为以保证他们确实达到了这些标准；

(8)健全的公众与私人间的合作；

(9)有效的政府和民众互动。

为实现"良好的管治"，城市政府和其他主体进行的行动应禀承以下原则[④]：

---

① 俞可平：《增量民主与善治——中国人对民主与治理的一种理解》，转引自王浦劬、谢庆奎：《民主、政治秩序与社会变革》，北京：中信出版社2003年版，第69页。
② 刘彦平：《城市营销战略》，北京：中国人民大学出版社2005年版，第227页。
③ 世界银行、联合国教育培训与研究组织(UNITAR)培训材料稿(2003，吉隆坡，马来西亚)，经翻译整合而成。该次培训系对培训者进行的培训，稿件已获准应用于教育领域。
④ 同上。

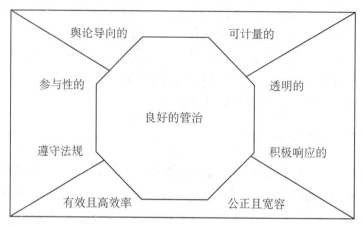

图1-3　实现良好管治应当遵循的原则

1. 良性参与(Participation)

城市住民的共同参与是良好的管治的重要基石。这种参与或者是直接的，或者通过合理合法的制度为媒介来施行。前提是，参与者有必要被告知并且被完善地组织起来。对应于我国的城市管理，良性参与要求每一个阶层都能够拥有足够的话语权，且减低踏板效应①对弱势群体的影响。

2. 遵守法规(Rule of Law)

良好的管治需要一个以公平的法律为基础的制度框架，这一框架必须被公正地使用，必须被用来维护民众的权益。独立司法和公正清廉的警察机关是其实现的最基本条件。

3. 透明度(Transparency)

透明意味着决策的制定和执行是遵照法规和条例来完成的。同样，透明还意味着对于那些可能会受到这些决策的制定和执行的影响的人群，信息可以自由地以容易理解的形式获取。

4. 响应(Responsiveness)

良好的治理要求公共机构能够在一个合理的时间跨度内实现对各个利益群体或者个人所要求的服务进行回应。如，日本东京都市圈在城市管理的过程中，根据东京城市特点和城市住民需求，设置不同种类事件的不同最低响应时间，提高了当地民众的满意程度。

---

① 城市经济学对投票理论具有深刻的研究，中间人定理、多数占先等原则造成城市中弱势群体的声音被埋没。同时，某一群体在达到目标后的行为转型(踏板效应)也影响良性参与的实现。

5. 舆论导向(Consensus Orientation)

良好的管治应当努力调节不同利益主体的诉求,是指达成一个多数人满意且造成最小负面影响的结论,从而推动社会的发展。构建良好舆论导向的出发点是主体之间通过利益的边际调整,实现多元主体的共赢,提升总效用曲线,降低社会总成本。在这个过程中,注重对受到损失民众和主体的适度补偿。舆论导向的另一个工作重点是必须关注如何引导舆论及多数人利益实现中"摩擦"的产生和疏导。

6. 公正与宽容(Equity and Inclusiveness)

公正与宽容包括两个相关的方面:一是不排斥任何一个群体,如现代城市中越来越高比例的灵活职业者,进城务工的打工阶层、残疾人、曾过失者等群体;二是公正对待任何一个主体,在管理的层面上要努力做到公平对待城市管理的各个主体,以规范的制度保障其权益。此外,由于城市中的弱势群体仅仅依靠其自身的能力和资源秉赋不能获得与社会其他成员相等的利益,所以保护弱势群体,为他们提供平等的竞争机会是公正原则的基本要求。

7. 有效且高效率(Effectiveness and Efficiency)

有效且高效率首先是指对资源的有效和满意利用。由于资源自身的离散性和对资源使用的不匹配性使得城市管理者需要更多地考虑如何对其加以利用。[①] 此外,由于任何决策都需要时间,在一定的情况下,必须适度追求效率。[②] 相对于私人事务来说,公共事务牵涉到较多的利益相关者,由于多个人达成共识总是需要时间的,所以公共事务的敏感性比较差;即使在短期内可以认识到问题所在,决策也会产生时滞。因而,在特定的情势下,追求效率而牺牲公平是无法避免的。这就要求城市管理者应当未雨绸缪,设想足够的发展情景,以满足不确定的未来。

8. 可计量的且财政可行的(Accountability)

无论政府部门还是私人部门都必须面临预算和其他资源的约束;应当尽力把资源的投入—产出纳入可计量范畴。"Accountability"也可以认为是"有责任的",负责尽职是治理的重要条件,无论政府部门还是私人部门、第三部门的组织,都应对其组织的利益相关者负起应尽的职责。

良好的管治除了以上 8 个衡量标准之外,还包括无缝隙政府(Seamless

---

① 对城市若干资源匹配产生的成长经济问题,将在"城市发展战略"一章进行专门说明。

② 敏捷已经成为现代城市获取竞争优势的重要途径,对敏捷的相关介绍,请参见第四章"城市发展战略"。

Government)、满足合理顾客"需求"等表现形式。

无缝隙组织以一种整体的而不是各自为政的方式提供服务,并且,无缝隙组织的一切都是"整体的、全盘的",它是一个完整统一的整体,无论是对职员还是对最终的顾客而言,它传递的都是持续一致的信息。把层级节制的官僚机构转变为无缝隙组织的"政府再造"过程,就是创建面向顾客、服务公众的创新性组织,以满足顾客无缝隙的需要,提升政府的绩效和服务质量的过程。顾客导向、竞争导向、结果导向是创建无缝隙政府的重要内容。[①]

满足顾客合理"需求"则要求政府在其管理过程中将管理作为一种产品提供给被管理者,即从管理中获得效用的"顾客",要求做到:(1)努力提升各个产品和服务的价值,满足顾客需求特别是个性化需求所具有的价值;(2)以无缝隙的方式追求顾客成本的最小化,顾客成本就是顾客在使用公共产品和服务过程中的费用和付出,它表现为顾客所支付的货币成本与整个过程中所消耗的时间、体力、精力等非货币成本的总和;(3)强化政府"内部顾客"意识,内部顾客是指公务员,因为作为内部顾客的公务员在政府管理过程中的参与程度和积极性,在很大程度上影响着"外部顾客"的满意度;(4)增强政府与顾客之间的沟通和互动。[②]

第二节 城市政府的体制与职能

体制是指组织方式和组织结构。城市管理体制是整个国家行政管理体制的有机组成部分,其作用是规范城市中国家机构之间的关系,以及城市中的政党组织和国家机构之间的关系,是城市管理得以实现的制度基础。城市管理的科学体制应当在城市管理中建立了政府部门既各负其责又整体联动的组织架构,建立了既发挥政府主导地位又有社会各种力量深度参与的主体体系,建立了公共财政投入不断加大、社会投入不断增长的经费保障体系,建立了既有客观统一标准的制度体系又有专业力量实施监督的效能评估体系。而其中,作为城市管理主体结构中最重要的组成部分,城市政府的管理体制是城市有序发展的关键性制度保障。研究如何在高效的城市管理体制之下,明确政府职能,构建与现代城市管理相适应的政府职能结构,具有十分重要的意义。

---

① [美]拉塞尔·M. 林登:《无缝隙政府:公共部门再造指南》,北京:中国人民大学出版社2002年版,第4页,转引自钱振明:《善治城市》,北京:中国计划出版社2005年版,第170页。

② 钱振明:《善治城市》,北京:中国计划出版社2005年版,第171页。

一、城市政府的管理体制

(一)城市政府管理体制的涵义

城市管理体制是城市的行政组织结构、职能结构、行政管理方式和行政运行机制的总和。城市管理体制是一个国家政治、行政体制的重要组成部分,它的构成可以反映出一国政体的基本特征,因此它的发展必然要受到一国政治、经济、传统文化等诸多因素的影响。[①]

城市管理中最主要、最直接实施管理活动的主体是市行政系统,即城市政府。城市管理体制中行政管理体制是其主要构成部分,也是城市管理体制研究的重点,它与城市政党组织、权力机构、司法机构共同构成城市管理体系,而且是城市管理活动最主要的承担者,也是最主要的具体实施者;它在整个城市权力系统中虽不是核心,也不是最高权力机构,但却是最主要的构成部分。另一方面,市行政体制要受到其他权力体系的制约,并且是相互制约、相互依存的。城市管理体制是一个有机整体,城市管理是由这个有机的整体共同完成的。

因此,我们认为,城市政府管理体制是关于城市政权机构,特别是城市政府的建制、地位、职能配置和机构内外上下权力关系以及运行机制的各种制度规范的总和。

(二)城市政府管理体制的内容

根据上述对于城市政府管理体制概念与内涵的界定,城市政府管理体制包括以下四个方面的内容:[②]

1. 市建制体制

市建制,实际上是国家为了便于对城市地区的管理而设置的一级政权机构,是人类历史的一大进步,也是研究城市政府管理体制的前提。它包括设市的标准,市的行政地位,市的自治(或自主)权力,市与中央、省(州)的纵向权力关系,市的下级行政建制,如市管县、市辖区、市辖乡、镇等。

---

① 王雅莉:《市政管理学》,北京:中国财政经济出版社 2002 年版,第 67 页。与之相近的概念是市政管理体制的含义,它是整个国家行政管理体制的有机组成部分,其作用是规范城市中国家机构之间的关系,以及城市中的政党组织与国家机构之间的关系,是市政管理得以实现的制度基础。从政治性主体角度,这两个概念是基本一致的。

② 此部分内容引自王雅莉主编:《市政管理学》,北京:中国财政经济出版社 2002 年版,第 68-69 页。

2. 市政府构成体制

包括城市国家政权的构成及其相互关系。从世界范围看,一般多由市议会、市行政、市司法三部分组成,各自分掌一部分公共权力;但有的只由一个议行合一的委员会组成,有的由市行政系统与执政党紧密结合构成市政府核心,而市权力机构和司法机构围绕这个核心运转,构成实质上的"城市政府"。我国城市国家政权,由市人大及其选举产生的市人民政府、市人民法院和市人民检察院组成,通常概括为"一府两院"。

3. 市行政管理体制

包括市行政领导体制(如市长负责制、委员会制等)、市行政管理跨度和管理层次的有机结合体、市政府各职能部门与本级政府与上级对口业务部门的权责关系及其运行机制等。市行政管理体制是市政管理体制大框架中的小网络,其关键是把国家赋予城市政府的职权与职责(法律法规)落到实处。目前,我国市行政管理体制中主要包括城市规划、建设、管理等机构的行政领导体制;市政管理系统内各机构的职能及权责关系。市政管理系统各组织机关的职能,由相应法律法规来规定,其权责结构由职能体系决定。

4. 市公共事务管理体制

市公共事务管理体制也称市权力系统权责关系,即在城市公共事务管理系统中,政府、事业单位及企业单位之间的关系定位。城市公共事务管理,不同于单纯的城市政治管理,它不能不涉及与市政公共管理有关的事业、企业单位的性质和职能。城市管理体制中的政、事、企关系错综复杂,彼此制约,这是由城市管理的特点所决定的:首先,城市管理中许多经营内容属于社会福利性质、不以盈利为目的的社会经济活动的社会组织,其资金大多由市政府出资或补贴;其次,城市管理公共事务管理包含大量作业性的管理活动,需要由企业来进行,这样的企业在某种程度上兼有了政府、事业单位的特征。于是,政企关系、政事关系、企事关系纠结于城市管理的全过程。从世界范围的城市管理来看,政府与承担城市管理业务的事业或企业都存在着不同程度的矛盾。我国目前基本上是采取事业单位或市政府监督下的委托企业单位经营的方式。

以上四方面的内容中,市建制体制是城市政府管理体制存在的前提,没有城市建制就谈不上城市政府管理体制,因此,城市政府管理体制首先应包括市建制体制;市政府的构成体制是城市政府管理体制运转的制度基础,其关键在于城市权力系统之间及其上下级之间的权责配置关系;市行政管理体制则是城市政府管理体制研究的重点;而城市政府管理体制的核心问题则是在城市公共事务管理过程之中,各部门如何实现其职能。

(三)我国城市建制体制

市建制体制又称城市行政区划体制,包括设市的标准、市的行政地位、市的设置模式和市的下级行政建制四个方面的规定。

1. 设市的标准

"城市"与"建制市"在行政管理的角度不是同一个概念。通常所说的"市镇"、"乡镇"也与"建制镇"有区别。

正如绪论里提到的,城市或者市镇是社会经济发展到一定阶段的产物,它不是靠行政手段人为地确定的。建制市和建制镇则不同,它是在发展形成的城镇基础上,按照国家规定的标准和条件,经上级政府批准而设置的地方行政单位。因此,并非所有的城市都是建制市,也并非所有的市镇、乡镇都是建制镇,它们的设置是有一定标准和条件的。

建制市通常称为"市",新中国成立以来,我国的设市标准作过多次调整。

1993 年 5 月 17 日,国务院批准了民政部《关于调整设市标准的报告》,对设市标准再一次作出调整。新标准针对过去设市标准的指标体系不够完善、不够具体明确的缺陷,新增加了一些设市指标,对人口密度不同的地区设立了不同的指标体系,并且对地级市的设置标准作出了明确规定。具体规定如下:

(1)设立县级市的标准

①人口密度每平方公里 400 人以上的县,达到下列指标,可设市撤县:

A. 县人民政府驻地所在镇从事非农产业的人口(含县属企事业单位聘用的农民合同工、长年临时工,经工商行政管理部门批准登记的有固定经营场所的镇、街、村和农民集资或独资兴办的第二、三产业从业人员,城镇中等以上学校招收的农村学生,以及驻镇部队等单位的人员,下同)不低于 12 万,其中具有非农业户口的从事非农产业的人口不低于 8 万。县总人口中从事非农产业的人口不低于 30%,并不少于 15 万。

B. 全县乡镇以上工业产值在工农业总产值中不低于 80%,并不低于 15 亿元;国内生产总值不低于 10 亿元,第三产业产值在国内生产总值中的比例达到20%以上;地方本级预算内财政收入不低于人均 100 元,总收入不少于 6 000 万元,并承担一定的上解①支出任务。

---

① 上解指下级经办机构为上级经办机构组织并上缴收入。

C. 城区公共基础设施较为完善。其中自来水普及率不低于 65%，道路铺装率不低于 60%，有较好的排水系统。

②人口密度每平方公里 100－400 人的县，达到下列指标，可设市撤县：

A. 县人民政府驻地镇从事非农产业的人口不低于 10 万，其中具有非农业户口的从事非农产业的人口不低于 7 万。县总人口中从事非农产业的人口不低于 25%，并不少于 12 万。

B. 全县乡镇以上工业产值在工农业总产值中不低于 70%，并不低于 12 亿元；国内生产总值不低于 8 亿元，第三产业产值在国内生产总值中的比例达到 20%以上；地方本级预算内财政收入不低于人均 80 元，总收入不少于 5 000 万元，并承担一定的上解支出任务。

C. 城区公共基础设施较为完善。其中自来水普及率不低于 60%，道路铺装率不低于 55%，有较好的排水系统。

③人口密度每平方公里 100 人以下的县，达到下列指标，可设市撤县：

A. 县人民政府驻地镇从事非农产业的人口不低于 8 万，其中具有非农业户口的从事非农产业的人口不低于 6 万。县总人口中从事非农产业的人口不低于 20%，并不少于 10 万。

B. 全县乡镇以上工业产值在工农业总产值中不低于 60%，并不低于 8 亿元；国内生产总值不低于 6 亿元，第三产业产值在国内生产总值中的比例达到 20%以上；地方本级预算内财政收入不低于人均 60 元，总收入不少于 4 000 万元，并承担一定的上解支出任务。

C. 城区公共基础设施较好完善。其中自来水普及率不低于 55%，道路铺装率不低于 50%，有较好的排水系统。

通知同时规定，对于一些特殊地区，设市时条件可以适当放宽。

(2)设立地级市的标准

①市区从事非农产业的人口 25 万人以上，其中市政府驻地具有非农业户口的从事非农产业的人口 20 万人以上。

②工农业总产值 30 亿元以上，其中工业产值占 80%以上；国内生产总值在 25 亿元以上；第三产业发达，产值超过第一产业，在国内生产总值中的比例达 35%以上。

③地方本级预算内财政收入 2 亿元以上，已成为若干市县范围内中心城市的县级市。

比起 1986 年的设市标准，这一次的标准更全面、更科学、更合理。如对"非农业人口"和"具有非农业户口的人口"的区分,以人口密度分类规定标准,增加了若干经济指标、市政基础设施指标等,使设市标准更趋完善。①

当然,从发展趋势看,随着城市化水平的提高,未来我国的设市标准可能在社会、经济指标上进一步完善,在对县人民政府所在镇的设施考量上有所加强,而在县非农人口总量和比例上有所放松。

2. 市的行政地位

市的行政地位是指城市在国家的行政区划级别中所处的等级和行政隶属关系。我国目前的建制市分为四个行政层次,即直辖市、副省级市、地级市和县级市。

(1)直辖市

直辖市是指由中央政府直接管辖,其行政地位相当于省一级的市。目前我国有四个,即北京、上海、天津、重庆。

(2)副省级市

副省级市的行政隶属关系仍属原所在的省,但行政地位高于地级市,略低于省级,故称副省级市。副省级市是在20世纪80年代计划单列市的基础上产生的。计划单列市是指国民经济和社会发展计划在国家计划中单列户头,由国家直接下达计划,具有相当于省一级的计划决策权和经济管理权的有重要地位的中心城市。1984年,重庆实行计划单列,第二年武汉开始计划单列,随后又确定了12个计划单列市,依次为沈阳、大连、广州、西安、哈尔滨、青岛、宁波、厦门、深圳、南京、成都、长春。但计划单列市只是享有相当于省一级的某些经济管理权限,并没有相应的行政权力,其行政地位也无明确规定。随着社会经济的发展和改革的不断深化,1994年3月,中央为了进一步发挥中心城市的作用,由中央机构编制委员会发出通知,将广州等16个城市的行政级别定为副省级。这16个城市包括原来的14个计划单列市,另增加杭州、济南。重庆于1997年直辖后,目前我国共有15个副省级市。

(3)地级市

地级市是指其行政地位相当于地区(原称专区)或自治州一级的市,新中国成立之初称为省辖市,其行政隶属关系直接归省管辖,1983年正式称为地级市。截至2008年底,我国共有地级市283个。

(4)县级市

县级市是指行政地位相当于县一级的市,过去曾经叫"专辖市"、"地辖市",

---

① 报告还指出,"设立县级市及地级市标准中的财政收入指标,将根据全国零售物价指数上涨情况,由民政部报经国务院批准适时调整"。这就为我国在高经济发展速度下的科学设市留有了更好的缓冲空间。

属地区管辖,地区撤销后,一部分归省辖,一部分归地级市、副省级市等代管,1983 年正式称为县级市。截至 2008 年底,我国共有县级市 368 个。

3. 市的下级行政建制①

我国目前的建制市,就其下级行政建制而言,分为辖区的市和不辖区的市。不辖区的市一般是县级市,辖区的市为地级市、副省级市和直辖市。

市辖区是由市管辖的一级行政区划单位,是市的下级行政建制,其行政地位相当于县。直辖市的市辖区地位高于县,或相当于自治州(即地级),或介于自治州与县之间。

市辖区设区人民代表大会及其常务委员会,区人民法院(基层人民法院),区人民检察院,区人民政府和中国共产党区委员会。市辖区的政权机构其独立性相对较小;主要是作为市级政权机构的助手,协助市级政权机构对城市进行管理,但区市之间,尤其是区政府与市政府之间,应当有明确的权限划分。

一个市辖多少个区,应根据具体情况而定,并无统一规定。辖区多可至十几个,少则仅 1 个。如四川省遂宁市仅辖市中区 1 个市辖区,重庆市直辖前辖 9 个区,直辖后市辖区多达十几个。

市辖区不等于市区,市辖区可能是市区,如北京市东城区、宣武区,也可能是郊区,如北京市的平谷区,也可能兼有市区和郊区。

市辖区也不等于市辖区域,市辖区是一个法律、行政概念,是一种经法律确认的行政建制;市辖区域是一个地理概念,是市所管辖的行政区域的总称。

我国城市行政管理,实行"两级政权三级管理"体制。两级政权即市、区两级,三级管理即市、区、街道。

街道办事处是市辖区或不设区的市政府的派出机关。根据《宪法》和《地方组织法》规定:"市辖区和不设区的市人民政府,经上一级人民政府批准,可以设立若干街道办事处作为它的派出机关。"

1980 年 1 月 8 日,五届人大常委会重新公布 1954 年一届人大常委会第四次会议通过的《城市街道办事处组织条例》,新中国成立以来几经起伏的城市区街体制和工作步入正常状态。

目前我国街道机构的设置大致如下:(1)党的系统,即街道党委(或称工委)。设书记、副书记、组织、宣传、纪委等职务和部门,包括党领导的人民团体——工会、妇联、共青团的工作部门。(2)行政系统。设街道办事处主任、副主任,设办

---

① 参见张党文编著:《市政管理新论》,成都:四川人民出版社 2003 年版,第 190-192 页。

公室、民政、城管、市容、人防、文教、计划生育、经管办、综治办等工作部门,还有二级机构如劳动就业、环卫所等。(3)事业单位和垂直机构。如房管所、工商所、税务所、公安派出所等。

街道办事处的职能主要有:(1)城市管理职能,如市容市貌、社会治安、民政管理等;(2)经济职能,即创办和主管经济实体;(3)协调职能,即协调辖区内单位之间、居民之间、街道与居民之间、街道与居委会之间的关系;(4)指导职能,主要指导居委会的工作。

目前我国街道办事处与区(市)之间的关系与权限划分存在诸多问题,需要进一步明确和理顺;街道办事处的职能、机构及运作机制仍需进一步改革。

(四)我国的城市政府构成体制

从世界范围看,一般多由市议会、市行政、市司法三部分组成,各自分掌一部分公共权力;但有的只由一个议行合一的委员会组成,有的由市行政系统与执政党紧密结合构成市政府核心,而市权力机构和司法机构围绕这个核心运转,构成实质上的"城市政府"。我国城市国家政权,由市人大及其选举产生的市人民政府、市人民法院和市人民检察院组成,通常概括为"一府两院"。以下我们来讨论它们之间的关系:

1. 中共市委与城市政权机关的关系

中共市委是我国执政党——中国共产党在城市的组织机构,是中国共产党中央委员会的地方组织。它对城市国家政权机关,包括市人大、市人民政府、市人民法院、市人民检察院起着领导作用,处于领导地位,其作用主要体现在政治领导、思想领导和组织领导三个方面。但在处理党与城市国家权力政治系统的关系时应坚持三个原则:坚持党的核心领导地位原则;依法活动原则;职能分工原则。

2. 市人大与"一府两院"的关系

市人民代表大会在城市国家机构体系中居于首要的、最高的地位。它与"一府两院"在统计城市政权体系行政级别虽相同,但权力地位更高,不是完全并列的,而是从属的地位。

3. 市人民政府与司法机关的关系

市人民政府与市人民法院、市人民检察院都对市人大负责并报告工作,隶属于市人大,三者地位是并列的。三者职能范围不同,相对独立开展工作,互不干预对方工作范围内的事务。三者之间又有一定联系和影响:人民检察院和人民法院对政府机关和行政人员实施法律监督,以促使其遵纪守法、依法行政;三者之间在工作上相互配合。

(五)我国的市行政管理体制[①]

市行政管理体制是指市的行政组织结构、职能结构、行政管理方式和行政运行机制的总和,是国家行政体制的重要组成部分,是国家行政体制在城市的延伸,它具有一般行政体制的主要特征。

1. 市行政管理体制的主要形式

城市行政管理体制的主要形式包括:首长制和委员会制;集权制和分权制;层级制和职能制;完整制与分离制。这些体制机制从不同层面刻画了城市行政管理体制的最基本架构。

凡政府组织法定的最高行政决策权力和责任,赋予一人承担者,称为首长制;赋予集体承担者,称为委员会制。

集权制是指行政权力集中于上级机关,下级机关没有或很少有自主权;分权制是指上下级依法各负其责,下级行政机关在法定管辖范围内有自主权,上级机关不得干涉。

层级制是指政府组织纵向分作若干层级,每个层级所管业务性质相同,各对其上级负责,但其管辖范围随层级下降而缩小。职能制是指政府组织平行划分若干部门,各个部门所管业务内容不同,但所管范围大体相同。

完整制又叫集约制或一元统属制,是指同一层级的各个机构或一个机构的各个组成部门完全集中于一个首长或一个机关的指挥监督之下,只存在单一的领导隶属关系。分离制又称独立制或多元统属制,是指同一层级的各个机构或一个机关的各个组成部门不集中在一个首长或一个机关的指挥监督之下,存在着多元的领导隶属关系。

从这四个侧面,我国城市政府的行政管理体制可以归纳为:建立在集体讨论基础上的首长负责制;纵向层级的集权制;层级制与职能制相结合;完整制与分离制相协同。这种行政管理体制建立在民主集中制的基础之上,其旨在既保证决策的高效、科学,机构的合理设置,又兼顾行政的民主性和低成本。

2. 市行政管理体制的运行机制

一般而言,机制是指有机体的构造、功能及其相互关系。市行政管理体制的

---

① (五)(六)部分可参见张觉文编著:《市政管理新论》,成都:四川人民出版社 2003 年版和张永桃主编:《市政学》,北京:高等教育出版社 2000 年版中的相关论述。

运行机制主要指行政运行的主要环节和各环节相应的机制。

市行政运行的主要环节有决策、执行和反馈。其中决策是关键的环节,它决定着市政工作的目标和方向;执行是对决策的落实,是政策目标的实现过程;反馈是对决策和执行的效果评估,是正确的修正、补充、更改原有决策的行为过程。

市行政运行各环节相应的机制包括决策机制、执行机制、信息咨询机制、监督和反馈机制。以下主要介绍市行政运行三个环节及其机制。

(1)决策机制

决策机制包括决策领导体系、各决策机构的职权、决策方式、决策内容等。

市政决策包括市政治决策、市权力决策、市行政决策,决策领导体系主要由中共市委、市人大及其常委会、市政府组成。其中,中共市委在决策中处于核心地位,它所作出的政治决策决定着市政管理的政治方向、政治原则,是中共市委对城市公共事务的原则性决策和安排,主要是制定重大方针、政策以及市政管理、市政改革方面的重大措施;市人大及其常委会的权力决策是城市所辖区域内具有最高法律效力的决策,其职能作用和决策内容主要是立法和监督;而市行政决策是市政管理中主要的、经常性的一种决策。

(2)执行机制

执行机制包括执行体系、执行过程、执行环节和执行手段。执行是相对于决策而言的,市政执行是指城市政府以贯彻市政决策为核心的职务行为,是市政府和它的工作部门以及工作人员执行市政决策中枢的决策、指令和法律法规的过程。

行政执行的主要环节包括行政计划、行政组织、行政指挥、行政沟通、行政协调、行政监督、行政控制。行政执行的手段主要有行政、经济、教育、法律等手段,具体而言包括行政命令手段、政治宣传手段、例行业务手段、发包招标手段、利益诱导手段、组织行动手段、司法救助手段、直接强制手段。

(3)反馈与监督机制

行政反馈是指在行政过程中,由行政决策和行政执行所引起的反应,这种反应通过相对固定的渠道回归传递给决策主体,使其能据此对原有的目标和措施、行为进行评估、修正、补充或更改。行政反馈是信息沟通的一种形式,是政府上层组织了解其下级组织的有效途径,也是政府与社会公众沟通的有效途径。政府的反馈机制包括反馈制度的建立、信息咨询机构的设置、人员的配备、反馈方式方法的完善、反馈渠道的建立等。

监督机制包括监督制度的建立,监督主体的作用,权力的规定,监督方式、方法,监督渠道的建立等。行政反馈中的市长公开电话、对话制度、与人民代表定期联系制度等就属于监督制度的内容。我国城市监督主体及其作用和权力,包括市人大及其常委会的立法监督,司法机关的司法监督,中共市委的政党监督,行政机关的行政监督,市人民团体和市民的群众监督,新闻媒体的社会舆论监督等。

(六)城市公共事务管理体制

城市公共事务管理体制是市政管理职能的直接体现。关于市行政管理体制的职能结构,关系到城市公共事务的管理,是市政体制的重要内容,也是我国市政体制改革的重要内容,涉及的内容也比较具体。这里仅将城市公共事务管理中的执行部门机构列出。市政府的执行体系主要包括以下几类部门:

1. 宏观调控部门,包括发展和改革委员会①、经贸委、财政局。

2. 专业管理部门,又分为经济建设管理部门,如外贸局、交通局、农林局、城乡建设委员会等;社会管理部门,如教育局、文化局、卫生局、劳动与社会保障局、民政局、人口和计划生育委员会、人事局等;政治司法部门,如公安局、安全局、司法局等;监督服务部门,如审计局、监察局、工商行政管理局、质量技术监督局等;政府直属办公办事机构和直属事业单位,如市政府办公室、政策研究室、外事办公室、档案馆、图书馆等。

3. 受中央或省垂直领导和市政府双重领导的执行机构,包括国税局、国土局、地震局、气象局、烟草专卖局等。

4. 市辖区、县政府及其内设职能机构。

5. 市政府根据工作需要设立的各种临时机构,包括各种形式的领导小组、指挥部、办公室、委员会等,如抗洪救灾指挥部、扶贫救济领导小组等。

以上五类执行机构的职能、性质各不相同,有国家行政序列中和序列外的,有双重领导的,有事业性质的,它们与市政府的关系有所区别,在执行过程中的地位和作用也不一样。上述第一、第二类执行机构属于市政府的工作部门和直属机构,它们直接听命于市政府,是执行过程中的主要承担者,这其中,宏观调控部门的地位和作用更为重要,因为它们的工作范围是综合性的、全局性的,在行政决策中也起着重要作用。市辖区和县有区别,区更多的是执行市的决策,自身

---

① 据2003年3月十届人大一次会议讨论通过的《国务院机构改革方案》,国家发展计划委员会改组为国家发展和改革委员会,并将国务院体改办的职能并入发改委,将国家经贸委的部分职能划归发改委。市级政府的对应机构也在逐渐做对应的调整。

独立自主权力相对县较少,而县虽然也是市政府决策的执行者,但拥有相对独立的行政决策权和地方利益;市政府对县的领导更多是宏观上的、原则上的,并不直接、具体地安排县政府的工作。双重领导的机构,不仅要执行市政府的相关决策,而且要执行垂直管理的上级领导的决策。在双重领导下,对于执行市政府的决策有相对独立的自主权。临时机构是市政府批准成立的,有市政府明确的授权,它们是市政府决策的执行者,但同时也有自己的决策权。

应当说明的是,我们前面说过,决策即是执行,因为执行寓于决策之中,因此,上述所有执行机构绝不仅仅只具备执行职能,在执行过程中,它们同样有决策,只是这种决策是执行中的决策,是为执行上级决策而作出的决策,我们称之为执行性决策,以区别于市政府的行政性决策。

当前,配合国家"大部制"改革的潮流,城市管理体制的大部门体制也在逐渐建立,即将职能相近的部门整合重组为一个较大部门而形成的政府组织形式,以减少机构重叠、部门职能交叉、增强综合协调能力,使政府组成部门的数量保持适中精干。其核心目标是进一步转变政府职能,按照经济调控、市场监管、社会管理、公共服务的定位,推进政企分开、政资分开、政事分开、政社分开,真正承担起现代城市有限政府的职责。同时,"大部制"改革,以及随之而来的"部门合一化"将以往业务属性相同或相近的部门尽可能进行了归并,有利于优化组织结构,提高行政效能,加强部门协调,降低行政成本。而"大部制"改革首先要解决的就是城市管理的决策、执行以及监督这三个环节之间的相互协调和相互制约的关系的制度化架构,打造顺畅高效的城市政府管理体制。

以广州的大部制改革为例①,2009 年 9 月广州颁布的大部制改革方案中,市政府工作部门和办事机构将由 49 个精简为 40 个,其中调整、撤并的机构达到29 个,占总数的 58%。在机构设置调整方案中,将原有的城市政府职能加以梳理,打造诸如"大建委"、"大城管"、"大人力资源"等部门,实现了同类职能的部门化统合。

除"大部制"改革之外,城市政府行政审批制度改革也是城市公共事务管理体制优化的重要举措。通过集中审批制度的建立和完善,将各个委办局的审批职能集中到一个处室,集中办公,可以有效降低公共事务管理部门之间的协调成本,防止推诿、扯皮等现象的出现,提高办事效率。当前,天津、上海、青岛等地的改革已经取得了一定成效,积累了很多改革成功经验。

---

① 案例参考 http://news.sohu.com/20090925/n266988932.shtml,《广州大部制改革解读:三权相互分离又相互配合》。

以天津为例,天津的行政审批制度改革主要包括以下措施:

(1)以政府规章的形式规范行政审批制度,对行政审批管理机构的设立和职责、集中审批、效能监察等内容作出明确规定。

(2)设立行政审批管理机构——行政审批管理办公室,以市政府派出机构形式设立,规格为局级。

(3)成立行政许可服务中心,将市级行政许可事项纳入大厅统一管理,基本实现了具有审批权部门的全部入驻。

(4)实现实质审批,全程办结。要求入驻部门前台接受人员和后台审批人员同时进入,实行首席负责制、充分授权,受理、审批在中心全程办结,解决"只受不理"的问题。

(5)设立要素配置平台和社会服务平台,保证规范透明运作,实现服务信息对接。

二、现代城市政府的职能

城市政府职能是指城市政府在依法管理城市公共事务中所承担的职责和具有的作用,从动态来看,它是城市政府行使职权、发挥作用的一系列活动的总称。在我国,广义的城市政府职能包括国家在城市内的政治、经济、文化和社会管理事务方面的重要职责和功能,在城市管理过程中体现为法律、法规和上级政府决定的执行。而狭义的城市政府职能主要是指城市政府在城市环境、城市规划、城市建设、城市服务和城市管理等方面的职责和功能,同时也包括组织本市的政治、经济、文化和社会活动,管理地方公共事务,为城市居民提供优质高效的公共服务。

(一)城市政府职能的特征

城市社会与乡村社会相比,具有人口和公共事务高度集中的特点,与此相联系,乡村社会关系简单,在文化上具有同质性、封闭性和一元化的特点,而城市社会关系复杂,具有异质性、开放性和多元化的特点,与乡村社会形成鲜明的对照。因此,在城市社会集聚了大量而复杂的城市公共事务,从而使城市规划、建设、管理和服务工作产生了一种规模效应,形成了现代城市政府特有的职能结构。具体说来,城市政府职能具有广泛性、服务性、规范性、自主性和多样性特点。

1. 广泛性

由于城市公共事务复杂多样,分工细致,加之我国城市社会自治组织和社会组织尚在发育之中,所以,从邻里关系、社区卫生、居民福利、商业网点、公共设施到整个城市的规划和建设事务,都要纳入政府的管辖范围,从而使城市政府职能比其他地方政府职能更加广泛多样。

2. 服务性

在乡村社会,农民是具有自主生活能力的人,农民的基本生活大都能够自给自足,农村的公共事务也大多是自助性的;而在城市社会则完全不同,市民的衣、食、住、行等,样样都离不开政府所提供的支持及援助,离不开政府或公营机构所提供的公共服务。服务职能体现了城市政府的本质,服务是城市政府的天职。

3. 规范性

法治政府起源于近代以来的城市,随着城市化的迅速发展,城市政府管理现代化的主要标志就是法制化和科学化,而法制化的首要任务就是将城市政府的职能范围、权责关系和政府职能实现方式纳入法制的轨道,保证各种城市事务间的相互协调和整合,调整和发展各项政府职能,从而确保城市政府职能的规范性和稳定性。

4. 自主性

在现代社会,城市是国家或区域社会经济、政治和文化生活的中心,在国家行政体制中发挥着独到的作用,其职能的实现也具有相对独立性;同时,城市社会自成一体,城市社会关系和城市事务也有其特殊性,无论从时间上、经济上,还是从效果上看,城市事务中的环境、能源、规划、建设、住宅、交通、福利、卫生、治安、消费等都自成体系,具有较大的独立性,适合由城市政府自主地实施管理。

5. 多样性

现代城市政府职能范围广、跨度大,城市公共事务结构复杂,功能多样,加之行政环境的剧烈变动和行政技术的飞速发展,以至政府在管理这些公共事务、实现其各项职能时,不得不采用多种手段、途径和方式,以适应不断变化的新情况,保证城市政府的各项职能和管理决策得到顺利实施。

(二)城市管理职能分类

我们从不同角度把城市政府职能分为若干类型,以便从各个角度透视结构复杂、内容丰富的城市政府职能。[①]

1. 传统职能和现代职能

按产生的时代可以将城市政府职能分为传统职能和现代职能两种类型。

---

① 此处1、2、3内容参见张觉文编著:《市政管理新论》,成都:四川人民出版社2003年版,第241 - 242页,编者进行了修订。

传统职能，是指城市发展历史过程中初期出现并保留至今的职能，例如治安管理和消防职能等。这些职能主要产生在古代和近代消费型城市，各项职能都和市民的生活息息相关。传统的城市政府职能依然保留着它的生命力，并随着城市社会生活的复杂化而日益发展（如传统的治安拓展到今天的反恐、防控疾病等），具有相对永久性、稳定性、基础性特征。

现代职能，是指第二次产业革命以后随着现代城市文明的发展而逐步兴起、并日益显示其重要性的职能。这些职能具有战略性、导向性，并且与城市自身的生存与发展密切相关。例如，城市规划、城市经济与产业振兴、环境保护、灾害救助等等。从发展趋势来看，现代职能的内涵不断扩充，正在从基于市内的视角走向区域和全球化，区域协作、城乡一体等正在成为新的职能。

2. 消极职能和积极职能

按职能的作用方式可将其分为消极职能和积极职能两种类型。

消极职能又称为防御性职能，是指通过限制性、保护性的手段，维持一个最低限度的城市社会、经济、生活秩序和生活环境以及谋生条件的职能。例如，治安管理、环境保护和减灾救济等。消极职能在城市发展早期曾是主导性的城市政府职能，在现代城市管理中依然发挥着不可缺少的重要作用。

积极职能又称建设性职能，是指在基本的秩序和安全得到保障的前提下，采取鼓励、计划、组织、导向、指挥等主动手段，谋求为城市社会提供更好的服务、更便利的条件、更富足的生活的职能。例如，城市土地管理、市政设施建设等。消极职能和积极职能是相对而言的，消极职能主要是限制事物向坏的方向演化，积极职能是使事物朝更好的方向发展，两者相辅相成，缺一不可。

3. 内向职能和外向职能

按职能的服务方向可将其分为内向职能和外向职能两种类型。

内向职能是指对城市政府的运营起支持作用的职能，其目的是向城市政府补充养料、收集信息，为城市政府正常运转打下人事、财务、物资、资料等方面的基础。例如，人事职能、财政职能、文秘职能、监督职能等。

外向职能是指面向城市社会的职能，其目的在于向城市人民以至城市之外的社会，提供一个优良美好的生产、建设、贸易、生活、娱乐的环境，并提供相应的服务。例如，环境保护职能、建设职能等。

4. 一般职能和专门职能

按职能作用领域可将其分为一般职能和专门职能两种类型。

根据现代城市事务的主要内容、特点和我国城市政府管理的实际情况，我们把城市政府和其他地方政府组织都具有的遍在性职能,称为"一般职能",其中主要是经济职能和社会职能;专门职能主要是城市政府特有的或特别突出的职能,其中主要有经济、社会、规划、建设、管理等职能。一般职能和专门职能共同构成我国城市政府的基本职能。

经济职能是指城市政府利用经济、财政、金融、法律和行政手段,从宏观上对城市经济进行调控、仲裁和服务,目的在于维护正常的经济秩序良性发展,促进经济的繁荣、物质的丰富和生活的改善。

社会职能主要是指城市政府社会公共服务方面的职能,目的在于维护良好的社会公共秩序,促进城市社会的良性发展,为市民提供优质高效的安全、福利、保障、科学、文化、教育等方面的公共服务。社会职能关心的重点是市民生活质量、市民素质的提高,建立完善的公共安全秩序,促进良好的社会风尚。

规划职能即城市政府依法制定的土地开发、资源优化、建设布局以及经济与社会发展为主要内容的中长期发展计划,目的在于预测城市经济和社会发展的趋势,为城市建设和管理提供思想、政策和制度依据。城市政府的规划职能主要体现在两个方面,即城市规划和城市国民经济与社会发展的中长期计划。

建设职能即城市政府在城市规划的基础上,组织规划项目的建设和实施,进而落实城市规划和国民经济与社会发展的中长期计划。城市建设职能既是落实各项城市规划的重要环节,也是满足城市人民生活需要、完善各种公共设施和公共服务的基本手段。它从总体上可分为城市物质文明建设和精神文明建设,两者相互依存、相辅相成,共同开辟城市发展的未来。

管理职能是在城市政府的各种规划项目落实以后,保证城市政治、经济、文化与社会生活秩序,维护城市能源、道路、交通、安全、市容、环境、卫生、防灾、消防等城市事务的正常秩序,对城市各项事务进行决策、计划、组织、协调、控制和监督,包括决策管理、过程管理、绩效管理、法制管理等内容,目的在于为广大市民提供优质高效的公共服务。

(三)我国城市管理职能的传统范围与分类

我国城市管理职能正面临着重大的改革调整,根据目前统筹规划、组织协调、信息引导、提供服务、检查监督的指导思想,城市管理职能的范围与分类内容大体如下:[①]

---

① 参见王雅莉主编:《市政管理学》,北京:中国财政经济出版社 2002 年版,第 101－103 页。

1. 城市规划与建设管理职能

在 1980 年 10 月国家建委召开的全国城市规划工作会议提出的"市长的主要职责,是把城市规划、建设和管理好"的方针,是新时期城市规划在国民经济和社会发展中综合职能作用的体现。城市规划与建设管理职能依据我国目前的市政府体制,包括三个方面:

(1)城市规划与管理职能

即由市国土规划部门依据国家法规和政策绘制城市一定时期的建设和社会经济发展蓝图的职能。国土规划部门负责编制本市总体规划;制定分区规划和年度建设规划;审查详细规划、小区规划;审批市规划区范围内的建筑物、构筑物和市政公用设施工程的建设;按规定监督检查规划的实施,检查处理各类违章建筑和设施。这些规划既是城市建设和管理的基本依据,也是城市建设和经济、社会发展的指南。

(2)城市建设与管理职能

即由市城建部门依据经批准的城市规划,实施城市具体建设项目的职能。主要包括:编制城市建设中长期发展规划;综合环境保护规划和建筑业、建材业中长期发展规划,负责全市的综发和各项基本建设,确定工程项目,对全市道路、桥梁、排水、堤防、市容、园林绿化、江河整治、环境卫生、风景区等进行建设和管理;住宅管理,房地产管理;负责全市的供水、供电、供热、市内客运等项公用事业的建设和管理;管理建筑工程施工企业和建材工业。

(3)环境保护职能

即由市环保局具体负责的贯彻执行国家环境保护法规政策,制定全市环境质量标准、污染物排放标准及其上应的基础方法标准的职能。具体来说,包括组织制定全市环境保护和城市环境综合治理中长期发展规划和年度计划中的大气、水质、区域、流域等专项环境规划;负责编制全市环保事业的发展规划,环境科研规划和计划;组织环保课题攻关和环境科研成果的审查、鉴定和推广工作;组织环境质量的监测、调查、评价,掌握污染和生态变化情况,开展环境质量管理;组织建立城市河流和大中型企业的监测网点;管理有污染工业品和有毒化学品的生产、进口和使用;指导环保工业生产发展,监督环保设备的质量和标准;查处污染案件,处理纠纷等职能。

2. 城市社会发展、社会控制与社会保障职能

这方面的职能内涵十分复杂,从主要方面来看包括:

(1)公安管理

其主要职能是预防和打击犯罪,与企事业单位的保卫部门共同保卫正常的

工作秩序,维护社会治安;户籍管理;维护交通安全;安全防灾,保护公共财产和人民生命财产的安全。

(2)司法行政管理

其主要职能是培养司法人才,加强司法行政队伍建设;领导法制宣传教育工业,普及法律常识,努力使国家各项工作纳入法制化、民主化轨道;贯彻以改造为主的方针,作好劳改劳教工作;领导管理公证、律师工作。

(3)民政管理

其主要职能是贯彻执行党和国家有关民政工作的路线、方针、政策,做好全市基层群众自治组织建设、优抚安置、减灾救灾、社会福利、殡葬管理、婚姻登讯、行政区划、社会救助和军供站等。

(4)计划生育管理

其主要职能是宣传贯彻计划生育政策,控制人口数量,提高人口素质;编制并组织实施人口计划和长远人口规划,并培训计划生育管理和技术服务人员;指导计划生育人口学会、协会的工作,探索人口结构的调整,搞好理论研究和群众工作。

(5)劳动和社会保障管理

其主要职能是负责全市劳动就业政策和劳动统计分析工作;负责城市养老、疾病、伤残等社会保障政策和基金管理;完善劳务市场建设,积极促进各单位开发劳动岗位,疏导城市流动劳动力;监督检查用工情况,落实国家劳动法规,保护劳动者利益;开导劳动力的基本教育和专业培训;搞好劳动保护和安全监察等。

3. 公共经济管理和经济振兴职能

我国城市政府对城市经济方面的影响,在计划经济时期是全方位的,改革开放之后,特别是 20 世纪 90 年代中期以来,随着经济体制改革的深入,市政府直接管理的城市经济事务大大减少,但公共经济管理的事务大大增加,除了城市规划与建设和社会服务的公共经济职能外,具体来说还包括:

(1)公共财政职能

即由市财政局负责的城市公共投资和其他公共支出、税收、转移支付等职能。

(2)公共产品供应和公共经济服务及其管理职能

即由市政府组织提供的解困房、公共保健、特殊物品供应等公共产品供应,和诸如职工培训、基础教育、学生餐等社区服务的管理职能。

(3)公共经济规制职能

即城市政府根据法规从保护和实现市民公共利益出发,针对市政经济活动中的市场失灵现象对城市公共事业(市政企业)的经济活动和行为进行的行政性约束,包括对价格、服务方式、投资规模、进入退出等方面活动的干预职能。

(4)城市经济振兴职能

即市政产业政策职能,是城市政府鼓励规模经济、保护中小企业利益、促进市场公平竞争秩序、经济信息公开、城市信息高速公路建设等产业发展振兴的经济管理职能。

(四)多元主体共治与城市政府管理职能的互补

现代城市管理的概念已经突破了传统意义上的城市政府市政管理,这种转变的核心诱因,在于城市管理领域的多元主体共治趋势,以及这种趋势在理论和实践领域的映射。一方面,正如前文所述,当前,城市发展过程中多元主体的差异化利益诉求,以及城市管理政府公权力难以有效发挥作用的领域,都对传统的城市政府管理职能提出了挑战。另一方面,由于城市管理多元主体在谋求利益最大化的同时,可以在共同利益的基础上,对城市发展的总体目标实现认同,并通过合力方式促成城市的良性运转。因此,现代城市之中,政治性主体以外的多元主体更加倾向于增强自身在城市管理领域发言权,弥补传统城市政府管理职能的不足和失灵。此外,信息社会的大背景为这种协作互动提供了更为多样化、迅捷化的可选择手段。

1. PPP 模式

PPP(Public-Private Partnerships)即公私伙伴关系。美国民营化大师萨瓦斯在《民营化与公私部门的伙伴关系》一书中把公私伙伴关系定义为三种意义:首先是广义界定,指公共和私营部门共同参与生产和提供物品和服务的任何安排,如合同承包、特许经营等;其次,它指一些复杂的、多方参与并被民营化了的基础设施项目;再次,它指企业、社会贤达和地方政府官员为了改善城市状况而进行的一种正式合作。[①] PPP 管理模式主要的适用范围是非纯公共物品的提供。在非纯公共物品的提供中引入私人投资,不仅仅是对财政投资不足的补充,更重要的是引入了私营模式的管理技术,从而提高了效率;然而,市场机制往往对公平考虑不足,因此必须让公共部门与其合作,来确保公共物品提供的公平性,特别是在一些具有自然垄断性公共物品的提供中,由于私营部门追求自身利

① [美]E.S. 萨瓦斯:《民营化与公私部门的伙伴关系》(第一版),中国人民大学出版社2002年版,第105页。

益的最大化,而不是社会利益最大化,所以会导致公共利益的损失。[①] 基于以上原因,要实现效率与公平的结合,公共部门必须与私营部门以一定的模式相互合作。PPP 模式的管理结构层次可以如图 1—4 表示:

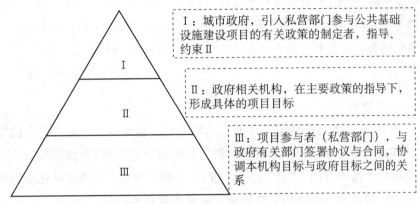

Ⅰ:城市政府,引入私营部门参与公共基础设施建设项目的有关政策的制定者,指导、约束Ⅱ

Ⅱ:政府相关机构,在主要政策的指导下,形成具体的项目目标

Ⅲ:项目参与者(私营部门),与政府有关部门签署协议与合同,协调本机构目标与政府目标之间的关系

图 1 - 4　PPP 模式的管理结构层次

在城市中,公共交通设施和环卫等潜在盈利领域的建设经常采用 PPP 模式。特别是,城市轨道交通基础设施,相对于一般的城市道路和桥梁设施建设,对私人投资有较大的吸引力,政府可以采取多种方式,鼓励社会资本参与投资,并由政府提供必要的财政资金进行补贴和引导。

案例:

2006 年 4 月 12 日北京地铁四号线《特许协议》、《资产租赁协议》正式签订,由香港地铁公司、北京首创集团、北京基础设施投资公司三方组建的京港地铁有限公司获得四号线为期 30 年的经营权。此次签约,宣告跨越 40 年历史的北京地铁首次出现新的运营主体,京港地铁公司、北京地铁运营公司将在今后地铁新线的经营中形成适度竞争格局。根据协议,京港地铁有限公司负责四号线车辆、信号、通信等主要设备约 46 亿元的投资建设任务,并在 30 年的特许经营期内负责四号线的运营和管理;在特许经营期结束后,再将项目设施完好、无偿地移交给市政府。

作为国内第一条实现特许经营的轨道交通线,地铁四号线采用了独特的 PPP(政府与民间合作)融资模式,一举吸纳社会投资 46 亿元,为突破北京

① 孙洁:《PPP 管理模式对城市公共财政的影响》,参见同济大学公共管理与公共政策研究所网页 http://pmpp. tongji. edu. cn/thesis/list. asp? id=125

基础设施建设资金短缺瓶颈提供了重要借鉴。在四号线项目中,151亿元总投资分为A、B两部分,A部分土建工程,投资额105亿元,由政府出资建设;B部分车辆、信号、自动售检票等设备,投资额46亿元,由京港地铁公司投资建设并获30年特许经营权。注册资本约15亿元人民币的京港地铁公司,由香港地铁和北京首创集团各持股49%,北京市基础设施投资公司持股2%。

《北京日报》2006年4月13日

2. 官学协作

近年来,学术界对于城市管理领域的影响日趋加大。学术界所拥有的专业知识从理论层面为城市管理的实践提供了相对科学的依据,为城市政府公权力的运用提供了基本方向。"官学协作"实际上可以视为城市管理领域优质资源的融合应用。这种融合通过相关学科研究对城市管理实践的渗透,大大增强了城市管理工作的科学性。而这种协作的方式也愈发呈现出多样化和灵活化的趋势。特别是大批"学者型官员"的出现,使得这种融合达到了一个更高的层次。

二战结束后,一些国家成功的发展道路直接得益于专家型官员。"东亚经济奇迹"就是一个典型。世界银行在总结东亚经济起飞的原因时,把"高素质的官员队伍"作为其中的重要因素。在这些国家和地区经济起飞过程中,一批受过系统现代科学教育,尤其是社会科学教育的人才,其中包括一些优秀学者进入政府,他们根据本国或地区的资源条件以及国际市场的需求制订经济发展计划,切实提高了决策的科学性和可行性,保证了这些国家和地区经济的长期增长以及社会的平稳转型。具体到城市管理领域,学者型官员具有如下若干方面的优势:首先,学者型官员对于所在领域知识的精深掌握,有助于在相应领域中发挥所长,提高分析问题和解决问题的质量,实现政府"外脑"与"内脑"的合一;其次,学者型官员与学术界有着比较密切的联系,能够较快获得各种新知识新信息,更新意识和知识储备,而这种密切联系也有利于他们在决策过程中获得学术界的支持;再次,学术训练中的科学精神和学术良知可能使他们更注重个人的修养和品德,具备知识分子的严格操守和批判精神。

此外,官学协作的模式还包括城市政府所举办的专题性论坛、城市政府领导与专家学者的制度化交流、专家学者承担城市政府的课题研究等。

3. 市民参政

如前文所述,市民参政是发展社会主义民主的重要切入点,是市民当家作主的集中体现,是廉政建设的推进器。具体来说,市民参政包括市民的政治参与、行政参与和社会参与等内容[①]：

市民的政治参与主要包括行使宪法和法律规定的各项政治权利和自由权利，履行公民和市民的政治义务，参与和支持城市立法机关、行政机关和司法机关的重大决策，向政府及其领导人员提出各种要求和建议，维护市民的合法权益，监督城市党政机关及其工作人员的政治行为，实现市民当家作主的民主权利，促进市政管理的法制化、民主化和公开化进程。

市民的行政参与主要包括参与城市政府的行政决策，阻止或促成某项政策的行为，向有关部门检举揭发行政机关及其公务员的违法失职和渎职行为，行使监督政府及其公务员的权利；参与城市的规划、建设和管理活动，维护城市公共设施和公共财产的安全，改善城市公共服务；促进行政管理的法制化、科学化和现代化。

市民的社会参与主要包括参与城市社区、基层居民自治组织和其他社会组织的各项活动，从事社区服务、拥军优属、残疾人援助和义工活动，参与城市教育、文化、体育、科技、医疗卫生、福利保障等方面的公共管理和公共服务。

近年来，我国许多城市在继承和发扬优良政治传统和政治文化的基础上，坚持"从群众中来，到群众中去"的政治路线，在加强市民参政，推进市政公开方面的主要尝试有：

（1）设立市长公开电话和信箱，随时听取市民的意见，解答市民提出的问题。

（2）实现现场公开办公制度，组织有关部门开赴现场，就地办理事务，解决困难问题。

（3）建立政府发言人制度，定期或不定期地举行记者招待会，公开市政府近期工作状况和目标。

（4）举行公开的市政对话会或市政讲评会，由市党政机关主要负责人与市民直接对话，并对市领导班子进行评议。

（5）实行公开办事制度，把市政机构的职责、权限、工作方式、工作程序，以及工作人员的姓名、年龄、性别和具体职责等张榜公布，实行挂牌服务，并印刷成册，摆放在政府业务部门的窗口或其他地方，由市民自由取阅。

（6）公开市党政机关重要领导人的活动、去向，包括日程、出国、出访、收入、住房、用车、子女、财务等，以便于广大市民的公开监督。

（7）将重大市政决策和与市民息息相关的公共事务公之于众，允许记者采访，报道有关会议，并创造条件，允许市民旁听某些会议。

---

① 具体内容参见张永桃主编：《市政学》，北京：高等教育出版社2000年版，第192—199页。

(8)通过互联网,将有关城市管理的法律、法规、政策和以上诸项内容公布于政府网站,便于市民了解、查询、沟通。

第三节　促进多元主体共治的城市管理方式方法创新

随着城市的发展,现代城市管理益发凸显出其综合性和复杂性,城市管理领域出现日益严峻的高成本、低效率,规划、建设、运行管理的脱节等问题。这些问题的涌现更彰显了对城市管理领域多元主体共治的诉求。"工欲善其事,必先利其器",包括许可、公示、公告等在内的传统管理工具使用频率高、运行成本比较低,然而由于传统工具传递的信息量少,使得政府行政的透明度降低,公民参与城市管理的程度不足。多元主体共治,政治性主体与参与性主体的和谐互动的理念在实践方面的探索和尝试,需要以迅猛发展的信息技术为依托,实现城市管理方式方法创新。通过信息化手段,突破管理体制障碍,针对城市运行过程中出现的问题,面向公众和社区的多层次要求,回应多元主体的利益表达,能够不断提升城市服务能力,促使城市管理开始由粗放低效向精细敏捷方式转变。

一、电子政务与电子政府

电子政务(Electronic Government Affair)是信息化的产物。对于政府的管理运行来说,信息化能够实现政府政务信息直接的、网络化、互动式以及分布式交流。电子政务是指政府机构运用现代计算机技术和网络技术,将其管理和服务职能转移到网络平台上去完成,同时实现政府组织结构和工作流程的重组优化,并减低系统反应时间。其主体结构如下图(图1-5)所示:

电子政务包含三个方面的内容:一是政府机构及其工作人员从网络上获取信息,包括机构内部的工作流信息和从机构外部获取的业务信息;二是政府机构通过网络发布政务信息,供社会了解和使用,即"政务公开";三是政府事务在网络上与社会公众的互动处理。电子政务的最终目的是实现办公信息化、政务公开化、管理一体化以及决策科学化。由于电子政务是一种交互式的管理模式,实现了政府资源、企业资源和社会资源的整合,所以电子政务能够降低管理成本、提高行政监管的有效性,可以带动基础设施发展,还可以推进民主化建设、激发城市住民参与管理的积极性。

电子政府(E-Government)是指在政府内部采用电子化和自动化技术的基

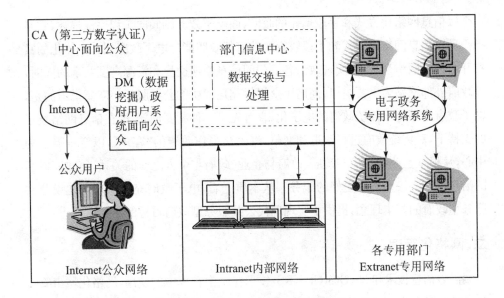

图1-5 电子政务网络系统结构图

资料来源:参见 http://www.cycs.com.cn/secend/dzzwj7.htm

础上,利用现代信息技术和网络技术,建立起网络化的政府信息系统,并利用这个系统为政府机构、社会组织和公民提供方便、高效的政府服务和政务信息。[①]"电子政府"实质上是将工业化模型的大政府(特点是集中管理、分层结构、在物理经济中运行)转变为适应以知识经济为基础,同时适应社会不断发展变化的虚拟政府(新型公共行政管理模式)。其功能一是通过政府业务信息化,精简机构和简化办事程序,大幅度提高效率;二是为公众、为社会提供优质服务;三是以政府信息化推动社会信息化。

"电子政府"的基本特点是:

(1)是由信息、通信技术和法律支持的虚拟政府,具有跨地域、跨机构的特性,是在政府、社会和公众之间建立的信息服务与办公业务体系。

(2)电子政府的作用和目标是通过计算机网络,高效率地为社会和公众服务,履行政府职能。

(3)电子政府建设与运行的结果将使基于工业化模型的大政府转化为以知识经济为基础的小政府,因而能够促进公共行政体制改革和政府职能转变,实现机构精简、优化、重组。

电子政府和电子政务两个概念紧密关联:电子政府偏重于实体性描述;它是指

---

① 百度百科词条 http://baike.baidu.com/view/8452.htm

一个以信息网络化方式和手段运作的政府,而电子政务则倾向于程序性描述,它是指一种以信息网络化方式和手段履行的政府行政职能。电子政府拥有一体化的具有开放性的网络系统,在实现政府各部门间信息快速交换和资源高度共享的同时,以政府外部网站为主要窗口,面向民众提供充足优质的公共服务。需要指出的是,电子政府绝不等于传统政府的电子化,它首先是一种制度创新,即在信息网络技术的支持下,对传统政府进行改造和变革,将民众当作政府的"客户",以客户需求为中心,从根本上改善政府与政府、政府与企业、政府与个人之间的关系,使政府以新的治理模式为民众提供更好的服务。从本质上看,电子政府充分体现了建设公共服务型政府的基本理念,提供了实现现代公共服务型政府目标的主要途径。①

二、网格化管理

随着信息技术和3S(GIS,GPS,RS)技术在城市管理中的使用,网格化城市管理已经成为国内外城市即时化管理的重要手段。网格化管理即在城市管理中运用网格地图的技术思想,以某一面积空间为基本单位,将城市所辖区域划分成若干个网格状单元,由城市管理监督员对所分管的单元实施全时段监控,同时明确各级地域责任人为辖区城市管理责任人,从而对管理空间实现分层、分级、全区域管理的方法。通过这一方法可以将以往由各个单位分别管理的系统如水、电、路等在微观空间上转换为模块管理,将以往的信息传达时间和信息搜索时间减低到最小的程度。

城市政府网格化管理模式的工作流程包括七个环节:信息收集、案卷建立、任务派遣、任务处理、处理反馈、核实结果和综合评价。具体流程是由城市监管员或公众发现问题,通过"城管通"或"城市管理热线服务号"或监督中心网站的方式上报给城市管理监督中心,监督中心对收集的信息进行甄别后立案,并将相关案件信息批转到城市管理指挥中心,指挥中心根据问题性质,确认归属,下发到各职能部门,各职能部门接到任务后对问题进行处理,并将处理的结果上报指挥中心,指挥中心再反馈给监督中心;监督中心即派监督员进行现场核实,上报核实结果,通过两方面的信息核实一致后才做结案处理。同时,这一处理过程将作为评价系统的重要基础数据自动存储在数据库中。这种流程管理解决了传统城市管理过程中信息的严重不对称及缺乏有效监督的问题,也有利于实现城市管理由"静态管理"到"动态管理"的转变。

城市网格化管理是一种革命和创新。第一,它将过去被动应对问题的管理

---

① 钟明:《电子政府——现代公共服务型政府的实现途径》,《中国软科学》,2003(9),第27-31页。

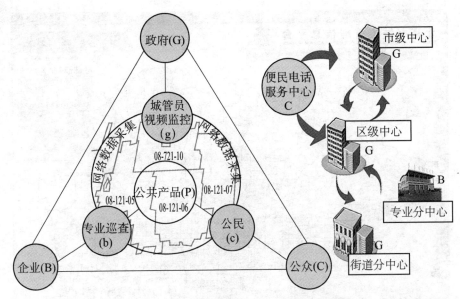

图 1-6　基于网格化管理的多元主体协同模式

模式转变为主动发现问题和解决问题;第二,它是管理手段数字化,这主要体现在管理对象、过程和评价的数字化上,保证管理的敏捷、精确和高效;第三,它是科学封闭的管理机制,不仅具有一整套规范统一的管理标准和流程,而且发现、立案、派遣、结案四个步骤形成一个闭环,从而提升管理的能力和水平。

　　例如,北京市东城区自 2005 年 10 月推出"万米单元网格城市管理新模式"以来,全区 25.38 平方公里的范围被划分为 1 652 个网格单元,从而使东城区在空间层次上形成区域、街道、社区和网络单元四个层面,明确了每个层面城市管理的责任人。通过这一方法,产生了几个方面的绩效:一是实现了城市管理空间细化和管理对象的精确定位,建立了城市管理监督中心和指挥中心两个轴心的管理体制,为城市管理的评估和监测提供的体制支撑和数据支撑;二是将责任进一步细化;三是由每十几个人共同管理 2~5 平方公里的不同设施,缩小为每人管理约 0.18 平方公里,大大减少了管理的流动性和盲目性,实现了由粗放管理到精确管理的转变。网格化管理依托信息化技术的电子公务,优化了公共管理和公共服务的工作流程、简化工作环节,为城市政府进行公务信息平台的整体规划、顶层设计和系统建设提供了强有力的支撑。这种利用现代高科技手段对辖区实施分层、分级、全区域、全时段的管理,取得了极大的成功,被比尔·盖茨盛赞为城市管理新模式的"世界级案例"。

图 1-7　北京网格化城市管理系统

三、多元主体协同的下一代创新模式

下一代的创新模式，即面向信息社会、知识社会，"以用户为中心，以社会实践为舞台，以共同创新、开放创新为特点的用户参与的创新"[①]。信息通讯技术的融合与发展为普适计算、随时随地在线联接、通讯联络、信息交换与共享提供了可能，该创新模式引导公众和社会参与，同时也是服务于信息化应用创新的孵化、推广和扩散，是一种新的机制，推动方式方法创新。强调以用户的需求为中心以及用户参与创新，特征是以人为本。

在多元主体共治的城市管理过程中，作为推动力的技术进步与作为拉动力的应用创新之间的互动推动了科技创新。技术进步和应用创新两个方向可以被看作既分立又统一、共同演进的一对"双螺旋结构"，或者说是并行齐驱的双轮——技术进步为应用创新创造了新的技术，而应用创新往往很快就会触到技术的极限，进而鞭策技术的进一步演进。只有当技术和应用的激烈碰撞达到一定的融合程度时，才会诞生出引人入胜的模式创新和行业发展的新热点。科技创新正是这个技术进步与应用创新"双螺旋结构"共同演进催生的产物。

---

① 宋刚等：《复杂性科学视野下的科技创新》，《科学对社会的影响》，2008(2)，第 28-32 页。

目前在科技创新体系还更多的注重技术进步,对面向用户的应用创新较少给予关注。科技成果的转化率低、实用性和推广性差等很多科技管理体系的弊病都与此相关,技术发展与用户需求对接出现了问题,造成技术进步与实际应用之间的脱节。其根源在于激发创新的制度设计存在缺陷,制度层面上解决技术的应用、转化以及以用户需求为中心的应用创新的机制尚不健全,在科技支撑经济社会发展、特别是公共服务业的一线管理与服务方面缺乏动力。

基于科技转化在成果转化和定向服务方面出现的新态势,全球相继涌现出以欧盟为代表的 Living lab、以美国为代表的 Fab lab 等下一代创新模式,通过搭建共同创新、开放创新的应用创新平台,以用户为中心推动各创新要素的整合与协同,从机制上形成了刺激创新的巨大动力。

下一代创新模式在城市管理领域具有广阔的发展前景。在这种模式下,城市管理各方主体可以依据自身的利益诉求,凭借其所占有的资源禀赋,对城市发展和城市管理中的创新给予不同层次的支持。这有利于组织和调动城市的各方力量,发挥全社会的主动性、积极性和聪明才智,调动全社会力量参与,探索建立政府、市场、社会的良性互动结构,实现城市管理以人为本的发展,提高城市管理水平和运行效率,提高城市管理科学化、民主化水平,保障城市的可持续发展和人的全面发展。同时带动城市产业结构的更新换代、带动面向信息化城市的、适应知识社会的经济社会全面发展。

【本章小结】

一、本章关键词

城市管理主体　多元主体共治　城市政府管理体制　城市政府职能
电子政务和电子政府　网格化管理　下一代创新模式

二、本章知识点

中国城市政治权力系统的构成
非政府组织的 7 个属性
城市政府管理体制的涵义
城市政府管理体制包含的内容
现代城市政府的职能
电子政务与电子政府

三、本章复习题

1. 简述城市政体理论的内容。

2. 简述实现良好管治的原则。

3. 简述城市政府管理体制的概念和内容。

4. 简述我国城市建制标准。

5. 简述我国各行政级别的城市地位。

6. 列举城市公共事务管理中的执行部门机构的组成和职能。

7. 简述现代城市政府职能的涵义。

8. 简述为促进多元主体共治的城市管理方式方法创新

四、本章思考题

1. 中国城市政治权力系统和政治参与系统之间的关系如何?

2. 我国城市的规模等级与行政级别之间是否存在内在联系?

五、建议阅读材料

1. 韩竞:《公共行政权力监督的系统》,《广播电视大学学报(哲学社会科学版)》,2002(2)。

2. 吴永生:《论公共政策主体的合法性》,《广东行政学院学报》,2004(1)。

3. 李惠、张晓光:《公共服务:政府职能转变的观实选择》,《经济论坛》,2004(10)。

4. 李景鹏:《关于非政府组织若干问题的探讨》,《新视野》,2003(1)。

5. 赵荣福、戴志刚:《城市的人本管理和能本管理研究》,《上海城市管理职业技术学院学报》,2004(3)。

6.《解读人民陪审员制度》,《人民日报》,2004年09月15日。

7. 全伟:《市管县(市)体制分析研究》,《理论与改革》,2002(6)。

8. 孙展:《江苏:市县体制困局》,《新闻周刊》,2004(17)。

9. 王济萍:《论市政公用事业管理体制创新问题》,《中共济南市委党校学报》,2004(3)。

10. 周娴:《美国市政的历史进程》,《南开学报哲学社会科学版》,1997(1)。

11. 李翠玲:《推进我国城市政府职能转变的思考》,《首都经济》,2001(9)。

12. 韩振宇辑录:《北京动物园动不得》,人民教育出版社,《出版参考》,2004。

13. 宋刚等,《复杂性科学视野下的科技创新》,《科学对社会的影响》,2008(2)。

14. 宋刚等,《城市管理"三验"应用创新园区模式探索》,《中国行政管理》,2008年公务创新专刊。

15. 钟明:《电子政府——现代公共服务型政府的实现途径》,《中国软科学》,2003(9)。

六、本章参考资料

1. 王雅莉主编:《市政管理学》,北京:中国财政经济出版社 2002 年版。参阅第二、三章相关内容。

2. 张觉文编著:《市政管理新论》,成都:四川人民出版社 2003 年版。参阅第四、五章相关内容。

3. 张永桃主编:《市政学》,北京:高等教育出版社 2000 年版。参阅第五、六章相关内容。

4.《中国共产党章程·总纲》

5.《中国共产党党内监督条例(试行)》

6.《中华人民共和国全国人民代表大会组织法》

7.《中华人民共和国地方各级人民代表大会和地方各级人民政府组织法》

8.《中华人民共和国人民法院组织法》

9.《中华人民共和国人民检察院组织法》

10.《中国人民政治协商会议组织法》

11.《中华人民共和国行政许可法》

12.《中华人民共和国工会法》

13.《中华人民共和国城市居民委员会组织法》

14.《国务院批转民政部关于调整设市标准报告的通知》〔国发(1993)38 号〕

15. 张波、刘江涛编著:《城市管理学》,北京:北京大学出版社 2007 年版。

第二章 现代城市管理基础理论

◎ **教学目的与要求**

通过本章的学习,理解新公共管理理论的内涵、新公共管理与传统管理的区别,掌握新公共管理的主要做法、新公共管理对于现代城市管理的启示;理解规模经济理论、范围经济理论、成长经济理论,掌握集聚经济理论和增长极理论及其对于现代城市管理的启示;理解囚徒博弈和囚徒困境的含义,掌握囚徒困境发生的原因和破解方式,掌握囚徒博弈及囚徒困境破解对于现代城市管理的启示;了解可持续理论的主要内容,掌握目前社会可持续发展中存在的主要问题及其解决方案。

◎ **内容提要**

本章详细介绍了现代城市管理的基础理论,并分析了各基础理论对于现代城市管理的启示和指导意义。第一节关注目前公共管理中最为流行的新公共管理理论,包括新公共管理理论的主要内容、特征,新公共管理与传统公共管理的区别,新公共管理的主要做法,分析了新公共管理对于现代城市管理的启示意义。第二节介绍现代城市管理相关的经济增长与发展理论,包括规模经济理论、范围经济理论、集聚经济理论、成长经济理论以及增长极理论等区域经济发展理论。第三节关注囚徒博弈理论,介绍了囚徒博弈和囚徒困境,分析了造成囚徒困境的主要原因及其破解方法,以及囚徒博弈和囚徒困境破解对于现代城市管理的启示意义。第四节主要介绍可持续发展理论的基本内容,并重点分析了可持续发展中的人口负增长和老龄化问题。

第一节　新公共管理理论：促进城市体制管理创新的基石

一、新公共管理理论

二战以来，西方国家在凯恩斯主义的影响下，以罗斯福新政为代表，政府开始全面干预经济发展，欧洲更是出现了多个福利制国家，成为推动战后经济复苏的重要因素。然而，随着经济的复苏和发展，不断扩张的政府职能和迅速扩大的政府规模导致其机构臃肿，效率低下，这一状况受石油危机影响加剧，到 20 世纪 70、80 年代，西方各国普遍出现了经济衰退和严重的财政赤字，财政危机、管理危机和信任危机成为各国政府亟需解决的问题，凯恩斯主义也受到了空前的挑战。而几乎在同一时期，西方社会乃至整个世界均受到了科技革命，尤其是信息技术革命的深刻影响。在这样的背景下，西方各国政府迫切需要在新的、更适合新时代特征的理论指导下，解决传统行政官僚制度无法解决的新问题。1979 年，英国保守党启动了英国经济、政治、行政等各方面的全方位改革，其改革的主要内容包括国有企业私有化、运用签约外包制、鼓励私人投资行动等以公共服务的市场化为核心的民营化改革，并在政府部门中引进企业管理理念、模式和方法，提高政府工作效率、降低政府运作成本，推动政府的管理结构和管理模式的改革；1981 年，美国共和党上台更加强调公共服务外包制和公司伙伴合作关系的运作，将民营化改革发挥到更深层次；1984 年，新西兰工党执政，在政府商业部门实行公司化和私有化改革，在非商业部门实行执行代理制，并引入企业绩效管理制度重塑政府部门的管理机制，改革公共财政管理体制。这样，以英国、美国、新西兰等国家的改革运动为标志和开始，这波改革浪潮在 20 世纪 90 年代甚至 21 世纪以来迅速在其他西方国家扩展，发展中国家政府管理中也引入了一些核心思想。这场改革运动就是后来被学界称为"新公共管理"（New Public Management，NPM）的改革运动，除此之外，一些学者还将其称作"管理主义"（Pollitt，1993）、"以市场为基础的公共行政学"（Lan，Shimon and Rosen bloom，1992）、"后官僚制模式"（Barzelay，1992）、"企业化政府"理论（Osborne and Gaebler，1992）等[①]，尽管名称不同，但内核一样。关于"新公共管理"的一系列核心

---

① 　转引自陈振明：《评西方的"新公共管理"范式》，《中国社会科学》，2000(6)，第 74 页。

思想和做法,成为了新公共管理理论的主要内容。

通过总结上述英国、美国、新西兰等国家的改革运动,可以看出,新公共管理进行公共事务管理时,从来不是一个封闭的系统,而是一个更为包容和开放的系统——管理主体、管理职能、管理手段等无不表现了这一点。通过对新公共管理内涵的界定,可以得出结论:新公共管理理论的精髓就是政府管理体制的改革,即通过公共管理主体的多元化、公共管理对象的外部化、公共管理手段的多样化,使政府发挥新的、不同的作用——不是作为唯一的公共产品和服务的提供者,而是作为促进者和管理者,从而达到提高政府公共管理有效性和社会公共福利的根本目标,实现社会的可持续发展。[①] 一般认为,新公共管理的关键问题是自主性、责任、消费者导向和市场导向。其中,自主性是指一个政府或者一个较低层次团体做重要决定的能力;责任意味着对正在发生事件后果的承担能力;消费者导向意味着在消费者可以"以足投票"或者"抵抗"权威的条件下,用独到的眼光关注公共事业的消费者,以期发现消费者如何看待这种服务机构和消费者代表的行为;市场导向则意味着在获取竞争优势的导向下,鼓励私人部门的介入和参与。[②]

新公共管理的特征主要包括八方面的内容:[③]

(1)采取理性途径方式处理问题,在设定政策目标及阐明政策议题时特别强调战略管理所扮演的角色和作用;

(2)重新设计组织结构,使政策制定与执行相分离,并且对服务的传输都必须加入一个赋予责任的行政单位;

(3)改变组织结构,促进官僚体制更为扁平化,授权给管理人员,以利绩效目标的实现;

(4)依据经济、效率、效能等标准来衡量组织成就;

(5)改变现行政策,使公共组织能被传统服务价值所支配的文化中,转换成"新公共服务模式",强调与市场及企业价值相结合的文化;

(6)运用人力资源管理技术,淡化集体主义的色彩而采取个人主义的途径,包括寻求动员员工的支持和承诺,来持续地进行结构与组织的变革;

(7)试图建立一种弹性、回应性及学习的公共组织,并发展一种将大众视为

---

① 参考陈迅、尤建新:《新公共管理对城市管理的现实意义》,《中国城市管理》,2003(2),p39.

② [荷]曼纳·彼得·范戴克著:《新兴经济中的城市管理》,北京:中国人民大学出版社2006年版,第34页。

③ 据Farnham和Horton,转引自张成福、党秀云著:《公共管理学》,北京:中国人民大学出版社2001年版,第17页。

顾客、消费者及市民的"公共服务导向"(public service orientation),公共服务不再由专业的供给者来支配,而是以回应人民真正的需求来提供公共服务;

(8)以契约关系来取代传统的信托关系。

二、新公共管理与传统管理的区别

新公共管理与传统公共管理存在很大区别,主要表现在管理的理论基础、管理主体、管理对象、管理职能、管理手段、管理理念等方面,如表2-1所示。

表2-1　传统公共管理与新公共管理的区别

比较项目	传统公共管理	新公共管理
理论基础	威尔逊、古德诺政治—行政二分论、韦伯科层制论	现代经济学、私营企业管理理论、公共政策学
管理主体	政府作为唯一管理主体	包括政府、非政府组织、社会团体、私营部门和个人在内的多元主体共治
管理对象	内部取向	外部取向
管理职能	划桨 规则的制定和执行并重,实干型或执行型政府 万能政府	掌舵 规则的制定者而非执行者 有限政府
管理手段	排斥私营部门的管理模式和方法	在人事管理、绩效管理等方面引入私营部门的管理模式和方法
管理理念	政府与社会、公民之间呈管理与被管理、统治与被统治关系;政府管制严格,市场缺乏活力和动力	政府与社会、公民之间呈共同管理、共同监督的良性关系;政府管制淡出,市场机制发挥足够空间

(一)新公共管理理论的理论基础

新公共管理引入了经济学的理性人假设,认为人性都是自私的,摒弃了传统公共管理中把政府及其官员看作一心为公、不为私利的利他主义者假设,这为新公共管理中强调投入产出分析和绩效管理、强调引入竞争机制、强调公共服务的市场化等提供了最坚强的理论基石。新公共管理重视引入私营企业管理的成功经验,在绩效评估、投入产出管理、人事管理等方法引入和学习私营企业部门的管理模式和方法,因此私营企业管理理论也成为新公共管理的重要理论支持。

(二)管理主体

传统的公共管理认为,由于政府服务的公共性,只有政府才是公共事务的唯一统治者和管理者,只有政府才是公共服务的唯一提供者,其他任何组织和个人都只能是单纯的被管理者、被统治者。新公共管理从组织和个人作为管理对象的同时也作为纳税人的观点出发认为,公共事务的管理主体和公共服务的提供主体最重要的是政府,但不仅仅是政府,还包括各种非政府组织、各种社会团体,甚至有的私营部门和个人也是公共事务的管理主体和公共服务的提供者,这样,新公共管理的主体是包括政府、各种非政府组织、各种社会团体甚至私营部门和个人在内的多元性主体,而非单一主体。

(三)管理对象

传统的公共管理以更加注重对内部系统的管理,强调以什么方式实施管理会加强管理的便利性、提高管理的内部效率等为关键问题。与传统公共管理相比,新公共管理不仅强调对行政组织内部的管理,还强调管理对象的外部化,由重视政府机构内部系统转化到外部系统上来,市场和顾客导向、结果趋向、绩效标准等成为新公共管理的重要字眼。

(四)管理职能

传统公共管理中,政府扮演着"父母"的角色,是一个划桨者,既要制定各种规范社会组织、个人行动的法律法规、政策措施,还要负责执行这些法律法规和政策措施,总之,政府职能不仅包括社会事务职能,更包括经济管理职能,成为一个无所不包、无所不管、无所不能的"万能型"政府。因此在传统管理模式下,由于政策职能众多,往往存在政府规模庞大,职责交叉问题严重,权责不明,成本过高,效率过低等问题。而新公共管理一改"划桨者"角色,而成为掌舵者,只负责制定法律法规和政策措施,而不负责执行。政府将管理和具体操作分开,只起掌舵的作用而不是划桨的作用。通过制定详细划分、权责明确、奖惩规范的规章措施,政府内部人员、社会组织和个人的行为都得到规范,各主体"照章行事",这样的管理模式同时达到了缩小政府规模、减少政府开支、提高政府效率、提高管理效能的目的,政府不仅能够"治理",而且善于"治理",即达到了所谓的"善治"要求。

(五)管理手段

传统公共管理和新公共管理在管理手段上的区别突出表现在对私营企业的

态度上。总体上看,传统公共管理排斥私营企业的管理模式和管理方法,认为私营企业作为盈利性组织,都以追求利润为主,若在公共管理中引进其模式会损害公共利益。而新公共管理对私营企业的态度则截然相反,它主张从私营部门中吸取营养,广泛采用了私营部门成功的管理方法和竞争机制,这表现在人事管理、绩效管理、目标管理等方方面面。其中,人事管理上,新公共管理引入了竞争机制,强调竞争上岗,同时除了专业性行政人员,对于一些社会事务,或对于某些特殊阶段,新公共管理还采取人员租赁形式,强调人事利用上的灵活性和弹性。同样,在绩效管理上新公共管理也引入了私人企业的方法,对于个人,新公共管理构建了绩效评估方法,并以此作为晋升的标准;对于管理整体,新公共管理同时强调政府活动的成本和产出,尤其更加强调产出和结果,即以经济、效率、效果的"3E"并重为原则,重视提供公共服务的效率和质量。

(六)管理理念

本着掌舵而非划桨的职能定位,政府管理理念也发生了重大转变,主要体现在以下几个方面:

1. 关于政府与社会、公民之间的关系

传统公共管理中,政府是高高在上、"自我服务"的官僚机构,政府的管理工作主要从自身的便利性出发,而对社会和公民的作用、需求考虑较少。与传统公共管理不同,新公共管理则认为,一方面,社会、公民作为纳税人,不仅仅是公共管理的对象,也应该成为公共管理的主体,非政府组织、各种社会团体、私营企业、个人等参与到公共管理中来,对提高公共管理效能等起到非常重要的作用,因此,新公共管理本着包容和开放的理念,构建了多元主体的共治模式,政府与这些组织或个人之间的关系从传统的管理与被管理、统治与被统治向共同管理、共同监督的方向转变。另一方面,新公共管理引入经济学思想,认为政府公务人员应该是负责任的"企业经理和管理人员",社会公众作为提供政府税收的"纳税人",是以享受政府服务作为回报的"顾客"或"客户",政府服务应以顾客为导向,应增强对社会公众需要的响应力。

新公共管理中政府与社会、公民的关系还体现在公共服务的提供模式上。传统公共管理中,政府是唯一的公共产品和公共服务的提供者。而在新公共管理中,非政府组织、社会团体、私营企业等都能成为公共产品和公共服务的提供者,政府根据服务内容和性质的不同而采取相应的供给方式:对于有宪法明文规定属于政府职责的,而且不存在竞争者的公共产品,例如国防等,由政府提供;对于虽属宪法规定的政府职责,但其他非政府部门也能并在从事此项活动,如医院,政府可以通过招标、合同出租等形式,由其他公营或私营部门公司;对于宪法没有明确规定是政府的职责,而又存在着众多市场竞争者的服务,如影视业,完全可以由私营部门供给;对于宪法既没有规定是政府的职责,同时又没有或缺乏竞争者的产品,如高等院校,政府可以培育市场,鼓励其他主体进入。[①]

2. 关于政府管制与市场之间的关系

传统公共管理非常强调政府管制的作用,通过制定大量的规章制度,保证社会经济活动按照政府的意愿运行。政府管制的发展,很大程度上塑造了稳定规范的市场经济秩序,二战后在世界经济复苏中更是起到不可磨灭的作用。然而,当经济走上正常轨道,进入新时代以来,过度的政府管制却限制了市场的动力和活力,政府管制机构的臃肿,成本的上升等成为经济进一步发展的沉重包袱。新公共管理很好地解决了这个问题。例如美国里根政府改革中,撤出了大量管制规章,精简管制机构和人员,转变管制模式的同时塑造了一整套新的市场导向的激励型管制模式,为市场经济运行提供正确的管制,以塑造美国自由、公正、开放、充满活力的新兴管制秩序。由此可见,新公共管理中,政府管制在一些非必要部门逐渐淡出,给市场以足够的发挥空间,达到了资源配置优化、经济运行效率和效果提升等目标。

三、新公共管理理论的主要做法

著名的公共管理学专家胡德(Hoods)在其文章《一种普适性的公共管理模式》中归纳了新公共管理的七个要点,可以说是新公共管理的精髓,基本上反映了各种理论家对新公共管理的看法:[②]

1. 专业化管理(Hands-on professional management):由组织的最高层实施积极的、显著、可自由裁量的控制,实施自由管理,让公共管理者承担责任;

2. 明显的绩效标准及其评估:明确规定组织的目标、任务,并将其转化为量化指标;

3. 强调产出控制:资源分配和奖励制度以绩效为导向,反对高度集权,以结果为导向而非程序导向;

4. 转向公共部门的分权:打破传统的部门垄断,破除单位之间的藩篱,实行一线式预算管理,需要构建可管理单元,利用合同制和服务外包等提高管理效率;

---

① 参见金太军:《新公共管理——当代西方公共行政的新趋势》,《国外社会科学》,1997(5),第22页。

② Hoods. 1991. "A New Public Management for all Seasons?" *Public Administration*, Vol. 69, pp 4 - 5.

5. 在公共部门中引入竞争机制：采用长期合同的形式和公开招标等方式，可以降低成本，提高服务质量；

6. 引入私人部门的管理模式和方法：摒除军队式管理理念，在用人和奖励上给予更高灵活性，广泛适用 PR 技术；

7. 强调资源利用的纪律性和节约性：削减直接成本，严格劳动纪律，限制工会利益要求，以控制公共部门的资源要求，提高公共部门资源利用效率。

四、新公共管理对城市管理的启示

结合新公共管理的内涵、特征及其做法，可以在管理主体、管理职能、管理手段等方面对现代城市管理进行创新：

(一)培育多元主体共治

新公共管理认为，政府应该根据公共服务的性质和内容，来决定公共服务的供应模式和供应主体。城市作为社会经济活动发生发展的最重要载体，城市管理同样在政府公共管理中被赋予了最为重要的地位，城市管理的复杂性决定必须引入多元化主体共治，以在不同的领域和层面，发挥不同主体的地位与作用。政府可以将一部分职能授权给非政府组织、社会团体、私营部门或个人，与之建立公私合作伙伴关系，在制定、执行公共政策时加强公众参与，实现城市管理过程中的以人为本理念。

(二)对城市政府职能重新定位

城市政府在职能上要实现从"划桨人"到"掌舵人"的转变，从万能政府到有限政府的转变。城市政府更应将其职能集中在决策、监督、协调和指导等工作上，而把非纯公共物品生产的具体职能让渡给企业和半行政性的机构。如政府可以通过与私人企业签订生产合同、授予经营权、BOT(Build-Operate-Transfer)、TOT(Transfer-Operate-Transfer)等多种形式，与私人企业建立伙伴关系，采用市场机制，将部分业务让渡出去，而政府则集中主要力量做好总体的决策、监督、协调和指导工作。

(三)管理手段上注重引入私营部门的先进理念和方法

新公共管理主张从私营部门的管理方法中汲取营养，政府公共部门可以利用私营部门采用的战略管理、绩效管理、目标管理、人力资源管理等方法提高公共部门的效率,从而为社会提供更好的管理和服务。对城市管理来说,在城市政府内部引入私营部门的管理方法,将刺激政府提供更有效率的管理。

第二节 经济增长与发展理论:实现城市 高速成长的动力基础

一、规模经济理论

"规模经济"的概念最早起源于美国,揭示的是大批量生产经济性的理论。经过张伯伦(E. H. Chamberin)、马歇尔(Alfred Marshall)、贝恩(J. S. Bain)等西方经济学家的研究和逐渐拓展,规模经济理论日臻完善。规模经济是指由于存在技术上不可分的资本投入,企业增加投入扩大生产规模,使得产出增加的比例超过投入增加的比例,产品分摊不可分性投入,从而产品平均生产成本随产量的上升而降低。这里,不可分性资本投入包括多种形式,如企业固定资本投入,包括土地、厂房、机器设备等,以及企业的管理成本投入、技术研发投入、市场开拓费用。规模经济中产量上升导致平均成本下降的结论,实际上暗含了这样一个假设:在企业总成本中,企业不可分性成本占据了较大比例,不可分性成本主导了可分性成本,从而产量增加而导致的不可分性成本的分摊和节约大于可分性成本的增加。经济学中这一假设即为生产的边际成本不变。

规模经济一般可以分为内部规模经济和外部规模经济,其中前者指经济发生在单一的工厂、公司或生产单位内部,通过生产规模的扩大,生产的固定成本不断分摊到生产逐渐扩大的产品中,从而导致平均生产成本不断降低,而获得不同程度的经济效益。与内部规模经济的形式上不同,外部规模经济则是相对于不同的工厂、公司或生产单位而言的,其平均生产花费的降低和经济效益的产生,是来自不同的工厂、公司或生产单位在同一特定区位上的空间集中和联系,从而导致的对区域基础设施投入的分摊,对培育和共享中间产品部门的成本降低等。内部规模经济强调的是一种产品在一个企业内的最佳生产规模,外部规模经济则体现为一种产品从原料到成品的生产过程,分由不同的互相独立而又互相联系的工厂在同一空间区位来完成。

外部规模经济可以通过两种不同的方式来达到。一种是地方化经济,一种是城市化经济。地方化经济(localization economics)是同一产业的不同企业在空间上的聚集而造成的成本节约和经济利益的增加。城市化经济(urbanization economics)的效益产生于不同类型的工业在一特定地方,例如城市的空间集中,由于该地方或城市的各种服务和基础设施为生产的运作提供了极大的方便和良好条件,生产的花费可以降低,经济效益因之提高。空间集中所产生的工业环境加强了工厂企业之间的联系和协作,生产技术、新发明、新知识和信息可以在它们之间很快传播和流通,而它们之间的生产竞争则孕育新的生产技术,并促进效率的提高。空间集中,还可以在地方劳动力中创造一支专门化的熟练工人队伍。但是最重要的是,区位化的集聚导致产品生产在不同工厂之间进一步划分,从而大大提高劳动生产率。

规模经济的产生是一系列因素共同作用的结果,首先市场需求是规模经济产生的"第一性"条件,而规模扩大导致的成本节约是其产生的最直接原因,专业化分工的扩展则是深层原因:

1. 市场需求:市场需求历来是产品生产的"第一性"因素。只有能够迎合消费者偏好,具有大量市场需求的产品,扩大产出规模才有利可图。在产出规模扩大的过程中,只有产品的市场需求存在稳定性,规模经济才得以成立和实现。事实上,规模经济的大小与消费者的需求价格弹性有关,需求价格弹性越高,实现的规模经济也就越大。

2. 扩大生产规模可以分摊企业生产成本、管理成本和技术研发投入等不可分成本,这些成本或一般具有固定成本的形式,不会随着产量的扩大而扩大,或扩大的比例小于产量扩大的比例,故而导致平均成本相对产量扩张而下降,产生规模效益。

3. 另外,制度经济学从交易成本的角度考虑,认为规模经济的产生是由于企业规模扩大而节约的交易费用大于增加的组织管理费用。制度经济学认为,企业和市场都是组织社会生产的两种方式,通过市场组织会产生交易成本,而通过企业生产则产生组织管理费用;企业总是在交易费用和组织管理费用之间权衡,以决定生产规模。若企业扩大生产,产生的组织管理费用大于交易费用时,那么扩大生产得不偿失;反之,若企业扩大生产产生的组织管理费用小于交易费用,那么扩大生产便有利可图,直到两者相等。规模经济描述的便是后一种情形。

4. 专业化分工的利益:专业化分工可以产生规模经济这一观点,最早在亚当·斯密1776年出版的《国富论》一书中提到。亚当．斯密认为,随着工厂规模的扩大,劳动者可以从事更加专业化的工作。一方面,专业化分工下,每个劳动者只需要从事产品生产流程上的某一环节,工作变得更加简单,更加容易掌握,劳动者熟练程度高,生产效率高。另一方面,劳动者避免了从一种工作或动作转向另一种工作或动作的时间损失,即专业化分工能增加有效劳动时间,从而提高了劳动产出率,另外,机器设备运用的连续化和系列化变为可能,设备投入的使用率上升。综合劳动效率的提升和机器使用率提升两个方面考虑,分摊到单位产品上的机器设备固定成本必然降低,即产生了规模经济。总之,规模经济能够通过高效的熟练工人、专门化的生产工具、产品的标准化、生产流程的专门化和产品的专门化等方法来达到。

目前我国规模经济呈现出规模效益低、国际竞争力弱的现状。从第二产业和第三产业来看,我国企业能够进入世界 500 强企业的较少。就我国 500 强企业来看,它们体制上以国有企业为主,行业上集中在能源、资源行业(如石油开采等)和其他垄断性行业(如银行、电信),与世界 500 强相比,企业规模、技术研发和创新实力、组织结构管理效率、产品国际竞争力等方面仍然存在显著差距。城市内部各企业的资源整合能力对城市经济的带动作用有待提升,这对于城市经济管理等现代城市管理提出了新的挑战,同时也提供了新的发展机遇。

二、范围经济理论

当某些产业的进入门槛不高或不存在自然或人为的垄断时,专业化大规模生产往往导致产业内过度竞争,此时,企业扩大规模所面临的最大约束是市场需求不足。斯密曾经指出分工受市场规模的限制,马歇尔则指出在大规模生产的经济具有头等重要性的那些行业中,大多数行业的销路是困难的。因此,激烈的市场竞争对企业形成强大的外部压力迫使企业千方百计地寻求新产品和开发已有产品的新特色、新功能和新工艺,一旦新技术和新产品开发成功,企业就可以在一定期间内处于市场垄断地位,获得可观的超额利润而拥有竞争优势,为了将这种外部性内部化,企业往往设立多部门或跨领域的生产经营单位,实行多元化经营。范围经济就是建立在这种多元化经济基础之上的、与多元化经济相联系的概念,它最早由蒂斯(Teece, D.)于 1980 年提出,描述企业由于多元化经营而带来的成本节约的现象。[①] 与规模经济不同,范围经济强调的是企业生产上的多产品互补性,可以分为内部范围经济和外部范围经济。内部范围经济相对于单个厂商、企业或生产单位而言,当一个厂商企业或生产单位的产品随着品种的增加,长期平均成本下降,便产生了内部范围经济(例如多个型号的汽车共用同一条底盘生产线)。而外部范围经济相对于同一个地区的多个厂商、企业或生产

[①] 杨国亮:《论范围经济、集聚经济与规模经济的相容性》,《当代财经》,2005(11),第 10 – 14 页。

单位而言,当在这个地区,单个企业生产活动分化,多个企业分工协作,就构成了地方产业生产体系,通过企业之间的分工协作、交流与沟通所引起的成本节约就是外部范围经济。

范围经济在现实中的例子非常多,如航空公司既运送旅客也发送货物,汽车公司既生产小汽车也生产卡车与摩托车,一个专业化生产地区聚集有多个产品多样化的企业。在这些例子中,企业通常在联合生产多种产品时拥有技术和成本的优势,包括熟练劳动力市场和信息的共享、管理资源的共享、联合市场计划等,这些都是产生范围经济的原因,具体的,包括:

1. 范围经济可以实现生产成本的节约。短期来看,企业通过多元化经济可以获得财务协同效应,利用税法、会计处理等手段获得纯财务上的利益,长期来看,企业可以获得生产的协同效应,表现为人员和设备利用效率的提升,原材料采购等直接、间接成本的分摊;可以获得销售协同效应,例如企业可以协同开发产品市场,降低市场开发成本,还可以利用在某一产品已经形成的品牌优势,轻松扩展另一种产品的市场;可以获得投资协同效应,因为联合投资能够降低总体投资的不确定性;可以共享核心技术等。

2. 范围经济可以降低企业风险。所谓不要把鸡蛋放在同一个篮子里,多元化经营的企业相比只经营一种产品或业务的企业,能够规避更多市场风险。企业在产品市场等外部环境上经常面临着很多不确定性,如竞争对手的挤压战略,市场需求的周期性或突发性萎缩,政府政策导向的变化等,企业内部同样也存在不确定性,例如某一产品安全未及要求而产生的扩大效应和信任危机,未预期到的企业资金链条断裂等。通过多元化经营战略,企业在一种产品或业务出现危机的情况下,采用另一产品或业务来弥补,从而提高企业适应市场的能力,提高盈利水平。

3. 企业经营的某些主营业务对多元化经营也会产生客观要求。某些企业在生产主要产品的过程中也会产生一些副产品,而对之加以利用对于企业是有利的。最典型的例子是冶炼厂是这种情形,它们在电解主要金属产品时将得到大量的附属品,从中可以提炼出其他多种金属产品,这些金属产品本身是企业利润的重要组成部分。

如上所述,范围经济对于企业经营十分有利,但范围经济的产生是有条件的,多元化经营战略的成功还依赖于企业本身拓展多元化的战略。一般来说,企业必须在与主营业务技术和工艺相关的领域来拓展多元化产品,而且企业必须在主营业务领域具有竞争优势,即具备一定的核心竞争力。否则企业开展多元化经营,不仅不会产生范围经济,反而可能分散企业在核心产品上的生产能力,提高管理成本等。

　　城市作为多种产业、多个企业的集中地,是范围经济产生的重要载体。城市管理者可以应用范围经济理论,培育范围经济产生的良好环境,有选择地引进主导产业和关联产业,引进核心企业和其他配套企业。总体上来说,范围经济理论对城市管理、尤其是城市经济提供了新的理论指导,对提高城市经济的整体运行效率具有十分重要的意义。

三、集聚经济理论

　　不管是规模经济理论,还是范围经济理论,其关注点均在于企业层面,其中规模经济理论强调扩大企业生产规模的收益,范围经济理论则强调实现多元化经营带来的收益。与规模经济理论和范围经济理论不同,集聚经济理论强调在投入产出等方面具有相关联系的不同企业在一定地域集中而产生的成本节约。"集聚经济"这个概念产生于集群,美国经济学家波特教授曾指出,集群是在某一特定领域内互相联系的、在地理位置上集中的公司和机构的集合,这些公司和机构往往实行专业化分工,包括零部件、机器和服务等专业化投入的供应商,专业化基础设施的提供者,销售渠道和客户,辅助性产品制造商以及与技能技术或投入相关的公司,以及提供专业化培训、教育、信息研究和技术支持的政府和其他机构等。

　　集聚经济带来成本节约主要体现在:

　　1. 具有投入产出联系的企业在特定地域上集聚,有利于降低中间投入品采购和制成品销售成本,供应商和需求商之间形成零距离沟通平台,节约了交易成本,提高了企业生产效率和效益。通过集聚经济,企业还可以将不具有优势地位的某个生产环节外包出去,而将有限资源投入到核心环节,不仅节约了成本,还提高了资源配置和整合能力。

　　2. 对于集聚地域来说,集聚经济增强了区域的发展活力,区域成为一个各企业和组织良性互动的载体,积极性的循环累积因果效应不断放大,区域获得源源不断的发展动力。集聚地域还形成了一定的区域文化和价值观,有利于企业之间建立以合作与信任为基础的社会网络。

　　总体上说,集聚经济是一种外部性的体现,它是与专业化相对应的规模经济和与多元化相对应的范围经济的结合,是二者共同作用而形成的复合经济效益。城市管理不仅仅应该注重规模经济和范围经济的引进,还要注重两者之间的契合,在城市管理区域内形成良性互动的集聚经济效应,实现城市经济的快速发展。

四、成长经济理论[①]

"成长经济"的概念最初源于对企业成长的研究。著名经济学家佩罗兹(E. T. Penrose,1959)提出,成长是一种过程,规模是一种状态,从资源有效利用的角度,可以发现一种与企业规模无关的新的经济效果,这就是"成长经济"。现代企业成长理论认为,成长经济理论主要包括三个部分:企业资源基础论、企业动力能力论和企业知识基础论,认为企业必须对能够扩展生产领域的知识和能力进行不断积累才能得以成长。

企业成长经济理论认为企业内部存在着利用不平衡,但又存在难以分割和出卖的资源——未利用资源,企业通过对这些资源更好地利用能够实现新的增长,并从中获得成长经济。从这个角度来看,城市和企业具有很大相似性,城市内部的未利用资源也具有企业发展中未利用资源的两个基本特征:(1)未利用资源持续不断存在,永远不可能被完全开发利用;(2)未利用资源具备能动性,会主动地刺激主体的革新。因此,企业成长经济理论同样也能够应用到城市中来,可以作为城市发展研究的微观理论平台:城市可以将未利用资源看作成长的基础动力。不过,对于城市来说,其动力能力的发挥最根本的约束来源于社会经济的基本制度,而知识积累与创新在微观的个体行为和宏观的区域方针之间并行,这两点成长基础不能仅仅依靠城市内部的管理和积累完成,还受外部规制结构和环境的影响;不过,城市对于资源要素具有相对较强的掌控能力,主动性和便利性高。这样,对城市与企业成长的相似性和独特性的分析,成为城市成长经济学说的重要基础。

城市成长经济学说认为,城市资源的不平衡或未利用特性,主要体现在基础设施承载能力、城市土地拓展和开发潜力、公共服务设施容量、人力资源储备等方面。以基础设施为例,其建设投资是分段离散的,承载能力相对于其利用程度而言不可能是始终匹配的,一般来讲有一个"超前—适度—不足"的过程,仅以这一个方面来看,在基础设施负载达到设计标准之前,这种城市公共品资源仍有余量可供使用。另外,城市中有一些原本分开的资源,如果整合使用可以实现更高的效率。由于特定资源的离散性和资源之间的相关性,城市资源利用不平衡性越大或未利用程度越高,则城市发展的潜质越大。当然,城市成长经济学说不仅

---

① 参见张波、刘江涛:《成长经济理论与中国城市发展》,《经济问题探索》,2003(8)。

仅局限于城市内部资源,它还认为城市外部的政策环境、市场环境和区域治理结构对于城市的成长也十分重要,对城市外部的未利用资源也要"为我所用",只有共同强调内外两个维度的协调利用,才能更好地适应城市发展的需要。

城市成长经济学说对于城市发展的创新具有重要启示,城市管理者在制定城市发展战略和发展思路时,应该全面导入成长经济说的发展理念,努力从城市的资源基础、动力能力和知识积累三个方面增强城市竞争力。具体地,可以从以下方面进行政策和理念更新:第一,构建适宜城市成长的外部规制框架,如放弃基于规模的累加性规制,重构国家城市发展方针,取消城市对于农地征用的定价垄断等;第二,优化区域治理结构、注重多主体参与,以最大限度降低城市发展的制度成本,提高城市自身的动力能力,集思广益,发挥未利用资源的最大潜力,在外部竞争和总体规制条件的影响和作用下实现城市和区域的良性成长;第三,开发未利用资源,导入"未利用资源"转移理念;第四,导入城市营销理念,充分利用外部资源。

五、增长极理论

增长极理论是区域经济的重要理论之一,最初由法国经济学家佛朗索瓦·佩鲁提出,后来法国经济学家布代维尔、瑞典经济学家缪尔达尔以及美国经济学家赫西曼等学者在不同程度上丰富和发展了该理论。增长极理论认为,由于资源具有稀缺性,平衡发展所有地区和所有产业是不现实的,因此应该把有限的稀缺资源集中投入到发展潜力大、规模经济和投资效益明显的少数地区或行业,使主导部门或有创新能力的企业或行业在一些地区或大城市聚集,形成一种资本与技术高度集中、具有规模经济效益、自身增长迅速并能对邻近地区产生强大辐射作用的经济增长中心,经济增长中心实现优先发展后带动整个区域的发展,这个经济增长中心即为所谓的增长极,这里,增长极可以是部门的,也可以是区域的。通过上述描述,可以将增长极的内涵界定为:区域经济中发展潜力大、投资效益和规模经济明显的产业及其关联产业在条件优越的地理空间上集聚而形成的、对周边地区具有辐射和带动作用的经济发展中心。20世纪80年代以来,我国设立的经济开发区和高新技术开发区就属于区域增长极,航空航天技术的投入则属于我国在高科技领域实现突破的增长极。增长极在不同的时代具有不同的地位和作用,但其作用机理却比较接近。

一般认为,增长极通过支配效应、乘数效应、溢出效应对区域经济产生组织作用,其中支配效应指增长极具有技术、经济方面的先进性,能够通过与周围地区的要素流动关系和商品供求关系对周围地区的经济活动产生支配作用;乘数效应则指由于循环累积因果关系的存在,增长极对区域的支配效应和地位会不断强化和放大,影响范围和深度也随之扩大;溢出效应包括极化效应和涓滴效应,极化效应表现为资金、技术、人才等生产要素从周边地区向增长极集中,主要原因在于增长极及其内部产业的先进性,涓滴效应表现在当增长极发展到一定程度后,出现规模经济逐渐减弱甚至出现规模不经济,增长极极化效应削弱,而转向向周边地区输出资本、技术等生产要素,经济活动也随之向周边地区输出,也叫做扩散效应。一般来说,在增长极发展之初,极化效应大于涓滴效应,表现为增长极的快速发展;在增长极发展到一定阶段后,极化效应减弱,涓滴效应增强,表现为增长极发挥辐射带动作用,推动周边地区经济发展,区域整体趋向平衡、和谐发展路径。

增长极理论的启示是,在资源稀缺的情况下,政府应该在条件较好的区域选取条件较好的产业,对该区域和产业进行集中投资,包括基础设施投资等硬环境建设和人才、金融配套等软环境构建,来实现优势区域或产业的优先发展,然后带动周边地区的发展。然而,在增长极理论的指导下同样也产生了很多问题,如增长极与周边地区贫富差距扩大;区域产业严重依赖主导产业、配套产业发展不充分,从而导致产业结构单一,发展灵活性低;生产要素过度集中而导致增长极出现交通拥堵、成本上升等空间不匹配问题……

增长极理论对于现代城市管理同样具有很强的启示,对处理区域内城市间关系、城乡关系甚至城市内部关系等既提供了理论借鉴,又起到了警醒作用。例如,城市间政府应该加强沟通合作,避免出现极端性的区域发展单级结构;城市政府要注重政策向城市周边地区倾斜,保证城乡区域的协调发展。

值得一提的是,在增长极理论中,资本、技术、人才等生产要素对区域发展的促进作用得到了充分体现。据此,有学者从要素角度将增长极划分为劳动增长极、资本增长极、技术增长极等类型。但有些学者据此认为,相对于劳动、资本、技术等生产要素,制度这个层面却没有在增长极中得到体现,因此他们提出了制度增长极的概念[①],强调制度对于城市和区域经济的发展作用。这个概念对城市管理的启示是,政府在注重物质型生产要素积累的同时,也要强调在制度上的创新,新的优越的制度(包含体制,例如政府管理体制)不断产生,才会促进生产要素不断实现优化组合。

---

① 徐洁昕、牛利民:《增长极理论述评》,《科技咨询导报》,2007(14),第171页。

六、其他区域经济理论

除了增长极理论,区域经济学还有很多理论,对于城市管理同样具有指导作用,如点轴开发理论、网络开发理论、区域分工贸易理论、城市圈域理论等。

点轴开发理论最早由波兰经济学家萨伦巴和马利士提出,它是增长极理论的延伸,但相比增长极理论,在重视"点"(中心城镇或经济发展条件较好的区域)增长极作用的同时,还强调"点"与"点"之间的"轴"即交通干线的作用,认为随着重要交通干线如铁路、公路、河流航线的建立,连接地区的人流和物流迅速增加,生产和运输成本降低,形成了有利的区位条件和投资环境。产业和人口向交通干线聚集,使交通干线连接地区成为经济增长点,沿线成为经济增长轴。在国家或区域发展过程中,大部分生产要素在"点"上集聚,并由线状基础设施联系在一起而形成"轴"。点轴开发理论十分看重地区发展的区位条件,强调交通条件对经济增长的作用,认为点轴开发对地区经济发展的推动作用要大于单纯的增长极开发,也更有利于区域经济的协调发展。改革开放以来,我国的生产力布局和区域经济开发基本上是按照点轴开发的战略模式逐步展开的。我国的点轴开发模式最初由中科院地理所陆大道提出并系统阐述,他主张我国应重点开发沿海轴线和长江沿岸轴线,以此形成"T"字形战略布局。

网络开发理论是点轴开发理论的延伸,它认为,在经济发展到一定阶段后,一个地区形成了增长极即各类中心城镇和增长轴即交通沿线,增长极和增长轴的影响范围不断扩大,在较大的区域内形成商品、资金、技术、信息、劳动力等生产要素的流动网及交通、通讯网。在此基础上,网络开发理论强调加强增长极与整个区域之间生产要素交流的广度和密度,促进地区经济一体化,特别是城乡一体化;同时,通过网络的外延,加强与区外其他区域经济网络的联系,在更大的空间范围内,将更多的生产要素进行合理配置和优化组合,促进更大区域内经济的发展。网络开发理论宜在经济较发达地区应用。由于注重推进城乡一体化,网络开发理论更有利于逐步缩小城乡差别,促进城乡经济协调发展。

分工贸易理论相比网络开发理论,更加注重区域之间的协同发展,它最先是针对国际分工与贸易而提出来的,后来被区域经济学家用于研究区域分工与贸易。早期的分工贸易理论主要有亚当·斯密的绝对利益理论,大卫·李嘉图的比较利益理论,以及赫克歇尔与奥林的生产要素禀赋理论等。绝对利益理论认为,任何区域都有一定的绝对有利的生产条件。若按绝对有利的条件进行分工生产,然后进行交换,会使各区域的资源得到最有效的利用,从而提高区域生产率,增进区域利益。但绝对利益理论的一个明显缺陷是没有说明无任何绝对优势可言的区域,如何参与分工并从中获利。比较利益理论解决了绝对利益理论无法回答的问题,认为在所有产品生产方面具有绝对优势的国家和地区,没必要生产所有产品,而应生产优势最大的那些产品;在所有产品生产方面都处于劣势的国家和地区,并非不能生产任何产品,而是可以生产不利程度最小的那些产品。在这种分工与贸易方式下,两类国家或区域都可获得比较利益。另外,赫克歇尔与奥林在分析比较利益产生的原因时,提出了生产要素禀赋理论。他们认为,各个国家和地区的生产要素禀赋不同是国际或区域分工产生的基本原因。如果不考虑需求因素的影响,并假定生产要素流动存在障碍,那么每个区域利用其相对丰裕的生产要素进行生产,就处于有利的地位。

城市圈域经济理论是在第二次世界大战后,随着世界范围内工业化与城市化的快速推进,以大城市为中心的圈域经济发展成为各国经济发展主流的背景下产生的。城市圈域经济理论认为,城市在区域经济发展中起核心作用,区域经济的发展应以城市为中心,以圈域状的空间分布为特点,逐步向外发展。圈域经济理论把城市圈域分为三个部分:首位度高的城市经济中心,若干腹地或周边城镇,以及中心城市与腹地或周边城镇之间形成的"极化—扩散"效应的内在经济联系网络。城市圈域经济理论把城市化与工业化有机结合起来,意在推动经济发展在空间上的协调,对发展城市和农村经济、推动区域经济协调发展和城乡协调发展,都具有重要指导意义。

第三节　重复性囚徒博弈理论:促进区域协作的根基

一、囚徒博弈

囚徒博弈讲述了这样一个事实:两个持枪抢劫犯被捕入狱后,被关在不同的牢房审讯,因此两个罪犯没有沟通行为。审判以"坦白从宽、抗拒从严"为原则,即若主动坦白,就有可能得到宽大处理,而若同伙主动交代,抗拒者则必将受重罚,而坦白者可以立功减刑。审判可能出现的结果有 3 种:两个罪犯都保持沉默,或都坦白,或其中一个坦白,一个保持沉默。相应地,假设若两个罪犯都保持沉默,则只能以非法携带枪支罪每人判处 2 年有期徒刑;若其中一个罪犯坦白,另一个保持沉默,则坦白者因立功仅判 1 年,沉默者则因抗拒重判 10 年;若都坦白,则两人都会因抢劫罪各判处 5 年。假设罪犯效用是判处年限的相反数,则可能出现的博弈结果如表2-2所示：

表2-2　囚徒博弈策略组合及其结果矩阵

罪犯/行为		罪犯二	
		坦白	沉默
罪犯一	坦白	(−5,−5)	(−1,−10)
	沉默	(−10,−1)	(−2,−2)

注：括号里的两个效用中，前一个为罪犯一的效用，后一个为罪犯二的效用。

假设两个罪犯都是理性的，那么他们将会采取什么策略？是沉默还是坦白？我们以罪犯一为例进行分析，由于无法得知罪犯二的行为，罪犯一只能根据罪犯二的可能行为而决定自己的最优选择策略。具体地，若罪犯二选择坦白，那么罪犯一也选择坦白是最优的，在这种策略下，罪犯一只会判刑5年，相比沉默刑轻5年；若罪犯二选择沉默，那么罪犯一选择坦白是最优的，在这种策略下，罪犯一只会判刑1年，相比沉默刑轻1年。因此，不管罪犯二是坦白还是沉默，对于罪犯一来说，坦白都是最优的选择。对于罪犯二亦如此。最终两人的博弈结果一定是都坦白，即对应表2-2中左上方的结果。这个博弈结果在经济学中叫做纳什均衡，又称为非合作博弈均衡，它表示的是这样一种策略组合，这个策略组合由所有参与人的最优策略组成，即在该策略组合下，给定某一参与人的策略，另一参与人没有意愿主动或提前改变自己的策略。

然而，从旁观者的角度来看，对于两个罪犯，显然他们都保持沉默是最优的策略选择。而根据斯密的理论，只要个体是理性、自利的，市场这只"无形的手"便会协调个体之间的行为，达到社会最优。从这个角度来看，囚徒博弈本身是一种斯密悖论，它表明，个体的理性不一定能达到社会最优，市场的竞争均衡不一定能实现最大化福利。这种个体理性往往导致双方得到的实际利益比可能得到的要少得多，就是著名的"囚徒困境"。

囚徒困境在现实生活中的例子还很多，例如某一产品市场上、以产量竞争为竞争方式的两个垄断寡头，不管另一寡头如何行为，对于其中一个寡头而言，扩大产量的策略总是有利可图的，这样导致的结果是两大寡头都扩大产量，而不惜价格的下降，直到其边际收益与边际成本相等。再如水资源有限下的农田灌溉，通常情况下，不管另一农户行为如何，对于其中一个农户，围截水流浇灌自家农田总是最优策略。两外，还有路灯安装等日常生活中的小事，出于搭便车等行为考虑，住户之间也会呈现出囚徒博弈的局面。

为什么明知道有另一种对所有主体来说都更优的策略组合，最终博弈竞争的结果却仍是囚徒困境呢？即什么原因导致囚徒困境的出现？一般认为有以下几个方面：

第一，外部性效应的存在。外部性效应是指个人或组织的行为或活动对其他个人或组织造成了影响（包括有利的和不利的），而该个人或组织却并没有为此获得收益或付出成本，因此外部性效应下，个人或组织的行为要么不够，要么过度，出于个人理性的竞争均衡往往难以达到社会最优。囚徒博弈中，一个主体的行为对其他主体造成了不同性质和程度的影响（如罪犯一的坦白或沉默行为对罪犯二的意义是完全不同的），各个主体之间的策略相互依赖，复杂性较强，外部性效应难以规避。

第二，不完全竞争。完全竞争下，各个主体对于总体的影响微乎其微，社会的最优结果不会由于某个主体行为的改变而改变，这种情况下，主体竞争达到的均衡是社会最优的，实现了社会福利的最大化。不完全竞争则完全相反。寡头垄断产量竞争的例子表明，当市场竞争不完全时，任何一个寡头的行为都能影响社会的整体结果，一个寡头供给的增加就意味着整个市场供给的增加，市场供给增长导致价格降低，这样，若另一个寡头仍然保持原有策略——维持产量，那么其总体利润必然降低，因此博弈的最终结果必然是两方都增加供给，导致产品过剩，而双方不仅没有为此实现更多利益，反而利益还可能受到损害。总之，不完全竞争下，市场主体之间的行为存在相互影响的可能性，某一主体的行为必然会对社会总体和其他主体产生影响，从这个角度看，不完全竞争实际上也是外部性效应的一种体现，是导致出现囚徒困境的原因之一。

第三，沟通协调渠道不畅，缺乏信任合作机制，导致信息不对称。在存在外部性效应和不完全竞争的情况下，若博弈参与主体之间具备通畅、便捷的沟通协调渠道，在此基础上构建信息共享机制和信任合作机制，各个主体形成具有共同利益取向、并能通过合作方式达成共同利益的整体，那么囚徒博弈的困境便能规避。在上述两个罪犯博弈的例子中，罪犯分别关于不同的牢房，彼此之间不知道对方如何行为，这种情况下，每个人基于理性考虑，从自身利益出发，形成的纳什均衡必然不是社会最优的。寡头产量竞争的例子同样也存在信息不对称、信任合作机制缺失的问题。由于主体之间的相互不信任和相互防范，个体通常只是选择对自己最有利的策略，而不去考虑社会福利或任何个体的利益，即便他们知道存在这样的可能；也没有哪一个主体愿意主动或提前采取利他的策略，其结果不仅损人，也不利己。这样，个人理性与集体理性相互冲突，个人追求利己行为而导致的最终结局必定是一个对所有人都不利的结局。

第四，惩罚和奖励机制缺失，博弈是一次性而非重复性的。博弈的一次性可以说是整个囚徒博弈成立的根本条件。一次性意味着,不管主体在博弈中采取什么行为——对其他主体有利、还是有害,该主体未来都不会为此受到奖励或惩罚,不会为此获得利益或负担成本。依然以两个罪犯的博弈为例,假若两个罪犯事先约定,沉默者未来可以以任何方式惩罚坦白者,或假若两人对于未来仍然存在合作的希冀,那么博弈的结果会截然不同——必然是两个罪犯都保持沉默。重复性博弈表明,未来某一主体可以对另一主体在前轮博弈中的行为进行奖励或惩罚,可以避免出现囚徒困境,这种情况实际上规避了囚徒博弈和囚徒困境的发生,而将囚徒博弈策略转化成针锋相对的策略。

在这几个导致囚徒困境出现的因素中,一次性博弈最为重要,它是囚徒博弈得以存在的根本条件。不论是沟通协调渠道不畅、信任合作机制缺乏、信息不对称,还是存在外部性效应,市场竞争不完全,都是给定一次性博弈的条件下才能影响囚徒博弈的结果。

二、囚徒困境的破解

对囚徒困境的破解,应该从其根本原因出发,即实现囚徒博弈从一次性博弈向重复性博弈的转变。正如上所述,囚徒博弈中各个参与主体的行为是相互影响的,一个参与主体的任一策略行为对其他参与主体都会产生不同性质和不同程度的影响。而在一次性博弈下,参与主体不会为其策略行为对其他参与主体造成的影响负责——既不会因其有利影响而得到利益补偿,也不会因其不利影响而受到利益惩罚。因此,要破解囚徒困境,首先要实现囚徒博弈从一次性博弈向重复性博弈的转变,而这个转变则有赖于信任合作机制和奖励惩罚机制的构建,尤其是信任合作机制的构建。

1. 信任合作机制:信任合作机制使博弈参与主体之间形成一个具有共同利益且追求共同利益最大化的整体,使个人理性和集团理性相互重合,从而规避了囚徒困境的产生,实现了总体和个体的最大化利益。其中,沟通协调渠道的畅通是构建信任合作机制的保证。

2. 奖励惩罚机制:奖励惩罚机制使得博弈参与主体在决定策略时,会权衡策略未来对于自身的影响,即奖励惩罚机制设定了博弈策略的结果不仅是基于当期的,还基于未来,这对参与主体当期的行为产生了激励作用或威慑作用,从而推动或迫使参与主体选择有利于社会利益最大化的策略。

三、囚徒博弈及其破解对现代城市管理的启示

囚徒博弈是城市管理中频繁、普遍存在的博弈方式,囚徒困境对城市管理者

提出了严峻挑战。城市管理中存在的诸多问题都是囚徒博弈的结果和囚徒困境的表现：

(一)城市公共产品供给不足

城市公共产品不仅包括有形的物质产品，如公路、桥梁、航标灯等，还包括无形的非物质服务，如法律、政策、消防等；不仅包括以政府为主要供给主体的城市基础设施建设，如地铁、下水道等公用设施，还包括其他主体也能够提供的公共产品，如城市文化氛围的塑造、城市清洁环境的维护等，从这个角度来看，城市里每一个住民都可能成为城市公共产品和服务的供给者。然而，城市某些公共产品的供给面临着典型的囚徒困境问题。例如一项需要住民出资的公共事业，倘若住民愿意共同出资，所有人的福利都会增加。然而，每个人都会以囚徒博弈的方式思考：若某个住民不出资而由他人出资，则该住民可以免费享受他人提供的公共产品；反过来，若该住民出资而他人不出资，该住民可能会得不偿失，因此，该住民理性的最优选择是不出资，当所有人都形成同质性思考方式时，囚徒困境便出现了。这种搭便车式的囚徒博弈纳什均衡使得公共产品供给出现短缺、公共福利无法提高。

(二)城市公共组织效率缺失

以传统科层体制为主建立起来的城市管理体系，管理的纵向层级设置过多，横向部门权责不明，其中横向部门之间的管理往往会出现囚徒博弈的困境。由于权力分野不明，各部门之间缺乏科学的协调与交流手段，合作意识不强，部门竞争激烈，管理实务在有利可图时集体争夺、一拥而上，在责任承担时集体缺位、相互推诿。城市公共管理体系效率和价值消失殆尽。

(三)城市、区域之间竞争恶化

城市间、区域间的竞争突出表现在对资源、资金、人才等要素的竞争上。出于对自身利益考虑，各城市发展城市经济时，往往只考虑可以使自己城市获得利益的方案，而忽视了对周围其他城市的影响。中国的许多城市都发展相似的产业，甚至某些相邻城市之间产业定位完全一致。为吸引某些产业或厂商，各城市进行招商引资时，在税收政策、土地租金政策、人才政策等方面展开激烈竞争，最后的结果是单个厂商受益，而各个城市自身利益受损。城市之间沟通交流少，难以搭建信任平台，合作意识不强，囚徒博弈的恶性竞争下自身利益受损的同时，也导致区域发展潜力有限、秩序混乱等问题。

尽管囚徒博弈给城市管造成了诸多问题,但通过对囚徒困境出现原因的探讨,和对囚徒困境破解的方式解析,城市管理可以从以下方面进行突破,来应对囚徒困境提出的各种挑战:

1. 构建产权明晰、责任明确的城市公共管理体系:公共产品和公共服务的提供要落实到事、责任到人,部门间权责明确,防止出现无人负、公共产品供给短缺、公共组织效率缺失等局面。

2. 加强城市合作、区域合作,构建信任合作机制:信任合作机制的构建本身是破解囚徒困境的重要突破点。各个城市之间要形成良好的沟通协调关系,无论是发展战略的制定,还是产业招商的导向,各个城市都要分工协作,建立良好的协商机制和契约机制。

第四节　可持续发展理论:实现城市永续成长的源泉

世界环境与发展委员会(WCED)在挪威前首相布伦特兰夫人领导下,于1987年向联合国提交的一份题为《我们共同的未来》的研究报告中,对"可持续发展"的内涵作了界定和详尽的理论阐述。该定义认为可持续发展是一种"能满足当代的需要,同时不损及未来世代满足其需要之发展"(Development that meets the needs of the present without compromising the ability of future generations to meet their own needs)。首次将环境保护与人类发展结合起来,使人类有关环境与发展的思想有了重大飞跃。此后,1992年在巴西里约热内卢召开的联合国环境与发展大会通过的《全球21世纪议程》,把"可持续发展"推向了人类共同追求的目标。我国对可持续发展战略给予了高度的重视,于1994年发表了《中国21世纪议程——中国21世纪环境与发展白皮书》,标志着中国正式开始实施可持续发展战略。

可持续发展理论的内容包括经济可持续发展、生态可持续发展和社会可持续发展三方面的协调与统一,要求人类在发展中讲究经济效率、关注生态安全和追求社会公平,最终达到人类生活质量的全面提高。

一、经济可持续

在经济可持续发展方面,可持续发展十分强调经济增长的必要性,而不是以环境保护为名扼制经济增长。但可持续发展不仅重视经济增长的数量,更关注经济发展的质量。可持续发展要求改变传统的以"高投入、高消耗、高污染"为特征的生产模式和消费模式,实施清洁生产和文明消费,提高经济活动中的效益。对中国来说,实现经济增长方式从粗放型向集约型的根本性转变,是可持续发展在经济方面的必然要求。对于城市发展来说,则要尽量提高城市土地的使用效率,走"集约型"的城市发展道路,以便减少城市化发展过程中对土地资源的消耗,更好地保护耕地和森林资源。

二、生态可持续

在生态可持续发展方面,可持续发展要求经济发展要与自然的承载力相协调。发展的同时必须保护、改善和提高地球的资源生产能力和环境自净能力,保证以可持续的方式使用自然资源和环境成本。因此,可持续发展强调发展需要节制,没有节制的发展必然导致不可持续的结果。生态环境的可持续发展要求城市的发展规模和集聚程度要控制在环境容量范围之内,充分考虑城市周围的土地资源和水资源的约束程度。城市内部的土地利用不能一味地提高开发强度,要满足环境的基本要求,留出一定的空间改善城市环境,保留城市的自然风景地带,合理布局,减少环境污染。

三、社会可持续

在社会可持续发展方面,强调发展应该追求两方面的公平:一是本代人的公平即代内平等。可持续发展要满足全体人民的基本需要和给全体人民机会以满足他们要求较好生活的愿望。二是代际间的公平即代际平等。本代人不能因为自己的发展与需求而损害人类世世代代生存与发展的条件——自然资源与环境。要给世世代代以公平利用自然资源的权利。城市规划布局上要集中布局,留有余地,为后代人留下生存与发展的空间。

从目前西方发达国家社会经济发展的情况来看,社会可持续发展问题突出体现在人口负增长和老龄化两个方面。众所周知,人口既作为生产者存在,又作为产品消费主体,是经济发展的最基本要素,人口负增长对社会经济的影响是不容忽视的。西方发达国家人口负增长和老龄化状况普遍存在,已经产生了非常消极的影响,如经济发展后续动力不足,市场规模扩大受限,劳动年龄人口比重下降,劳动力资源减少,劳动人口总体素质下降,社会养老负担加重,劳动人口收入降低,代际公平可能受到危害等一系列社会可持续发展问题。

和西方国家不同,我国人口红利①现象的存在对过去几十年经济和社会的可持续发展起到了强大的支撑作用,然而,随着社会经济的发展,人们生活理念发生变迁等因素,正在使人口红利的积极影响效应逐渐消除。目前我国人口自然增长率长期维持在较低水平,老龄化人口数量在逐渐上升,人口负增长和老龄化社会都将出现,基于此,我国应该以发达国家为鉴,未雨绸缪,力求降低未来人口负增长和老龄化对社会经济产生的不利影响。对于城市来说,一方面,要实行科技创新战略,提高人力资本积累和人口素质,缓解劳动力人口数量下降的不利影响,同时,根据人均寿命增长的现实情况,在不影响总体就业水平的前提下,允许适度延缓退休年龄,使老同志能够进一步发挥余热,参与生产活动。另一方面,要积极构建城乡经济社会的一体化发展机制,通过农村和城市之间劳动力的自由转移,优化配置劳动力资源。另外,要在社会保险上进行机制创新,以合理成本保证老龄人口的正常生活。然而,作为一种社会弱势群体,老龄人口除了最基本的生活困难问题,还存在着娱乐活动少、生活方式单一、精神生活难以满足等困境,这些问题单靠社会保险机制是无法解决的。对此,城市还应注重加大老龄人口生活娱乐设施投入,提高对老龄人口的综合服务水平。但由于社会负担的加重和对老龄人口的关怀之间始终存在着矛盾,城市还需要采取其他配套措施,如注重培养老年产业,吸引仍然具有劳动能力而且仍然愿意提供劳动的老龄人口进入生产领域,注重医疗卫生服务事业的发展,提高老龄人口的健康水平等。

【本章小结】

一、本章关键词

新公共管理理论　规模经济理论　范围经济理论　集聚经济理论
增长极理论　囚徒博弈和囚徒困境　可持续发展理论

二、本章知识点

新公共管理理论的内涵

新公共管理与传统公共管理的区别

新公共管理的主要做法及其对现代城市管理的启示

---

① 人口红利是指一个国家的劳动年龄人口占总人口比重较大,抚养率比较低,为经济发展创造了有利的人口条件,整个国家的经济成高储蓄、高投资和高增长的局面。

规模经济理论、范围经济理论、集聚经济理论的主要内容

成长经济理论的主要内容

囚徒博弈理论和囚徒困境的产生及其破解

可持续发展理论的主要内容

现阶段社会可持续发展面临的人口负增长和老龄化问题

三、本章复习题

1. 新公共管理理论的内涵是什么？与传统公共管理有何区别？

2. 新公共管理的主要做法有哪些？对现代城市管理的启示是什么？

3. 实现现代城市高速成长的主要相关理论有哪些？其主要内容是什么？

4. 什么是囚徒博弈和囚徒困境？囚徒困境为什么会产生，如何破解？

5. 现代城市管理中存在的囚徒困境现象有哪些？囚徒博弈和囚徒困境对现代城市管理有什么启示？

6. 简述可持续发展理论的主要内容。现阶段影响社会可持续发展的突出问题有哪些？

四、本章思考题

1. 现代城市管理中可以引入新公共管理的哪些新思想和新做法，新公共管理是否存在不适合现代城市管理的思想和做法？为什么？

2. 规模经济、范围经济和集聚经济之间有什么区别和联系？

3. 现代城市管理中可能出现的囚徒困境表现在哪些方面，如何规避？可以举例说明。

五、建议阅读材料

1. 赵成根著：《新公共管理改革：不断塑造新的平衡》，北京：北京大学出版社 2007 年版。

2. 李小建主编：《经济地理学》，北京：高等教育出版社 2006 年版。

3. 陈潭：《集体行动的逻辑：理念阐释与实证分析——非合作博弈下的公共管理危机及其克服》，《中国软科学》，2003，第 139－144 页。

六、本章参考资料

1. 陈潭：《集体行动的逻辑：理念阐释与实证分析——非合作博弈下的公共管理危机及其克服》，《中国软科学》，2003，第 139－144 页。

2. 陈迅、尤建新：《新公共管理对中国城市管理的现实意义》，《中国行政管理》，2003(2)，第 38－43 页。

3. 谷书堂、杨蕙馨:《关于规模经济的涵义及估计》,《东岳论丛》,1999(3),第68-74页。

4. 金太平:《新公共管理:当代西方公共行政的新趋势》,《国外社会科学》,1997(5),第21-24页。

5. 李小建主编:《经济地理学》,北京:高等教育出版社2006年版。

6. 刘华:《新公共管理综述》,《攀枝花学院学报》,2005(2),第28-30页。

7. 曼纳·彼得·范戴克著:《新兴经济中的城市管理》,北京:中国人民大学出版社2006年版。

8. 徐洁昕、牛利民:《增长极理论述评》,《科技咨询导报》,2007(14),第171页。

9. 徐勇戈、任敏、刘果果:《新公共管理对于中国城市管理的应用思路分析》,《理论导刊》,第55-57页。

10. 徐增辉:《新公共管理研究》,《吉林大学博士学位论文》,2005年。

11. 许诚萌:《资源性城市可持续发展研究——以攀枝花市为例》,《北京大学在职攻读专业硕士学位论文》,2009。

12. 杨国亮:《论范围经济、集聚经济与规模经济的相容性》,《当代财经》,2005(11),第10-14页。

13. 张波、刘江涛:《成长经济理论与中国城市发展》,《经济问题探索》,2003(8),第28-31页。

14. 张成福、党秀云著:《公共管理学》,北京:中国人民大学出版社2001年版。

15. 张海如:《规模经济:理论辨析和现实思考》,《经济问题》,2001(1),第8-11页。

16. 赵成跟著:《新公共管理改革:不断塑造新的平衡》,北京:北京大学出版社2007年版。

17. 周蜀秦:《新公共管理视域下的现代城市管理》,《城市管理》,2004(2),第42-43页。

18. Hoods. 1991. "A New Public Management for all Seasons?" *Public Administration*, Vol. 69, pp 4-5.

第三章　城市发展战略管理

◎ 教学目的与要求

通过本章的学习了解城市发展战略管理的意义和营销导向的城市发展战略思想,了解学习型政府的构建对城市发展战略的意义;理解城市发展战略的内涵和内容组成,城市定位的原则,城市发展战略制定及实施过程,理解学习型政府的内涵和特征;掌握城市发展战略分析的一般方法。

◎ 内容提要

本章从城市发展战略的涵义出发,对于城市发展战略的内容、意义、构成以及制定和实施过程进行了系统的阐述,并特别就城市发展战略的制定过程要点,即明确城市发展战略的目标、城市发展条件分析的一般方法和战略目标实施的步骤进行了深入探讨。同时,介绍了新形势下以城市地方营销为基本导向的城市发展战略要点。提出当前我国城市发展战略中应当全面导入绿色 GDP、人文 GDP 的目标绩效观;构建敏捷城市,提高城市对外部环境变化的敏捷反应能力;全面导入循环经济理念;并特别注意突发事件管理。为了保障城市发展战略的正确和顺利实施,需要努力打造学习型政府。

第一节 城市发展战略的涵义和内容

一、城市发展战略的涵义

战略原指对战争全局的筹划和指导,而今这一概念被广泛应用于经济社会领域,统称发展战略。目前,战略被认为是对未来进行长期判断和预期、决策发展定位、战略途径和实现战略途径的有效渠道的一系列事件和举措的综合。

著名城市经济学家饶会林教授曾经指出:城市发展战略是指在较长时期内,人们从城市发展的各种因素、条件和可能变化的趋势预测出发,做出的关系城市经济社会建设发展全局的根本谋划和对策,城市发展战略是城市经济、社会、建设三位一体的发展战略。[①]

因而城市发展战略是关于现代城市发展目标和实现目标的方针、政策、途径、措施和步骤的高度概括,是市政管理中具有全局性、方向性的根本大计,故对城市发展具有方向性、长远性、总体性的指导作用,是城市各项工作的指南和纲领。[②]

城市发展战略的制订和贯彻实施是现代城市政府的主要工作内容,是统领各项具体城市管理职能的主线,也是城市管理高层必须要认真对待的问题。

二、城市发展战略的内容

城市发展战略通常由战略依据、战略愿景(战略目标)、重点战略、战略措施和战略反馈五个部分组成。

(一)战略依据

城市发展战略的依据就是城市制定发展战略时的基础和发展条件,包括城市发展的环境,城市的经济、社会资源禀赋情况和城市在整个国民经济发展中的战略地位等,都需要通过认真的调查研究和充分论证来确认,这也是定位城市性质的基本依据。城市发展战略依据主要通过历史分析方法、SWOT 分析方法,政经社技(PEST)分析方法和竞争—合作分析方法获取。

---

① 饶会林:《城市经济学》,大连:东北财经大学出版社 1999 年版,第 845 页。
② 王雅莉主编:《市政管理学》,北京:中国财政经济出版社 2002 年版。

(二)战略愿景(Vision)

城市的战略愿景即城市在可以预见的时期内,最终将要达到的总体目标,相对而言,愿景的内容更抽象,更具前瞻性。比如,北京将"成为全球城市中的重要一极"作为战略愿景,淄博将"成为济南密切合作者、济青线重要中心城市"作为战略愿景。

在总体的战略愿景之下,城市发展战略还可以形成一定的发展目标体系,一般表现为城市现代化目标体系,主要包括以下四个方面内容:

(1)经济发展指标。一般用人均国内生产总值①、社会劳动生产率、三次产业结构、R&D(Reseach & Development)占 GDP 的比例、进出口额占 GDP 的比例、外资产值比重、FDI(外商直接投资)数量等指标来表示。

美国经济学家钱纳里以 1970 年收入水平(美元购买力)为标准,将城市工业化阶段分别划分为初级产品生产阶段、工业化阶段和后工业化阶段。如下表所示:

表 3-1　钱纳里的工业化阶段划分

时期	收入水平 (以 1970 年美元计)	城市工业化阶段	
1	140～280	第一阶段	初级产品生产
2	280～560	第二阶段	工业化初期
3	560～1 120		工业化中期
4	1 120～2 100		工业化成熟期
5	2 100～3 360	第三阶段	工业化发达期 (后工业化阶段)
6	3 360～5 040		发达经济

例如,山东省泰安市 2007 年人均 GDP 为 4 002 美元,依据购买力平价折算成 1970 年的美元为 717 美元(1∶0.179 2)。按照钱纳里的城市工业化阶段划分方法,泰安市已进入工业化中期,处于一个结构调整、产业升级和企业重组的时期,结构调整和技术进步因素将在较长时期内和很大程度上决定着经济增长的速度和质量。

---

① 人均国内生产总值,也称作"人均 GDP"。通过将一个国家核算期内(通常为一年)实现的国内生产总值与这个国家的常住人口(目前使用户籍人口)相比而得,公式为人均国内生产总值 = 国内生产总值/总人口。人均国内生产总值和人均收入水平是衡量一个国家或地区经济发展水平、人民生活水平的重要宏观经济指标,也是对一个国家或地区工业化发展阶段的重要划分判据。

另外,当人均GDP达到3 000美元、5 000美元和1万美元几个阶段后,城市的消费方式也将发生变化。例如,人均GDP达到3 000美元标志一个城市的消费方式从数量扩张型需求进入到质量提升型需求阶段。在这种情况下,原有的商业业态和商业格局与新的消费需求之间的矛盾也越来越突出。因此,随着我国人均GDP水平的快速增长,很多城市加速建设、快速更新的必要性越来越强。

表3－2　2008年不同区位、规模的城市发展水平比对

城市名称	人均GDP（元）	三产结构	城市化水平(%)	城市居民人均可支配收入(元)	城市居民恩格尔系数(%)	城市居民人均住房面积（平方米）	绿化覆盖率(%)
北京	63 029	1.1：25.7：73.2	84.9	24 725	33.8	28.7	43.5
武汉	47 526	3.7：46.1：50.2	63.8	16 712	37.3	29.3	37.4
成都	30 855	6.9：46.6：46.5	49.1	16 943	37.4	28	38.2
泰安	27 794	10.6：55.5：33.9	47.3	16 095	33.2	28	41.6
保定	14 518	15.6：48.3：36.1	30.1	12 312	40.4	30	37.9
曲靖	13 684	19：54：27	32.6	12 239	44	35.5	45
武威	10 992	23.3：36.8：39.9	33.5	9 490	41.35	25	12.1（森林覆盖率）

如上表所示,通过对我国分别处于东中西部、大中小规模不等的几个典型城市在经济发展指标、社会进步指标、生活质量指标以及生态环境指标这四个方面的部分数据进行比对,可以较好地反映不同区位、规模的城市的发展水平。因此,在制定城市发展战略的过程中,必须清晰地认识到自身所处的阶段,根据对未来的合理预期,设定战略愿景。

(2)社会进步指标。可用城市化水平、人均道路面积、公共教育支出、信息化程度、社会保险覆盖率、法律化程度、基尼系数等指标来表示。

(3)生活质量指标。可用市民可支配收入、恩格尔系数、人均住房、人均用电、人均拥有文化体育设施面积、万人医生数、人均寿命等指标来表示。

(4)生态环境指标。可用地均产出(＊＊万元GDP/km²)、水资源产出率、能源产出率、绿化覆盖率、三废处理率、环保投入占GDP比例等指标来表示。随着我国全力推广"五统筹"科学发展观的步伐加快,绿色GDP将逐渐成为统合上述四方面指标的一个重要的新指标。

(三)重点战略

重点战略是作用于对实现战略目标具有关键、主导意义而目前发展又比

较薄弱,需要特别加强,且在发展方面具有显著优势的经济环节、产业部门或管理领域的战略举措。重点战略的提出视角根据城市的具体条件而不同,比如,某一个组团型城市选择主城先导战略,这就是一个基于城市空间举措的重点战略;而另一个城市选择旅游产业先导战略,则是从产业部门发展的角度出发。

(四)战略措施

战略措施是针对实现战略过程中的矛盾所采取的策略和具体措施。由于矛盾的性质和内容不同,策略和措施也有很大差异。需要针对具体城市的具体问题,采取总体性的、局部性的、体制性的、产业性的、国际性的、区域性的、渐进性的、突变性的等种种类型的对策。

战略措施要特别关注的是近期行动计划。实现战略目标需要一个过程,但是,对于任何一个战略而言,必须首先关注近期的行动计划,以近期行动计划为伊始,一步一个脚印的向目标前进。

(五)战略反馈

城市发展战略管理的实施是一个长期的过程,同时也是一个多阶段的动态过程,前一个阶段的战略措施的结果以及外围环境的变化,将形成下一个阶段发展的基础状态。因为在发展过程中措施实施的结果和外围环境的变化都会受到来自不同方面的众多不确定性因素的影响,所以下一阶段的基础状态在最初战略制订的时候不能准确地设定,也就不存在一个长期的、完美的、可以一成不变的城市发展战略。相反,城市发展战略管理要根据形势的变化,在保证战略愿景大方向的前提下,根据已经实施的措施的绩效反馈,有计划地进行具体战略措施的调整和细化。必要时,甚至战略愿景也可能进行调整。

三、城市发展战略的制定过程要点

(一)明确城市发展战略的目标——城市发展战略关注什么

世界银行组织曾通过对全球城市发展的研究认为,城市发展战略应当最为关注如何成为持续成长的竞争性城市。他们认为,可持续城市是指一个有竞争力的、适于居住的、银行信赖的,而且治理和管理良好(良治或称善治)的城市。

1. 适于居住的城市：城市中所有的居民都有平等的机会参与城市的政治经济生活并能从中获益。在适于居住的城市中，居民有影响城市机构的能力和机会，享受教育、就业、安家、信用的便利，具有使用水、卫生、交通医疗等城市服务设施的便利，以及一个健康安全的环境。这较"宜居城市"的内涵更加丰富。

2. 竞争性城市强调就业、收入、投资有着多样性的增长，从而使该城市的经济发展较健全。高效率的城市意味着高的办公效率；投资、就业和贸易动态对市场机会反应灵敏。在一个竞争性强的城市中，就业、收入、投资呈现有活力和多样性的增长，具备各种类型的有生产效率和竞争力的企业，具备有效率的住房、土地、不动产市场和有效率的通勤公共交通体系，具备良好的公共管理和有效的物流、服务流、信息流服务功能。

3. 银行可信赖性主要强调政府的信用和透明、公正的办公机制。[①]

4. 治理和管理良好意味着城市社会中的所有群体都将在政府中得到代表，或者能参与其中。它也意味着政府是负责的并且是透明的。

(二)关注城市的发展条件分析

制定城市发展战略必须考察城市发展的历史与传统、城市的区位与地位、城市的自然资源与人文资源、城市的产业状况与市场状况。城市的历史与传统，包括城市不同历史发展时期的主要脉络、特点，对城市的发展具有强烈的制约作用和惯性影响；城市所处的地理位置及其政治经济区位通常对城市的产生和发展具有重要的影响甚至决定作用；城市的自然与人文资源、产业状况与市场状况是城市发展的基础条件。制定城市发展战略必须对这些历史的、现实的物质条件进行比较、综合，正确评价城市的比较优势和劣势。[②]

与此同时，制定城市发展战略除了对自身条件的分析之外，还必须对城市发展的宏观环境，包括政治格局形势、经济运行走势、社会发展态势和技术发展趋势进行综合判断。除了分析城市自身的优势和劣势之外，还必须分辨和明确城市发展的机遇与威胁，切实努力抓住机遇，屏蔽威胁。这就是 SWOT 分析。通过 SWOT 分析，从影响的效果(正面影响还是负面影响)和来自于城市内部(目前)和外部(未来)的角度构建矩阵，可以清晰地判断城市发展的真

---

① 包括处理当地预算与支出的清晰、内部持续的系统；政府间转移支付的透明度和可预测性；市政借款的审慎条件；普遍采用的财务会计操作；可靠的财政管理程序；透明的周转操作等要求。——作者注

② 饶会林：《中国城市管理新论》，北京：经济科学出版社 2003 年版。

实地位。

表3-3　SWOT分析方法

	正面	负面
目前/内部	优势(strength)	劣势(weakness)
未来/外部	机会(opportunity)	威胁(threat)

与判断城市发展的真实地位相关的一组概念是城市职能、城市性质和城市定位。城市职能(urban function)(城市功能)是指城市在国家或地区经济社会发展中所处的地位、担负的任务和发挥的作用。城市职能分为基本职能和非基本职能两种。为本城市以外地区服务的职能称为城市的基本职能,为城市内部居民服务的职能称为城市的非基本职能。就是因为城市基本职能的存在和强化,导致城市的形成、发展和迅速生长,这是城市存在和成长的根本动力。只要城市基本经济活动旺盛,城市就生机向上;如果城市基本经济活动停滞,城市就衰败下降。因此,合理确定城市的职能结构及职能演进方向,对于城市的可持续发展是十分有益的。城市性质是指城市在国家或地区政治、经济、社会和文化生活中所处的地位、作用及其发展方向,由城市主要职能所决定。我们知道,任何一个城市都负载着很多职能,如居住、交通、贸易、金融等,城市性质即是城市主导职能的概括。不同城市的主导职能各不相同,综合性职能强的城市,城市性质多样化程度高;专业化职能强的城市,其性质较为单一。也有学者则把城市性质的定义分为广义和狭义两种。广义的城市性质是一定时期内城市的主要职能和城市的发展方向;狭义的城市性质就是指一定时期内城市的主要职能。

而城市定位分析就是要确定一个城市未来发展的性质问题,其实质就是在区域社会经济发展的坐标系中,在综合确定城市承担的各种职能基础上筛选出对城市发展具有重大意义的、占据主导性和支配性地位的城市职能。城市定位工作至少应包括如下三方面的内容:一是城市在不同尺度区域(如在本地、跨城市区域、某一经济合作区域、全国)的地位和空间区位关系,即城市区域空间定位;二是城市自身发展条件、基础、优劣势、机遇与威胁的研判及城市特色的确定;三是城市的产业定位,主导产业的选择、未来产业发展方向的确认以及产业升级更新的路径。《海口市城市总体规划》(1988~2005)中将海口市城市性质定为"我国最大的经济特区——海南省省会,全省政治、经济、文化、流通中心,具有热带风光和海滨城市特色的外向型国际性城市"。广州的城市性质定位为"华南地区中心城市,全国经济、文化中心之一"。济南作为山东省省会应承担的职能是:全省政治中心、文化中心、科教中心、信息中心、金融中心、旅游中心和交通枢纽;工业以机械制造业、化学工业、家电电子业、生物工程、新材料等为主的综合性中心城市。就城市性质而论,济南是山东省省会,著名的泉城和历史文化名城,我国东部沿海经济开放区重要的中心城市。济南是全省政治、经济、文化、科教和旅游中心。

城市性质(城市定位)与城市的发展愿景密切相关,但又不完全相同,城市发展愿景有时更加强调一个城市在全球或者国家城市体系中的地位和作用,这一点是超越城市性质范围的;而城市性质(城市定位)作为城市主要职能的概括,对一个城市的描述将比城市发展愿景更为直接。

(三)实现战略目标的战略步骤图示

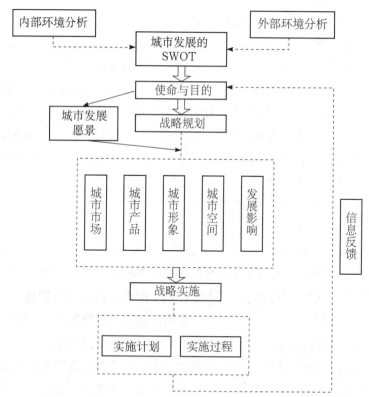

图3-1 全过程城市发展战略管理(据中国区域经济研究中心研究成果)

第二节 城市发展战略的制定

一、城市发展战略观:从资源到营销

与市场的成熟度相适应,城市发展的战略观已经超越了初级的资源型、供给型、需求型阶段,而迈向更为高级的营销导向。

传统的资源型战略观主要考量的是城市行政区域内的自然资源等方面的资源禀赋,从挖掘自身资源出发获取最大化的城市发展可能,这是一种最低层次的城市发展战略观。

供给型的城市发展战略观主要形成和发展于 20 世纪初至 20 世纪中叶,强调不断提升城市的生产能力,包括工业产品、有形服务等多方面,从而提高城市的综合竞争实力,但是,这种发展战略观忽略了市场的需求状况和居民、投资者、旅游者以及企业等的不断改变的差异性偏好。

需求型的城市发展战略观在供给型战略观的基础上前进了一大步,主要从满足市场需求,追寻市场变化为特征,强调城市发展战略的制定要有利于服务大众,满足各个群体的需求,从而创造更好的投资环境、居住环境等,获取更高的发展速度。

20 世纪 80 年代以来,在西方开始初步形成了营销导向的地方发展战略观。营销导向的发展战略观不仅考量到市场上的供给能力、需求状况,更注重引导和激发新的需求,注重政府作为城市管理者特殊角色的定位,以发挥政府的主观能动性和提升城市产品竞争能力为主要指导方针,制定城市发展战略,其中城市产品既包括有形产品和服务,也包括无形的城市品牌和城市魅力等方面。

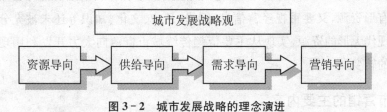

图 3-2 城市发展战略的理念演进

二、城市营销的内涵

我们前文提到,传统上来讲,城市发展战略的选择是基于所谓的绝对优势、资源优势或者相对优势。但是,这种传统上的城市发展战略观已经越来越不适应于现代城市的发展格局。营销导向的城市发展战略正在形成城市发展战略制定的新主线。

所谓城市营销,即把城市地区视为一个市场导向的企业,将地区的未来发展愿景作为一个吸引人的产品,通过强化地方经济基础以及更加高效地满足和吸引既有的和潜在的目标市场(主要包括产业、投资者、定居人口、观光游客和会议人士等),来主动营销地区的特色。主要的策略包括地区战略营销(strategic marketing of places)和复兴经济发展(revitalize economic development),由此重建城市基础设施,创造与吸引高素质人才,刺激地区企业组织的扩展和成长,发展强有力的公私合作组织,界定和吸引随城市互动与相互依存的公司和产业,创造地区独特的城市魅力和友善、亲切的服务文化等,而且实施有效的促销行动。

与"城市营销"接近的一个词汇是所谓"经营城市",即指城市政府运用市场经济手段,对城市的自然资源、基础设施和人文资源等进行优化整合和市场化营运,以实现资源优化配置和高效使用。经营城市包括城市的社会管理、经济管理、基础设施管理及生态环境管理等,是一种复杂综合的系统管理,一种多层次、分系统、从宏观到微观的纵横交织的管理网络。从这个意义上来讲,两者具有近似性;但是,从吸引的主体和采取的举措来看,城市营销面向的主体更为宽泛,采取的举措也往往可以跨越城市行政边界,就这一点出发,比"城市经营"涵义更为广泛。随着城市现代化的发展,科学技术的日新月异,经营城市的内涵和外延将不断丰富和扩大,并且会把经营城市的理念贯穿到城市规划、建设和管理的全过程。但是,需要明确的是,经营城市决不等于无节制地卖地。城市政府除了卖地之外,还有许多可控资源可以经营,可以开发利用;不仅要注重有形资产的价值,更要注重无形资产的价值。所以,既要经营土地、水、矿产、基础设施等已被开发的传统有形资源,又要重视经营信息、网络、品牌、文化、知识等还未被充分开发利用的现代无形的资源,实现从主要依赖传统城市资源向大力开发利用现代城市资源的转变。

三、城市营销的主要内容

需要明确,营销是一个社会管理过程,在这个过程中个人和群体通过创造、提供与他人交换有价值的产品而满足自身的需要和欲望。而实现交换的前提则是提供的产品对他人有价值,即能满足目标市场的需求。为了实现"地方产品"

与目标市场的交换,城市营销者必须明确城市提供的产品是什么,向谁营销,目标市场的需求是什么,怎样使城市所提供的产品满足目标市场的需求。[①]

(一)目标市场

科特勒将地方的目标市场分为六类——新居民、制造业者、投资者、旅游与会议人士、公司总部以及出口市场。但由于制造业者、投资者和公司总部对地方的需求有一定重复性,而且出口产品的购买者都要与企业交易,所以我们将上述四者合为一类目标市场——企业。因此,可以将目标市场分为三大类:企业、居民(这里的居民不仅指户籍人口,是广义居民的涵义)、旅游者。

(二)目标市场需求

对应于企业、居民、旅游者不同的目标市场,其需求可归纳为创业需求、生活需求和旅游需求。

(三)产品

对于不同的"购买者"来说,城市提供的产品是千差万别的。但从满足基本需要的角度可分为几大类:创业产品、生活产品和旅游产品。具体涉及的要素主要包括:基础设施、吸引物、形象与生活品质。地方产品不仅应有一般性的吸引力,对于"购买者"还应有特殊的吸引力。

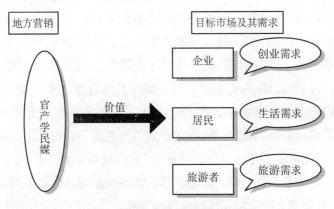

图 3-3　地方营销系统示意图

---

① 本部分内容参见杨咏:《地方营销中地方形象的设计与传播》,北京大学硕士论文,2001。

(四)城市营销主体

通常城市营销机构由公众、企业界人士和城市管理者共同组成,加之对地方问题的诊断需要专家学者的研究,对外营销还需媒体的传播作用,因此我们可将地方营销活动的参与主体广泛地认为由官、产、学、民、媒组成,而他们也是地方形象设计与传播的主体。

四、营销导向城市发展战略的主要作用和措施

现代城市面临开放的全球化市场,在激烈的市场竞争中,有效的营销管理能够为城市的产品和城市本身开创更为宽广的发展空间。

对于一个城市,要在市场营销中取胜,应当通过提炼设计有特色的形象识别系统,通过市政建设悦目的视觉识别系统,通过与地方传统文化结合形成被市场认同的行为识别系统。以上三个识别系统的建设在城市营销的过程中对于突出城市特色,吸引市场兴趣,创建城市品牌有着重要的作用。

将城市作为企业来进行营销,要在分析自身产品特征、发展潜力和竞争者条件的基础上进行准确的市场定位,并对目标市场采取适当的广告、促销和公关手段,以扩大城市的影响力和市场份额,增加城市的外部收益。

要在市场营销中取得长久的优势地位,除了要保证产品质量,还要有一定的生产创新能力,不断促进产品的更新换代,满足消费者更高的需求。对于某些科研能力处于领先地位的城市,还应致力于科技创新,提高人类的生活质量。

营销城市要"走出去"。城市管理的工作重点已经由生产管理转向形象管理,生产管理是企业内部事务,城市管理者主要应当从城市的整体形象着手,为企业创造良好的外部环境,将企业品牌与城市品牌联系起来。城市的产品品牌有时候是清晰的,如青岛海尔、深圳康佳、保定乐凯;有时候又是模糊的概念,如上海皮鞋、景德镇瓷器、香港金货、巴黎香水等。在后一种情况下,市场对于一种产品的认同已经跨越了企业品牌的层次,而是直接将某类产品同城市形象联系在一起,这正是城市品牌营销的成功体现。当产品品牌延伸到城市品牌后,城市品牌的巨大效应就会拉动城市整体经济的发展。

最后,营销城市的另一个重要的目的是"请进来"。在城市发展过程中,对于资金、人才、技术和信息的需求会不断提高,而这些要求往往不能单纯依靠城市的内部产出来满足,城市发展需要不断吸收新鲜的血液。营销都市通过对外的宣传活动,让外部认识城市、了解城市,更进一步地认识到城市发展的潜力,从而

形成对外部资源的吸引力,为城市的发展提供源源不断的能量。

第三节 新形势下我国城市发展
战略管理的潜在重点

2003 年 10 月 11 日至 14 日召开的党的十六届三中全会,实现理论突破,进一步确定了改革部署,创造性地提出了"五统筹,五坚持"。"五统筹",即统筹城乡发展、统筹区域发展、统筹经济社会发展、统筹人与自然和谐发展、统筹国内发展和对外开放;"五坚持",即坚持社会主义市场经济的改革方向,坚持尊重群众的首创精神,坚持正确处理改革发展稳定的关系,坚持统筹兼顾,坚持以人为本。这"五统筹"、"五坚持",是在 25 年改革实践经验的基础上所形成的科学认识,反映了经济体制改革之内在规律的要求,因而是指导我们在新世纪新阶段深化改革、协调发展的总体战略思想和基本原则。

同时,"五统筹"蕴含着全面发展、协调发展、可持续发展的科学发展观。"五统筹"的核心是社会、经济、环境可持续发展,是要树立新的科学发展观。"五统筹"必须以经济、政治、文化全面发展为内容,以社会主义物质文明、政治文明和精神文明整体推进为目标,以经济、社会、自然协调发展为途径,着眼于全面发展,囊括了当前改革和发展所要解决的一系列战略性、全局性的重大问题,旨在解决我国经济社会发展中出现的诸如城乡二元结构矛盾突出、地区之间差距不断扩大、人与自然的矛盾日渐突出等问题,使城乡、区域、经济社会、人与自然和国内发展与对外开放达到协调发展的状态,从而为建设惠及十几亿人口的更高水平的全面小康社会提供保障。

据此,在新的发展形势下,我国城市发展的首要战略问题就是贯彻和执行"五统筹"的科学发展观。在"五统筹"的科学发展观指导下,从最高的战略层面上,我国城市发展战略要坚持抓好以下潜在的战略重点:

一、全面导入绿色 GDP、人文 GDP 的目标绩效观

所谓"绿色 GDP",就是从现行 GDP 中扣除环境资源成本和对环境资源的保护服务费用。绿色 GDP 指标,实质上代表了国民经济增长的净的正效应。绿色 GDP 占 GDP 的比重越高,表明国民经济增长的正面效应越高,负面效应越低,反之亦然。2006 年 9 月环保总局和国家统计局联合发布了《中国绿色国民经济核算研究报告 2004》,是我国第一份经环境污染调整的 GDP 核算报告。报

告显示 2004 年环境污染造成的经济损失为 5 118 亿元,虚拟治理成本为 2 874 亿元,分别占当年 GDP 的 3.05% 和 1.80%。"人文 GDP"就是为了保障人的健康和全面发展而投入财富的增长指标,包括教育、文化、医疗卫生等方面。

我们追求的发展,应该是经济和社会事业的全面发展,是人与自然和谐相处的可持续发展,应将"经济 GDP"、"人文 GDP"和"绿色 GDP"放在同等重要的位置。多层面的政府绩效考核体系的建立健全是建设和谐社会的重要制度基础之一。

二、构建敏捷城市,提高城市对外部环境变化的敏捷

反应能力当今世界处在信息爆炸的时代,城市要在瞬息万变的环境中抓住有利的信息,结合自身条件,做出相应的对策,才能赢得发展机会。也就是要创建"敏捷城市",其中包括三方面的内容:

1. 信息敏捷。依托快捷、准确、畅通的信息来源和上传下达渠道,并在大量的信息中进行及时高效的筛选,保证决策者在第一时间获取精练实用的信息。就此,正在迅猛发展的数字城市①技术不但提供了技术支撑,而且具备成为信息敏捷交换和交流的平台。

2. 人员敏捷。有灵活、干练、反应迅速的管理人员和办事人员,要做到能上能下,人尽其才,能够准确快速应对环境变化。

3. 制度敏捷。在一定原则框架内,保留政策的适度弹性,以便在实施中能够因地因时制宜;必要时要及时调整修订现行政策制度,确保城市发展最终战略目标的实现。

三、全面导入循环经济

循环经济起源于工业经济,其核心是工业物质的循环。循环经济是对物质闭环流动型经济的简称,以物质、能量梯次和闭路循环使用为特征,在环境方面表现为污染低排放,甚至是污染零排放。循环经济把清洁生产、资源综合利用、生态设计和可持续消费等融为一体,运用生态学规律来指导人类社会的经济活动,因此本质上是一种生态经济。循环经济是按照自然生态系统的物质循环和能量流动规律重构的经济系统。要求把经济活动组织成为"自然资源—产品和用品—再生资源"

---

① 数字城市,即综合运用地理信息系统(GIS)、遥感、遥测、多媒体及虚拟仿真等技术,对城市的基础设施、功能机制进行自动采集、动态监测管理和辅助决策服务的技术系统。数字城市具备将城市地理、资源、环境、人口、经济、社会等复杂系统进行数字化、网络化、虚拟仿真、优化决策支持和可视化表现等强大功能。

的反馈式流程,所有的能源和原料都能在这个不断进行的经济循环中得到最合理的利用,从而使经济活动对自然环境的影响减少到尽可能小的程度。

循环经济的涵义是:以可循环资源为来源,以环境友好方式利用资源,保护环境和发展经济并举,把人类生产活动纳入到自然循环过程中,经过相当长一段时间的努力,使生态负增长转变为生态正增长,实现人类与生态的良性循环。这种发展战略观对于我国现状资源和能源短缺十分突出的大多数城市来讲具有重要的意义。关于循环经济的具体内容我们还将在第七章"城市环境管理"中讲述。

四、重视突发事件管理

应该认识到,城市发展战略管理的实施过程并非一帆风顺,国内外一些城市发生的一系列突发事件也提示我们必须在城市发展战略管理中建立"危机管理"机制。在制订国民经济和社会发展规划的同时,需要制定一个有效的,能够帮助快速沟通、快速做出影响评估和控制的危机管理计划,并使之成为国民经济和社会发展规划的重要组成部分,甚至是最为重要的部分。

一般来说,危机管理在管理层次上高于日常管理,是管理的最高层次。危机管理计划不是独立的,它必须与整个国民经济和社会发展规划结合起来,也必须与国家、地区和部门的危机管理体系相适应。当然,就我国来说,在制订危机管理计划的同时,还需要进一步建立和完善危机管理系统,这也是我们在制定国民经济和社会发展中长期经济和社会发展规划时必须考虑的问题。[①]

关于城市突发事件管理,我们将在第十章"城市突发事件管理"中详细论述。

五、新形势下我国城市发展战略管理案例——建设"三个北京"[②]

2008 年,面对国内外复杂多变的环境,北京市以筹备和举办奥运会为重心,积极采取一系列措施,努力克服各种困难,取得了较快的经济发展。全市 GDP 总量突破万亿大关,人均 GDP 已突破 9 000 美元。2009 年全市人均 GDP 预计将突破 1 万美元,与发达的国际大都市在经济指标上的差距迅速缩小。同时,北京市的国际影响力藉由奥运会、残奥会等重大节事活动和中非论坛、亚欧峰会等国际性会议的成功举办得到提升。

---

① 丁元竹:《应把危机管理纳入"十一五"规划》,中国网,http://www.china.org.cn/chinese/op-c/725664.htm

② "三个北京"战略是北京市在三个奥运基础上进行凝炼与整合提出的全新战略构想。具体参见刘淇:《在全市开展深入学习实践科学发展观活动专题报告会上的讲话》(2008 年 12 月 3 日)。

北京市的现代化建设已走在全国前列,进入一个全新的发展阶段。这个阶段的主要特征是:第一,经济增长优质化。通过优化经济结构促使经济总量平稳快速增长,发展对生态环境、科技创新的要求日益迫切。第二,城乡发展一体化。城市从大规模的中心城区建设向推动城乡一体化的方向转变。第三,建设管理集约化。从粗放式建设向集约建设、精细管理转变,更加注重建设的档次、质量、效益,更加注重管理与服务的精细、高效、优质。第四,改革创新制度化。改革已经进入攻坚阶段,推动体制机制创新、管理创新、科技创新、组织制度创新的要求日益迫切。第五,城市发展国际化。对外开放进一步扩大,国际交往活动日益频繁,对城市的国际化水平提出了新的要求。第六,公共服务均等化。社会利益格局多元趋势越发明显,坚持以人为本的理念,协调各方面的发展积极性,给城市的公共服务提出了新的要求。①

为了积极应对新阶段出现的新形势,北京市委市政府提出了建设"三个北京"的战略任务,强调要努力推动首都科学发展,建设"人文北京、科技北京、绿色北京"。

建设"人文北京",一是要把"以人为本"的方针贯彻到城市建设、管理、发展之中,大力推进公共服务均等化,使北京最具人文关怀等品质,成为全国社会保障体系最为完善的城市;二是精神文明建设要再上新台阶,市民文明素质要有新提高,志愿活动普及深入,使北京成为有高度文明素养的城市;三是文化教育要高度繁荣,文化中心地位凸显,文化创意产业飞速发展,历史文化名城得到出色保护;四是在和谐社会建设方面应该是首善之区,矛盾化解、信访维稳机制更加健全,手段更加先进,群众的安全感不断增强,"平安北京"更加平安,社会更加安定祥和。

建设"科技北京",一是北京要成为国家重要的创新城市,成为科技成果交易的中心,自主创新能力居国内前列,科技创新成为结构调整的中心环节。二是中关村科技园区要成为国家自主创新示范区。各类科研院所、科技企业的创新能力得到整合和发挥,管理体制得到进一步创新。三是要让科技渗透到经济、社会、文化各个领域之中,引领、融合、创造新的产业,生产性服务业、信息化产业、信息服务业迅猛发展,社会管理、治安、旅游、文化等方面的科技含量全面提升,让科技造福人民。四是要用科技成果解决首都的"三农"问题,推动城乡一体化

---

① 北京、上海、深圳、广州、天津等城市均已成长为人口在1 000万以上,具有一定国际影响力的城市,今后我国将有更多大城市步入国际城市行列。其他大城市发展的过程中也将逐步显现目前北京市城市成长的某些特征。

发展。

　　建设"绿色北京"就是要建设以资源环境承载能力为基础,以自然规律为准则,以可持续发展为目标的资源节约型、环境友好型社会,坚持走生产发展、生活富裕、生态良好的文明发展之路。一是发展绿色经济,如大力发展垃圾处理、可再生能源、水处理等产业;二是加强绿色环境建设,确保蓝天、绿水,整治城乡结合部,确保城市干净整洁;三是提倡绿色消费,大力发展公共交通,倡导节水节电;四是绿化美化城乡,提高公共绿地面积和山区林业发展水平。

　　"人文北京"、"科技北京"、"绿色北京"是科学发展的有机整体,"人文"是可持续发展的目的,"科技"是推动可持续发展的手段,"绿色"是实现可持续发展的保障。作为战略途径,北京市正在以下十个方面着力实现新突破:

　　1. 转变经济发展方式;

　　2. 切实解决民生问题;

　　3. 加快改革创新;

　　4. 推进生态文明建设;

　　5. 提高城市建设管理水平;

　　6. 推动城乡一体化;

　　7. 在精神文明建设上取得新突破,做大做强文化创意产业品牌企业;

　　8. 在社会建设和管理上取得新突破;

　　9. 在建设"平安北京"上取得新突破;

　　10. 在提高各级党组织领导科学发展的能力上取得新突破。

第四节　城市发展战略管理的组织保障
——学习型政府

　　学习型政府在日趋激烈的世界性竞争条件下,作为经济发展和竞争核心的城市管理主体,城市政府必须要通过建立学习型的政府来提高自身的管理水平。城市发展战略的制定和实施需要一个开放的、敏捷的、高效率的政府来组织和执行,要达到这一要求,打造学习型政府是必要的前提保障。

一、学习型政府的内涵和特征

(一)内涵

　　学习型政府是在学习型组织理论的基础上提出来的,依照这一理论,学习型城市政府组织应有共同的意愿,在前者基础上,灵活创新,进行城市政府治理转型。城市政府可以通过减少政府层级体制,分解和细化政府组织以及内部与外部的互动学习,建立起扁平型和弹性化的学习型组织结构。并在持续的高层次学习基础上,研究政府服务的流程再造,实现政府组织自主管理的全方位学习。

(二)特征

学习型政府组织具有如下几个特征:

1. 组织成员拥有一个共同的意愿(vision),即组织的共同构想。它能使不同个性的人紧密结合在一起,摒弃个人利益和部门利益,为实现组织的共同目标一起工作。在管理中,必须对一个社会得以运行的基本原则和规则达成一致的意见。这种一致意见的体现或共同意愿正是由政府组织来致力完成或为之奋斗的目标。

2. 组织与各成员均善于学习。这是学习型组织的本质特征。它主要有四点涵义:"终身学习"、"全员学习"、"全过程学习"、"团体学习"。前三点是对组织成员的要求;最重要的一点是团体学习,它意味着组织既重视个人学习和个人智力的开发,更强调组织成员的合作学习和群体智力(组织智力)的开发。

3. 组织结构扁平化。扁平型的体制一改传统组织金字塔式的体制,人们可以直接跨越纵向和水平界线,坦率地相互沟通,尤其是上下级间的持续沟通。只有这样,组织内部才能形成互相理解、互相学习、整体互动思考、协调合作的群体,才能产生巨大的、持久的创造力。

4. 组织具备极强的自我创造力。在学习型组织中,组织由多个创造性个体组成。组织内部的各个团体、各个成员具备不断自我创造的能力,这种能力及其产生的合力,将使组织摒弃旧的思维方式和常规程序,始终保持很高的创造力和资源整合能力。

5. 弹性化的组织结构。与传统组织根据职能或部门划分"法定"边界的方式有很大不同,学习型组织边界的划分建立在组织要素与外部环境要素互动关系的基础上,这就使得其组织结构成为一种柔性的、适应性很强的结构形式。例如,新型城市政府把市民的反馈信息作为城市管理决策的固定组成部分,而不是像以前那样仅仅作为参考。

6. 能够实现充分的自主管理。学习型组织理论认为,"自主管理"使得组织成员能够边工作边学习,并将工作和学习紧密结合起来。同时团队成员也能以开放求实的心态互相切磋,不断创新,从而增加组织快速应变、创造未来的能力。

二、建立学习型政府的作用和意义

1. 具有高效竞争力的学习型城市政府能够更好应对经济全球化和信息化的要求

经济全球化、信息化的加速使得知识、技术等无形资产将成为经济增长的主要推动力,弱化了传统意义上的国家主权,而强化了城市特别是发达地区城市的力量。占全球 GDP 70％和贸易总额 90％的跨国公司直接在各大城市设立分支机构,甚至把总部和研发基地也迁往各国的大城市。改善投资环境,吸引跨国公司来本市投资,成为城市政府发展经济的重任之一。硬环境最易被投资者预测、把握,是引资的"门面和基础"。软环境则是最被跨国公司投资看重的方面。在各个城市市场、资源、环境相同或相似的条件下,政府的管理能力和服务水平是创造良好软环境的重中之重,而这又取决于政府的学习能力。

此外,众多纷繁的信息和更为复杂的无疆界市场,也使我们面临着更大的不确定性,给我们进行管理决策增加了成本。显然,政府组织,尤其是我国这样的发展中大国的城市政府,必须能够善于学习先进的制度规则,利用先进的信息技术为社会提供科学管理和服务。

2. 高瞻远瞩的学习型政府才能满足入世和可持续发展的要求

随着我国入世,各城市政府也要遵循 WTO 的规则,其 300 多条规则中除"倾销与反倾销"和"国有贸易企业"两条是针对企业的行为外,其他都是激励和约束政府的。因此,所谓入世实则为政府入世。入世以后,政府就必须"有进有退",从越位的部门退出,补足缺位的部门。而何为越位,何为缺位,又如何进退,均需要政府具备独到的鉴别力和足够的应对勇气。

作为一种全新的发展观念或者发展战略,可持续发展战略已经成为全人类面向 21 世纪的共同选择。但在追求可持续发展的过程中,各地又都无疑会受到人口、资源、环境、经济、社会等种种阻碍因素的制约。所引进的外资也不会为了东道国的可持续发展,而主动放弃自己的利益。对于企业和城市来说,其都有着内在的短期利益冲突,会不顾公共福利。这样,推进可持续发展战略的主要任务就落到了政府肩上。如果各城市政府也为了短期政绩,逃避中央监管,那后果不堪设想。高瞻远瞩的学习型政府,有助于克服上述弊端,突破种种局限,实现最大限度的发展。

3. 有凝聚力的学习型政府能够提高人力资源的管理水平

更进一步来说,即使政府真正是代表本市福利的政府,如果其管理水平相对落后,也无法适应发展的要求。人力资源管理则是实现上述两大宏观要求的基础。城市政府要成功转向公共管理型政府,城市要成功吸引优秀资本、人才、技术等要素来本市落户,公务员要实现自我发展,都离不开人力资源管理的创新与发展。学习型政府的特点就是要使得政府组织易于培养和发挥政府公务员的创造精神和能力,摆脱传统的政府官僚制度下的严格按照规章办事的约束,为所有成员提供自我提升的机会,并具备整合及合理运用有用资源的机制,使政府组织能迅速适应当前经济全球化与我国加入 WTO 的大环境,转换政府组织结构和管理方式来促进组织的良性发展。这也是学习型政府组织取得成效的基本立足点。

三、学习型政府的构建

如前所述,学习型政府就是在政府内部形成浓郁的学习氛围,完善终身教育体系和机制,形成全员学习、团队学习、组织学习的局面,从而提高整个政府的群体能力。建立学习型政府主要依托三个方面的打造和锤炼。

1. 使公务员成为终身的学习者。实现学习观念的根本性转变,要把学习提高到"生存与发展"和"生活方式"的高度,把以往作为人生一个阶段的学习扩展到终身。公务员是学习型政府的主体,是具有良好学习动机和主动学习态度,具备基本知识和学习方法,懂得运用资源进行学习的活动者。公务员要学会怎样学习,要培养关键性的学习能力,要培养敏锐洞察和发现新知识、新技能的能力,了解专业知识和技能发展的新动态;善于根据实际工作的需要学习新知识与新技能;将所学知识正确运用于职业工作实际。建立学习型政府,保证公务员每年有充足的培训时间。通过群体组织及其活动,形成组织内良好的学习风气,专门建立学习群体组织,如学习小组、研究会,进行案例分析、行政业务操作、辩论研讨等等。

2. 使政府成为适合公务员学习的组织。政府应具有充足的学习场所和设施,提供各种学习服务以及各种学习课程,应具有适应政府组织和公务员发展的教育组织和培训计划。政府领导要重视教育培训的意义与地位,把教育培训部门作为政府的核心部门。政府领导者既是学习模范,又要负起培训公务员、促使公务员学习的责任。政府针对不同层次、不同类别的公务员提供不同的培训课程,包括初任和任职培训、知识更新培训、晋升和专门业务培训等等方面。为公务员学习设计多种培训途径与渠道。建设网上学习政府、网上开放学府,使愿意参加学习的公务员在网上同一个系统就可以完成申请报名、单位审批、学校注册、获得咨询等等各种学习事务,从而形成在线培训的"e政府培训"模式。

3.使培训成为终身教育体系的重要组成部分。培训是开发公务员人力资源的重要途径,政府培训要充分利用各种教育资源形成公务员终身学习、随时随地、在任何时间和任何地点都能接受教育的局面。要形成政府的"大培训"体系,不仅要完善公务员培训体系和培训制度,还要整合政府发展战略、公共行政文化、行政组织结构、工资福利制度、考核晋升制度等方面的制度,形成一个鼓励学习、激励学习、奖励学习的制度体系。如将培训成绩作为公务员确定工资和职务升迁的参考依据等等。我国和许多国家的公务员法规明确规定,参加培训是公务员享有的权利和应尽的义务;有关公务员培训的法规还规定了培训的原则、机构、种类和方式等等,保证了政府培训管理的正规化和法制化。加强对公务员培训的投入,是保持政府活力和优势的必要条件。①

【本章小结】

一、本章关键词

战略　城市发展战略　战略愿景　战略反馈　城市职能
基础职能　城市定位　SWOT分析　PEST分析　城市营销　学习型政府

二、本章知识点

城市发展战略的内容
城市性质、城市职能和城市战略愿景
SWOT分析
城市营销的内涵
学习型政府的特征

三、本章复习题

1.简述城市发展战略的内容组成。

2.举例说明城市性质、城市职能和城市战略愿景之间的相互关系。

3.简述城市发展条件分析的一般方法。

4.简述新形势下我国城市发展战略的关注重点。

---

① 颜军祥、崔光胜:《如何建立学习型政府》,《学习时报》,第215期。

四、本章思考题

1. 在城市营销的过程中,五个方面的主体之间的互动关系如何?

2. 传统的资源型工业城市可能的战略选择有哪些?

3. 影响一个城市发展战略选择的因素有哪几类?

4. 新形势下,建立学习型政府的难点和重点在什么地方?

五、建议阅读材料

1. 张京祥、吴缚龙、崔功豪:《城市发展战略规划:透视激烈竞争环境中的地方政府管治》,《人文地理》,2004(3)。

2. 朱克敏:《浅议深圳的城市发展战略》,《特区经济》,2004(6)。

3. 方世凤:《城市功能、城市管理与城市形象》,《党政论坛》,2004(9)。

4. 吴志强、于泓、姜楠:《论城市发展战略规划研究的整体方法——沈阳实例中的理性思维的导入》,《城市规划》,2003(1)。

5. 王建军、许学强:《城市职能演变的回顾与展望》,《人文地理》,2004(3)。

6. 缪磊磊、邹东:《城市发展战略与政府作用分析——以广州市为例》,《现代城市研究》,2002(3)。

7. 王佃利:《"经营城市"的新理念及风险回避》,《中国行政管理》,2003(2)。

8. 汪明峰:《城市竞争、职能与竞争力:一个理论分析框架》,《现代城市研究》,2002(2)。

9. 张进:《美国的城市增长管理》,《国外城市规划》,2002(2)。

10. 朱铁臻:《正确认识和对待经营城市》,《光明日报》,2003 年 8 月 19 日 B2 版。

六、本章参考资料

1. 王雅莉主编:《市政管理学》,北京:中国财政经济出版社 2002 年版。参阅第四章相关内容。

2.《世界银行城市发展战略教程》,北京大学中国区域经济中心内部译稿,2001。参阅第一部分相关内容。

3. 中国区域经济研究中心,江苏省旅游局:《江苏省旅游发展总体规划》,2002。参阅第一章,第七章相关内容。

4. 杨咏:《地方营销中地方形象的设计与传播》,北京大学硕士论文,2001。

5. 陶志红:《中国城市土地集约利用研究》,北京大学博士学位论文,2000。

6. 朱铁臻:《正确认识和对待经营城市》,《光明日报》,2003 年 8 月 19 日 B2

版。

7. 高雪莲:《再造学习型的城市政府》,《阜阳师范学院学报(社会科学版)》,2004(4)。

8. 张波、刘江涛:《成长经济理论与中国城市发展》,《经济问题探索》,2003(8)。

第四章　城市规划与建设管理

◎ 教学目的与要求

通过本章的学习，了解城乡规划与建设管理工作的基本内容；理解城乡规划的任务和原则以及编制过程，土地使用制度改革，西方城市成长管理经验；掌握城乡规划审批、实施与控制，城市土地管理的主要内容，土地储备的关键环节，城市基础设施建设的筹融资方式和管理模式，城市成长和空间管理的内涵。

◎ 内容提要

本章内容从城市规划与建设管理出发，探讨了大量与之相关的内容。首先介绍了城市规划的定义以及城市规划的发展历程，明确了现代城市规划的基本任务和原则，结合我国的城乡规划体系，介绍了城市总体规划、城市详细规划等层次的主要内容和编制办法；并针对城市管理中的城市规划管理对城乡规划的审批、调整和实施、监控等管理环节进行了介绍。与城乡规划交叉并行的还有覆盖城乡的土地利用规划，本章主要介绍了在城市空间范畴内的城市土地利用规划的主要内容，同时对土地用途管制的管理、土地有偿使用制度及管理、政府的土地供给和土地储备等城市土地利用中的重点内容进行了分析。城市基础设施的建设和管理是城市政府肩负的重要任务，所以本章特别对城市基础设施的涵义、特性、分类做了介绍，并结合国外经验，介绍了市场化条件下，城市基础设施的建设筹资及运营模式，提出了我国各项城市基础设施建设、管理、经营模式转型的总体思路。本书在城市规划和建设管理的基础上，针对我国城市化快速发展进程中城市空间实体增长过快的情况，引入了"城市成长的空间管理"理念，介绍了城市成长的内涵和特征，以及城市成长管理的实质和主要工具手段，特别针对我国城市发展的具体国情，对我国城市成长的问题、特殊性和城市成长空间管理的主要内容进行了阐释。

第一节　城市规划与管理的基本内容

2008 年前,我国的城乡规划法律制度可以用"一法一条例"来概括。除 1989 年通过的《城市规划法》外,还有 1993 年 6 月国务院发布的《村庄和集镇规划建设管理条例》。传统的就城市论城市、就乡村论乡村的规划制定与实施模式,使城市和乡村规划之间缺乏统筹协调,衔接不不充分,已经无法适应我国经济社会迅速发展的新形势。

2007 年 10 月 28 日第十届全国人民代表大会常务委员会第三十次会议通过了《中华人民共和国城乡规划法》,自 2008 年 1 月 1 日起施行。从原来的《城市规划法》到新的《城乡规划法》,中国正在打破建立在城乡二元结构上的规划管理制度,进入城乡一体规划时代。

在城市管理的过程中,规划由城到乡的统一意义重大。但从我国国情和城市管理的核心客体(城市地区)出发,本书仍将主要探讨城市规划部分(《城乡规划法》第二条指出,制定和实施城乡规划,在规划区内进行建设活动,必须遵守本法。本法所称城乡规划,包括城镇体系规划、城市规划、镇规划、乡规划和村庄规划。城市规划、镇规划分为总体规划和详细规划。详细规划分为控制性详细规划和修建性详细规划)。本书所阐述城市规划为城乡规划的一部分。

一、城市规划的定义及其发展①

(一)城市规划的定义

城市规划是为了实现一定时期内城市的经济和社会发展目标,确定城市性质、规模和发展方向,合理利用城市土地,协调城市空间布局和进行各项建设的综合部署和全面安排。

城市规划是人类为了在城市的发展中维持公共生活的空间秩序而作的未来空间安排的意志,是人们对所处空间的理想预期。城市规划作为建设城市和管理城市的基本依据,是保证城市合理地进行建设和城市土地合理开发利用及正常经营活动的前提和基础,是实现城市社会经济发展目标的综合性手段。

---

① 我国 2008 年元月 1 日起执行《城乡规划法》,但相关细则尚未明晰,因此本部分沿用城市规划相关内容。

(二)城市规划的发展[①]

1. 第一代城市规划的理念——城市规划脱胎于建筑学

城市规划是伴随着城市的产生而出现的,它是人们把自然环境改造为以人工环境为主体的城市环境的一种有效手段。早期的城市规划源于人类对自然环境的改造,是在大量的城市物质形体建设规划基础上发展演变而来的。

早在奴隶制社会,很多城市的布点及其建设和发展就具有一定的规划意图。如古埃及的卡洪城,西亚的巴比伦城,希腊的米列都城,古罗马城,中国的商、周都城等。中国商代先后形成的两个都城和周王城,都有整齐的道路系统和规划的城市布局。

在封建社会,以我国为典型代表,各朝代的都城和一些地方的封建统治中心(省会、府、州、县等),都是在一定规划设计下发展起来的。如唐长安城(图4-1),人口最多时达到100万人左右,城市布局严谨、浑然一体,皇城居中偏北,东、南、西为居住坊里,由南北、东西向道路组成整齐的方格式道路系统。在这一时期,从建筑角度以注重城市物质形体特征的城市规划思想已经成型。

近代城市规划始于法国。17世纪,路易十四在法国巴黎城郊采用轴线对称放射式的布局建造了凡尔赛宫,使城市形象发生了根本的改变,在一定程度上掩盖了城市发展中的深层次疾病,也使人们普遍认识到了物质形体规划在改造城市形象与面貌方面的重要作用。由此,学界一般认为,这一时期是城市规划的萌芽阶段,源于建筑学的物质形体规划等同于早期的城市规划,形成了古典主义的形体规划思想。

2. 第二代城市规划理念——城市规划的整体观

18世纪中叶发端于英国的工业革命不仅使工场手工业实现了向机器生产的飞跃,而且改造了各部门经济的活动手段和生产方式,改变了产业结构的传统模式,世界由此进入了工业化、城市化时代。工业化在城市中既创造了许多的就业机会,同时也带来了各种复杂的社会矛盾,导致住房短缺、交通拥挤、环境污染及由此而来的城市病等。在此背景下,人们进一步认识到物质文明不是改善城市环境的根本手段,相反更进一步加剧了城市的弊病。从而众多学者从城市环境角度探讨城市规划的本质与内容。现代城市规划从单纯的物质形体规划中脱颖而出,着手解决城市中的种种弊病,产生了诸如霍华德的"田园城市"规划思想以及伊尔·沙里宁的"有机疏散理论",开始把城市看作一个统一的整体,即把包括物质与社会诸要素、人与自然的融合作为规划思想的基本点,首次动摇了物质形体规划建设等同于城市规划建设的基本思想,现代城市规划的整体观形成。

---

① 参见马彦琳、刘建平主编:《现代城市管理学》,北京:科学出版社2003年版,第104-106页。

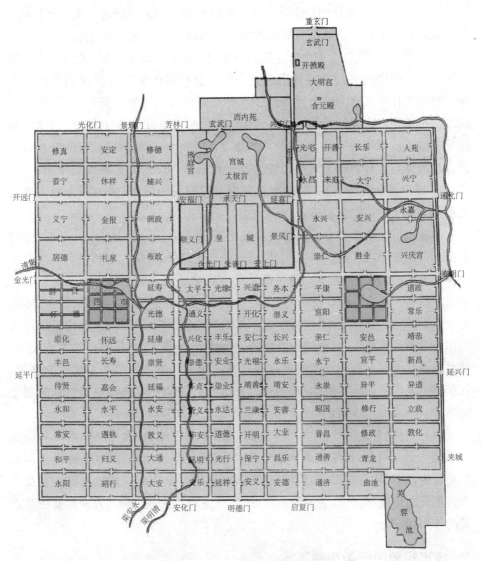

图 4 - 1　唐长安城复原示意图①

　　需要指出的是：现代城市规划的创始者本质上是一群社会改革家，虽然他们当时关注的是物质空间环境问题，但其思想的核心却是社会公正。

　　发生在 20 世纪二三十年代的西方经济危机再次证明了自由放任市场经济的负面影响，说明了政府有必要采取措施来管理、控制缺乏理性的市场力，在这样的思潮下，城市规划被认为是一种防止市场失效、促进经济发展的工具。

---

　　①　资料来源，http://military. china. com/zh_cn/history2/06/11027560/20050509/12298908. html

3. 第三代城市规划的理念——城市规划扩展到社会经济等宏观规划领域

城市规划的真正成熟是在第二次世界大战以后。二战后的欧洲面临着战后重建和发展问题,凯恩斯主义所主张的国家全面干预经济的思想,成为二战后许多西方政府制定经济政策的指南。而当时社会政策的制定也同样信奉社会干预。这样的社会环境为城市规划的发展创造了良好的土壤。英国1947年城乡规划法也正是在这样的背景下应运而生。它将制定城市规划与建设管理两种职能集于城市规划当局一身,强调严格的规划许可制度,并通过财政资助和授权使地方当局拥有强有力的土地征用能力和干预城市建设的能力。需要指出的是,1947年城乡规划法影响甚广,超出了英国及其殖民地范围,成为西方城市规划发展史上一个重要的里程碑。

二战以后的科学技术方面的发展变化是:随着系统分析、政策科学和社会物理等学科的发展,世界城市科学发展呈现综合化趋势,科学规划和技术推理成了进步和发展的同义词,逐步推进了战后第三代城市规划的形成。美国芝加哥大学以罗伯特·帕克(R. E. Park)为代表的学者在综合分析城市社会、经济、环境等一系列弊病的基础上,首次将生态学基本理论应用于城市社会,构建了城市人类生态学理论思想体系,把城市看作为一个社会、经济、文化等构成的综合实体,是自然而且尤其是人类属性的产物。这样的城市不再是简单人工建筑的堆积,而是伴随人类活动脉搏跳动而进行新陈代谢的有机整体,从而城市规划的理念必然要从物质形体规划扩展到社会经济等宏观规划领域。

因此,有学者总结,现代城市规划以城市中的自然、社会、经济、政治和法规等问题为研究对象,从宏观的社会经济角度、整体角度出发,用社会理性干预人类的行为,调配社会资源,构筑城市空间环境,引导城市健康快速发展。它在城市自然资源持续利用、社会资源合理分配、群体利益妥善协调等方面起着极其重要的作用。[1]

二、城市规划的任务和原则[2]

(一)城市规划的任务

城市规划是人类为了在城市的发展中维持公共生活空间秩序而作的对于未来空间安排的意志。这种对未来空间发展的安排意图,在更大的范围内,可以扩

---

[1] 谭少华、倪绍详:《城市规划应作为一级学科建设的构想》,《城市规划汇刊》,2002(1)。
[2] 本部分内容引自李德华主编:《城市规划原理(第三版)》,北京:建筑工业出版社2001年版,第42-45页。

展到区域规划和国土规划,而在更小的空间范围内,可以延伸到建筑群体之间的空间设计。因此,从更本质的意义上,城市规划是人居环境各层面上的、以城市层次为主导工作对象的空间规划。城市规划作为建设城市和管理城市的基本依据,是保证城市合理地进行建设和城市土地合理开发利用及正常经营活动的前提和基础,是实现城市社会经济发展目标的综合性手段。

在市场经济体制下,城市规划的本质任务是合理、有效和公正地创造有序的城市生活空间环境。这项任务包括实现社会政治经济的决策意志及实现这种意志的法律法规和管理体制,同时也包括实现这种意志的工程技术、生态保护、文化传统保护和空间美学设计,以指导城市空间的和谐发展,满足社会经济文化发展和生态保护的需要。

中国现阶段城市规划的基本任务是保护和修复人居环境,尤其是城乡空间环境的生态系统,为城乡经济、社会和文化协调、稳定地持续发展服务,保障和创造城市居民安全、健康、舒适的空间环境和公正的社会环境。

(二)编制城市规划应遵循的原则

1. 人工环境与自然环境相和谐的原则

城市人工环境的建设,必然要对自然环境进行改造,这种改造对人类赖以生存的自然环境造成破坏,已经到了不能再继续下去的程度。在强调经济发展的时候,不应忘记经济发展目标是要为人类服务,而良好的生态环境是实现这一目标的根本保证。城市规划师必须充分认识到城市发展中面临的自然生态环境的压力,明确保护和修复生态环境是所有城市规划师崇高的职责。

城市的发展,对于生态环境的保护的确有一定的影响,但其间的关系,绝不是对立的、不可调和的,城市功能的合理布局是保护城市环境的基础,城市自然生态环境和各项特定的环境要求,都可以通过适用的规划技巧,把建设开发和环境保护有机地结合起来,力求取得经济效益和环境效益的统一。

我国人口多,土地资源不足,合理使用土地、节约用地是我国的基本国策,也是我国长远利益所在。城市规划对于每项城市用地必须精打细算,在服从城市功能上的合理性、建设运行上的经济性的前提下,各项发展用地的选定要尽量使用荒地、劣地,少占或不占良田沃土。

在规划设计城市时,还应注意建设工程中和建成后的城市运行中节约能源及其他资源的问题。可持续发展是经济发展和生态环境保护两者达到和谐的必经之路。

2. 历史环境与未来环境相和谐的原则

保持城市发展过程的历史延续性,保护文化遗产和传统生活方式,促进新技术在城市发展中的应用,并使之为大众服务,努力追求城市文化遗产保护和新科学技术运用之间的协调等,都是城市规划师的历史责任。

城市规划师在接受任何新技术的时候,必须以城市居民的利益为标准来决定新技术在城市中的运用。我们要警惕那种认为只要依靠技术的不断进步,就可以解决一切城市问题的幻想。城市发展的历史表明,新技术在解决原有问题的同时往往也带来许多新问题。把科技进步和对传统文化遗产的继承统一起来,让城市成为历史、现在和未来的和谐载体,是城市规划师努力追求的目标之一。

工业社会向信息社会的转变将成为 21 世纪最显著的变革。技术进步,尤其是信息技术和网络技术,正在对全球的城市网络体系建立、城市空间结构、城市生活方式、城市经济模式和城市景观带来深刻的影响,而且这种影响还将继续下去。经济发展与环境保护,技术进步与社会价值的平衡,将不断成为城市规划的社会责任,基于公正和可持续发展基础上的效率提升会成为一项全球策略。

城市规划还必须从实际出发,重视当时当地的客观条件、历史传统,针对不同的规划设计对象提出切实可行的规划方案,避免盲目抄袭、"千城一面"。

3. 城市环境中各社会集团之间社会生活和谐的原则

城市是时代文明的集中体现。城市规划不仅要考虑城市设施的逐步现代化,同时要满足日益增长的城市居民文化生活的需求,为建设高度的精神文明创造条件。

在全球化的今天,城市规划更应为城市中所有的居民,不分种族、性别、年龄、职业以及收入状况,不分其文化背景、宗教信仰等,创造健康的城市社会生活。坚持为全体城市居民服务,并且为弱势集团提供优先权,这是城市规划师的根本立场。

强调城市中不同文化背景和不同社会集团之间的社会和谐,重视区域中各城市之间居民生活的和谐,避免城市范围内社会空间的强烈分割和对抗。

城市中的老年化问题,城市中不同文化背景、不同阶层的居民在城市空间上的分布问题,城市中残疾人和社会弱者的照顾问题,都应成为重要的课题,这些问题必须融入到城市规划师的设计中,并给予充分的重视。

三、城市规划的基本内容

(一)城市规划的内容①

城市规划工作的基本内容是依据城市的经济社会发展目标和环境保护的要

---

① 引自李德华主编:《城市规划原理(第三版)》,北京:建筑工业出版社 2001 年版,第 44 - 45 页。

求,根据区域规划等更高层次的空间规划的要求,在充分研究城市的自然、经济、社会、文化和技术发展条件的基础上,结合城市发展战略,预测城市发展规模,选择城市用地的布局和发展方向,按照工程技术和环境的要求,综合安排城市各项工程设施,并提出近期控制引导措施。具体主要有以下几个方面:

(1)收集和调查基础资料,研究满足城市经济社会发展目标的条件和措施;

(2)协助制定城市发展战略,预测发展规模,拟定城市分期建设的技术经济指标;

(3)确定城市功能的空间布局,合理选择城市各项用地,并考虑城市空间的长远发展方向;

(4)提出市域城镇体系规划,确定区域性基础设施的规划原则;

(5)拟定新区开发和原有市区利用、改造的原则、步骤和方法;

(6)确定城市各项市政设施和工程措施的原则和技术方案;

(7)拟定城市建设艺术布局的原则和要求;

(8)根据城市基本建设的计划,安排城市各项重要的近期建设项目,为各单项工程设计提供依据;

(9)根据建设的需要和可能,提出实施规划的措施和步骤。

由于每个城市的自然条件、现状条件、发展战略、规模和建设速度各不相同,规划工作的内容应随具体情况而变化。新建城市(或开发区)第一期的建设任务较大,同时当地的原有物质建设基础较差,就应在满足工业建设需要的同时妥善解决城市基础设施和生活服务设施的建设。而对于现有城市,在规划时要充分利用城市原有基础,依托老区,发展新区,有计划地改造老区,使新、老城区协调发展。不论新区或老区都在不断地发生着新陈代谢,城市的发展目标和建设条件也不断地发展,所以城市规划的修订、调整是周期性的工作。

性质不同的城市,其规划的内容都有各自的特点和重点。在工业为主的城市(如大庆)规划中,要着重于原材料、劳动力的来源,能源、交通运输、水文地质、工程地质的情况,工业布局对城市环境的影响,以及生产与生活之间矛盾的分析研究。而在风景旅游城市(如黄山)中,景区和景点的布局、城市的景观规划、风景资源的保护和开发、生态环境的保护、旅游设施的布置及旅游路线的组织等都是规划工作要特别予以注意的。历史文化名城更要充分考虑有价值的建筑、街区的保护和地方特色的体现。尤其应当特别重视影响城市发展的制约性因素的研究,每个城市由于客观条件的不同,存在着不同的制约城市发展的因素,妥善解决城市发展的主要矛盾是搞好城市规划的关键。社会因素也是城市规划应当考虑的重要问题,少数民族地区的城市要充分考虑并体现少数民族的风俗习惯,而就业岗位的安排、老年人问题的解决以及城市中不同职业、不同收入水平、不同文化背景的社会团体之间的协调等社会发展条件也应在城市规划中予以高度的重视。

总之,城市规划工作必须从实际出发,既要满足城市发展普遍规律的要求,又要针对各种城市不同性质、特点和问题,确定规划主要内容和处理方法。

(二)城市规划内容的层面

城市规划是城市政府为达到城市发展目标而对城市建设进行的安排,尽管由于各国社会经济体制、城市发展水平、城市规划的实践和经验各不相同,城市规划的工作步骤、阶段划分与编制方法也不尽相同,但基本上都按照由抽象到具体,从发展战略到操作管理的层次决策原则进行。

城市发展战略层面的规划主要是研究确定城市空间发展目标、原则、战略部署等重大问题,表达的是城市政府对城市空间发展战略方向的意志,当然在一个民主法制社会,这一战略必须建立在市民参与和法律法规的基础之上。上一章中城市发展战略管理的内容实质上属于这一层次,但是更具有广泛的"大战略"的概念,即不仅仅从空间的角度出发,本章中提及的城市总体规划以及土地利用总体规划也都属于这一层面。

建设控制引导层面的规划是对具体每一地块的开发利用做出法律规定,它必须尊重并服从城市发展战略对其所在空间的安排。由于直接涉及土地的所有权和使用权,所以建设控制引导层面的规划必须通过立法机关以法律的形式确定下来。但这一层面的规划也可以依法对上一层面的规划进行调整。我国城市规划体系中的详细规划属于这一层面的工作。

在实际工作中,为了便于工作的开展,在正式编制规划前,可以由城市人民政府组织制定城市规划纲要,对确定城市发展的主导发展方向和内容提出原则性意见,作为规划编制的依据。

四、城市规划工作的特点

由于生产力和人口的高度集中,城市问题十分复杂,城市规划涉及政治、经济、社会、技术、文化以及人民生活的广泛领域。城市规划作为城市空间发展的蓝图,其工作性质具有一些有别于其他技术性工作的特点:

(一)综合性

城市的社会、经济、环境和技术发展等各项要素,既互为依据,又相互制约,城市规划需要对城市的各项要素进行统筹安排,使之各得其所、协调发展。综合性是城市规划工作的重要特点,它涉及许多方面的问题:如城市的建设条件,涉及气象、水文、工程地质和水文地质等范畴的问题；城市发展战略和发展规模，又涉及大量社会经济和技术的工作；当具体布置各项建设项目、研究各种建设方案时，又涉及大量工程技术方面的工作；至于城市空间的组合、建筑的布局形式、城市的风貌、园林绿化的安排等，则又是从建筑艺术的角度来研究处理的。而这些问题，都密切相关，不能孤立对待。城市规划不仅反映单项工程设计的要求和发展计划，而且还综合各项工程设计相互之间的关系。它既为各单项工程设计提供建设方案和设计依据，又必须统一解决各单项工程设计相互之间技术和经济等方面的种种矛盾，因而城市规划部门和各专业设计部门有较密切的联系。城市规划工作者应具有广泛的知识，具有综合工作的能力，在工作中主动和有关单位协作配合。

(二)法制性、政策性

城市规划既是城市各种建设的战略部署，又是组织合理的生产、生活环境的手段，涉及国家的经济、社会、环境、文化等众多部门。特别是在城市总体规划中，一些重大问题的解决都必须以有关法律法规和方针政策为依据。例如，城市的发展战略和发展规模、居住面积的规划指标、各项建设的用地指标等，都不单纯是技术和经济的问题，而是关系到生产力发展水平、人民生活水平、城乡关系、可持续发展等的重大问题。因此，城市规划工作者必须加强法治观点，努力学习各项法律法规和政策管理知识，在工作中严格执行。

(三)地方性

城市的规划、建设和管理是城市政府的主要职能，其目的是促进城市经济、社会的协调发展和环境保护。城市规划要根据地方特点，因地制宜地编制；同时，规划的实施要依靠城市政府的筹划和广大城市居民的共同努力。因此，在工作过程中，既要遵循城市规划的科学规律，又要符合当地条件，尊重当地人民的意愿，和当地有关部门密切配合，使规划工作成为市民参与规划制定的过程和动员全民实施规划的过程，使城市规划真正成为城市政府实施宏观调控，保障社会经济协调发展，保护地方环境和人民利益的有力武器。

(四)长期性、经常性

城市规划既要解决当前建设问题，又要预计今后一定时期的发展和充分估计长远的发展要求；它既要有现实性，又要有预见性。但是，社会是在不断发展变化的，影响城市发展的因素也在变化，在城市发展过程中会不断产生新情况，出现新问题，提出新要求。因此，作为城市建设指导的城市规划不可能是一成不变的,应当根据实践的发展和外界因素的变化,适时地加以调整或补充,不断地适应发展需要,使城市规划逐步趋近于全面、正确反映城市发展的客观实际。所以说城市规划是城市发展的动态规划,它是一项长期性和经常性的工作。

虽然规划要不断地调整和补充,但是每一时期的城市规划是建立在当时的经济社会发展条件和生态环境承载力的基础上,经过调查研究而制定的,是一定时期指导建设的依据,所以城市规划一经批准,必须保持其相对的稳定性和严肃性,只有通过法定程序才能对其进行调整和修改,任何个人或社会利益集团都不能随意使之变更。

(五)实践性

城市规划的实践性,首先在于它的基本目的是为城市建设服务,规划方案要充分反映建设实践中的问题和要求,有很强的现实性。其次是按规划进行建设是实现规划的唯一途径,规划管理在城市规划工作中占有重要地位。最后,城市规划的实践性还在于其可实施性,应当在规划编制时,考虑城市的财力和能力,不能盲目提出过高的要求,同时,为了适应快速变化的社会经济技术条件,要注意城市规划自身的弹性。

规划实践的难度不仅在于要对各项建设在时空方面作出符合规划的安排,而且要积极地协调各项建设的要求和矛盾,组织协同建设,使之既符合城市规划总体意图,又能满足各项建设的合理要求。因此要求规划工作者不仅要有深厚的专业理论和政策修养,有丰富的社会科学和自然科学知识,还必须有较好的心理素质、社会实践经验和积极主动的工作态度。当然,任何一个规划方案对实施过程中问题的预计和解绝不可能十分周全,也不可能一成不变。这就需要在实践中进行丰富、补充和完善。城市建设实践也是检验规划是否符合客观要求的唯一标准。

第二节 城市规划管理要点内容

一、城乡规划管理机构

国务院城乡规划主管部门,即中华人民共和国住房和城乡建设部,负责全国的城乡规划管理工作。住房和城乡建设部管理城乡规划的核心部门为城乡规划司,其职能为拟订城乡规划的政策和规章制度;组织编制和监督实施全国城镇体系规划;指导城乡规划编制并监督实施;指导城市勘察、市政工程测量、城市地下空间开发利用和城市雕塑工作;承担国务院交办的城市总体规划、省域城镇体系规划的审查报批和监督实施;承担历史文化名城(镇、村)保护和监督管理的有关工作;制定城乡规划编制单位资质标准并监督实施。[①]

《城乡规划法》规定县级以上地方人民政府城乡规划主管部门负责本行政区域内的城乡规划管理工作。在我国省、自治区政府的建设委员会或城乡建设厅负责省、自治区内各城市的城市规划管理工作,并下设城市规划处负责处理日常事务。它们的管理是间接管理,主要负责审批城市总体规划,检查执行城市规划法的情况,制定本省、自治区城市规划管理的规章等,对城市用地、建筑等直接的规划管理由各城市的政府负责。同时,作为重要的组织方协助省、自治区人民政府组织编制省域城镇体系规划。

由于直辖市的城市规划管理任务繁重,需要实行全市集中统一领导下的市、区分工负责制,为此,市辖区政府都设置了规划分局。其职能包括遵循城市总体规划,组织力量编制或修订详细规划,报市政府城市规划管理局审批后执行;审批一定范围或规模的工程项目的规划用地,进行建筑管理;监督检查城市规划各项法令的执行等。实践证明,在特大城市的城市规划管理中,实行全市集中统一领导下的市、区分工负责制是必要的。城市是一个整体,城市规划管理的基本决策和重要用地、建筑的规划管理,必须集中统一,使各方面协调一致,全面贯彻实施,决不能分散割裂。另一方面,各区具有城市规划管理的一部分决策权和一般用地、建筑的规划管理权,有利于提高城市规划管理的效率。

省会城市、经国务院批准的较大的市和多数地级市的市政府,都设立了城乡规划管理局,以加强城乡规划的管理工作。一般的县级市,由市政府的城乡建设局负责管理城市规划,在建设局设城乡规划管理科,行使城市规划日常管理的职能。

目前,我国各级城市政府的城乡规划管理部门与土地管理部门出现加强协调或合署办公的趋向。这是由于对土地进行规划管理,是市政府城乡规划管理部门的核心职能之一;而市政府的土地管理部门,以代表国家行使国有土地所有权和代表政府行使土地行政管理权的双重身份,也负责管理土地。

二、城市规划编制:主体与过程

城市规划的编制主体

城市规划工作总体来说是一种政府行为,城市规划的主体即是各级城市的政府,在城市规划编制的过程中,城市政府往往会指派城市规划管理部门具体负

---

① 国务院办公厅:《关于印发住房和城乡建设部主要职责内设机构和人员编制规定的通知》,国办发 [2008]74号,http://www.cin.gov.cn/gyjsb/zyzn/

责城市规划的编制工作,而城市规划管理部门在技术上会求助于专业的城市规划编制单位,我国《城乡规划法》规定,城乡规划组织编制机关应当委托具有相应资质等级的单位承担城乡规划的具体编制工作。因此,虽然规划工作的操作主体形式多样,但城市规划的实际主体仍然是城市政府。具体的,根据城市的行政级别,城市规划的主体分别有以下的类型:

城市总体规划由城市人民政府组织编制,县人民政府所在地镇的总体规划由县人民政府组织编制,其他镇的总体规划由镇人民政府组织编制。

对控制性详细规划而言,城市人民政府城乡规划主管部门根据城市总体规划的要求,组织编制城市的控制性详细规划。镇人民政府根据镇总体规划的要求,组织编制镇的控制性详细规划。县人民政府所在地镇的控制性详细规划,由县人民政府城乡规划主管部门根据镇总体规划的要求组织编制。

此外,城市、县人民政府城乡规划主管部门和镇人民政府作为编制主体可以组织编制重要地块的修建性详细规划。

三、城市规划的审批

(一)城市规划的审批

根据我国现行《城乡规划法》,城市规划必须坚持严格的分级审批制度,以保障城市规划的严肃性和权威性。

1. 城市总体规划审批

直辖市的城市总体规划由直辖市人民政府报国务院审批。

省、自治区人民政府所在地的城市以及国务院确定的城市的总体规划,由省、自治区人民政府审查同意后,报国务院审批。其他城市的总体规划,由城市人民政府报省、自治区人民政府审批。

县人民政府组织编制县人民政府所在地镇的总体规划,报上一级人民政府审批。其他镇的总体规划由镇人民政府组织编制,报上一级人民政府审批。

2. 控制性详细规划审批

城市人民政府城乡规划主管部门根据城市总体规划的要求,组织编制城市的控制性详细规划,经本级人民政府批准后,报本级人民代表大会常务委员会和上一级人民政府备案。

镇人民政府根据镇总体规划的要求,组织编制镇的控制性详细规划,报上一级人民政府审批。县人民政府所在地镇的控制性详细规划,由县人民政府城乡规划主管部门根据镇总体规划的要求组织编制,经县人民政府批准后,报本级人民代表大会常务委员会和上一级人民政府备案。

城乡规划报送审批前,组织编制机关应当依法将城乡规划草案予以公告,并采取论证会、听证会或者其他方式征求专家和公众的意见。公告的时间不得少于三十日。组织编制机关应当充分考虑专家和公众的意见,并在报送审批的材料中附具意见采纳情况及理由。

城市总体规划、镇总体规划批准前,审批机关应当组织专家和有关部门进行审查。城市规划一经审批生效,具有严格的法律的束力。

(二)城市规划的修改

经审批后的城市规划具有法律约束力。《城乡规划法》禁止任何单位和个人随意干预和变更规划,法律规定:"修改省域城镇体系规划、城市总体规划、镇总体规划前,组织编制机关应当对原规划的实施情况进行总结,并向原审批机关报告;修改涉及城市总体规划、镇总体规划强制性内容的,应当先向原审批机关提出专题报告,经同意后,方可编制修改方案。"

《城乡规划法》规定,有下列五种情形之一的,方可修改省域城镇体系规划、城市总体规划、镇总体规划:(1)上级人民政府制定的城乡规划发生变更,提出修改规划要求的;(2)行政区划调整确需修改规划的;(3)因国务院批准重大建设工程确需修改规划的;(4)经评估确需修改规划的;(5)城乡规划的审批机关认为应当修改规划的其他情形。同时,修改后的省域城镇体系规划、城市总体规划、镇总体规划,应当依照法律规定的审批程序报批。

四、西方城市规划管理体系与方法简介

西方国家由于政体和经济、社会发展水平的不同,对城市规划的内容、深度、方法、规划侧重点和审批制度等都各有不同的要求和规定,了解和研究他们的情况,有助于改进我们的规划编制工作及实施管理。

(一)西方城市规划体系

20 世纪 60 年代以来,西方国家城市总体规划的内容,侧重于研究城市发展的战略性的原则问题,并对此作出长远性、轮廓性的安排,另外以分区规划指导局部、具体的建设。

如英国在 1968 年颁布《城乡规划法》以后,用结构规划和局部规划代替传统的总体规划。结构规划着重于政策,是局部规划的依据;局部规划着重于实施,是结构规划的具体化,主管部门只审批结构规划,批准的结构规划具有法律效力,但不审批局部规划。这种改变的用意在于既重视政策的稳定性,又承认实施的可变性。在具体实施中,允许设计人从实际出发,作适当的调整。

美国在 20 世纪 60 年代以后采用综合规划,在总体规划基础上进行城市区划(zoning),以控制城市地区的土地利用和建设标准,同时制定区划法规来控制建设。它主要是规定城市发展的目标和达到目标的方针、政策和途径,包括经济、社会、建设和环境等方面的内容,并以分区规划来指导土地的使用。

法国的城市规划和开发指导方案也反映了这种变化。

德国则从 1976 年起,实行战略性的城市发展规划与较为具体的建设指导规划(包括土地利用规划和分区建设规划)相结合的规划体系。

(二)西方城市规划方法

在国外,城市规划编制方法的更新,主要是由于城市化的进程加快、城市发展与更新的速度加快,由此而引起的对城市与城市规划观念的变化:城市是一个发展变化很快的肌体,城市规划不仅是追求达到静态平衡或追求某种理想的境界,更要以动态的观点来编制,要引导和控制城市合理的发展。在规划方法上,多年来是以调查—分析—规划的模式来进行的;20 世纪 60 年代后,控制论的理论基础改进了规划的方法程序:"目标—连续的信息—各种有关未来的比较方案的预测及模拟—方案评价—方案选择—继续的监督。"在规划程序上提出了"连续规划"、"规划—实施规划及管理—反馈及修改规划",形成不停止的循环,并提出了"滚动式发展"。

英国在 1968 年的《新规划法》中提出"结构规划—局部规划"的阶段划分,也被称为"战略规划—战术规划"。

德国城市规划的特点是与各层次的区域规划密切联系,将联邦各州以下地区的各种不同范围、不同比例尺及不同表现深度的区域规划衔接起来,形成从联邦规划到州规划、城市总体规划的完整规划体系。德国城市规划的重点放在有相当深度并准确表现的城市土地使用规划图上,用地划分较细,如高速公路和城市干道均经过道路线形设计后加以缩绘,具有较高的科学性和严密性,并规定此项图纸每隔若干年(一般为 5 年)修改公布一次,公布期间具有法律约束力。在规划(设计)的程序和实施(计划)的程序方面也有明确的分工,规划(设计)由规划设计部门的专业人员进行逐步深入,前一程序指导后一程序,后一程序丰富及深化前一程序。而实施或管理(计划)则由城市政府的规划管理部门负责,通过制定具有法律效力的文件依法进行管理。

(三)西方国家城市规划管理机构

在西方,由于所在国度的市政体制有多种形式,因而市政府的城市规划部门也有不同的设置模式。例如,在美国的市长议会制和市议会经理制下,市长或市经理主导城市规划的管理,城市规划部门属于市政府的序列;但在市委员会制下,城市规划部门实际上从属于市代议机构;在有些城市,管理城市规划的城市规划委员会既不属于市政府,也不属于市议会,而直接由选民选举产生、对选民负责,是一个独立的机构。英国的市政体制是市议会制,所以,城市规划部门直接受市议会的领导。在法国,城市规划管理是市长的一项重要权力,城市规划机构是市政府的工作部门。日本大城市政府的城市规划局下设五个部:总务部;城市规划部,负责起草规划;城市计划部,负责执行计划;开发部,负责住宅用地、商业用地和公共设施的开发规划及其实施;新区建设部。

第三节　城市土地利用规划和用途管制

一、土地利用规划

(一)土地利用的概念

土地利用即是人类根据土地的自然特点和社会经济的需要,通过采取一系列生物、技术手段,对土地进行的长期性或周期性的经营管理和治理改造活动。它是自然过程和社会经济过程的统一。土地利用的内容很复杂,主要包括(1)土地利用方式:即据土地自然、社会经济特点所确定的土地利用类型,反映了土地利用的单元外貌特征;(2)土地利用程度:土地开发的深度,体现土地利用质量和密度,可以从低级到高级不等;(3)土地利用的结构:在一定区域内各种单元土地利用方式的有机组合,是有效利用土地的关键之一;(4)土地利用的地域分布:指相同或相似土地利用类型在地域上的集中与分散状况;(5)土地利用的效益:是指土地利用产生的社会、经济和环境生态效益,三者辩证统一。

土地利用主要受自然因素(地质、地形、气候、动植物、水文、土壤等)、社会经济与技术因素(包括开发历史、生产方式、人口结构与分布、政策与立法、经济结构、分布与水平、经营管理状况、技术装备等)和土地利用现状的影响。土地利用的主要特征是在一定的时间和空间范围内表现出的相对静止性;从长远看,土地利用总是处于变化过程中,故具动态性;土地利用是集社会、经济、技术、自然为一体的综合活动,故综合性明显。

(二)土地利用规划的概念

土地利用规划是据土地开发利用的自然和社会经济、技术条件、历史基础与现状的特点,国家经济发展需要等,对一定地区范围内的土地资源进行合理的组织利用和经营管理活动。[①] 土地利用规划一般应遵循以下四项原则：

1. 效益原则。即应全面综合考虑社会、经济和环境生态三方面的效益。

2. 市场调节与计划控制相结合。土地利用规划主要目标之一在于充分开发土地的经济价值，严格受市场调节。规划很大程度上应建立在市场基础之上、由市场引导，规划结果是适应这种引导的结果。同时，土地利用涉及各方面利益，除经济目标外，还必须考虑社会和环境生态效益与目标，这在很大程度上须由国家立法、政府方针、政策来控制完成。

3. 动态原则。土地利用规划应随社会经济环境的变化而作相应的调整，旧有的规划在一定时间内有指导作用，但从长远看可能会成为有效利用土地的障碍。

4. 协调原则。土地利用规划涉及许多复杂部门，牵动方方面面的利益，必须由多个部门共同参与才能保证顺利完成并有效贯彻实施。

(三)我国土地利用规划的体系

土地利用规划可以分为两个大的层面，即区域[县(乡)、市、地区、省区甚至国家]层面的土地利用总体规划和土地利用详细规划，其中土地利用详细规划包括城市土地利用规划和乡村土地利用规划两方面。虽然看起来只有城市土地利用规划包含在本课程的范围之中，但事实上城市与乡村土地利用是协调统一的，并共同构成土地利用总体规划的内容。土地利用规划工作在这两大层面之外，还包括土地利用专项规划和行业土地利用规划的内容，本书不再详述。

1. 土地利用总体规划

土地利用总体规划即是一定区域范围内全面、合理、统一规划利用土地资源的一项宏观控制性的战略措施，是根据区域自然及社会经济条件在各个部门间合理分配土地、确定或调整土地利用结构，在空间上配置各类用地，合理组织土地利用的综合规划措施。

总体规划涉及规划区域内所有用地部门和用地项目，如城镇建设、农业、工矿、交通运输、军事、旅游、自然保护区等，但就规划深度而言，均属控制性规划项目，不涉及各类用地内部规划。另外，总体规划追求的是全局利益，而不是只顾及某一部门、某一行业的需要。

根据 2009 年 2 月颁布施行的《土地利用总体规划编制审查办法》(中华人民共和国国土资源部令第 43 号)，土地利用总体规划分为国家、省、市、县和乡(镇)五级。根据需要可编制跨行政区域的土地利用总体规划。土地利用总体规划应

---

① 黄秉维、邓静中：《现代地理学辞典》，北京：商务印书馆1990年版，第584-586页。

当包括下列内容：

（1）现行规划实施情况评估；

（2）规划背景与土地供需形势分析；

（3）土地利用战略；

（4）规划主要目标的确定，包括：耕地保有量、基本农田保护面积、建设用地规模和土地整理复垦开发安排等；

（5）土地利用结构、布局和节约集约用地的优化方案；

（6）土地利用的差别化政策；

（7）规划实施的责任与保障措施。

市级土地利用总体规划，应当重点突出下列内容：

（1）省级土地利用任务的落实；

（2）土地利用规模、结构与布局的安排；

（3）土地利用分区及分区管制规则；

（4）中心城区①土地利用控制；

（5）对县级土地利用的调控；

（6）重点工程安排；

（7）规划实施的责任落实。

2. 土地利用详细规划

土地利用详细规划是在总体规划的控制和指导下，详细规定各类用地的各项控制指标和规划管理要求或直接对某一地段、某一土地使用单位的土地利用做出具体的安排和规划设计。从土地利用详细规划的作用来看，它可分为两大类型，一类是控制性土地利用详细规划，另一类是开发性土地利用详细规划。根据我国目前的土地使用实际情况，控制性土地利用详细规划又分为城市土地利用规划和乡村土地利用规划。其中，城市土地利用规划是据城市土地自然、社会经济特点及社会现状特点合理组织城市各类用地（工业、交通、居住、仓库、公共建筑、文化娱乐、商业服务、园林绿化等），主要是确定用地结构、布局、调整用地；乡村土地利用规划是根据乡村土地的自然及社会经济条件、历史基础，合理划分用地类型，改造调整不合理用地状况，合理布局各类用地，包括农业、交通线路、水利、乡镇、农村居民点等用地。

（四）城市土地利用规划

城市土地利用规划是土地利用规划和城市规划两个规划系统之间的交叉规

---

① 包括城市主城区及其相关联的功能组团，其土地利用控制的重点是按照土地用途管制的要求，确定规划期内新增建设用地的规模与布局安排，划定中心城区建设用地的扩展边界。

划,具体来说是市级土地利用总体规划从整个地域的范围、农用地和建设用地统筹的角度对城市土地利用进行宏观控制和指导,不仅保障了城市建设的必需用地,而且还统筹安排了为城市服务的各类用地,如蔬菜、水果、花卉、副食品基地等。而城市规划,主要是城市总体规划,则是城市土地利用规划的主要依据,在城市总规模、总布局确定以后,城市土地利用规划就是在城市总体规划用地框架的基础上把各项用地进行具体安排落实。城市土地利用规划严格意义上来讲是城市规划的一项重要的基础性工作。

土地利用规划是政府宏观管理土地资源配置最重要的手段。由于历史原因,有的城市规划先于土地利用规划,而产生两个规划在顺序上不相衔接。但在城市建设用地的规模和城乡结合部的土地利用方面,必须通过城市土地利用规划进行协调。[1] 城市土地利用规划的主要内容包括:

(1)城市用地类型的划分。

(2)城市用地条件评价。

(3)城市各功能用地布局规划。

(4)城市土地利用结构调整。

(5)城市各功能用地的组织。[2]

(五)我国的土地利用规划工作进展

土地利用规划与城市规划从本质上说都是属于空间规划(physical planning)的范畴,在我国,相当长时期里,没有专门的城市土地利用规划,有关城市土地利用的规划内容包含在城市总体规划之中。在推行城市土地使用制度改革和实行城市土地有偿使用的新形势下,为了实现城市土地优化配置的目标,城市土地利用规划逐渐从城市总体规划中分离出来。城市土地利用规划是国家凭借土地所有权对有效利用土地的一种安排,是国家土地所有权的重要体现。因而城市土地利用规划应该得到独立的体现,发挥对城市土地利用的指导、制约作用,最终实现国家对城市土地利用的控制和调节。

近年来,国家已明确提出开展土地利用总体规划编制的任务。原国家土地管理局成立之初,中共中央、国务院就确定其职责之一是"组织有关部门编制土地利用总体规划",并要求各地要尽快制定和完善土地利用总体规划。《中华人民共和国土地管理法》第15条规定:"各级人民政府要编制土地利用总体规划。"1987年12月26日,国务院原则同意原国家土地管理局《关于开展土地利用总

---

[1] 肖笃宁:《土地利用规划与城市规划》,《中国土地科学》,1996,10(6),第12-13页。

[2] 邹高禄:《综论土地利用规划》,《四川师范大学学报(自然科学版)》Vol. 19, No. 1,第114-120页。

体规划工作的报告》。该报告对土地利用总体规划编制工作作了全面布置,按照这个布置,要争取在 1998 年前完成"全国和县级土地利用总体规划(草案)"的编制工作,"八五"期间基本完成市县土地利用总体规划任务。[1]

在上述精神的指导下,通过各级土地管理部门的努力,土地利用总体规划编制工作至 1996 年已经在全国范围内展开,1997 年开始了第二轮土地利用规划的编制工作,1997 年 10 月,原国家土地管理局颁布了《土地利用总体规划编制审批规定》用于规范此项工作。但第一轮和第二轮土地利用总体规划编制略显匆忙,在实施中暴露出了较多问题,规划的理论与方法以及从业人员都不太成熟。

2003 年底,国土资源部等五部委联合派出的 10 个督察组在全国进行土地核查,此次核查工作是新中国成立以来第三轮土地规划工作的开端,将为出台新的土地政策改革做铺垫。新的土地政策将涉及三大方面:出台《土地利用规划条例》;重新修订《土地管理法》;对国土资源管理体系实行垂直管理。由于前两轮土地规划执行不力[2],在第三轮的规划后将会有覆盖全国的卫星动态监测系统。而且新一轮规划后政府对各地方超指标开发用地的惩处力度将会加大,在规划许可上实行更加严格的制度。2009 年 2 月颁布的《土地利用总体规划编制审查办法》(国土资源部令第 43 号)对土地利用总体规划进行了全面规范。

二、土地用途管制

(一)土地用途管制的概念

在我国土地资源十分有限的情况下,为从根本上解决这些问题,实现耕地总量动态平衡的战略目标,促进我国社会、经济与环境的协调发展,在 1998 年新修订的土地管理法中,对于土地利用问题提出了实行土地用途管制制度。新《土地管理法》所称的土地用途管制制度,是指国家为保证土地资源的合理利用,以及经济、社会和环境的协调发展,通过编制土地利用总体规划划定土地用途区域,确定土地使用限制条件,土地的所有者、使用者严格按照国家确定的用途利用土地的制度。

---

[1] 李国荣:《城市土地利用若干问题探讨》,《现代城市研究》,1994.02,第 17—20 页。

[2] 背景资料:第一轮土地规划:基本没有实施。全国土地利用总体规划专家小组成员严金明坦言:第一轮土地规划没有起到实际作用,基本没有实施。北京、江西和西藏等地区则根本没有编制土地规划。第二轮土地规划:各地水平参差不齐。1997 年开始第二轮土地规划工作,但是这一轮工作参差不齐。国土资源部执法监察局常嘉兴副司长曾透露:今年上半年,全国发现土地违法行为超过 10 万起(摘自《土地政策明年面临重大改革第三轮土地规划将开始》,无锡房地产信息网 http://house.wxren.com/cool-news/newsfiles/185/20031223/14995.shtml 2003-12-23 15:15:45)。

土地用途管制制度是以实现耕地总量动态平衡为基础,以切实保护耕地为主题,以实现经济、社会与环境的协调发展为最终目标。在立法思想上,从保障建设用地供应为主转到切实保护耕地为主;在土地利用方式上,从外延粗放型转到内涵集约型;在各级政府土地管理职权分配上,从主要集中在市、县转到中央和省两级政府;在执法监督工作上,从传统的土地监察转到建立现代土地执法监察体系;在调整范围上,从单纯调整行政管理关系转到既调整行政管理关系又调整财产关系。

土地用途管制是一些国家普遍采用的有效管理土地的基本方式。其目的是通过土地利用规划引导合理利用土地,促进区域经济、社会和环境的协调发展。其核心是依据土地利用总体规划对土地用途转变实行严格控制。

(二)土地用途管制的主要任务

土地用途管制的核心目标是实现耕地总量动态平衡。我国耕地减少的主要原因,一是非农建设占用;二是农业结构调整和灾害损毁。因此,从标本兼治的角度看,目前管制的重点是城镇建成区、城郊土地、村庄用地、农业结构调整以及基本农田保护区土地用途管制。通过对前二者的管制,提高城镇土地集约利用率,抑制城镇规模的扩大和郊区城市化的速度,从根本上保护耕地;对后三者的管制是实现耕地总量动态平衡的直接有效措施。当然,土地用途管制的最根本的核心任务是基本农田保护区的用途管制。鉴于本书的主要讨论范围在城市,所以,下文重点介绍城镇建成区土地用途管制和城郊土地用途管制。

1. 城镇建成区用途管制

通过对城镇建成区土地实行用途管制,达到按市场经济客观规律集约利用城镇土地,提高其利用效率的目的。这是抑制城镇规模过度外延扩张的治本之策,是解决发展与保护问题的关键。

(1)通过行政、法律、经济、技术等手段,转变传统的外延发展的城市化道路,而代之以内涵挖潜、集约利用的新观念。

(2)调整、完善城镇规划,合理划分城镇功能区,优化城镇土地资源配置,加强规划的后续管理,使城镇土地利用按章行事。

(3)实行土地有偿使用制度,显化城镇土地的真实价格,使地价真正成为城镇土地利用的调节器,促进城镇土地的用途转换和产业升级。

(4)通过城镇土地整理及对各区位上土地的容积率进行管制,充分利用城镇土地的空间。

2. 城郊土地用途管制

城郊土地在土地利用结构、布局、功能等方面具有独特性,是建设与保护的矛盾特别突出的地带,是目前我国城镇扩张、耕地减少的主要地域,也是用途管制的最敏感地带。

(1)要充分、合理、持续、高效利用城郊有限的土地资源,坚持社会、经济和生态效益三者协调的思想。

(2)做好城郊土地利用总体规划与城镇规划的衔接工作。城镇发展规划应根据国情、市情,量力而行,科学规划,节约用地,多利用荒地,少占耕地和好地。城市各类建设用地都必须纳入统一指令性管理,合理确定年度用地计划,提高土地利用计划编制的科学性。

(3)城郊土地与"菜篮子"工程密切相关,其农用地在确立农业第一需要原则下,从严管制,大力推进集约化、规模化和现代化经营,建立高效、高产和优质农副食品生产基地。

(4)采取生物、工程等技术措施,创立良好的生态环境质量。

三、城市土地使用制度

中国城市土地使用制度自新中国成立后通过社会主义改造,至 1956 年底,已经实现了除祖产房用地之外的全部城市土地的国有化改造,对于私有房产占用的城市土地也在 1982 年《宪法》中以法律宣布的形式全部转为社会主义国有。在所有权国有的前提下,土地使用权的取得显得十分重要,所以城市土地使用制度在城市土地的利用中具有决定性的意义。[①]

(一)城市土地使用制度改革的背景

改革开放前,传统的计划经济体制下,由于土地使用的主体除了居民和政府机关之外,都是社会主义全民所有的企业和集体所有的企业,同处在公有制的主体范畴之内,所以对于土地使用权的取得基本上都是通过无偿划拨取得,至改革开放之前,我国已经建立了"无偿、无限期、无流动"的城市土地使用制度。随着改革开放的推进,在外资企业进入中国之后,外资企业不能够无偿使用中国的国有土地成为共识,十一届三中全会"坚决按照经济规律办事,重视价值规律的作用"的精神,对传统无偿使用城市土地的制度提出了挑战,长期的城市基础设施欠账和城市维护资金缺口[②],更是成为中国城市土地使用制度改革的直接动因。

---

① 参见艾建国:《中国城市土地制度经济问题研究》,武汉:华中师范大学出版社 2001 年版
② 城市建设和维护所需资金主要来自于提取的 5‰ 工商利润和城市维护费,缺口极大。——编者注

(二)城市土地使用制度改革的核心步骤

1980年10月的全国城市规划工作会议提出了《城市建设用地综合开发和征收城镇土地使用费的草案》，并报经国务院批准实施。此后，中国城市土地使用制度改革正式拉开帷幕。1982年，改革前沿的深圳市率先向外资和合资企业征收土地使用费，1984年抚顺市开始进行向国内企业和个人全面征收土地使用费的试点工作，1984年10月广州开始在国内新建项目、中外合资项目和经济技术开发区中征收土地使用费。而其他一些城市也纷纷展开土地价值的研究和测算工作，揭示出了城市土地巨大的潜在收益，促使政府继续开展土地有偿使用的改革。但是，从本质上来说，征收土地使用费并没有改变城市土地划拨配置的性质，而且普遍来讲当时征收的城镇土地使用费普遍较低，对城市建设虽然有所帮助，但是作用不大，更不能起到调节城市土地利用结构的作用，1988年费改税的财税体制改革的实施，使得地方政府的土地收益激励大为降低。1987年9月至12月，深圳市将土地所有权与使用权分离，以协议、招标和拍卖三种形式完成了对三幅土地的50年期使用权的出让，这三幅面积共约6公顷的土地出让收入，大致相当于深圳当时全年土地使用费的1.29倍，直接效益显著。同期启动的城镇住房商品化制度改革，也在财产权利方面对土地使用制度改革提出了新的要求，成为一种推动力量。1988年的《宪法修正案》和《土地管理法》修正案，明确规定了土地的使用权可以依法转让，国家依法实行土地有偿使用制度。1990年《中华人民共和国城镇国有土地使用权出让和转让暂行条例》明确了所有权和使用权分离的原则，使"出让"和"转让"成为有特定涵义的行为，使得城市土地有偿有限期的改革纳入法制化的轨道，并逐步深入稳定，成为我国现行城市土地制度的核心特征。城市土地使用从"三无"转向"三有"。

(三)城市土地市场管理

自城市国有土地的使用逐步从"三无"转向"三有"之后，土地日益成为城市资产的重要组成部分，开展国有土地资本运营，有利于从机制上摆脱计划经济时期城市公共设施、基础设施等只有投入没有产出的困境，形成"投入—产出—再投入"的良性循环。以土地使用权的出让和转让为目的的交易行为变得越来越普遍，土地(使用权)市场建设也就成为我国市场经济建设的重要组成部分。但由于城市土地市场的建立处在逐步摸索的阶段，不可避免地出现了一些问题：

1. 城市存量土地供应失控

多年来都强调政府要垄断土地供应，但在实际操作中，政府只能通过农地转用、征用等手段控制新增建设用地的供应,而对城市存量土地,政府不仅不能垄断其供应,而且很难称其为一个供应者,存量土地虽然数量巨大,但政府掌握的份额却近于零。这些土地基本上被原有的使用者所控制,在现行法律规定下,这些使用者可以通过补办出让手续转让土地,成为一个土地供应者,形成存量土地多头供地的局面。

2. 协议出让,政府让利

出让土地方式有拍卖、招标和协议三种。采取不同的出让方式,地价水平不一。在李津逵的《城市经营的十大抉择》一书中有这样一组数据很能说明问题:据对43个大中城市调查,协议地价平均为每平方米165元人民币,招标地价平均为每平方米507元人民币,拍卖地价平均为每平方米1 822元人民币。三者之比为1∶3∶11。拍卖、招标的价格更能够反映市场情况,协议价格往往偏低。原因是管理体制尚不完善,出让方是政府,但具体操作者是有自身利益的个人或单位,受让方是有自身利益的个人、企业等,协议出让往往是政府让利。

3. 生地出让,效益粗放

随着我国各大城市土地收购储备制度的逐步建立,各地政府以招标、拍卖方式出让土地使用权的越来越多,有的城市甚至向社会公开承诺:通过公开招标、拍卖方式出让的土地面积要占全年出让土地总面积的90%以上。但在各地每次组织的土地公开招标、拍卖会上,"熟地"的成交率相对较高,而"生地"的成交率却很低。这里有后期的市政配套、拆迁等一系列问题。

4."有地没人用,有人没地用"

为了一些破产的中小企业,政府不惜用"土地换就业"、拿"土地换养老",但一些私企或外商在将其收购后,立即将这份土地改变用途,获取暴利,致使职工今后无立锥之地,后患无穷。[①]

鉴于上述种种城市土地使用权市场中出现的弊端,城市政府在土地市场管理的重中之重在于建立有形的土地市场。因为台下的无形的土地市场没有可以参照和遵循的具体规则,从管理上来看,可控性和监督水平非常低,要想使得土地这一重要的城市资源的交易规范化,必须建立有形的土地市场。建立土地有形市场,是规范市场秩序和创造良好市场环境的主要途径,也是沟通土地市场信息的基本条件。

2000年1月6日,国土资源部颁发了《关于建立土地有形市场促进土地使用权规范交易的通知》,建立土地有形市场,就是设立固定场所,健全交易规则,提供相关服务,提供中国城市土地使用权交易走向公平、公开、公正的市场环境。

---

① 李津逵:《城市经营的10大抉择》,深圳:海天出版社2002年版。

土地有形市场的基本职能有：

（1）提供交易场所为土地交易、洽谈、招商、展销等交易活动和招标、拍卖会提供场地，为交易代理、地价评估、法律咨询等中介机构提供营业场所；

（2）办理交易事务为政府有关部门派出的办事机构提供服务窗口，方便交易各方办理有关手续；

（3）提供交易信息公布和提供土地供求信息，收集、储存、发布土地交易行情、交易结果，提供有关土地政策法规、土地市场管理规则、土地利用投资方向咨询等；

（4）代理土地交易，接受委托，实施土地使用权招标拍卖，或受托代理土地使用权交易活动。

四、城市土地供给和土地储备制度

从城市政府的角度出发，如果想要实现城市土地利用的规范化，必须从源头上进行相应的管理和控制。在城市土地使用权流转市场上，政府能够而且必须控制的是城市国有土地使用权一级市场，即国有土地使用权出让市场。只有在土地一级市场上占据了垄断性的地位，政府才可能在二级市场，即土地使用权转让市场上进行卓有成效的土地利用管理。

要实现城市政府对辖区内土地一级市场的垄断，其前提条件是城市政府对待开发用地的掌控，这样才可能在一级市场的交易中实现政府权益和意志的最大化，实现通过政府供给的调控对土地一级、二级市场的调控的目的。从我国各地城市的土地市场改革实践以及西方国家的经验来看，实行城市土地储备制度是保障城市土地供给政府垄断的有效措施。

（一）土地储备的概念

"土地储备"在英文中为"Land Banking"，也有译为土地银行。土地储备制度是指政府依照法定程序，运用市场机制，按照土地利用总体规划和城市规划，对收回、收购、置换和征用等方式取得的土地，进行前期开发和储存，以公开招标、拍卖、挂牌方式供应土地，调控各类建设用地需求的制度。

（二）土地储备的运行环节

土地储备的运行过程，不单单是由土地"存储"构成，而是由土地的征购集中、土地的储备和土地的出让三个环节连接而成。

1. 土地的收购

市政当局先于开发商从分散的土地所有者手中购买土地，从而拥有大量的市政待开发土地,如斯德哥尔摩市政府曾一度拥有该市周边两倍于市区的土地面积。其中大多数用地是几十年前仅以农地或相当于农地的价格购得的,巨大的土地储备,使斯德哥尔摩市能以更有秩序、更有效率的方式快速发展,并实现了以合理价位为居民提供大量住宅的目标。在 20 世纪 70 年代的荷兰,超过 80％的开发者的土地来自各城市市政府的土地银行。

至于购地资金的筹集,在斯德哥尔摩市,一是拿出政府税收的一部分;二是政府贷款,这主要来自国家养老保险基金;三是银行贷款;四是经瑞典国家银行发行的公债。此外还利用土地银行中租出和售出的土地收入来征购部分新的土地。荷兰征购土地的资金来源则有:以各城市为股东的股份合作制的荷兰城市银行的贷款;中央政府的贷款;商业机构的贷款和政府的财政收入。在荷兰,出让土地银行的土地用于建设资助性住宅是无利可图的,但转让用于商业或工业用地、建私宅的用地时利润不错。20 世纪 70 年代整个荷兰征购土地的费用约占出让土地收入的 15％,通过购入土地与出让土地的收支差,也可以解决部分资金的来源问题。

在我国土地收购是指土地储备机构采用对农地征收,对城市划拨用地转制,对城市出让地转换、购买和到期回收等方式将土地集中起来。

2. 土地的储备

政府从土地所有者手中购得土地后,并不立即出让而是储备一段时间。一方面是为了让储备的土地升值,如斯德哥尔摩市的土地价格与生活消费价格指数走向一致;另一方面,转让出去的土地只是土地银行中小部分已进行了前期开发的土地,大部分还未详细规划好的土地需要储备起来以备未来之需,而且其中开发条件还不成熟的农地也需要继续投入使用。通常政府购入的土地与出让的土地在量上保持一定的比率。

对于那些已规划好准备投入市场的土地,政府一般是先搞好前期开发,如平整土地、修路、铺人行道,建设好供水、排污等公共市政设施,甚至包括公园和绿地,然后再将这些土地出租或出售。

在我国土地的储备一般可分为两个阶段:首先,储备机构将收购集中起来的土地进行开发和再开发,通过清理权属关系、拆迁、平整、归并整理和基础设施的配套建设,形成可供出让和出租的"熟地"(杭州称为净地)。其次,储备机构将已完成开发的"熟地"进行储备,等待出让。其中前一阶段也被称为城市土地整理。

3. 土地的出让

根据城市建设用地的需要,政府将那些经过一段时间的储备,并已完成前期开发的熟地,分期分批地推向市场。土地出让一般采取出售和出租两种方式。土地出租的期限依用地性质的不同而不同。如瑞典规定,住宅用地的租赁期为 60 年,工业用地为 50 年,商业用地为 26 年。当租赁到期时,政府有权收回或重新将土地租出去。

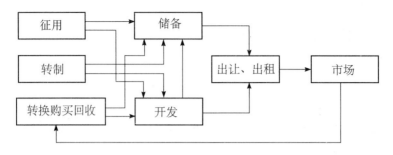

图 4 - 2　土地储备制度的一般流程

资料来源:张宏斌、贾生华:《城市土地储备制度的功能定位及其实现机制》,《杭州土地》,2000(2)。

经过储备后进入市场的土地,其出让价格并不取决于政府在该土地上所投入的实际费用(政府投入的实际费用包括购地费用、贷款利息、前期开发费用等),而是取决于该土地的使用性质。具体地说,工商业用地的出让价格总是高于政府投入该土地的实际费用,而资助性住宅用地和公益性事业用地的租售价则低于市场价。

目前,我国城市土地储备机构要根据城市土地出让年度计划,有计划地将储备土地出让和出租,保证市场供应。

土地储备的三个环节中,对土地市场供求关系和市场价格产生直接影响的是土地收购和土地出让两个环节。虽然土地储备的时间和数量对土地市场的供求会产生影响,但这种影响都是通过收购和出让两个环节来实现的。

(三)我国城市土地储备的实践

1996 年,上海市在控制建设用地总量,特别是存量土地入市方面进行探索和实践,建立了“市场化运作”模式的土地收购储备制度。1997 年,杭州市建立了政府主导型的土地收购储备机制。1999 年 6 月,国土资源部以内部通报的形式向全国转发了《杭州市土地储备收购办法》和《青岛市人民政府关于建立土地储备制度的通知》,在各地引起了广泛反响,包括北京在内的许多城市相继以此为蓝本,逐步建立并推进了土地储备制度。

各地在探索和实践中,形成了几种各具特点的土地储备运行模式。目前国内学者一般认为我国土地储备的运行模式可以分四种类型:

(1)按照市场机制运行的上海模式。这一模式的特点是,土地发展中心根据自己的收购计划和市政府的要求,通过与被收购单位协商,确定土地收购价格或约定土地收益分成,按照约定由发展中心支付收购金,取得土地并按现行规定办理土地过户手续。发展中心取得土地后,负责对土地进行拆迁、平整和相关基础设施配套,对易于转让的储备土地由土地管理部门出让给新的用地者。

(2)行政指导和市场运作相结合的杭州模式。这一模式的特点是,收购土地的范围由政府行政法规规定,规定范围的土地统一由储备机构根据计划进行收购、储备、开发,土地管理部门根据用地需求用招标、拍卖方式对储备土地实行统一出让,规定范围的划拨土地使用者不能像过去一样通过补办出让手续的方法自行转让土地使用权。

(3)行政指导、市场运作与土地资产管理相结合的南通模式。这种模式的特点是政府规定用于储备的土地范围,对可收购的土地由土地储备机构与原用地者签订《国有土地使用权收购合同》,储备机构按合同约定支付土地收购补偿费用,取得土地使用权。南通的储备机构还由市政府委托作为国有土地资产代表,对国有企业改革中土地使用权作价出资(入股)部分进行管理,收取企业改革中以租赁方式处置的土地使用权的租金和其他用地者按规定向政府缴纳的租金。

(4)土地储备与交易许可相结合的武汉模式。武汉市以土地储备制度实施为起点,将统一征用集体土地、土地收购储备、土地供应、土地交易和土地开发整理等多项联系紧密的业务工作组合在一起,逐步形成了以两个中心为核心(土地整理储备供应中心和土地交易中心)、两个制度为支撑(土地储备制度和土地交易许可制度)、一个市场为纽带的运作机制,实现了土地整理、收购储备、土地交易一条龙管理。通过"三个进口"(统一收购、统一征地、交易许可)和一个出口(通过土地交易中心以招标、拍卖、挂牌方式统一供应),实现了土地市场的规范化管理。[①]

第四节　基础设施建设与管理

一、基础设施的涵义与特性

(一)城市基础设施的内涵[②]

城市基础设施或称城市公共设施、城市公用事业工程、市政工程设施等。其涵义可以从两个角度来理解:从城市生态系统平衡的角度看,是直接为维持城市生产与生活正常秩序和保证城市发展的必不可少的物质条件;从城市社会再生产角度看,是为在城市进行物质、精神和人本身再生产而创造的一般的、共同的、社会化的物质条件。综合而论,城市基础设施就是为城市生产和生活提供的一

---

① 杨遵杰:《我国城市土地储备制度研究》,北京大学博士学位论文,2002。
② 引自王雅莉主编:《市政管理学》,北京:中国财政经济出版社2002年版,第142－143页。

般公共设施,是城市赖以生存和发展的基础。

基础设施(infrastructure)一词源自拉丁文"infra"(下面,底部)和"structure"(结构、构筑物)的合成词,原是一个工程术语,指建筑物基础承重部分的构造和设施。20世纪40年代末,经济学家们将其引入社会经济结构和经济发展理论中,以概括那些为经济活动服务的不可或缺的物质载体与基础条件。由此,城市基础设施就是城市中各种活动的有形和无形的载体,是城市现代化的重要体现。

(二)城市基础设施的分类[①]

按不同的标准,城市基础设施可以有多种分类。

1. 按城市基础设施的性质,可分为社会性基础设施和技术性基础设施两大类。

前者包括住房、医疗卫生、文化、体育、托幼保健、商业服务、教育科研和旅游等设施。后者包括供水、排水、道路、煤气、热力、公共交通、电力、通信和城市防灾等设施。

2. 按城市基础设施的内容分类

可分为城市能源动力(供电、供热、供气等)系统、供水排水系统、交通道路系统、邮政通讯系统、环境卫生排渣系统、防灾战备系统、治安报警系统等方面的物质载体与社会组织条件。

在我国,城市基础设施一般定义为:城市物质生产及人民生活赖以使用和发展的"技术性基础设施",包括:

(1)城市能源及能源生产,如城市电源和输变电线路;

(2)城市水源及供水、排水和污水处理;

(3)煤气厂和输配管网、集中供热;

(4)城市交通设施;

(5)城市邮电通讯;

(6)城市园林绿化;

(7)环境保护及监测和环境卫生;

(8)城市防灾(防洪、防火、防震、防地基下沉)等设施。

与日常生活密切相关的另一类设施如医疗卫生、文化体育、幼托保健则通常纳入公建配套设施的范畴。这些设施是维持整个城市系统正常运转的基础,是

---

① 参见王雅莉主编:《市政管理学》,北京:中国财政经济出版社2002年版,第143-144页。

完善城市功能,建设现代化城市的基本条件。

3. 按城市基础设施的市场结构,可分为垄断性和竞争性两类

垄断性城市基础设施是由于政治、社会或技术规模经济等因素必须由城市政府或委托企业垄断经营的城市基础部门,市政管理要对其进行规制,即对其产权、产品、服务和标准等进行必要的干预。竞争性城市基础设施是对某些准公共物品的城市基础设施,可以通过私人部门多元化经营和竞争来降低成本,实现资源合理配置的城市公益性设施,如城市燃气、园林、环境卫生等。

4. 按城市基础设施的资金运行状态,可分为自我平衡收支和国家补贴两类

前者主要是一些经济性设施,其服务的产权、投资、融资、建设、经营及定价等方面可以不同程度的市场化。根据发达国家经验,这类基础设施主要包括城市供水、供电、通信、能源等。后者是一些公益性极强的社会性设施,如主要实现社会和环境效益目的的污水、垃圾、粪便处理、防灾、绿地以及环保等设施,它们必须由政府财政投资和补贴来维持经营。

5. 按城市基础设施的空间位置和技术性能,可分为地下和地上两部分

地下部分指形成城市运转网络的各种管、道、线及其布局,地上部分指机器设备、道路等固定设施与地下部分的延伸部分。它们需要按照其技术要求实施优质管理。

(三)城市基础设施的特性[①]

城市基础设施的内涵和其承载的为城市的生产和生活提供集聚条件,促进人工和自然环境的互动,并增强人类的抗灾能力等功能决定了城市基础设施具有如下特性:

1. 地方公共物品性与效益的外部性

城市基础设施是地方性公共物品或准公共物品,与任何公共物品一样,具有消费的共享性和非排他性。因而它必须为城市全社会提供服务,是一个公共的开放系统。同时,公共物品还存在效益的外部性,许多城市基础设施的私人收益小于社会收益,如教育、公共卫生和公共交通等。外部性的存在使得城市政府要向此类部门提供补贴,或者直接提供此类服务,且应以社会效益、环境效益等间接效益为重。

2. 经营管理的垄断性与多样性

这是由于城市基础设施存在垄断性基础设施与竞争性基础设施两种类别所

---

① 引自王雅莉主编:《市政管理学》,北京:中国财政经济出版社 2002 年版,第 146-148 页。

致。为了提高城市基础设施的经营效率,政府一般都以法律形式或行政命令,明确规定经营管理者的权利和义务,其中包括授予垄断权。当然,这与城市基础设施的多种经济形式(全民所有制、集体所有制、个体所有制和联营)并不矛盾。政府一般要对垄断性市政企业的经营进行规制,竞争性基础设施一般都进行市场化经营管理。

3. 建设的同步性与超前性

城市基础设施能力形成的同步性,有两种涵义:一是指城市基础设施要保持与城市发展的步调一致,应该使城市基础设施和城市其他设施在形成能力的时间上达到同步,如居民迁入住宅的同时,应做到水通、电通、气通、热通、路通、公交线路通、通讯线路通。基础设施提前形成能力,会造成基础设施的投资呆滞;后形成能力,会造成工业或住宅区等设施投资的呆滞。只有同步,才能实现城市最佳投资效益。二是城市基础设施产业部门多元化,要求在其开发建设中全盘考虑,统筹安排,避免此消彼长,互不配套。例如城市道路建设与地下管网铺设,常常出现等到路面铺设完毕后又挖开地面铺设地下管线的现象,既浪费资源,又延误综合服务能力的形成。

城市基础设施建设的超前性,是指由城市基础设施的特点所要求的建设提前量。城市基础设施的建设项目具有建设内容多、规模大、周期长、耗资多、技术要求高,且必须全部建成后才能发挥作用的特点,必须超前于城市其他项目进行设计和建造。

4. 运行的协调性与系统性

从工程技术的角度看,城市基础设施是由几大子系统集合而成的综合系统。它是作为一个整体的系统提供其特殊的产品和服务,其建设与运营都要从整体上考虑。从城市基础设施的功能发挥和效率提高上看,它不仅要与城市社会经济的发展同步,也要在自身内部的各个子系统之间保持合理的协调关系。因此,注意城市基础设施各自隶属的管理部门之间的协调一致,形成综合服务能力是城市基础设施建设的运营必须坚持的原则。

二、基础设施建设途径

(一)国外城市基础设施建设投融资方式[①]

1. 日本的城市基础设施建设和相关财政制度

---

① 此部分内容参见尤建新主编:《现代城市管理学》,北京:科学出版社 &. 武汉:武汉出版社 2003 年版,第 108 - 109 页。

日本的基础设施在战后曾一度处于极其落后的状态。联合国一调查团1956 年去日本考察后作出了"日本道路状况之差令人难以相信,作为一个工业国,如此不重视道路网建设的,除了日本以外没有其他国家"的结论。此后,日本相继出台了《道路建设特别措施法》(1956)、《道路建设紧急措施法》、《道路建设特别会计法》(1958)。并在 1959 年开始的第二次道路建设五年计划中,根据上述法律加大了对道路的投资。全国的道路投资规模与第一次五年计划期间的2 600 亿日元相比大大提高,第二次为 1 兆日元,第三次为 2 兆 1 千亿日元。在1957 年到 1961 年这一段时间全国道路投资额的年平均增长率达到了 34%,日本自 20 世纪 60 年代以来,国家的财政补助占城市基础设施总投资的 50%左右。日本与基础设施相关的财政制度有以下三类:

(1)目的税制度

目的税是指所征收的税源将投资于特定目的。交纳目的税的公民是此项特定投资的受益者。与道路建设相关的目的税有:汽油税、轻油交易税、小汽车购买税、汽车转让税等,其中汽油税最具有代表性。由于战后经济高速成长期机动车快速普及,道路基础设施的滞后现象日益加剧,汽油税作为道路建设目的税在小汽车普及与道路建设资金来源之间建立了良性循环关系,小汽车越普及、使用越频繁,交纳的汽油税也越多,用于道路建设的财源也就越丰厚。这一机制在日本得到了十分好的效果。

(2)财政投融资制度

城市或地区基础设施的开发单靠税收的投入是不能满足需要的,必须开发额外财源。日本的做法是利用国民高储蓄率,利用了邮政储蓄等国家控制的民间资金作为基础设施开发的新财源,这就是财政投融资制度。

(3)城市规划税制度

城市规划税是依据日本《城市规划法》第 85 条有关地方政府税制中的条款而制定的,征收对象为建成区内的土地或房屋所有者,税率在不动产总额的0.3%之内,具体标准由各地方政府决定,征得的税收主要用于实施城市规划工程和土地区划整理工程。

日本由于制定了一系列的财政措施,战后用于基础设施建设的资金一直保持在 GNP 的 7%～8%的高水准,实施了许多在西方国家中也不多见的大规模开发工程,一举摆脱了基础设施滞后的局面,步入发达国家行列。

2. 美国城市基础设施建设及其资金来源

由于美国城市中供水、供电、煤气及电话均由私营公司经营,故基础设施项目中政府主导的主要是道路(主干道,连接建设地点的道路)及污水处理。政府对道路及污水处理的投资直接影响着开发商的投资方向。美国城市新区的开发投资建设量大小分别是:居住新区、工业新区及商业新区(购物中心)。在新区中按基础设施铺设方向来进行开发,是实现总体规划意图的根本保证。

美国基础设施项目的投资来源有三个渠道:地方财政、中央补助及其资金。如芝加哥市,其来源细分如下:

(1) 地方财政

①基础设施企业的收入,包括从水费、污水处理费、机场使用费(各航空公司交付的着陆费、特许经营费、机场场地租金)、高架道路收费得来的收入。此项资金主要用于:基础设施企业自身日常运行的开支;支付市政建设债券的本息;支付大型基础设施项目的投资(但只用于对口的基础设施项目,如水费用于供水系统改造)。

②协作基金。从地方税务收入而来。包括房地产税的一部分、商业营业税,以及其他地方税(电话及电费中的税收)。此项资金用于市内基础设施的日常运行开支,也用于少数基础设施项目的投资。

③市政建设债券。基于"市民受益,市民也有责任分担投资"的理念,市政府向市民发行市政债券,以地方税收及使用费的收入作偿还。主要有两种形式的债券:第一种,由房地产税收收入作偿还的债券,必须经市议会批准发行的总量。该债券的收入可用于一切基础设施项目。第二种,由各项使用费收入作偿还的债券,只用于与该使用费对口的有关基础设施(如以水费收入偿还的债券,只用于供水系统改造的项目)。

④汽油税收入。美国采用分税制。由州政府收取的汽油税,按一定比例分税给市政府。该项收入用于道路的日常维修(路面维修,扫雪等),也用于与交通有关的项目。

⑤"税收递增财务安排"。这是近年来美国城市建设常用的方式。政府先借钱给某一地区做基础设施改造,待完成后,将该地区内的各项税率提高,增税直到全部投资回收,或最多到 23 年为限。这个方式的原理是:由于基础设施的改造新建,该地区的各行业均受到益处,因此应将多收入的部分以纳税的方式还给政府。由于只对该地区增税,市内别的地区将不受影响,以体现公平。

(2) 中央资金

中央对地方基础设施项目的补助,一般与各项目直接挂钩,不可移作它用。中央补助通过四种方式下拨。

①地面交通项目。凡由中央投资建造的高速公路及一般公路,其维修、重修,以及城市主干道与这些高速公路相接的路段(经中央交通部批准),均由中央财政投资。使用该中央资金时,地方财政需提供占总额 20% 的配套资金。

②公共交通补助。中央按地方城市人口数及公交运行里程数作补贴,地方财政提供占总额 20％的配套资金。

③公路桥梁维修基金。此基金由中央交通部管理,地方政府上报所需维修的桥梁情况,由中央拨款。

④社区发展基金。这是专供低收入社区所用的中央款,每年按城市人口、低收入人口拨给各市,由各市政府的"社区发展委员会"核定用途、管理拨款。一般用于低收入社区的廉价住宅建造、街道整修以及失业培训、幼托机构等项目。

(3)其他资金

①公共建筑资金。由地方房地产税中提取,用于市内公共建筑(博物馆、歌剧院)的维修。

②私人资金。当某一基础设施项目可能对某一(或某些)私人企业带来利益时,市政府和私人企业协商,公私双方分担费用。也可以是:市政府只建造主要干线,联结到私人企业的部分则由该公司负责投资。

美国城市基础设施建设的投资方式多,投资渠道及管理有较严格的法律规定,比较有连续性。[①]

(二)构建以项目为主体的投融资机制

具体到城市基础设施建设项目,城市政府可以通过多种投融资方式的选择和组合创新,来实现有效的基础设施建设资金融通。换句话说,政府不再以直接投资者或直接借款人的身份介入城市公共建设项目,而是通过为项目提供市场优惠政策、特许经营权或管理权等方式来组织投融资的机制。其特点主要有以下几点:

①在投融资中政府不再以负债人身份出现。债权人主要针对项目公司及其资产和现金流量追索其债权。

②投资将与项目产权相结合。

③有效分散各种风险。

④融资结构中的信用支持形式多样。如根据受益者负担原则,以项目使用费作为投融资信用支持;以提供固定价格、固定工期合同或"交钥匙"工程合同等方式从工程承包公司获得信用支持;以项目竣工后的特许经营权或管理权来获得信用支持。

⑤技术较为复杂,融资时间较长,前期成本有所增加。

---

① 马洪波、赵永芳:《国外城市基础设施市场化产业化建设经营经验借鉴》,http://www.bjpopss.gov.cn/bjpopss/cgjj/cgjj20040601.htm

以项目为主体的投融资机制可根据城市公共建设项目的不同特点采取不同的投融资方式:

1. 投资者共同组建项目公司

以该共同组建项目公司的名义拥有和经营项目,安排投融资,其主要的信用保证来自于项目完成后的资产价值和投资收益、投资者所提供的担保和项目公司的现金流量。这种方式的操作思路是:项目投资者按照一定协议组建项目公司,并注入股本金,项目公司自主安排项目的投融资、建设及建成后的经营管理,投资者为公司提供完工担保。其他信用支持由项目公司自行解决。该方式较适用于有投资回报的市政公共建设项目,如收取通行费的高速公路、桥梁、隧道等。

2. 以"设施使用协议"为载体的投融资方式

该方式的特点是:在某一城市公共建设项目启动后,用事先同使用者签署的使用协议作为融资载体来安排投融资。其信用保证主要来自于"设施使用协议"中使用者无条件付费承诺和投资者的完工担保。其操作过程为:投资者与使用者事先签署"设施使用协议",投资者组建项目公司,由其具体负责项目的开发和经营,项目公司利用"设施使用协议"、工程公司的承建合同及银行提供的工程履约担保作为信用支持进行融资活动,包括以债券吸引社会游资和机构投资者的资金。该方式一般适用于城市管道、空港、海港、火车站等公共建设项目。

3. 以"有偿供给"为基础的投融资方式

该方式是以让渡公共产品与服务的未来有偿供给收入权益为信用基础的,未来项目收益中的一部分将作为偿还债务的主要资金来源。其操作程序为:组建投资中介机构(如信托基金),并从项目公司购买准公共产品或服务的有偿供给量作为投融资基础,投资中介机构安排融资,同时按照协议将资金注入项目公司,项目完成后,其有偿供给收入除成本外将直接进入投资中介机构用于偿还债务。这种方式主要适用于煤气、天然气、自来水等项目。

4. BOT 投融资方式

BOT(Build-Operate-Transfer,建设—经营—移交)是指建设项目由企业投资建设,企业同时获得该项目一定期限的经营权,期满后再将设施转让给政府的一种投资建设方式,是国际通用的投资运营模式。它以城市政府为公共建设项目的开发经营者提供一种特许经营权作为项目的投融资基础。该方式以引进外资为主,主要适用于发电站、高速公路和其他有投资回报的大型城市公共建设项目。但是,该方式结算期较长,外汇风险极大,要广泛采取这一方式,城市政府必须创造一个相对稳定的社会经济环境,给予一定的抗风险支持,如建立外汇风险基金,提供外汇风险保险。

5. 捆绑式组合型投融资方式

通过两个或两个以上无投资回报项目和有投资回报项目的捆绑和组合,将投资负担和投资回报相结合,从而形成一个项目成为另外一个项目信用保证的投融资方式。如:城市道路建设与周边土地融资项目捆绑组合;绿化建设与绿化建设基金的市场运作相结合;污水处理设施建设与排污收费项目捆绑组合;另外一些小型公共建设项目可以采取民建公助或公建民助的形式。该方式适用于无投资回报但能产生较好社会和生态环境效益的城市公共建设项目,如城市道路、公园、垃圾和污水处理设施、防灾设施等。

6. PPP 模式

PPP(Public-Private Partnerships) 模式,即公共部门与私人企业合作模式,指政府、营利性企业和非营利性企业基于某个项目而形成的相互合作关系的形式。通过这种合作形式,合作各方可以达到与预期单独行动相比更为有利的结果。PPP 模式的组织形式非常复杂,既可能包括营利性企业、私人非营利性组织,同时还可能有公共非营利性组织(如政府)。合作各方参与某个项目时,政府并不是把项目的责任全部转移给私人企业,而是由参与合作的各方共同承担责任和融资风险。PPP 代表的是一个完整的项目融资的概念。

(三)我国城市基础设施建设资金渠道

城市基础设施的投资具有数额大、建设周期长、资金回收慢、利润率和折旧率低等特点。一方面,城市的基础设施建设需要大量的投资;另一方面,这种投资直接的经济效益比较低,影响了市场经济条件下多元投资主体的积极性,这一直是制约城市基础设施建设和管理的主要矛盾。解决这个主要矛盾的首要环节是广开财路,实现城市基础设施建设资金来源的多样化。

1. 国家和城市的财政支出,是城市基础设施建设资金的主要来源[①]

由于城市基础设施具有公益性,绝大多数的基础设施由市场和财政复合补偿或完全由财政补偿,因此,国家和城市的财政拨款,始终是城市基础设施建设资金的主要来源。

我国城市财政用于基础设施建设的支出主要有两部分:生产性基本建设支出中包含配套的基础设施建设投资和专项的城市维护建设支出。中央财政用于城市基础设施建设的支出,来源于中央的各种税收。城市财政用于基础设施建设的支出,来源于下列城市财政收入:

[①]　此部分内容参见张永桃主编:《市政学》,北京:高等教育出版社 2000 年版,第 271 - 273 页。

（1）城市维护建设税。城市维护建设税的纳税义务人是缴纳增值税、营业税等的单位和个人，以纳税人实际缴纳的增值税、营业税等税额作为计税依据；纳税人所在地是市区的，税率为7％，在县城、镇的，税率为5％，不在市区或县城、镇的，税率为1％。

（2）城镇土地使用税。城镇土地使用税是使用土地的单位和个人向城镇土地的所有者——国家所缴纳的使用土地的租金。城镇土地使用税由两部分组成：绝对地租和级差地租。绝对地租体现了国家对城镇土地的所有权，不同地段的绝对地租相等，它占城镇土地使用税的一小部分；城镇土地使用税中的大部分是级差地租，不同地段征收的级差地租差别很大。城镇土地地段的优劣，主要是由基础设施的质量和数量差别造成的，而基础设施主要是由各级政府的投资形成的，因此，级差地租主要归政府所有。

（3）城市公用事业附加。包括供电、供水、煤气和电话等方面，计入向单位和居民征收的公用事业价格中。

（4）其他税收。包括机动车牌照税、城镇自行车牌照税、燃油税等。

（5）若干种收费。①城市排污费。向单位和居民普遍征收城市排污费。对超过规定排放标准的污水，按超过倍数累进征收超标排污费。②过桥费、过隧道费。③住宅建设配套费。凡新建住房时，按每平方米建筑面积收取市政、公用设施建设配套费，计入房价。

2. 积极开拓城市基础设施建设市场化融资渠道

我国城市基础设施建设长期以来，政府预算内的投资规模难以大幅增长，政策性金融贷款资金来源有限，商业性贷款由于其投资规模大、回收期长、投资收益低，增长十分困难，利用外资受到种种制度性限制，基础设施产业由于严重缺乏动力，自筹资金甚微。由于只有政府融资，基础设施建设资金不足成为城市建设和发展中的"瓶颈"。进入社会主义市场经济体制以来，建设资金短缺的局面发生了很大的变化。市场融资成为城市基础设施建设资金来源的重要补充。过去我国融资难的情况，在市场介入的情况下得到一定的缓解。但是，在一些新兴城市以及旧城改造的城市，基础设施建设在资金需求上仍然存在着很大困难。要解决这些困难，必须通过完善城市基础设施投融资的体制建设。完善基础设施投融资体制的基本方向是实现多元投资主体参与城市基础设施建设，这也是近年来国际上的发展新趋势。

(四)我国完善城市基础设施投融资体制的总思路①

我国完善城市基础设施投融资体制的总思路是：积极探索城市基础设施建设的非政府融资渠道，推进市场化进程；明确界定各类资金在城市基础设施投资中的功能和地位，政府资金发挥主导作用，广泛启动和引导社会资金投入城市基础设施的建设。

1. 重新界定城市基础设施的可市场化与不可市场化的界限

基础设施能否市场化的经济技术标准一般有两个：一是公共性的强弱，二是可分割性的难易。从这两个标准来看，国防、基础教育、基本医疗保健、消防、社会治安、公共绿地、城市道路和桥梁、防洪、污水和垃圾处理、环境保护等可能是难以市场化的。而铁路、公路、电信、电厂、地铁、供水、供气、供电、供热、停车场等则是可以市场化的。

在可以市场化的基础设施建设中，要正确处理城市基础设施的社会效益与经济效益关系，适当维持基础设施的产品和服务价格，依靠科学管理降低成本，增加基础设施的运营收入，用于城市基础设施建设。一般说来，国家和城市的财政拨款主要用于基础设施的扩大再生产；而城市基础设施的运营收入主要用于基础设施的简单再生产：包括设备的维修、日常经营管理的开支和员工的工资、奖金及福利费用等。

2. 充分发挥政府在基础设施投资中的主导作用

当前各级城市政府应着力加强对基础设施建设的统筹规划和投资力度，完善以国家开发银行为主体的政府投资和融资体系，在投资规模和信贷计划上向基础设施建设倾斜，集中财力保证基础设施重点建设项目的投资需要。增发国债是解决基础设施投资所需资金来源的有效途径。如，1998 年国债发行额超过了 6 000 亿元，有力地促进了当期城市经济增长和金融业的发展。然而，我国各级城市政府的主导作用的发挥在很大程度上仍受到政府财力不足的严重制约，短期内通过国民收入分配结构的调整来达到增加政府财政收入比例不具备现实性，因此除为数不多的项目需要政府独资或主要投资外，在大多数情况下财政性投资将借助低息、贴息、参股等方式，主要发挥引导和调节作用。

城市政府或经过市政府批准的法人可以作为发行某个基础设施建设项目债券的债务人，一定的单位和个人可以成为该债券的债权人。城市基础设施中一些科技含量高、市场潜力大、政府难以拿出足够的资金给予支持的新兴产业，可

---

① 此部分内容参见王雅莉主编：《市政管理学》，北京：中国财政经济出版社 2002 年版，第 161－164 页。

以通过向社会发行股票来筹集资金。债券的特点是要还本付息,股票的吸引力在于股息收入,所以,通过发行债券和股票向社会集资,只适用城市基础设施建设中少数能够依靠有偿使用产生一定利润的项目。

3. 利用项目的盈利性吸引非财政投资

这是国际上通行的做法,也是城市基础设施建设资金的主体来源。盈利性是吸引非财政投资的关键因素。为此,需要依据基础设施的技术特点和盈利能力进行科学分类,并采取不同的投融资政策。对一些由于其高度的自然垄断性特点而可获取超额利润的基础设施项目,政府应通过价格管制和税收,使经营者得到合理利润;对大体可获得社会平均利润的项目,宜采取中性的投融资政策;而对虽有盈利但低于社会平均利润水平和"政策性亏损"的项目,则可通过财政补贴、盈利水平不同的项目的组合等方式,使投资者有投资和经营的积极性。

总之,政府的职责是借助财税政策等杠杆,给非财政性投资主体创造出有吸引力的、公正平等的参与环境。其中统一的可操作的基础设施分类方法,水准和信誉较高、真正独立于有关当事者的评估机构,尽可能多的竞争机制等,都是城市基础设施市场化融资至关重要的环节。目前,应把投融资重点放在发展和完善与现阶段我国资本市场发育相适应的市场经济融资机制上。可以考虑在严格上市条件的前提下,给基础设施领域企业以更多的上市机会,包括境外上市的机会;随着社会保障体制改革的深入和资本市场的发育,可以将投资周期长、安全性强、回报稳定的基础设施产业投资基金逐步引入养老保险基金,也可作为吸引外资,特别是境外养老保险基金的方式之一;还要扩大基础设施建设的 BOT 模式的实行范围,以缓解建设资金不足;在保证还本付息能力的前提下,可适当发行基础设施专项企业债券。

三、基础设施经营与管理

(一)城市基础设施管理机构

城市政府是基础设施的最高主管机构,其下属的工作部门或附属机关为具体主管机构,按其职能特征,可分为以下几种类型:[①]

1. 综合机构

城市(乡)建设委员会,是市政府的工作部门,是市政府的全面负责城市基础设施管理的综合职能机构。对大中城市而言,它主要进行宏观上的管理决策,指

---

① 参见张觉文编著:《市政管理新论》,成都:四川人民出版社 2003 年版,第 318 页。

导、监督下属专业机构的工作,组织和协调基础设施的重大工程建设等。对于小城市而言,它负责全面的工作。

2. 专业机构

即从事专门系统的管理机构。它们有的是市政府的工作部门,如环境保护局;有的是市政府工作部门下属的机构,如公用事业管理局、市政工程管理局、环境卫生管理局、园林管理局等。

3. 协调机构

它是横向的跨部门、跨行业的从事部门、行业之间协调管理的机构,如市政管理委员会、交通管理委员会等。

4. 临时机构

根据需要,市政府或它的职能部门为了筹建重大的基础设施工程,或综合解决城市建设和管理中的重要问题,可以设置临时机构,前者如某项工程建设指挥部,后者如某种治理整顿领导小组。这种临时机构由市政府或它的职能部门授予有关权力;市政府有关的职能部门派负责人参加,具有协调有关部门工作的职能;工作人员从有关部门借调;工程完成或问题解决后,机构即被解散。

我国城市基础设施的管理机构,除了上述市政府的工作部门和附属机关外,还有一部分是中央政府的部门设在城市的下级机构,如民航、铁路、电力和邮政等部门,它们与市政府及其有关部门在工作上有协作关系。

(二)城市基础设施管理体制

城市基础设施管理体制,是在市政府及其职能部门的统一领导下,在市政府其他工作部门的配合和区、县政府职能部门的分工协作下,改革和依靠城市基础设施的企事业单位的经营和管理,发挥"人民城市人民建"的积极性,提高城市基础设施综合效益的组织体制。[1]

城市政府及其职能部门的统一领导,是健全城市基础设施管理体制的根本保证。市政府其他有关部门的配合,以及区、县政府城市建设管理部门的分工协作,是健全城市基础设施管理体制的组织保障。改革和依靠基础设施的企、事业单位的经营和管理,是健全城市基础设施管理体制的关键。吸收多种所有制经济投资和经营基础设施,是搞活城市基础设施管理体制的新途径。人民城市人民建,是发展城市基础设施管理体制的源泉。

---

[1]　此部分内容引自张永桃主编:《市政学》,北京:高等教育出版社2000年版,第278-280页。

（三）城市基础设施管理的内容[①]

城市基础设施的管理主要包括城市供电管理、城市供水管理、城市供气管理、城市道路管理、城市灾害管理等。

1. 城市供电管理

城市供电管理的内容是：（1）输变电建设管理。包括做好负荷预测，制定电网发展规划，变电所所址选择，送电线路的路径选择。（2）供电设备运行、检修管理。运行管理要加强巡视检查；进行定期计划检修和事故抢修；预防季节性事故和外力破坏事故；加强技术管理。（3）用电营业管理。一是做好用户业务扩充管理工作；二是加强电能质量管理，包括频率质量管理、电压质量管理和供电可靠性管理；三是抓好计划、节约、安全用电。

2. 城市供水管理

城市供水管理的内容是：（1）水资源管理。要防止地表水被污染，合理安排取水量。地下水宜饮用，但需平衡来水与灌水，控制地面沉降。（2）供水工程的建设管理，包括取水、净水和配水的工程管理。（3）供水的水质和水压管理。根据具体情况，可分别采取水厂一次加压、管网中途加压或局部地区加压等做法。（4）节约用水管理。一是加强宣传；二是实行计划用水；三是使用节水设备；四是提高水的重复利用率，包括建设中水系统。

3. 城市供气管理

城市供气管理的内容是：（1）供气规划管理。燃气化建设，大多要经历从煤制气到以天然气为主的过程。（2）供气工程的建设管理。一方面选择燃气化的途径；另一方面确定供气规模。（3）供气的安全管理。要控制燃气的质量，监督执行燃气器具的标准，提倡安装燃气警报器。

4. 城市道路管理

城市道路管理的内容是：（1）对新建或改建道路的质量、进度的监督。（2）对道路的维修和养护。（3）路政管理。包括掘路管理，占用路面管理，以及对人为损坏道路的管理。

5. 城市灾害管理

城市灾害管理的内容是：（1）各种防灾设施的建设和维护。（2）防灾报警系统和预警系统的建设和管理。（3）防灾物资的储备管理。（4）普及防灾救灾知识。

---

① 参见马彦琳、刘建平主编：《现代城市管理学》，北京：科学出版社 2003 年版，第 128－129 页。

(四)城市基础设施经营管理①

城市基础设施在很大程度上是一种公共产品,或者说是一种由政府提供的准公共产品,基础设施的经营与一般企业的经营管理有很大的差别,这也正是基础设施经营管理的难点。由于城市基础设施具有公益性,它的部门和单位不能像一般的企业那样,以盈利为主要目标,而只能以社会效益为首要的目标,在此前提下,兼顾经济效益;虽然它们有生产性,受投入产出的经济规律制约,但其中多数的部门和单位通过市场与财政的复合补偿,来实现投入产出的资金循环。这种区别决定了城市基础设施的经营与管理,不同于一般企业的经营与管理。

1. 根据城市基础设施部门和单位在公益性方面同市场化程度上的区别,实行不同类型的经营管理模式

少数完全靠市场补偿实现投入产出循环的部门和单位,如集体所有制、个体所有制和私人所有制的出租汽车单位,实行与一般企业一样的企业化经营管理。少数完全靠财政补偿实现投入产出循环的部门和单位,如路灯养护部门,实行全额拨款的事业单位管理。一部分主要靠市场补偿、次要靠财政补偿实现投入产出循环的部门和单位,如供电、电信、公共交通等,基本上实行企业化的经营管理,同时财政给予适当的补贴。一部分主要靠财政补偿、次要靠市场补偿实现投入产出循环的部门和单位,如公园、消防站和广播电视等,实行差额拨款的事业单位管理。

2. 根据城市基础设施经营管理模式的不同,实行不同的定价制度

实行完全的企业化经营管理的部门和单位,所提供的产品和服务的价格,在市场竞争中形成,但受城市政府的物价管理部门的监督。全额拨款的事业单位所提供的产品和服务的价格,由上级部门确定,并经物价部门批准。基本上实行企业化经营管理的部门和单位,所提供的产品和服务的价格,主要在市场竞争中形成,但受物价部门的指导。差额拨款的事业单位所提供的产品和服务的价格,主要由上级部门在参考市场竞争行情后确定,并经物价部门批准。如果扩大再生产的任务较重,价格可含微利;如果主要是维持再生产,价格可含成本;如果公益性较强,市场化程度较低,价格可允许适当的亏损。

例如在北京市水资源日益短缺的条件下,2004 年北京市水务局、北京市自来水集团和北京市排水集团提出了调整水资源费、污水处理费标准的申请以及阶梯水价的初步方案,根据调整方案,本市居民用水的综合价格将由原来的每吨

---

① 此部分内容参见马彦琳、刘建平主编:《现代城市管理学》,北京:科学出版社 2003 年版,第 129 - 130 页。

2.9元调整到每吨3.7元。其中,自来水水费和污水处理费分别增加0.5元和0.3元,并计划实行阶梯式递增水价。根据《北京市政府价格决策听证办法实施细则》,这次调价之前一共进行了七次听证会,由消费者代表、经营者代表和政府部门及有关专家学者组成的代表出席了听证会,若干名市民参加了旁听,达成了最终的既保证市政企业必要的收益,又有利于节约水资源的调价方案。(2009年12月22日起,北京市居民水价每吨上调0.3元。)

3. 无论实行哪一种经营管理的模式,城市基础设施的部门和单位都要努力提高经济效益

这样做,首先是适应社会主义市场经济体制、参与市场竞争的需要;其次是减轻财政负担的需要;再次是增加城市基础设施的部门和单位员工收入的需要。城市基础设施的部门和单位员工提高收入水平,不能靠涨价,只能靠提高产品和服务的质量,增加产品和服务的数量,以及降低产品和服务的成本来实现。实行企业化经营管理的部门和单位,可以运用一般企业的管理制度;实行事业性管理的部门和单位,也必须运用各种形式的经济责任制,把员工的收入与提高质量、增加数量和降低成本挂钩。

(五)城市基础设施管理体制改革

总体上来说,我国城市基础设施长期处于欠账状态,其中对城市基础设施的性质以及它在国民经济与社会发展中的地位,长期以来缺乏正确的认识是主观上的重要原因,基础设施投资不足是客观上的重要原因。具体说来,在国家计划体系中,城市基础设施被当作非生产性建设,故处于从属的配套的地位;在国家价格体系中,城市基础设施被视为福利事业,其价格极低造成公用企业的亏损经营;在国家投资方面,投资比例过低,建设资金缺乏;在科技力量方面,技术力量薄弱,公用事业科研机构少,也在一定程度上限制了城市基础设施的发展。

为改变城市基础设施严重不足的现状,在管理体制上应逐步实现转型,可以从以下几方面着手:[①]

(1)使基础设施建设从事业型转向企业型。

(2)使基础设施从福利型转为营利型。

(3)使城市基础设施由保险型转为竞争型。

(4)使城市基础设施建设从人治型转为法治型。

---

① 参见张觉文编著:《市政管理新论》,成都:四川人民出版社2003年版,第321页。

(5)城市基础设施的管理应当科学化。

第五节　城市成长的空间管理

新中国成立半个多世纪以来,中国城市发展有了长足的进步,城市化水平有较大提升。改革开放以来,特别是 20 世纪 90 年代以来,城市化进程更具有加快趋势。1990 年,中国的城市化水平只有 18.9%,到 2000 年,据第五次人口普查的资料,中国的城市化水平已经达到 36.1%,2008 年统计资料表明,中国城市化水平已达到 45.68%。按照国际上城市化发展的一般经验,中国已经进入加速城市化时期。中国城市化水平的提升伴随着城市实体空间的成长,而解决城市成长过程中出现的各种问题就成为城市管理者的重要任务。

城市成长问题是一个全球性话题,无论是进入后城市化阶段的西方还是城市化进程方兴未艾的中国,城市的健康持续成长都是各界关注的热点,是关系到国计民生的重大问题。城市成长管理在我国城市发展中是一个崭新的命题。

一、城市成长管理内涵

(一)城市成长的概念

城市个体的壮大可以从很多侧面进行衡量,经济总量的增长、城市人口的增加等都可以表达城市的发展,但是任何经济和人口的增长都不可能在一个虚幻的异度空间中实现,必须依托一定的空间实体才能最终体现其价值和影响。从空间上来看,这些经济和人口都同时存在于城市空间实体之中,更确切地说是负载于城市范围内的土地资源之上。以近百年来北京市城市发展历程来看,1913年其核心区面积为 47.1 平方千米,1955 年增加到 55.4 平方千米,1984 年拓展到 168.1 平方千米,1996 年进一步增加到 307.5 平方千米,按照建设部城市建设统计年报数据,2000 年底北京市建成区面积已经达到 490.1 平方千米。所以,可以说城市空间实体的成长是城市成长最基础、最直接也是最直观的方面,是众多研究城市问题的学科所重点关注的问题。

在城市研究领域中,由于城市空间成长的基础性和关键性地位,虽然从不同的方面出发认为城市的成长与发展包括众多方面,但是当提到"城市成长"一词时,学界已经将其默认为是指向"城市空间成长"的特定语汇。"城市成长"英文原文为"Urban Growth",虽然在不同的中文文献中有"城市增长"、"城市生长"

和"城市成长"等翻译方式,但均指城市空间的扩大和增长,虽然包含规模增长、利用强度等多个维度,但主要仍指空间的规模扩展。那么,所谓城市成长管理也就是主要针对城市空间规模扩展的控制和管理。

(二)城市成长管理理念产生的背景

朦胧的城市成长管理思想几乎与城市的产生同时出现,无论从古希腊紧凑的城邦式布局,还是到《周礼·考工记》中对各等级序列城池的占地规模确定,都体现了对城市空间控制的思想。现代城市成长管理的概念援引自企业管理界,主要关注城市的空间成长。

现代城市成长管理从美国萌生。美国城市成长管理的出现与城市增长的高潮阶段以及郊区化发展密切相关。从二战期间开始,美国人为了拥有私密性、机动性、安全性和私有住宅的梦想而大规模迁往郊区。二战后,大批士兵回到本土,被 20 世纪 30 年代物质匮乏的大萧条和随后战时的严令管制压抑已久的消费与增长需求,都在战后一并爆发出来;同时,政府在军转民的生产过程中选择了汽车、建材等转型容易的产业作为重要的经济支柱,鼓励房地产开发,并在全国进行大规模的以高等级道路为主的基础设施建设。在面向普通百姓的联邦住房抵押贷款法案的刺激下,凭借汽车普及和交通改善带来的便利,人们购房置业的胃口和地域选择范围均越来越大;开发商们也迎来了在郊区建设开发大型项目的黄金时代,致使城市发展突破原有的界线,并以空前的速度和尺度向广大的乡村地区增长、蔓延。[1] 20 世纪 50 年代,"到郊区去"成为时代的潮流,城市郊区的空间范围也不断外拓。在人口和就业总量方面,由于各种要素向郊区的转移,中心城市每况愈下。这种追求郊区生活方式的美国之梦和郊区蔓延的发展模式所带来的无限制增长的负面影响也逐渐显现出来:(1)郊区蔓延往往呈现为大片单调同一的土地细分、千篇一律的建筑形式、散布各处的公共建筑和小汽车主宰的街道空间等不良现象,导致了社区的瓦解和场所感的丧失。(2)无节制的蔓延不断吞噬大都市地区边缘的农业用地和自然开敞空间,带来烟尘、硬地、有毒废物和污水等不利影响,对自然生态环境造成严重的冲击。(3)随着人口和就业岗位大规模转移到郊区,使得郊区与城市中心之间的交通出行逐渐成为主导(占总出行 40%),而且通勤交通的距离和时间都大幅增加,郊区已经出现严重的交通拥堵问题。同时,由于过度依赖小汽车的交通方式,导致石油等能源的大量消耗

和大气污染加剧。(4)由于家庭结构小型化和家庭平均财产缩小,能够支付得起一幢中等价位郊区独立式住宅的家庭已大幅减少,而可支付的住宅往往位于更偏远的郊区,低收入家庭甚至支付不起高度依赖小汽车的交通开支。(5)在区域层面上,由于郊区无节制的开发,导致城市与郊区发展失衡,人口与就业持续大量地由城市流向郊区,城市税源大为减少,财政入不敷出,继而不可避免地产生经济衰退、犯罪上升、种族隔离等一系列问题。[①]

在这样的背景下,为了避免中心城市的衰落以及过度的郊区化蔓延造成的资源环境问题,美国一些地方的政府开始对城市空间拓展规模和速度提出控制要求,即开始实施城市成长管理。

(三)城市成长管理的内涵和实质

城市成长管理是一种以政府为主体的对城市空间成长的管理行为。

同其他政府管理行为一样,城市成长管理是政府为了实现一定的社会经济目标所采取的措施,虽然政府的目标在不同的制度经济条件下可能有所不同,政府的管制能力也存在差异,但是总体上来说,实现城市的健康持续成长是任何正常状态下的政府都认同的目标。具体采取怎样的管理措施,则涉及政府对这些管理措施的成本与收益的评判。

在城市成长的过程中,参与到其中的各类主体都希望在城市成长的过程中借以增加自身的效用,但是这种效用的增加同时要以相应的成本付出为代价,对于城市成长管理的行为主体——具有有限理性的政府而言,城市成长管理实质上是城市政府为了推动城市发展,在公的利益(委托人利益)、政府意志(上级和本级)和选民(选众)利益下对城市空间发展战略的动态选择。

二、西方国家城市成长的空间管理制度简介

(一)西方城市成长管理的发端

20 世纪 60 年代,与全球性的环保思潮相呼应,美国的一些学者和机构开始质疑、检讨美国的城市增长;人们也要求制定更加完善的措施,对城市土地开发活动进行管制;一些地方政府则从维护本社区的利益出发,率先采取了成长管理行动。本书对于西方国家现代城市成长管理的制度介绍也主要以美国为例。

---

① 戴晓晖:《新城市主义的区域发展模式——Peter Calthorpe 的〈下一代美国大都市地区:生态、社区和美国之梦〉读后感》,《城市规划汇刊》,2000(5),第 77 - 78 页。

现代的城市成长管理理念的应用可追溯至 20 世纪 50 年代美国若干小郡（county）所实施的土地使用管制方案。由于都市快速成长，引发如社区品质降低、空气污染、交通拥挤、公共设施不足及重要的土地资源被侵蚀等负面外部效果。这些因都市过度发展而产生的外部不经济，逐渐让许多地方政府及民众了解到经济的快速成长，除能带来很多利益外，也伴随公共成本的付出，而未经规划与管理的成长将会威胁脆弱的自然环境与降低生活品质。然而，传统的土地使用分区管制方法，无法有效排除这些负面的外部效果，亦无法引导都市合理的成长发展，以致地方政府开始研究采用改良的土地使用管制措施。因此在确保生活环境品质提升的目标下，许多地方透过诸多管制规定，对地方成长进行严谨的指导与监控，此指导与控制成长行动即所谓的"成长管理"。①

自 20 世纪 60 年代开始，一方面，在郊区化的过程中，高收入和高素质居民往往率先搬迁，这些各方面的精英出于对其利益的保护，推动了中心城市之外地方政府数量的增加，从而使既有的城市所能够控制的空间范围缩小，所掌控的企业和人员减少，造成政府实质力量的下降。另一方面，在郊区化的过程中，政府一旦不能达到至少维持既有水平的公共服务，"用脚投票"的居民就可以选择搬迁，因此，在城市蔓延的过程中有限的财政收入和更大的服务空间形成了发展的矛盾，很多地方的城市财政产生巨大赤字。而对于很多高速发展的城市而言，大量涌入的人口也造成城市既得利益者所享受城市公共设施服务质量的降低，在城市化的进程当中，随着新移民的进入，原有住民的生活质量会有所下降。20 世纪 70 年代，石油危机造成的交通成本和土地成本的综合提升，使上述两个方面的矛盾率先表现在发展速度处于两极的州和对资源最为敏感的州，以这些州为龙头，城市成长管理得以不断发展强化。

(二)美国现代城市成长管理措施②

无论是在地方、区域还是州的层面，美国城市成长管理的目标都是通过一系列的法律与政策措施来实现的，这些措施被称作成长管理的"工具"或"技术"。实施成长管理的目的，是为了提高土地使用与公共设施的效率，使土地的开发与社会发展同步，在综合规划的前提下，有序、渐进地发展。美国各州采用的成长管理的措施可以归纳为以下四个方面：

---

① 引自《限制发展地区划设与成长管理策略研拟，修订台北县综合发展计划》，台湾大学，2001，第 73 页。

② 参见方凌霄：《美国的土地成长管理制度及其借鉴》，《中国土地》，1999(8)，第 42－43 页。

1. 公共设施配套

成长管理的一个显著特征就是对土地的开发进行综合的管理,而这种管理的一个有效措施就是要求土地开发项目进行公共设施的配套。例如,华盛顿州要求地方政府在开发许可前,必须确定项目是否具备足够的公共配套设施。这些公共设施可以由政府建设也可以由开发单位负责建设,但必须先行建设或在开发期间配套建设。也就是说,只有该地区的公共设施满足了该地区发展的需要,政府才能审批开发许可证。地方政府也可以拒绝提供足够的公共设施,如水、电的供给,来达到抑制某些地区发展的目的,或者针对不同的地区设定不同的标准以达到限制或鼓励某些地区发展的管理目标。这样,政府可以控制一个地区由于快速发展造成的交通拥挤、空气污染、环境恶化等社会问题。

2. 总量管制

这是管制地区发展速度的措施,通过"量"的配置,限制建设用地的开发,以达到保护土地资源并限制城市人口的目的。例如,1976年,美国科罗拉多州的博德市,市民投票通过的规划书中,限定五年内该市政府平均每年只能批准450个建筑项目,以达到年人口增长率不超过2%的目的。这种总量的控制对我国很有现实意义。

3. 分期分区发展

分期分区发展措施的实施,是为了适当而有效地提供公共设施,以防止不成熟的土地开发行为,同时也防止跳跃式的发展和大量占用耕地破坏城市景观。通过控制开发地区的公共设施来控制城市发展的区位和时序。这需要土地利用规划与城市发展规划相结合,例如,美国纽约州的 Ramapo 镇在 1966 年通过了一个成长管理规划,详细安排了在 18 年的规划期内能达到的城市最大发展规模所需要提供的公共设施开发的区位和时序,以公共设施的配置来引导土地开发利用的区位和时序。

4. 设立成长管制区

成长管制区的设立,一方面是为了保护土地资源,另一方面也是为了实现土地分期分区发展。通过设立成长管制区,引导城市发展到适当的地区,在管制区内允许土地开发,并提供适当充足的公共设施,管制区外则限制开发。在马里兰州的乔治王子郡制订的成长管制规划将全郡划分成为优先发展区、经济发展潜力区、限制发展区和延缓发展区四种。成长管制区以向外扩张的同心圆划分,也可以通过系统分析的方法划分。

(三)城市成长管理的具体工具①

以上的公共设施配套、总量控制、分区分期发展和设立成长管制区等四类措施是美国城市成长管理的主要方面,各地结合自身的情况不断进行成长管理的创新和实验,以至于新的管理工具层出不穷,经研究者总结定义的单项工具已达57项之多,其中包括各种特殊类型的管理法规、计划、税收政策、行政手段、审查程序等等,其中比较重要的几项为:

1. 扩界限制

在有城市成长边界的情况下,一般要对增长界限的现状容量作定期评估,并根据增长需要适当扩展。但为避免城市和公共设施的分散以及给财政和纳税人造成负担,扩界受到严格限制,有的地方要求获得城市议会绝大多数人的通过,有的则要求由市民投票表决。

2. 开发影响费

这是为增长所需的各类基础设施筹集资金的一种手段,事关公正与公平。根据这一收费制度,开发商和购买新房者必须为他们的影响而负担更多的基础设施开支;若不收取影响费,则这笔开支的大部分将通过提高房产税摊到社区现有居民的头上。

3. 足量公共设施的要求

足量公共设施的要求,即同步配套要求新开发项目上马时,必须确保足够容量的道路、给水、排水和学校等设施到位。如社区无力承担建设这些设施,可要求开发商提供,作为取得开工许可证的条件。

4. 开发权转移

为防止在保护区内土地上的开发,将开发权与土地分离并允许转移到更适宜开发的地区,因而开发权可以买卖以补偿土地所有人。

5. 公交导向型开发

强调整合公共交通与土地使用的关系,主张集约化、高效率的土地利用模式,以形成更为紧凑的区域空间形态。在社区内提供良好的步行系统,增加包括步行、自行车和公交等各种出行方式的选择机会,以减少对小汽车的依赖。

6. 社区影响报告

某些大型开发项目会对整个社区造成影响,在开发项目提案批准之前要对

---

① 参见张进:《美国的城市增长管理》,《国外城市规划》,2002(2),第38-39页。

其影响进行评估,并将评估结果公之于众。报告须包含如下因素:项目可能增加的各年龄组的人口数量;10年之内预期增加的学生数和现有教学设施的容量;现有市政设施和公共设施可利用程度和所面临的新要求;项目内外的道路系统情况;社区(市、县、学校系统)财务影响分析。

7. 环境影响报告

类似社区影响报告,环境影响报告是在批准开发项目提案前获取其环境影响信息的一种手段。提案须证明符合下面3项要求方予批准:不致对环境造成明显破坏;有对区域资源保护的构想和设计;不会对可用于该项目以及将来任何项目的整个资源提出不相称或过度需求。

8. 区划升/降级

区划一般用于确定土地用途和开发类型,并规定开发密度的上限。降级是对开发密度的上限向下作调整,以减少某一地区的增长量。有的城市则规定了开发建设的密度下限,以确保界线内较高密度的发展,减少因人口增长对界线的压力(如波特兰),这即是升级。

在众多城市成长管理工具中,最为著名、应用最普遍的一项要算俄勒冈州首创的城市成长边界(Urban Growth Boundary, UGB)。所谓城市成长边界就是围绕现有城市划出的法律界线,所有增长都被限定在界线以内;界线之外是农田、林地和开敞地,仅限于发展农业、林业和其他非城市用途。俄勒冈州规定,城市成长边界范围内应包含现已建设土地、闲置土地及足以容纳20年规划期限内城市增长需求的未开发土地,地方政府必须对土地供应情况进行监督,并定期考察有无必要对现有增长界线进行调整。

三、中国城市成长管理的起步

(一)中国城市成长中的问题

根据国际经验,当城市化水平达到30%以后,城市化将步入高速发展的阶段,直至达到70%以后才逐渐减速至平稳发展,我国正处在这样一个城市化高速发展的区间之中。节约用地的思想一直是城市规划和城市建设中遵循的基本原则,以这一思想为指导的各项政策规范,在不同程度上影响和限制着中国城市空间成长的方式和结果。但现实中的城市成长仍然存在这样那样的问题,尤其是在改革开放以来,伴随城市发展步伐的加快,城市空间成长中的一些问题已经逐步凸现出来。归纳起来,这些问题主要表现在以下几个方面:

1. 城市用地数量增长过快

我们通常用城市人均建设用地指标来衡量城市用地的相对数量。近些年来,我国城市用地迅速扩张的现状也是不容忽视的。在 1981～2000 年的 20 年间,我国的城市建设用地面积从 7 415 平方千米增加至 22 439 平方千米,增长了 200%。到 2000 年底,中国城市人均建设用地面积已经从 1980 年的 72.7 平方米上升到 105.5 平方米,而且近些年来还有进一步上升的趋势,尤其是 20 世纪 90 年代以后,城市人均建设用地在 11 年中提高了 26.82 平方米,增幅达到 34.09%,增长速度明显加快。而且,这种人均城市建设用地增长中还存在与城市规模等级相联系的结构不均衡问题。人均城市建设用地与城市规模之间存在反相关,城市规模越大,用地越集约,反之则越粗放。近些年来小城市人均建设用地扩张的速度较大城市相比更是有增无减。从以上的一些现象来看,我国城市建设用地数量的增长已经超过城市用地负载的城市经济要素的增长,尤其是在规模较小的城市,用地扩张过快的现象十分突出,而小城市的土地收益又远远低于大城市,这种状况客观上反映了我国城市成长方式的不均衡和不经济。

2. 城市土地利用效率低下

在城市空间过度扩张的同时,由于没有足够经济内容的充实和支撑,使得城市成长方式不经济的问题表现为城市土地利用效率的低下。土地利用效率的低下主要表现在两个方面:一方面土地的经济产出率较低,另一方面土地的开发利用程度较低。

据统计,1998 年我国城市建成区单位面积土地所创造的 GDP 为 686.5 万元/平方千米,其中深圳市单位建成区面积的 GDP 为 99 690.6 万元/平方千米,仅相当于 1996 年香港单位土地产出水平的 1/9。应该说,我国虽然改革开放后经济建设的各个方面取得了很多举世瞩目的成就,但毕竟还属于发展中国家,城市空间的经济负载与产出水平同一些先进国家相比较低。但必须提起注意的是,在我国内部各级各类城市的土地利用效率对比中,地均产出水平较低的中小城市往往占地规模较大。

我国的城市土地开发利用程度也比较低,据测算,1998 年我国城市的总体平均容积率仅有 0.35,距离比较合理的总体平均容积率水平 0.4～0.5 还有较大的空间。城市土地利用效率的低下决定了我国城市成长的空间外拓倾向十分突出。

3. 城市新区开发的倾向严重

自城市土地有偿使用制度逐步推行以来,国内一些城市有一种大规模、成体系、与旧城不连续的新区开发的倾向,这种城市新区开发一般都以一些特定城市职能的外迁为主导力量,并吸引其他的城市功能随迁,达到城市空间的大规模、跳跃式成长。这种新区开发中最多的要算 20 世纪 90 年代风行全国的开发区热,这些开发区最初往往打着高新技术的招牌,但最终很多没有相关条件支撑的高新区的土地被开发成了住宅区甚至长时间撂荒闲置,有关我国开发区过热的相关论述可以说多如牛毛,这里就不再赘述。近些年来,在工业之外,教育产业也成为新区建设的新主角,北京东邻的廊坊东方大学城已经在 2000 年投入使用,计划建成"中国极具投资价值的生态型教育科技城市"。另外,还有一些以政府职能部门作为主要吸引力量的综合性城市新区开发,如河南郑州的郑东新区开发、山东淄博的新城开发等。这些新区开发虽然在一定程度上可以成为城市建设和发展的增长和带动轴心,但是如果不能在新区开发的同时积极推动老城的更新升级,很有可能出现类似西方内城衰退的不良后果;而且,一旦新区开发的资金不能到位运转,后续的利用没有保障,也很可能造成土地的闲置和浪费。

4. 城市空间结构不合理

在我国城市成长的过程中,城市空间结构还存在一些不合理的状况,某种程度上,这些不合理的现象还在继续产生。城市成长中的空间结构不合理,主要表现为土地利用总体结构的失衡和空间利用方式违背地租规律。

一般而言,作为人类聚居地的城市,其居住用地的比重是最大的,往往占到各类用地总量的 1/3 以上,我国城市空间结构中居住用地比例也大致如此。我国城市工业用地比重达到 22%,考虑到我国工业化处于较低阶段的现实,这个高于西方发达国家 8%～10% 的比例两到三倍的结果值得我们反思。

按照西方城市经济学中经典的城市地租理论,城市中心区为能够担负最高地租(地价)的 CBD,由中心区向城市边缘,由各种地租负担能力依次降低的用地方式的包络线构成城市内部的地租竞标曲线,竞标曲线中依次排列的用地类型代表了最为经济合理的城市土地区位选择。以上的城市用地结构分布基本上可以解释和指导市场条件下的城市土地利用区位选择,但是我国的城市成长过程却同这一模式有很大的距离。通常,居于我国城市中心的是行政中心,工业、仓储、机关等用地占据着城市内部很多区位优越的地段,一些原本应当位于城市中心的高级用地类型只能在偏位设立,例如,北京的 CBD 就规划在朝阳建外,西距天安门约 5.8 千米,在西二环的金融街距离天安门广场 3.5 千米。

综上所述,在我国城市成长的过程中,已经表现出了城市成长模式以外延型为主,城市成长速度过快,城市成长空间结构失衡,城市土地利用效率低下,不同规模等级城市的土地利用效率差别较大等问题。对于城市成长外延过程中占用农业用地过多的现象,以及城市内部空间集约利用和更新改造的问题正在成为全社会关注的热点问题之一。实施以城市空间控制为目标的城市成长管理势在必行。

(二)中国城市成长的特殊性

中国的城市成长管理刚刚起步,由于经济条件和制度环境的特殊性,中国的城市成长管理不能原样照搬西方的经验和做法。对比中西方当代城市化发展,在城市成长领域至少包含五个方面的差异。

1. 城市化阶段差异

以美国为代表的西方从 19 世纪开始进入城市化高速发展阶段,目前,主要的西方发达国家城市化水平已达 70% 以上,进入后城市化发展阶段。而中国 2000 年的城市化水平只达到 36.1%,刚刚具备进入高速城市化进程的一般性条件。

2. 城市化发展速度差异

西方国家已经进入后城市化阶段,对多数城市而言,城市化进程的速率已经放缓。反观中国,改革开放以来经历了城市化加速发展的过程,总体而言,城市发展速度和城市化速度远高于西方,中国同时面临过往城市化滞后的补课效应和国际经验公认的高速增长的双重冲击。

3. 土地所有制基础差异

西方国家城市土地多为私人所有,国有土地主要集中于各种保护用地,城市政府拥有的土地则多以城市公共用地的形式出现。而中国不存在土地私有,城市土地全部归国家所有,对于集体公有的农村土地,国家也有比较强硬的征用权。

4. 中西方城市行政基础差异

西方城市推行的是以代议制为基础的行政体系,而中国人民代表大会制的选举体系与西方行政管理体系具有很大的差异,对这一点,公共经济学和行政学中已有不少经典论述。

5. 市场化程度不一

西方市场体系相对完善,市场经济导入的时间早,认可度高,完全竞争市场是微观经济学的最基本的假设条件之一,新古典经济学的基础也是承认市场的先天存在。而中国社会主义市场经济刚刚起步,从计划到市场的过渡中还留存有大量的问题。

纵观西方城市成长管理研究,其重点议题为"低速高水平城市化背景下"的城市健康发展问题,对中国这样"高速低水平城市化条件下"的城市成长基本没有涉及。由于中西方发展阶段的差异,很难采用西方的政策来研究中国的问题。鉴于存在上述差异,西方城市成长管理不具备直接为中国照搬和套用的可能。

(三)中国城市成长管理的主要内容

城市成长管理的内容应当从最基本的空间实体出发,即落实于土地。只有这样才能避免不同管理主体的实施差异,最大限度地发挥政府的职能。在我国市场逐步发育的条件下,应当通过对成长管理内容的深层次把握,在一定的成长管理工具体系下实现城市的良性成长,屏蔽政府对市场的直接干预。借鉴国际经验,结合中国国情,我国的城市成长管理体系所包含的内容主要集中于以下三个方面。

1. 土地投放的规模、时序和区位

城市土地投放的规模、时序和区位,正是传统的城市规划和土地利用总体规划所指向的目标。城市成长管理的进行可以参考城市规划科学的相关进展。从中国城市发展的实际情况来看,改变土地投放制度的强规制,在强化竞争的条件下,强化市场的影响力,改变时序的不合理是城市成长管理改进的重点。

2. 成长模式——内涵与外延

对中国城市而言,很重要的一个成长经济因素就是城市中的未利用资源,中国城市的未利用资源除包括政治资源、人力资源、企业的生产资源和制度资源外,作为重要要素的土地本身实质上具有重要的资源挖掘潜力。计划经济时期未充分利用的土地是资源,在发展速度相对较慢的条件下,外延式发展能够在发展过程中由于影子价格的提升产生对旧城中心区的改造动力,从而协调开发商的利益取向和城市拆除与折旧成本的矛盾。而对于高速成长的城市而言,时间和临域的空间难以自发地改变城市成长过程中个体理性与集体理性的矛盾,政府作为成长管理决策人的身份必须得以体现。对此,政府可以采取跨越式增长和政府主导投入以降低门槛的手法加以应对。

3. 功能分区——纯化或复合

中国在计划经济时期一直推行的是职住接近型发展模式,住宅仅仅作为城市产业发展的配套,而忽略了商业等第三产业物业的建设和住宅产品的发展。近年来中国的城市规划开始萌生学习西方分区体制(zoning)的思潮,认为在中国过于混杂的城市用地模式中应当梳理进行纯化的集聚,以激发集聚效益。但是,单纯的强调城市功能分区的纯化和复合并没有实质的意义。事实上,在中国开始选择纯化社区的同时,以美国为代表的西方社会正在全力导入新城市主义和精明增长思想中关于混合利用土地的理念。最关键的是,城市功能分区的纯化和复合利用必须以能够作为推动城市健康成长的满意方案出现,并主要基于市场的力量进行运作。

【本章小结】

一、本章关键词

城市规划　城市总体规划　城市详细规划　土地利用规划

土地用途管制　"三无"到"三有"　土地储备　基础设施

BOT 模式　城市成长　城市成长边界

二、本章知识点

城市规划的基本内容

城市规划的审批和调整程序

城市土地利用分类

土地用途管制

城市土地使用制度改革

土地储备制度

城市基础设施分类

BOT 模式

城市成长管理的实质

西方城市成长的空间管理措施和工具

中国城市成长中的问题

中国城市成长的特殊性

中国城市成长管理的主要内容

三、本章复习题

1. 简述城市规划定义、任务和基本内容。

2. 简述城市规划管理的基本内容。

3. 不同级别的城市规划审批的权限在什么机构?

4. 简述城市土地用途管理的目标和主要内容。

5. 我国城市基础设施的分类有哪些?

6. 我国城市基础设施建设的可能的融资渠道有哪些?

7. 城市成长管理产生的背景和实质是什么?

8. 我国城市成长表现在空间中的主要问题有哪些?

9. 我国城市成长管理应当关注哪些方面?

四、本章思考题

1. 城市规划在城市发展中的作用是什么?

2. 影响城市规划实施的影响因素有哪些?

3. 我国现阶段城市规划和土地利用之间的关系如何,应该如何协调?

4. 在什么条件下,城市基础设施可以由民间投资建设?

5. 我国城市成长空间管理的重点与西方国家的相同点和不同点。

五、建议阅读材料

1. 洪文迁、李峰:《公众参与城市规划初探:旧城更新中的居民参与》,《福建建筑》,2004(1)。

2. 马华平:《城市规划管理的出路何在》,《城乡建设》,2004(10)。

3. 郝娟:《英国城市规划法规体系》,《城市规划》,1994(4)。

4. 俞滨洋:《城市规划·经营城市·城市品牌》,《城市规划》,2002(11)。

5. 陈利根:《国外(地区)土地用途管制特点及对我国的启示》,《现代经济探讨》,2002(3)。

6. 白淑军、李宪坡:《我国土地储备制度研究进展综述》,《湖北大学学报(哲学社会科学版)》,2004(3)。

7. 张庭伟:《控制城市用地蔓延:一个全球的问题》,《城市规划》,1999(8)。

8. 链接:中国城市规划协会:http://www.cacp.org.cn

六、本章参考资料

1. 同济大学李德华主编:《城市规划原理(第三版)》,北京:中国建筑工业出版社 2001 年版。参阅第一章、第二章、第三章、第四章、第十二章、第十三章相关内容。

2. 马彦琳、刘建平主编:《现代城市管理学》,北京:科学出版社 2003 年版。参阅第七章、第八章相关内容。

3. 张觉文编著:《市政管理新论》,成都:四川人民出版社 2003 年版。参阅

第七章相关内容。

4. 王雅莉主编:《市政管理学》,北京:中国财政经济出版社 2002 年版。参阅第五章相关内容。

5. 张永桃主编:《市政学》,北京:高等教育出版社 2000 年版。参阅第九章、第十章相关内容。

6. 尤建新主编:《现代城市管理学》,北京:科学出版社 & 武汉:武汉出版社 2003 年版。参阅第六章相关内容。

7. 李津逵:《城市经营的 10 大抉择》,深圳:海天出版社 2002 年版。

8. 艾建国:《中国城市土地制度经济问题研究》,武汉:华中师范大学出版社 2001 年版。

9. 陶志红:《中国城市土地集约利用研究》,北京大学博士学位论文,2000。

10. 杨遴杰:《我国城市土地储备制度研究》,北京大学博士学位论文,2002。

11. 张波:《中国城市成长管理研究》,北京:新华出版社 2004 年版。

第五章　城市经济管理

◎ **教学目的与要求**

　　通过本章的学习,了解城市经济管理的基本内容;理解市场失灵与政府失灵的原因和应对措施,微观规制和宏观调控的主要手段和作用,城市财政管理的主要内容;掌握城市经济管理的方法类别以及各种方法的利弊,掌握新条件下城市经济管理领域的核心要务,特别关注政府的财政收支管理。

◎ **内容提要**

　　本章从城市经济管理的基本内容出发,就城市经济管理的相关内容展开讨论。首先介绍了城市经济功能和功能结构,谈到了城市经济管理的涵义、任务和特征,从城市政府的角度对城市经济管理可以有经济的、行政的和法律的三种管理方式,并阐述了新条件下我国城市经济管理领域的核心要务;更进一步的,从理论的角度探讨了市场经济条件下政府在城市经济管理中应扮演的角色,即在市场失灵的条件下进行针对具体经济活动的微观经济规制和宏观经济调控,并以城市土地利用规制为例进行了阐释,特别地,还强调政府也会失灵,要避免政府失灵给城市经济管理带来的负面影响。最后,对于城市经济管理中的市政财务管理进行了较为详细的论述,包括城市财政的内涵、城市财政管理的性质和职能、城市财政收支的来源和出路等方面的管理。

第一节　城市经济管理的基本内容

　　经济生活是城市社会中的重要内容,关系到城市居民的生存状态。经济发展一直是现代城市关注的重点,经济活力是城市竞争力的突出表达。城市经济包含城市的许多具体产业部门及其活动,即整个社会再生产过程中的各个环节(生产、分配、交换、消费)在城市中的表现,也包括城市中各种生产关系的总和,是一种综合性的社会经济有机体。城市经济可分为城市金融与财政、城市企业生产、城市商业与服务、城市市场与消费等多个活动领域,是众多经济主体的个体和群体行为的集合。从城市经济的产生与发展过程来看,城市经济本质上是商业经济,是"城"与"市"的有机结合,"城"只是形式,而"市"才是核心内容。也就是说,当城市建立在繁荣的商业交换活动的基础上时,才脱离"城堡"的概念而具有城市的实质性内容。城市经济是城市产生和发展的基本条件,城市经济管理是现代城市管理的核心内容之一。

一、城市经济概述[①]

(一)城市经济功能

　　城市经济功能是指城市在国家或地区的经济社会生活中所担负的任务和所起的作用。城市经济功能有一般功能和特殊功能之分。城市经济的一般功能是指城市总体的共同性功能,主要是以第二、第三产业为主导,为国民经济服务;以城市的基础产业为主导,为城市外部经济服务;以城市的高效率、高效益、先进技术和较高管理质量为国家、地区的建设和发展作贡献。城市经济的特殊功能是指每个城市在一定经济结构制约下显现的各自不同的功能,这种功能表明每个城市在国民经济中各自具有的不同地位和作用。这种特殊功能表现在每个城市的主导功能不同以及每个城市的功能结构不同。

(二)城市经济结构

　　城市是由多个产业、行业部门和企业组成的,每个产业部门从事着特定的经济活动,在城市经济发展中起着不同的作用,同时又相互依存、相互影响、相

---

　　① 　此部分内容参见张觉文编著:《市政管理新论》,成都:四川人民出版社2003年版,第338－339页。

互交织,形成一个整体,即城市经济结构。城市经济是国民经济的主体,城市经济结构不仅决定着城市经济的顺利发展,而且对国民经济的健康发展起着重要作用。

城市经济结构有广泛涵义,从社会分工着眼,是指城市经济各部门各方面的相互关系和数量比例,如城市产业结构、城市产品结构、城市资源结构、城市基础结构、城市就业结构等;从社会再生产各环节着眼,是指城市生产、流通、分配和消费的相互关系和数量比例;从生产关系着眼,是指城市所有制结构,即城市中各种所有制经济之间的相互关系和比例。

城市经济结构具有层次性。如产业结构当中,划分为第一产业结构即郊区农业结构,第二产业结构即城市工业结构和城市建筑业结构,第三产业结构,有商业服务结构、金融保险结构、信息交通结构、文化教育结构等。

城市经济结构随着城市经济的发展,历史地形成并不断变化。随着当代世界新技术革命和社会生产力的迅猛发展、城市功能的进一步完善和综合性发展,城市经济结构中传统工业的比重在逐渐下降,新兴工业和城市第三产业的比重逐渐上升并日益发挥其重要作用。

城市经济结构由于受到城市所处的自然、资源、经济、文化、政治、历史等因素的制约,不同城市具有不同组合形式和一定差异的经济结构。城市发展中应合理调整城市经济结构,提高城市的综合服务能力,使城市成为高效益、高效率、开放型、现代化的经济中心。

二、城市经济管理概述

(一)城市经济管理的涵义与特征

1. 城市经济管理的涵义

城市经济管理指城市政府和其他多元主体一同运用经济、行政、法律、制度、协商等手段对城市经济环境、经济活动进行有效的控制和协调,以使城市经济健康稳定地发展,并取得"满意"效益的全过程。

城市经济管理中协调控制城市经济活动的主体是城市政府,这是由城市经济的特点决定的。城市经济与乡村经济相比,一个显著区别在于城市经济是一种集聚性、综合性的经济。城市是社会各种经济活动集中的地方,大量的企业、资金、居民、信息都集中在城市这个相对狭小的区域内。城市经济的综合性是指城市包含工业、商业、交通运输业、信息服务业等各类经济部门,而且包含众多经济部门中的成千上万个经济单位,又涉及各种不同的生产资料所有制形式。根据系统论的原理,城市经济的这种集聚性和综合性可以产生城市的聚集经济效益。但是,这种聚集经济效益的取得是有一定前提条件的,它要求良好的城市经济环境,而协调这些经济联系的责任主要应由城市政府而不是上级政府来承担。至于为各经济单位提供良好的城市经济环境,如建立良好的市场秩序、建设并管理好各类城市基础设施等,其核心也应依托城市政府。

2. 城市经济管理的特征

城市经济管理是介于宏观经济管理和微观经济管理的中间管理层次。与宏观经济管理和微观经济管理相比,城市经济管理有以下几个特征:[①]

(1)区域性

城市经济管理是城市政府及其所属机构,对本城市区域范围内的经济体系和经济活动的管理,因此,城市经济管理实质上是一种区域经济管理。

(2)综合性

城市经济管理既包括城市再生产过程的生产、分配、交换、消费的各个环节,又包括城市的各个经济部门、各类企业,是对城市经济各环节、各部门、各企业的平衡、协调和控制。城市政府要在城市经济各环节、各部门、各企业加强自身管理的基础上,进行全面的、系统的、综合的管理,以实现城市经济的协调发展。

(3)两面性

所谓两面性是指,城市经济管理既要服从中央政府的统一规划、统一政策,服从国家的宪法和法律,维护国家的整体利益;又要从本市的实际情况出发,把国家的总体要求和总体利益与本市的实际需要、实际可能及正当的局部利益有机结合起来,使城市的经济发展与本市的城市性质相适应,以避免城市经济的盲目畸形发展,实现城市经济结构的合理化和城市经济功能的优化。

(4)二重性

城市经济管理的二重性是指它的自然属性和社会属性。

一方面,为了使劳动力、劳动手段和劳动对象在城市范围内有机结合起来,组织协调人们的活动,客观上要求正确处理人与自然的关系,合理地组织生产力,按照生产力的运动规律来组织和管理城市经济活动。这是城市经济管理的自然属性或生产力属性,是城市经济管理的一般职能。另一方面,城市经济管理总是在一定的生产关系下进行的,要反映某种生产关系的要求,这就是城市经济管理的社会属性或生产关系属性。与资本主义城市经济管理相比,社会主义城市经济管理必须坚持走社会主义道路,不断改革和完善城市经济管理体制;体现广大市民当家作主的权利;贯彻按劳分配和共同富裕的原则,不断改善和提高市民的物质文化生活水平,充分调动市民的社会主义积极性和创造性。

正确认识城市经济管理的二重性,在建设有中国特色的社会主义市场经济过程中具有十分重要的意义。

(二)现代城市经济管理的任务

城市经济管理的任务是按照客观规律的要求,以提高城市经济效益为中心,解决好城市经济发展中的生产力的合理组织问题、生产关系问题和上层建筑问题。具体地说,城市经济管理的任务主要有:

1. 制定和实施城市经济社会发展战略和规划

城市政府应在国家统一发展战略和规划的指导下,根据城市的性质、自然资源条件和经济技术发展的实际情况,制定城市经济社会发展的战略目标、战略重点、战略步骤和战略措施,并在此基础上编制城市经济社会发展规划,协调城市经济社会发展规划与城市规划的关系[①]。城市政府应通过制定和实施正确的经济政策、社会政策和技术政策,保证城市经济社会发展战略和规划的实施和完成。

2. 不断改革和完善城市经济管理体制

城市政府要不断改革城市经济管理体制中与生产力不相适应的环节和部分,不断优化城市生产关系和上层建筑,建立与社会主义市场经济体制相适应的、充满生机和活力的城市经济管理体制,并使之不断完善,以促进城市生产力的发展。

3. 不断调整和优化城市经济结构

城市政府通过城市经济管理,要使城市的经济结构与城市的性质相适应,合理规划和改善城市的生产力布局,合理确定城市的主导产业或优势产业;要把本市的经济结构与全国的经济结构有机地联系起来,在经济开放中实现城市经济活动的协调运转和生产、分配、交换、消费的综合平衡;要根据城市政治、经济、文化、对外交流等活动正常进行的客观需要,按照方便城市居民物质文化生活的原则,合理调整城市的产业结构、投资结构、就业结构和建设布局。

4. 有效控制城市生产力发展规模

城市的生产力规模不能超过城市现有的各种基础设施的承载能力,更不能

---

① 《中华人民共和国城乡规划法》第五条规定,城市总体规划、镇总体规划以及乡规划和村庄规划的编制,应当依据国民经济和社会发展规划,并与土地利用总体规划相衔接。

超过当地自然资源(如水、土地)的承载能力,否则会产生灾难性的后果,危及城市的生存。① 因此,城市政府应合理控制和调节城市生产力发展规模,把城市的生产力发展规模控制在与城市性质相协调的范围内,控制在城市现有基础设施承载能力所允许的范围内,控制在城市自然资源的负荷极限内。

5. 加强对企业经济活动的间接管理和服务

城市政府要依法监督各类企业遵守国家的法律法规,保护他们的合法权益和合法经营,取缔非法经营,打击各种经济犯罪活动,维护正常的社会经济秩序;强化工商行政、税务、审计、价格、统计、计划、财政、银行等部门的监督检查和服务,引导企业的生产经营活动;理顺企业间的各种经济利益关系,创造一个公平、有序、合理的竞争环境,引导和促进各类企业实行专业化分工协作和改组、联合、兼并,促进企业组织结构的合理化。②

6. 规划、建设和管理好市政公用设施

市政公用设施是城市社会经济活动的基础。城市的社会经济活动越发达,对市政公用设施的要求越高。城市政府要对市政公用设施进行统一规划、统一建设、统一管理,保证城市的各种经济活动与市政公用设施的平衡和协调,从而为城市社会经济的发展创造必要的前提条件。

7. 注重全市就业情况

在市场经济条件下,政府利益的最基本形式体现为税收,劳动者利益的最基本形式则体现为就业。公民实现了就业,生活就有了基本的保障,收入也可持续增长,就可能增强对于改革和调整的承受力。比较充分的就业是解决城市各群体之间出现社会断裂,保证整个社会协调、稳定与和谐的基础,是国家持久发展的必要条件。

一个城市的就业水平和失业率的高低,是体现该城市公民权益保障程度的

---

① 例如,北京市人口快速增长与资源短缺的矛盾日益突出,突出的表现在水资源和土地资源领域。北京是一个严重缺水的城市,全市水资源量为 35.6 亿立方米,按 2000 年全市人均用水 292 立方米/年计算,水资源承载能力仅为 1 218 万人,2008 年实际居住人口接近 1 800 万人,超载人口达 500 万以上。多年来城市发展一直以过量使用地下水资源为代价,地下水的过量开采在市域范围内形成了约 1 000 平方公里的下降漏斗〔据《北京市城市总体规划(2004—2020)说明书》〕。即便考虑南水北调工程的影响,其能增加的水资源承载能力也十分有限,因此,实现资源节约型发展对首都北京而言具有重要意义。全国其他城市的发展也面临相似的问题,必须加以重视。

② 需要说明的是,根据经济学研究的相关成果,菲利浦斯曲线描述的“通货膨胀——失业”替代关系表明,任何社会不可能完全的消灭失业,将失业率控制在可控的范围内(5%左右,各国各地区有差异)是地方产业和就业组织的重要目标。而对于不可避免的失业人群,要通过完善的社会保障和有效的终身培训机制来进行梳理。

非常重要的指标。如果失业率高居不下,存在较多的低收入甚至低保人群,即便有较高的人均国民生产总值、人均可支配收入和纯收入、人均住房使用面积等数据政绩,但实际上社会依然存在两极分化,这显然与追求共建和谐社会的目标相违背。同时,长期失业也是造成城市居民贫困的最重要原因。因此,城市经济管理工作必须时时关注就业问题,在就业岗位有限的时期,一方面要努力创造和提供就业岗位,另一方面要积极加强对失业、待业人员的培训和保障,确保城市就业相对平稳。在就业岗位充盈的时期,也要居安思危,加强对劳动力的在岗培训,未雨绸缪的考虑可能的结构性失业问题,将城市就业问题消化于无形。

(三)城市经济管理的方法

城市经济管理的方法包括经济方法、行政方法和法律方法。[①] 城市经济管理工作的好坏,既有赖于对城市经济管理主体、管理对象、管理特点的认识,更有赖于城市经济管理方式的转变和完善。在市场经济条件下,城市政府对企业的生产经营活动一般不再采取直接的行政干预的行政手段和指令性计划,而是采取间接调控手段,即经济方法和法律方法,辅之以必要的行政方法。

1. 经济方法

经济方法是指依靠经济组织,运用经济手段,按客观经济规律的要求来管理经济,以达到预期的经济目标的方法。城市经济管理中的经济方法主要是通过金融、财税等经济杠杆的运用,调整城市经济活动中有关各方面的经济利益,以达到控制、协调经济活动的目的。

2. 行政方法

城市经济管理的行政方法是依靠行政组织、运用行政手段来管理经济的一种方法,它依靠国家政权的权威,采用非经济手段来指导、控制和协调城市经济活动。多年来,我国对城市经济基本上采用单一的行政方法进行管理,人为地割断了城市内各经济单位之间的横向经济联系,割断了企业和市场之间的直接联系,降低了城市经济效益。但是,我们不能因此而完全否定行政方法。30多年改革的实践证明,行政方法对城市经济管理仍然是不可缺少的。这一方面是因为对关系到国计民生的重点企业和重要产品的生产经营活动,政府还是需要通过行政手段,即向企业下达指令性计划加以控制协调,以保证国民经济全局稳定和人民生活的安定。另一方面,在社会主义经济运行过程中由于主客观各方面

---

① 参见张觉文编著:《市政管理新论》,成都:四川人民出版社 2003 年版,第 348－350 页。

原因,有时也会发生重大的经济比例失调,如严重的通货膨胀,在这种时候,采取行政手段,如压缩基本建设投资、压缩社会集团购买力、制止乱涨价等,往往比经济手段更有效。

3. 法律方法

城市经济管理中的法律方法,是指城市政府通过经济立法和经济司法来管理经济的方法。经济立法是国家机关为调整和处理社会经济各方面的关系而制定的法律或条例,包括国家机关制定的各种法律条文以及各级政府颁布的各种行政条例和实施细则。经济司法是国家机关对各种经济法规的强制执行。城市政府通过不断完善经济立法和严格经济司法,建立起良好的城市经济秩序,以保证城市经济的健康发展。

(四)城市经济管理的机构系统[①]

现行社会经济的发展水平、城市经济的内容和运行形式,决定着城市政府执行经济职能的形式和机构设置。城市政府的经济职能在本质上是由城市的性质、国民经济管理体制和城市经济运行的形式决定的。城市政府的经济职能决定着城市政府经济管理的范围、方式,决定着城市政府经济管理机构的设置。

我国城市经济管理机构从其管理的范围和自身的职能来看,长期以来分为综合经济管理部门和专业经济管理部门,前者主要负责本地区经济的宏观管理、综合协调,后者则主要对本行业进行直接管理。前者如发改委、财政局、经贸局等,后者如煤炭局、化工局等。自 1998 年政府机构改革以来,从中央政府到地方政府,经济管理机构都发生了一些变革,综合经济管理部门改为宏观调控部门,专业经济部门逐步减少、合并,专业经济部门也从直接管理为主改为间接管理为主。

在市场经济的管理体制下,城市政府各级管理机构的设置应采取集中统一、精简效能、分工合作的原则。城市经济管理机构的设置,可分为决策、执行、咨询、监督等几个系统。

1. 决策系统。城市政府和市长是城市行政最高层次、最高权威性的决策中心,市政府、市长的决策要倾听部门的意见,经过咨询系统的科学论证,并接受监督系统的监督。

2. 执行系统。由宏观调控机构及专业经济管理部门的各局、委、办组成。决策方案的实施,由城市政府宏观调控系统执行。

---

① 参见张觉文编著:《市政管理新论》,成都:四川人民出版社 2003 年版,第 356 - 357 页。

3. 咨询系统。由政策研究机构、政府情报咨询机构、社会研究机构、社会咨询机构组成。咨询系统是城市政府的参谋和情报系统,是市政府制定决策和实施决策的有力助手。咨询系统要完善情报信息网络组织,并通过对情报信息的收集、整理、筛选、论证,为市政府提供最佳决策方案,供中枢决策系统选择;并对决策执行情况进行追踪了解,将信息反馈到决策中心和执行系统。

4. 监督系统。由行政监督机构、经济调节监督机构、财政监督机构、法律监督机构、群众监督机构组成。应健全和强化银行、物价、税收、审计、财政等财经监督、调节机构的作用,加强法律监督和群众监督的作用。

2007 年以来,响应大部制的改革思路,我国城市政府的经济管理机构也在不断整合之中。

三、新条件下城市经济管理领域的核心要务

(一)构建适应现代城市发展需要的经济管理体制

在历史上,我国曾长期执行计划经济体制,并构建了基于计划经济的传统城市经济管理体制。传统城市经济管理体制中的突出问题包括:政企职责不分;城乡二元分割严重;条块分割严重;忽视市场作用,价值规律无从体现;缺乏经济激励,平均分配倾向严重以及排斥非公经济等。传统经济管理体制不适应于现代市场化条件,因此必须予以梳理和修正。

进入新的世纪,我国经济总体实力已跃居全球第三(2008 年我国 GDP 总量超过德国,仅次于美、日。以目前经济成长态势来看,未来 2～3 年,我国 GDP 总量将超过日本,成为全球第二大经济体)。中国的城市将从被动追赶逐步转向"弯道超车",在新的政治、经济形势下,城市经济管理体制也要进行多方面的完善和创新。政企分离、城乡一体、条专块统、市场导向、竞争充分、激励合理、多种所有制经济协同发展的新的面向未来的城市经济管理体制应当逐步构建起来。

目前,我国市场经济体系已经初步建立,下一个阶段将面临市场经济体系不断完善、不断健全的任务。与之对应,城市经济管理体制一方面要以加速构建具有中国特色的社会主义市场经济体制为核心进行体制、机制改革;另一方面要面向未来、面向国际,提升我国城市经济的国际对接能力。

(二)导引城市产业结构合理、有序升级

城市产业主要包含传统产业分类中的第二、第三产业,这些产业所能提供的产品类型非常丰富,不仅供城市本身消费使用,还为农业生产和生活提供相关的

物质资料与服务;不仅为本城市服务,还要为区域乃至更大范围服务。当前,随着生产技术的不断提高和非物质产品价值的不断体现,城市产业呈现一些出新的发展趋势和特征。一是随着城市化进程的深入,产业结构的重心将沿着第一产业、第二产业、第三产业的顺序逐步转移,第三产业在城市经济中的比重不断提高。二是城市经济摆脱简单依靠产品的阶段,服务经济、体验经济成为城市经济竞争能力的重要表现领域。三是城乡、城市与区域构筑区域经济联合体的趋势越来越显著,城市经济的综合性特征越加显现。

在城市经济管理的领域里,主导产业的判别和推动产业结构合理有序升级是一个重要的使命。"产业结构升级"又称"产业升级",即产业结构由低级向高级提升。这一概念隐含着政府采取各种措施以促进和加速本国、本城市产业结构由低级向高级演变的主动性。产业结构升级与调整和优化产业结构是一致的,都力图推动产业结构由低级到高级的演变。

以本书第三章中钱纳里提出的划分标准为例,从任何一个发展阶段向更高一个阶段的跃进都是通过产业结构转化来推动的。

第一阶段是不发达经济阶段。产业结构以农业为主,没有或极少有现代工业,生产力水平很低。城市发展初期的产业结构大体如此。

第二阶段是工业化初期阶段。产业结构由以农业为主的传统结构逐步向以现代化工业为主的工业化结构转变,工业中则以食品、烟草、采掘、建材等初级产品的生产为主。这一时期的产业主要是以劳动密集型产业为主。1990年前,我国城市大体处于此阶段。

第三阶段是工业化中期阶段。制造业内部由轻型工业的迅速增长转向重型工业的迅速增长,非农业劳动力开始占主体,第三产业开始迅速发展,也就是所谓的重化工业阶段。重化工业的大规模发展是支持区域经济高速增长的关键因素,这一阶段产业大部分属于资本密集型产业。我国大多数城市目前仍处于此阶段。

第四阶段是工业化后期阶段(或叫工业化成熟期)。在第一产业、第二产业协调发展的同时,第三产业开始由平稳增长转入持续高速增长,并成为区域经济增长的主要力量。这一时期发展最快的领域是第三产业,特别是新兴服务业,如金融、信息、广告、公用事业、咨询服务等。

第五阶段是后工业化社会。制造业内部结构由资本密集型产业为主导向以技术密集型产业为主导转换,同时生活方式现代化,高档耐用消费品被推广普及。技术密集型产业的迅速发展是这一时期的主要特征。目前,我国少数特大城市开始逐步进入此阶段。

第六阶段是现代化社会。第三产业开始分化,知识密集型产业开始从服务业中分离出来,并占主导地位,人们消费的欲望呈现出多样性和多边性,追求个性。北京、香港、上海等城市具有此阶段的特征。

因此,各类城市应当准确认识自身所处阶段,根据产业发展特征进行前瞻性的判断,并通过鼓励、引导等方略促进产业升级。但需要注意的是,一个城市的产业升级必须合理、有序进行,不能拔苗助长。工业化仍是一个我们必须正视和必须面对的阶段,只有对这个阶段予以足够的重视,才有可能促进我国城市更快的实现由工业化中期阶段向后工业化社会转型。也正因为如此,近年来,我国也加强了对例如天津滨海新区、唐山曹妃甸、辽宁省五点一线等地的投资倾斜,推动这些地区的制造业进一步发展,并加速成为我国制造业创新的增长极。

(三)筹谋解决结构性失业与总量过剩失业问题

经济学家将失业分为摩擦失业、总量过剩失业和结构性失业三类。所谓结构性失业,是指现实劳动力市场所需要的、具有特定劳动知识和技能的劳动力短缺,而现实市场提供的劳动力不具备这些特定劳动知识和技能,导致市场所需劳动岗位和所提供的劳动力出现结构性错位。而总量过剩失业则是劳动力总量大大超过就业岗位的总量而造成的失业。

当前,在我国城市中结构性失业是三种失业形式中最为普遍的一种。但从长周期来看,我国总量过剩型失业的隐忧更大。[①]

因此,城市经济管理的一个重要工作就是稳定本地劳动力市场,对劳动力进行有针对性和前瞻性的培训,扩大就业岗位数量,融合城乡经济,提升就业岗位的质量,最大限度的减低结构性失业和总量过剩失业造成的潜在影响。

第二节　市场失灵与政府调控

市场经济条件下,政府并非没有作为,相反,各国的经济发展的经验都表明,市场经济同样需要政府的调控。在城市经济发展中,同样需要城市政府的调控。

一、市场失灵的涵义及其原因

政府干预经济运行的主要理论依据是市场失灵论。市场失灵(market fail-

---

① 2008~2009年,由于国际金融危机的影响,我国返乡农民工数量就达1 000万人以上。从城乡一体的角度来看,我国劳动力数量远超需求的格局仍将在较长时期内存在,因此,必须予以关注。

ure),是指由于内在功能性缺陷和外部条件缺陷引起的市场机制在资源配置的某些领域运作不灵。它有狭义和广义两层涵义。狭义的市场失灵主要表现在对负外部性、垄断生产和经营、公共物品的生产、不对等信息情况下的商品交易以及社会分配不均等问题的调节上运作不灵。广义的市场失灵除此之外,还包括宏观经济总量失衡导致的经济波动。[①]

西方发达国家及一批后发现代化国家市场经济的实际历程和政府职能的演化轨迹表明,市场调节这只"看不见的手"有其能,也有其不能。市场经济也有其局限性,其功能缺陷是固有的,光靠市场自身是难以克服的,完全摒弃政府干预的市场调节会使其缺陷大于优势,这只看不见的手将导致"市场失灵"。所谓市场失灵就是单靠市场自己的力量来调节经济,不能生产社会最优的产量,资源配置不能达到应有的效率。

经济学家们常用市场失灵来指代市场本身不能有效配置资源的情况。(详见绪论部分第 15 页的论述)。所以,必须借助凌驾于市场之上的力量——政府这只"看得见的手"来纠补市场失灵。在应对市场失灵时,政府通常采用的手段包括宏观调控和微观规制。这两方面的内容我们将在下文中进一步介绍。

二、政府应对市场失灵的宏观调控

(一)宏观调控的概念

宏观调控是指政府运用各种经济手段、法律手段和必要的行政手段对国民经济发展进行调节和控制,以保持经济总量的基本平衡,促进国民经济持续、稳定和协调发展,实现政府的政策目标,推动社会全面进步的经济措施。所谓的宏观调控是与市场经济相对应的。

我国改革开放以来的实践证明,宏观调控是社会主义市场经济发展的稳定器和促进力量。因为市场经济也存在不少缺陷,这些缺陷的存在会使经济无法保持其运行的效率和有序竞争,在客观上需要政府进行有效的宏观调控加以弥补和纠正。

(二)宏观调控的特征

在社会主义市场经济条件下,宏观调控具有如下几个特征:

1. 具有"公共物品"属性

作为一项国家与社会调节经济的手段,其主要内容包括税收、金融、价格、产业

政策与外贸管制等,其目的是为了创造一种稳定的宏观经济环境。保证社会生产者与消费者从中获益,避免因时而经济过热与通货膨胀,时而整顿治理、全面紧缩和市场疲软,社会生产者与消费者无法从中获得确定的预期。[①]　由此,我们可以看出:宏观经济环境的"公共物品"属性,决定了宏观调控的"公共物品"性质。世界银行1991年《世界发展报告》在评价政府与市场相互协作过程中的作用时认为,稳定的宏观经济环境是各国政府应该向社会提供的最重要的公共物品。

2. 以"间接性"为主

宏观调控措施的落实,须借助市场机制。也就是说:当出现市场失灵——经济总量不平衡、经济外部性等因素时,宏观调控措施才发挥作用,并且要依靠市场机制发挥作用。所谓"宏观调控政策刺激市场,市场引导企业"。根据宏观调控的这个特点,在社会主义市场经济条件下,宏观调控措施不能直接管制市场主体。

3. 以"经济性"为主

按照通常的理解,宏观调控是政府为了实现社会总需求与社会总供给之间的平衡,保证国民经济持续、稳定、协调增长,运用经济的、法律的和行政的手段对社会经济实行的调节与控制。[②]　但我们必须明了在市场经济条件下,宏观调控措施(手段)主要是以经济性手段为主,所谓的经济性手段是指运用金融、财政、税收、产业政策等刺激或限制市场机制的措施,而"行政性"手段则指政府处罚、警告、劝告市场主体的措施,"法律性"手段是指通过诉讼措施等,在社会主义市场经济条件下,"行政性"手段与"法律性"手段作为宏观调控措施是对经济性手段的有利补充,而不能成为主要手段。原因在于:"行政性"手段太具刚性,有侵害市场主体自由与财产安全之虞,而"法律性"手段则因时间较长,程序较繁琐,不利于宏观调控措施的及时落实。

(三)宏观调控的基本手段

1. 货币政策

货币政策是指通过货币的供给量以及货币的价格,即利率的调整来影响经济的宏观发展。货币政策是中央政府的宏观调控工具,而非一般城市政府所能左右,所以此处就不加详述。

---

① 刘文华、丁亮华:《公共物品、市场自由与宏观调控》,载北京市法学会经济法学研究会编:《宏观经济法制文集》,2002年版。

② 潘静成、刘文华主编:《经济法》,中国人民大学出版社2000年版,第291-292页。

2. 财政政策

财政宏观调控手段是指财政收支领域中能够被政府用来作用于国民经济运行过程,以求实现财政宏观调控目标的各种财政范畴。财政分配的复杂性,决定了财政宏观调控手段的多样性。各种宏观调控的财政手段,以各自所具有的不同特征和作用方式,互相影响、互相配合,而组成一个完整的调控体系。

2007 年以来,我国为应对国际金融危机采取了积极的财政政策予以应对。2008 年制订的 4 万亿的投资计划将极大的拉升国民经济发展。在国家财政政策运行的同时,一些城市的地方财政政策也在积极筹备和运行,很多城市通过加快基础设施建设,加大基本公共服务投资等方略进行城市经济的调控,对城市经济的稳定和发展起到了巨大的推动作用。

三、政府应对市场失灵的微观规制

(一)微观规制的概念

在货币政策和财政政策之外,政府同时还有一些其他用于调节经济的手段,其中包括法律手段、土地政策和城市规划政策,以及行业发展政策等。这些调控手段已经不限于宏观层面,而涉及很多具体的经济运行的微观层面,也就是我们所说的微观规制。

规制又称管制(regulation 或 regulation constraint)或政府管制(government regulation),对于规制的概念在众多文献中多有论及,但都大同小异。一般认为,规制是具有法律地位的、相对独立的政府管制者,依照一定的法规对被管制者所采取的一系列行政管理与监督行为。简而言之就是政府在微观层次上对经济的干预。

与宏观调控的理由相同,微观规制也起源于市场失灵。

(二)微观规制的类别

政府规制可以分为间接规制和直接规制。

1. 所谓间接规制主要是指以形成并维持市场竞争秩序的基础,即以有效地发挥市场机制职能、建立完善的制度为目的,不直接介入经济主体的决策而仅仅制约那些阻碍市场机制发挥作用的行为的政策。间接规制由司法部门通过司法程序来实施,其法律基础通常包括反垄断法、商法和民法等。

2. 直接规制直接介入经济主体的决策,又包括经济性规制(economic regulation)和社会性规制(social regulation)两类。(1)经济性规制是指"在存在着垄断和信息偏在(不对称)问题的部门,以防止无效率的资源配置的发生和确保需要者的公平利用为主要目的,政府通过被认可和许可的各种手段,对企业的进入、退出、价格、服务的质量以及投资、财务、会计等方面的活动所进行的规制"。经济性规制主要针对自然垄断与信息不对称问题,其对象产业包括电力、城市燃气、自来水、交通运输和金融等产业。社会性规制则主要针对外部不经济和非价值物问题,"是以保障劳动者和消费者的安全、健康、卫生以及保护环境和防止灾害为目的,对物品和服务的质量以及伴随着提供它们而产生的各种活动制定一定标准,并禁止、限制特定行为的规制"①。(2)社会性规制不区分产业类别,主要包括安全性规制、健康规制和环境规制等。

(三)微观规制的手段

在利用法律来进行的间接规制之外,结合历史上各国规制发展的经验,政府的直接规制手段和方法主要包括以下一些内容:

经济性规制的主要方法:(1)进入规制。其主要手段有特别许可、特别注册制度和申报制。(2)数量规制。其主要手段有投资规制和产量规制。(3)质量规制。其主要手段有质量标准和规范、质量达标许可证、专门的检查监督制度等。(4)价格规制。其主要方法有边际成本定价、平均成本定价、历史最高水平限价②以及投资回报率(rate of return)定价。

社会性规制的方式主要有五种:(1)禁止特定行为;(2)对营业活动进行限制;(3)确立资格制度;(4)检查、鉴定制度;(5)基准、认证制度。

近年来,在规制的方式和手段上,一些国家针对政府规制所存在的问题,采取了较为温和的改革措施,即实行特许投标制(franchise bidding)和区域间竞争制度(Yardstick Competition)。③ 限于篇幅,以上各种措施在实施中利弊和绩效这里暂不详述,可参见相关参考文献。

四、城市土地市场失灵的应对

下面,我们通过城市政府对城市中最基本的经济资源——土地市场的调控来探讨一下城市政府对市场失灵的可能调控手段。

---

① [日]植草益:《微观规制经济学(中译本)》,北京:中国发展出版社1992年版,第22页。

② 这个曾经在战争时期的配给制期间所采用过的制度,现已被用来管制石油产品价格,而且人们还建议将它用于控制医院治疗费〔参见卡尔特(Kalt),1981年;乔斯柯,1981年〕。

③ 参见夏大尉、史东辉:《市场经济条件下的政府规制——理论、经验与改革》,《上海社会科学院学术季刊》,2001(4),第87页。

在我国土地使用制度改革中,市场机制在解决城市土地低效利用、结构布局不合理等问题,以及促进土地的合理利用等方面发挥了重要作用。但也应该看到,城市土地是一种特殊的资源,城市土地市场是不完全竞争的市场。市场机制配置资源的效率高低取决于竞争性模型是否能够实现资源配置的帕雷托最优,而城市土地市场的特殊性决定了它不可能满足模型的预设前提,所以必然出现市场失灵。土地区位选择具有明显的外部性,给临近区域带来巨大的效率和效用影响。而具有社会公益目的的用地通过市场机制无法得到充分供应。因此,不能仅仅依赖市场机制来配置土地资源。

在国外,土地市场的失灵引发了政府对土地市场的干预,土地储备制度的建立正顺应了这种需要。我国土地市场的现实问题不仅仅是市场失灵的问题,还存在政府失灵的问题,我国土地储备制度的建设与完善必须基于市场失灵和政府失灵理论的相互补充研究。

(一)解决土地市场的垄断和投机的措施

土地市场的垄断与投机的根源在于垄断者和投机者充分利用了土地的稀缺性来获取利益。土地的稀缺性无法改变,国外政府的解决方式基本集中在保证土地的有效供给,使土地能有效地配置给真正需要的使用者手中。基本思路是:在交易前,对进入市场的土地进行严格规范;在交易中加强管理,增加信息透明度;在交易后,对土地使用进行监管;政府储备部分土地,直接调控市场需求。

1. 制定法规,规范土地市场的进入

通过对进入市场的土地进行严格限定,从源头上控制土地市场的供给。具体包括:严格控制农地转用(日本),保证土地有序供给;实行土地买卖的申请劝告制(韩国)和土地交易许可制(日本),抑制土地投机。

2. 土地交易过程的管理

采用公开的方式进行土地交易,如我国香港地区的招标拍卖;公布公告地价和基准地价,指导市场交易;对交易土地编制利用规划并确定土地价格(美国);建立严格守信,自我约束的中介组织保证交易公平(美国)。

3. 加强对土地使用的监管

很多国家强调土地登记的作用,及时监控土地流转情况;利用税收手段强化对闲置土地的管理,增加寡头控制的成本。

4. 直接干预土地市场的供求

很多国家采取土地储备的方式来干预土地市场的供求,比如加拿大通过公共土地银行和公有地段整治计划,地价高时加大市场投放,地价低时买入土地;很多国家实行了先买权制度,保证政府控制土地价格和投机性交易。

(二)解决土地外部性和公共性问题

为解决土地的外部性和公共性问题,各国政府都着眼于防止土地使用者在追求个体利益的时候损害公共利益,避免环境公害和生态破坏,保证公共服务的顺利实现。主要的解决办法包括:

1. 制订土地利用计划、城市规划以及相关法案限制土地外部性,体现公共性

通过制订不同层级、相互配合的土地利用计划和城市规划,并且在出让的土地上附加规划设定的控制性指标,限制土地使用过程中产生的种种外部性表现,保证土地使用符合社会发展的要求,也有助于减少土地投机。如美国各级政府通过颁布各种区划法令控制土地利用,包括计划单元开发制、财政区划制、排斥性区划制、鼓励性区划制、法定区划图和土地细分控制等十余类区划措施。美国政府还通过把《环境保护法案》与土地开发管理结合,保护和促进环境安全和公共福利。

2. 严格限定土地权利人的某些权利,保留政府征用土地的权利

由于土地的外部性和公共性特征,国外政府一般都对土地权利人的某些权利进行限制,比如先买权的设立就是对私有财产权的严格限制,土地产权成为资本主义国家整个财产权中最弱的一种。同时当今世界各国基本上都建立有土地征用制度,政府保留土地征用的权利,以便为公共目的获得私有土地。

另外,土地的先买权以及政府的土地储备等行为在抑制市场垄断和投机行为的同时,也兼顾有克服土地外部性,实现公共目的的作用。[①]

第三节　政府失灵与调控

一、政府失灵的涵义

虽然政府能够在一定程度上抑制和调控市场失灵,但是,政府干预也非万能,同样存在着"政府失灵"(government failure)的可能性,无论是从宏观经济学还是从微观规制理论的研究来看,其实证研究的效果均表明,由于经济运行规律以及政府机构和制度本身的原因,政府干预往往不能达到预期的效果,于是就会出现"政府失灵"。

---

① 杨遴杰:《我国城市土地储备制度研究》,北京大学博士学位论文,2002。

政府失灵一方面表现为政府的无效干预,即政府宏观调控的范围和力度不足或方式选择失当,不能够弥补"市场失灵"和维持市场机制正常运行的合理需要,比如对生态环境的保护不力,缺乏保护公平竞争的法律法规和措施,对基础设施、公共产品投资不足,政策工具选择上失当,不能正确运用行政指令性手段等,结果也就不能弥补和纠正市场失灵;另一方面,则表现为政府的过度干预,即政府干预的范围和力度,超过了弥补"市场失灵"和维持市场机制正常运行的合理需要,或干预的方向不对路,形式选择失当,比如不合理的限制性规章制度过多过细,公共产品生产的比重过大,公共设施超前过度,对各种政策工具选择及搭配不适当,过多地运用行政指令性手段干预市场内部运行秩序,结果非但不能纠正市场失灵,反而抑制了市场机制的正常运作。

二、政府失灵的主要原因

根据公共经济学界的研究,导致政府失灵的主要因素包括以下四个方面:

(一)政府的行为动机

政府是由政治家和公务员组成的,他们都是理性的人,必然以追求自身利益极大化为行为的准则。另外,这些政府工作人员也是人,而不是无所不知、无所不能的神,所以他们也会有人性的弱点。所以政府犯错误也是正常的现象。在公共选择理论出现之前,对政府行为有三种假设:(1)慈善模式,认为政府是一个仁慈的专制者,无私地追求社会利益,把最大化社会利益作为自身的目标,因而政府没有必要受到任何限制。(2)巨物模式,认为政府拥有自己独立利益,是一个特殊的"人",与经纪人一样,追求自身利益的最大化,例如,财政收入的最大化。(3)民主模式,认为政府行为对于民主决策规则和程序有着很大的依赖性,政府的行为要受到民主投票行为的约束。在经济学公共选择理论者看来,政府行为介于"巨物模式"和"民主模式"之间。从选民对政治家的制约(例如政治家如果不为选民说话,就不能连任)来看,民主模式是合理的。又因为政治家也时刻追求个人利益,巨物模式也有一定道理。在我国,从政府行为动机本身来看,政府序列更具"巨物"模式和"民主"模式合一的特征。

(二)政府的低效率

无论是由计划经济体制向市场体制转轨的国家,还是美国这样的发达市场经济国家,大家都会经常抱怨政府的低效率。理论家认为政府工作效率低下主要有三个原因：第一，缺乏竞争导致低效率。由选民直接选举的政治家在政府工作人员中只占很少一部分，大部分政府工作人员都是职业的公务员，这些人是由民选的政治家任命的。但是他们和这些政治家没有明显的利益冲突，不会因为工作效率低下而被解雇。另外，政府各个部分的职责是独立唯一的，一个部门不会面临来自其他部门的竞争，所以也使政府公务员没必要高效的工作。第二，政府没有激励提高效率。客观上，政府活动不计成本，即使计算成本，也很难精确化，这就使政府有形无形的扩大公共产品的供给，超出社会最优需求数量，造成资源的浪费。主观上政府官员也没有积极性降低政府运作的成本，反而千方百计扩大政府规模，以增大自己的权力。第三，监督信息不完备。在理论上，政府要受到民选代表的监督，如果政府工作效率低下，民选代表可以惩罚政府领导人，从而保证政府的运作效率，但是由于信息不对称，这种制度安排不能发挥效力。而且，监督部门的工作人员也是有"偷懒"的天性，我们也不能指望他们就一定会努力地为民工作。

(三)政府的自我扩张倾向

政府的扩张包括政府组成人员的增加和政府开支的增长。不只是我国存在这种现象，世界各国政府都在不同程度上存在着扩张的冲动。

(四)政府赤字问题

按照凯恩斯的理论，增大政府赤字，可以扩大就业量，促进经济增长，因而赤字增加并不是一件可怕的事情。但从目前的学术界和实践检验的结果来看，理论家则得出了相反的结论：

1. 政府投资的效果不比私人投资好，只是对私人投资的一种挤出。政府投资的增加会导致私人投资的不足，而一般说来私人投资的效率明显高于政府的投资效率。

2. 政府增加赤字，早晚有一天要还，这无形中加重了后代人的负担。

3. 财政赤字的增加容易造成严重的通货膨胀。

三、政府失灵的调控

对于市场失灵和政府失灵，必须加以同样的关注。在最大化发挥市场的经济调配作用和政府的调控作用的过程中，要特别注重提高政府部门的业务素质水平和综合判断能力。应注重通过多部门、多区域的衔接避免不必要的政府行政干预。在对市场失灵问题的判断上,政府部门要积极考量到政策出台的时间效力。同时,政府部门要积极演练内功,推动政府的敏捷性,形成学习型政府。

在发达的市场经济条件下,政府失灵主要表现为政府干预不能有效地克服市场的内在缺陷和不足,并导致了经济体系效率下降、社会资源浪费严重等一系列问题。市场不发达条件下的政府失灵,不仅表现为政府不能有效地克服市场的内在缺陷和不足,不能有效地发挥部分替代市场和培育市场的作用,而且表现为政府在干预经济生活的进程中带来了价格严重扭曲、资源配置低效和经济增长受阻等一系列问题。这种政府失灵,很大程度上是由于政府在干预经济的过程中没有处理好市场的内在缺陷、部分替代市场和培育市场这三个方面的关系,特别是没有处理好替代市场和培育市场两者的关系。[①] 应该看到,在我国目前的市场条件下,很多问题并非由于市场失灵造成,而恰恰是由于政府失灵的缘故。

正如政府干预不是解决市场失灵的唯一途径,单纯引入市场机制也不是解决政府失灵的唯一手段。以科斯为代表的西方经济学家,通过交易成本大小划分政府与市场各自职责的法则值得参考。这个法则认为,凡是个人、企业和市场能够解决的经济问题,或是他们能以高于政府的效率来解决的经济问题,原则上应由他们自己来解决,政府只应从事那些个人、企业与市场所不能或不愿意从事的经济活动,以及那些效率比个人、企业与市场要高的活动。市场信息瞬息万变,政府作用有限,因此,政府对市场的管理调节,在干预范围、内容、方式和手段方面要注重改革创新,强调实效,要遵循有所为和有所不为的原则。一般来说,在微观领域,应发挥市场机制的调节作用,同时注意发挥政府资助机构和非政府组织提供的分散化帮助作用,并鼓励政策选择、制定和实施过程的社会参与。政府不应进入私人物品市场去竞争生产,即使在公共产品领域,政府也可选择两种提供方式:一种是直接进行生产,如交通基础设施、港口、机场等;一种是以政府采购方式从私人部门购进。国有企业在经营目标选择上也应服从这一原则要求。宏观领域,应保证市场机制在微观经济领域中发挥基础性作用的基础上进行调控。政府干预的范围主要是:经济政策、基础教育、基础设施、能源交通、卫生、环保等领域。在方式上应提高效能,在实现形式上体现市场化趋势,如借助或通过签订合同、授权经营、经济资助、法律保护等手段和途径委托私人部门,在私人部门不能实现政府政策目标时帮助提供。应当明确,政府干预市场,应有所选择,有些市场缺陷,政府不必干预,干预也无济于事。

---

① 张海如:《论市场失灵与政府失灵》,《山西财政税务专科学校学报》,总 11 期,2000 年 10 月。

　　政府不是单一实体,而是由许多不同职能部门及众多的政府职员构成,每一个特定的部门和政府官员本身都有其特定的利益倾向。这就迫使中国目前的改革急需设计一种适当的规则和制度来约束、限制政府部门机构快速繁殖、人员剧增、职权滥用的机制,进一步规范政府行为。防范"政府失灵",在现阶段应从提高政府官员的素质和加快政府职能转变入手。提高政府官员素质的方法是,吐故纳新,加强教育培训,完善公务员制度。转变政府职能的方法是,凡是市场能解决的政府就应当退出,凡是法律能解决的政府也应该退出。政府重点工作是提供公共产品。要对政府调控的主体、资格认定、调控的范围、层次、方式、程度和力度,做出明确的法律、法规或政策规定。在具体措施方面,加强对政府调控行为的监督,特别是建立和完善对政府的内外监督体系和机制,增加政府调控过程的透明度,保证政府调控行为和经济政策、法规的公正性;提高政府决策的科学化程度,建立科学的经济决策程序以及与其相一致的决策系统,特别是建立经济的可行性研究和协调制度,以及相对独立的信息、调研、咨询三位一体的决策服务体系,密切跟踪市场经济运行的态势,以保证政府决策的科学性和可行性。政府还应对中国加入 WTO 带来的机遇和挑战做出应对措施。不应让政府调控长期滞后于市场的需要,力争变被动的"补救"为积极的引导和有效的规范。[①]

第四节　城市财政管理

　　城市管理解决各种城市问题(如公共教育、社会秩序、公共交通等),离不开资金的筹划工作。城市财政是筹集这些资金的主要途径,城市财政管理是城市经济管理中的重要内容,这里单用一节论述。[②]

一、城市财政管理概述

(一)城市财政的内涵

　　城市财政在现代经济中属于国家政权下的一级政权的财政管理问题。在我国城市财政是城市政府参与社会收入或产品的分配活动,也就是城市政府在占

---

　　① 韦正球:《市场、政府"失灵"与中国宏观经济调控新机制的构建》,发布时间:2003-4-25 http://www.xslx.com/htm/jjlc/lljj/2003-4-25-13691.htm
　　② 此部分内容参见王雅莉主编:《市政管理学》,北京:中国财政经济出版社2002年版,第241-258页。

有和支配一定份额的社会产品过程中与社会各方面发生的分配关系。

城市财政是城市功能得以正常发挥,城市经济得以正常运转的基本条件,是城市建设和改造的经济保障,是城市政府职能得以发挥的经济基础和保证。任何一个城市政府在行使权力、执行职能时,都离不开城市财政的支持。城市财政是在完成国家的财政任务后,面对城市问题进行的财政性活动,这种活动既是整个国家财政的组成部分,又是市政经济财务在城市财政上的表现。

(二)城市财政的主要内容

城市财政主要体现在城市经济的财务活动之中。城市财政管理的核心内容即是城市经济的财务管理活动,简称城市财务。

城市经济是为了执行和实现城市管理职能而发生的一切生产投资、市场交换、货币收支、收入分配与消费的经济性活动;城市经济财务是城市管理执行其职能时所产生的一切资金的来源与运用的运行体系;而城市经济财务管理则是对城市经济财务运行体系的具体收入来源和支出去向的论证、决策、执行、评估、调整的一整套管理过程。城市经济的财务活动从属于城市财政的管理活动,这种面向城市的财政收支问题,成为城市政府控制城市经济运转的总枢纽,也是城市财政管理的核心内容。

在西方发达国家,城市财政的收入来源主要是税收,小部分是上级政府的拨款或私人捐助;而支出则主要用于城市基础设施、公共服务设施的建设,以及社会福利事业。通过城市财务的财政性活动,城市可以弥补市场机制的不足,纠正经济运行中市场主体的各种行为偏差,制止资源分配中的不合理现象,调节城市居民收入分配的差距,使之趋向公平。

在中国的传统体制下,城市政府作为地方一级政权,不仅具有政治职能,也具有直接组织经济活动的职能,根据中央指示制定、下达和实施经济建设计划,以行政命令方式配置经济资源,形成了传统的行政管理模式。在建立市场经济体制后,城市政府直接组织社会经济活动的职能在减弱,但城市经济的功能在增强。特别是在分税制改革以后,城市财政的地税职能使城市财政管理的相对独立性日益增强,这使城市经济的财务管理在促进城市的发展中,处于日益重要的地位。城市经济的财务活动从属于城市财政的管理活动。但是在现代市场经济条件下,城市经济单位具有相对独立的财务职权,其财务决策往往影响到城市建设和城市服务,因而必须受到城市政府的公共规制,要求城市经济单位的财务活动必须符合城市管理规范,因此,城市经济的财务活动在影响城市发展中处于举足轻重的地位。

二、城市财政管理的性质与职能

(一)城市财政管理的性质

1. 公共性

城市经济的本质特征之一是公共经济。公共经济是产生于竞争性分散经济之上的,又反过来对分散经济起扶助、制衡、服务和推动作用的经济系列。[①] 为了使城市公共经济活动满足城市生产活动和市民消费的需要,城市必须提供大量的公共物品,这成为城市经济管理的重要职能。完成这一职能所进行的城市经济的财务管理活动从本质上讲,就是城市政府为了满足社会公共需要,而进行的公共分配问题。这是城市财政管理的最重要的性质。

2. 地方性

城市经济又是地方经济,地方经济的重要属性是地方财政。而城市财务是城市财政即地方财政的重要组成部分,所以城市经济的财务管理是隶属于地方财政的范畴,是地方经济中反映地方政府管理活动的资金表现。这是城市财务管理的另一重要性质。这一性质表现的程度决定于中央财政和地方财政的关系。现代市场经济国家,中央财政和地方财政的关系一般主要表现在:划分收支、明确产权;收入分享;上级财政补助与下级财政上缴;中央财政授权地方财政发行地方公债等方面。

(二)城市财政管理的职能

以上公共性和地方性的管理性质,使城市财政管理除了具有地方财政的优化资源配置、收入合理分配和稳定经济发展等作用外,还有如下的具体职能:

1. 筹集资金

城市经济管理为了履行城市建设与维护的公共经济职能,要筹集大量的资金。城市经济财务以税收为主要形式,辅以财产收入、债务收入和其他收入等形式,形成城市经济的财务收入,用于城市基础设施、公共服务设施的建设和维护。此外,城市作为一个地区乃至一国的经济中心,也是创造国民收入的重要基地。国家财政收入80%是在城市形成和实现的。城市的财政收入,按照财政体制规定留取一部分作为城市地方预算收入外,其余上交上一级财政,成为地方财政和中央财政的主要资金来源。城市财政通过城市经济财务在为国家和地方筹集财

---

① 饶会林:《城市经济学》,大连:东北财经大学出版社1999年版,第290页。

政资金方面发挥了重要作用。

2. 合理安排支出

城市财政根据国家的方针政策,遵循客观经济规律的要求,将筹集的资金有计划地分配给城市各部门各单位,并利用支出项目之间的比例关系制约分配比例和城市建设、城市经济中的各种比例关系。首先,城市财政资金分配给城市基础设施的建设,合理控制城市建设总规模和基础设施的内在比例;其次,分配给城市的文化、教育、科技、卫生、体育、环境、社会福利和社会管理等各项事业,促进城市软环境建设,提高城市无形资产价值和促进市民综合素质的提高。城市通过这种资金的拨款(或者发行公债和贷款)活动,进行各种城市公共产品的生产供应,并提供相应的城市公共服务,极大地促进城市各项事业的建设与发展。

3. 综合平衡调节

综合平衡调节的功能是指市政经济财务通过筹集资金和安排支出,调整城市结构和比例关系,促使城市社会、经济、环境协调发展的功能。城市经济财务管理作为对城市财务工作进行规划、控制、调节、监督和反馈的活动,是城市对其集中性财力进行统筹安排、协调平衡、总体控制、全面监督,以解决城市问题、实现城市经济发展的主要途径。因而,城市经济财务管理首先要考虑城市资金使用的平衡效果,主要是关注“城平衡”、“市平衡”和“城与市的平衡”三个方面。“城平衡”指作为城市躯体的城市基础设施的供需平衡;“市平衡”指不包括城市基础设施的城市私人性产品的供求平衡;“城与市的平衡”指城市基础设施与城市社会经济发展两者之间的适应关系。其次要关注城市各种主体的经济决策行为,从城市供求平衡(包括总量与结构)的目标出发,通过资金筹集的组织过程和安排支出的过程,对城市的生产、流通、消费进行调节。

4. 财政监督和调节

财政监督和调节的职能是根据城市管理目标对城市主体的社会经济行为进行监督和调节的职能。调控经济主体的行为,首先要进行监督,控制城市经济主体的行为。其次,调节经济主体的行为,财政杠杆是非常灵敏的工具,这里财政杠杆是指城市财政的收入与支出中所拥有的调节功能,例如通过税收的征与不征、征多征少,转移支付的补与不补、补多补少,支出的投与不投、投多投少等等来调节城市主体的经济行为。这里,税率、补贴率、贴息率、城市财务支出的数量与方向都会产生调节的杠杆作用。

上述四方面功能相互联系,相辅相成。筹集资金是安排支出的前提,安排支出是筹集资金的目的,综合平衡和财政监督是为了合理地筹集资金和高效率地使用资金。四方面功能综合起来,可以形成城市发展的重要因素,促进城市经济的稳定增长和城市社会效益的全面提高。

三、城市财政管理以及财政收支

(一)城市财政管理的内容

城市财政管理,或者称为城市财务管理,是指对城市建设和城市管理所发生的所有的资金筹集方式和支出形式的管理。其内容可以有广义和狭义两方面,广义的城市财政管理涉及城市内部所有经济财务活动,包括城市财政金融管理以及城市企业财务管理等方面。狭义上,城市财政管理是指以城市政府为管理主体,以城市管理工作为主要目标的预算管理、税收管理、城市维护与建设资金管理和预算外资金的管理,本课程所指城市财政管理是从狭义上来讲的。

1. 预算管理

主要包括城市财政预算和由财政管理下的市政工程预算管理。城市财政预算要根据国家和城市的经济和社会发展计划合理地分配城市资金,努力实现收支平衡。市政工程预算要在城市财政预算指导下,从项目的技术经济要求出发,根据一定的技术标准和经济规模标准编制项目预算。这两方面内容的管理都包罗从预算编制、预算执行到编报决算的全过程。

2. 税收管理

1994年,我国分税制改革之后,城市税收分别由国税局和地税局管理。地税局的基本职能是按国家税法规定,监督纳税单位和个人履行上缴税收的义务,并对城市建设和发展的资金需要完成支出。除中央政策规定的以外,城市政府无权擅自决定减税、免税问题。我国城市的城市经济财务收支状况随着政府职能演化的需要而不断调整。过去,城市没有多少财权,人们形容是"大城市、小财政",城市财政总收入与城市各项建设事业不挂钩。随着财政体制改革,城市财权日益扩大,传统的统收统支财政体制也逐步向现代意义上的分级财政体制迈进,城市财政的独立性日益增强,逐步改变了过去实行统收统支,财政过分集中,地方没有财权的状况。税收成为城市财政的主要来源之一,税收管理也逐渐成为城市财务的重要职能。需要说明的是,截至2009年底,我国尚未推行物业税(或叫地产税)制度,城市财政收入与存量房地产资源之间没有联系。因此,从整体上来看,地方政府没有相应的、足量的财税收入自主权。这样造成了三方面的影响:一是容易增加各种非法的乱收乱占费用等行为发生的可能性;二是地方政府倚重土地收益,有可能造成城市土地使用权出让市场紊乱,造成城市房地产价格异动；三是容易促使地方政府偏向于发展钢铁、汽车等高附加值行业，继而造成重复建设。可喜的是，2010年开始，我国筹备逐步推行物业税制度，这一制度的执行必将改变目前的城市发展模式。

3. 城市维护与建设资金的管理

城市维护与建设资金是指城市公共基础设施和公用事业建设与维护活动所需要的资金，是国家规定用于城市维护与建设的专项资金。其主要来源有：城市基本建设资金、城市维护费拨款、城市维护建设税、各种附加收入（城市地方财政掌握的预算外资金）、城市公用设施与企业税后留利收入；城市按照互利、自愿、协商一致的原则向受益单位集资和收取的基本建设配套费、土地使用费、城市水资源费，等等。城市政府一方面应想方设法多渠道地筹集城市维护与建设资金，另一方面要根据城市经济与社会发展的需要，有计划地用好这笔资金。

4. 预算外资金管理

预算外资金是地方财政或城市事业单位直接掌握的财政性资金，即根据国家财政管理制度的规定，不纳入国家预算，由地方政府、部门、企事业单位自收自支，满足各自特殊需要的财政资金，是下放财权的一种管理形式。这部分资金一般都有规定的收入来源和提取标准，有确定的用途。

"预算外"并不是放任不管，管好预算外资金是城市财政管理的重要内容。预算外资金涉及面广，情况复杂，政策性强，一般从以下四个方面进行管理：(1)在国家计划指导下统一管理，把财政部门与主管部门结合起来，形成一个强有力的城市预算外资金管理系统；(2)健全预算外资金管理办法，实行财政监督，也要建立预算制度，坚持"正当的保护，违法的取缔"原则；(3)预算外资金的收支应纳入城市综合财政信贷计划，统筹安排，实现综合平衡；(4)任何单位不得私设私收私支的"小金库"。

(二)城市财政收入的主要来源

我国城市政府的财政收入在1994年分税制改革以前，在类型上与中央财政基本一致，只是收入结构受城市地区经济结构的影响而与中央财政有所区别。实行分税制以后，城市财政收入来源发生了很大的变化，其独立性也日益增强。概括来讲，大致有以下几种来源：

1. 税收收入

税收是城市政府主要的收入来源，西方国家的城市税收主要包括财产税、销售税和地方所得税等。其中地方所得税是根据个人和公司的收入而加收的税种,最早在英、美两国实行,以后西欧国家相继采用,主要采用累进所得税的方式。我国自 1994 年分税制改革以后,在总共 18 个税种中,属于地方性固定收入的有营业税(不含铁道、银行、保险总公司等部门)、城市企业所得税、个人所得税、城镇土地使用税、固定资产投资方向调节税、城市维护建设税(不含铁道、银行、保险总公司等部门)、车船使用税、房产税、土地增值税、印花税、契税、屠宰税、遗产和赠与税等;属于地方与中央共享的收入有增值税、资源税和证券交易税等。增值税中央分享 75%,地方分享 25%;资源税按不同的资源品种划分,海洋石油资源税作为中央收入,其他资源税作为地方收入;证券交易税中央与地方各半。

2. 利润收入

国有企业税后利润在规定留成后的剩余,也是城市财政收入的来源之一。当然只有市属企业的利润剩余才收归市里,其他中央、省直属企业的剩余利润则直接上交中央或省的各主管部门。

3. 上级财政的转移支付

上级转移支付的城市财政收入是城市建设和发展的重要资金来源。在美国,转移支付有两种形式,一种是对称补助金,即地方政府为某项目筹措的部分资金,不足部分由联邦政府提供;另一种是计划补助金,一般是有条件限制的为某项特定事业提供的资金。我国 1994 年以后,中央财政对地方的转移支付以 1993 年为基数逐年递增,递增率按全国增值税和消费税增长率的 30%确定,因而是一个相对稳定的数字,城市若要更快地发展,还必须依靠本市集聚城市财务收入。中央财政转移支付的计算公式为:

1993 年以后年度税收返还数＝上年税收返还收入×(1＋当年各省增值税和消费税比上年增长率)×0.3

4. 政府公债

政府公债一般有两种,一是对外举债,一是对内举债。由于对外举债关系到国际收支平衡和币值的稳定,因此只有经中央政府特别授权的城市政府才可对外发行公债。城市政府发行公债一般仅限于内债,并且也要经过中央政府的授权,才能为特定的财政目标而发行某种特定的政府债券,以筹集民间资金,促进城市建设与发展。近年来,城市政府发行的公债越来越多,已成为其财政收入的另一个重要来源。

以上四项均属于一般预算收入,它是通过一定的形式和程序,由国家有计划有组织地分配,城市政府一般没有独立决策权。

5. 收费收入

包括公共事业使用收费、土地使用费、管理费、事业费、资金占用费、租赁费，等等。收费收入一般是城市政府通过城市管理提供市政公共设施和公共服务而向受益者收取的费用。它是市政公用事业投入成本的一种回收方式，既要讲究社会效益，又要兼顾经济效益，既要讲究效率，又要兼顾公平，因而不同于税收。需要指出的是，城市土地是国有土地，对其市场化运作，必须收取地租，在我国目前的体制下，这种地租是通过土地使用费形式收取的，这只是形式不同而已。

6. 基金预算收入和专用基金收入

城市针对特殊的用途，经国家批准，可以通过建立社会基金和专用基金来满足城市发展的需要。专项社会基金的年度预算可以成为城市财务收入的来源。这里，预算外资金可以看成是一种特殊的社会基金。由于各个城市发展很不相同，专项基金和预算外资金的收入在不同的城市差异很大。

7. 其他来源

改革开放以来，城市金融改革的步伐不断加快，城市金融机构走向多元化，交通银行、中信实业银行、中国光大银行、华夏银行等综合性商业银行不断兴起，一些城市也已兴办了自己的商业银行，如大连市的商业银行等。除了银行机构外，非银行金融机构的信贷资金也是城市资金的来源之一。近年来保险公司、邮政局储蓄、租赁公司、财务公司、证券公司、基金会、信托投资公司等各类非银行金融机构也广泛地渗透到城市经济生活中来，大一统的传统金融体系已被彻底打破。特殊情况下，社会集资也是资金的来源之一，但由于其比较敏感，只有经中央政府特别授权的城市才可进行。另外，外资的不断进入也使其成为城市管理资金的来源之一。

(三)城市财政支出的主要内容

支出是对财务资金的再分配，包括一般预算支出、基金预算支出、专用基金支出、收费支出以及其他支出等。在内容结构上，正随着我国社会主义市场经济体制的逐步完善，趋向于现代城市的财务支出结构。

我国城市的经济支出的内容结构一般包括以下六个方面：

1. 城市经济支出

包括城市国土整治支出、城市公益事业基本建设支出、技术改造支出、对国有工商(市属)企业的援助性投入、市管县体制下对农业的援助性投入等。

2. 城市维护和建设支出

城市维护和建设支出包括城市公用设施、市政基础设施等的建设与维护支出等。

3. 科教文卫事业支出

科教文卫事业支出是指除基本建设支出、技术改造资金、流动资金和科技三项费用以外的各项文教事业费和科学事业费支出，包括文化、出版、体育、教育、卫生、计划生育等共计15项事业费支出。

4. 行政管理费用支出

行政管理费用支出即城市行政管理部门的管理费用，包括市政府、人大、政协、公检法、人民团体、直属机关、事业单位的办公费、设备费、业务费、工资、基建开支等。

5. 社会保障和救济支出

社会保障和社会救济支出即用于城市人民生活保障的费用，如社会救济费、公共医疗保健费、残疾人费用、劳动保护费用以及社会灾害补助费，等等。

6. 财政补贴

财政补贴是政府转移性支出的一种形式。即通过影响相对价格结构，从而可以改变资源配置结构、供给结构和需求结构的一种政府无偿支出，在我国政府的财政统计中财政补贴主要包括物价补贴和企业亏损补贴两大类。

【本章小结】

一、本章关键词

城市经济管理　城市经济结构　市场失灵　微观规制
政府失灵　城市财政

二、本章知识点

城市经济结构
城市经济结构的层次性
城市经济管理的方法
城市经济管理的机构系统
城市产业结构转型
结构性失业

市场失灵及其原因

宏观调控的手段和特征

微观规制的类型

政府失灵及其原因

城市财政的职能

城市财政收入的主要来源

城市财政支出的主要方面

三、本章复习题

1. 简述现代城市经济管理的任务。

2. 城市经济管理的方法及其利弊。

3. 新条件下城市经济管理领域的核心要务是什么?

4. 简述市场失灵的涵义及其原因。

5. 简述微观规制的类别和手段。

6. 政府失灵的主要原因有哪些?

7. 简述我国城市财政收入的主要来源和支出的主要方面。

四、本章思考题

1. 政府在经济管理中到底应该充当什么样的角色? 如何界定微观规制和宏观调控的边界?

2. 为什么政府在管理经济的过程中经常会出现"一放就乱,一统就死"的情况?

3. 土地政策作为宏观调控的手段,是如何对城市经济发展产生作用的?

4. 我国城市财政管理中的资金是如何形成循环的?

五、建议阅读材料

1. 杜佐农、李亚:《政企分开与建立城市经济管理体制新模式》,《长江论坛》,2000(2)。

2. 李芸:《城市经济管理的新战线——城市发展项目管理》,《南京化工大学学报(哲学社会科学版)》,2001(4)。

3. 钟京涛:《宏观调控中的土地政策分析》,《中国房地产》,2004(9)。

4. 汪祖杰:《公共物品、私人物品与政府宏观调控》,《内蒙古财经学院学报》,1994(4)。

5. 张婧:《放松规制背景下的政府规制重构》,《改革》,2004(4)。

6. 杨建华:《对规制者的规制——兼谈行政规制的效益原则》,《山西大学学报(哲学社会科学版)》,2004(5)。

7. 黄锡生、唐绍均等:《土地储备制度:绩效、问题及其法律规制》,《重庆建筑大学学报》,2004(2)。

8. 曹钦白:《中国税收这廿年》,《税收与社会》,2003(1)。

六、本章参考资料

1. 张觉文编著:《市政管理新论》,成都:四川人民出版社 2003 年版。参阅第八章相关内容。

2. 王雅莉主编:《市政管理学》,北京:中国财政经济出版社 2002 年版。参阅第八章相关内容。

3. 张永桃主编:《市政学》,北京:高等教育出版社 2000 年版。参阅第十二章相关内容。

4. 孙荣、许洁:《政府经济学》,上海:复旦大学出版社 2001 年版。

5. 杨遴杰:《我国城市土地储备制度研究》,北京大学博士学位论文,2002。

6.[日]植草益:《微观规制经济学(中译本)》,北京:中国发展出版社 1992年版。

7. 饶会林:《城市经济学》,大连:东北财经大学出版社 1999 年版。

第六章　城市社会管理

◎ 教学目的与要求

通过本章的学习了解城市社会管理的基本内容,城市流动人口管理的主要内容,我国城镇住房制度改革的历程,城市社区的分类和管理原则、城市社区自治的基本理念;理解城市人口运动趋势,我国城市人口管理制度的主要内容和特点,城市住房商品化改革的主要内容,城市社区管理改革;掌握城市人口的特征指标,我国城市住房管理改革的目标,城市社区的内涵和城市社区管理的内容。

◎ 内容提要

本章主要从城市人口、住宅和社区管理三个方面介绍了城市社会管理的主要方面。第一节介绍了城市人口的概念,城市人口管理的内涵,特别针对我国人口现状的实际条件分析了现阶段我国城市人口的运动趋势和城市人口管理的沿革过程与特点,重点介绍了户籍制度、身份证制度、计划生育管理制度等城市人口管理的主要制度,以及在城市化迅速发展的过程中流动人口管理的重点内容。第二节介绍了关系到城市居民重要生活资料的城市住宅管理,包括介绍了我国城镇住房制度改革的历史过程和目前城市政府在住宅管理中的职责,特别关注了城市政府对公共住宅的供给和经营管理。第三节对城市的社会基本单元——社区的管理进行介绍,阐述了社区的涵义和划分以及类别,结合我国社区管理现状总结了城市社区管理的内容,还提及城市社区自治在城市管理中的内容与民政关系协调。

第一节 城市人口管理

一、城市人口管理概念与内涵

(一)城市人口的概念

对于城市人口(urban population),世界各国有着不同的划分标准。在我国,从狭义上讲,城市人口又称城镇人口或城镇居民,通常是指居住在城市市区或城镇范围内并持有城市户口的人口。从广义上讲,城市人口是指居住在城市或城镇范围内的从事第二、三产业的非农业人口,不一定持有该城市的户口。城市人口管理意义上的"城市人口"概念是广义和动态的。从城市规划、管理和建设角度考察,城市人口应包括居住在城市规划区内的一切人口,包括一切从事城市的经济、社会和文化等活动,享受着城市公共设施的人口。城市的一切设施和物质供应、活动场所必须考虑容纳这些人口,并为他们提供各种各样的服务。因此,有些学者又将城市人口总称为"城市人群"。

(二)城市人口的特征指标[①]

除城市人口的数量、密度、分布特征等统计指标外,在人口学理论分析中,通常用城市人口结构(urban population structure)来描述城市人口的一些基本特征。城市人口结构就是按一定的属性表现出来的城市人口的比例构成,如城市人口性别比例、城市人口年龄比例、城市人口职业结构等。

1. 城市人口数量

城市人口数量是指城市区域内人口的总数,包括常住人口数量和流动人口数量。以北京市为例。2001～2007年,北京常住人口从1385.1万人增加到1 633万人,增加了247.9万人,其中,2007年增加52万人,增速达3.3%,是"十五"以来增长幅度最高的一年。另外,据公安局最新统计,截至2008年5月底,北京常住人口(含户籍人口及登记居住半年以上的流动人口)已达1 791.1万人[②],接近《北京城市总体规划(2004年—2020年)》中的2020年人口规模控制在1 800万人左右的人口调控目标,其中,登记在京居住半年以上流动人口为

---

① 参见张觉文编著:《市政管理新论》,成都:四川人民出版社2003年版,第381-383页。
② 由于人口流动快,其统计工作相对困难,故统计局指标与公安局指标之间有一定偏差。

570万人。城市人口数量是不断变化的。造成城市人口数量变化的原因是多方面的,从个体数量的变动来看,则表现为人口的出生率、死亡率、迁入率和流出率四个基本参数。城市合理的人口数量规模是每个城市的经济、社会健康发展的基础。城市首先是产生聚集效益的人口集中区域,在此基础上才有可能产生经济和科学文化的聚集效应。同时,城市的用地规模、各种建筑和工程设施、生产规模和消费规模等均与城市人口数量规模有着密切的联系。

2. 城市人口密度

城市人口密度是指城市用地范围内或城市区域内单位面积上居住的人口数,常用人/平方千米或人/公顷等来表示。城市人口密度通常是反映一个城市乃至城市内某一区域居住人口的疏密程度的重要指标,常作为城市规划、建设、管理和人口迁徙等计划的参考依据。城市人口密度是反映城市发展的重要指标。一般情况下,城市中心区的人口密度高,越向外围延伸人口密度越低。人口密度从中心向外围呈现出中间高、周边低的铙钹状格局。

3. 城市人口分布

城市人口分布是指人口在城市空间的分布状况,它涉及城市人口迁移、人口城市化、人口城市规划和增值等要素。城市人口的分布由于受到不同的自然、经济、社会和政治等多种因素的相互制约,形成不同分布类型和不同的分布区。城市人口分布与人口的特征、社会特征和城市综合环境条件密切相关,是人口对城市环境和社会发展状态的长期选择。城市人口的分布格局主要是指人口在城市规划等作用下呈现的集群分布格局。

例如,北京市人口空间分布格局也与城市发展有着密切的关系。2000～2007年,功能拓展区(朝阳、海淀、丰台、石景山四区)与城市发展新区(大兴、通州、顺义、昌平、房山)常住人口占全市的比例从67.4%上升到76.6%,上升了9.2个百分点。其中,流动人口主要分布于城市功能拓展区,并快速向城市发展新区聚居。2002～2007年,城市功能拓展区分布的流动人口数占流动人口总数的比例都保持在57.8%;城市发展新区分布的流动人口比例从25.8%上升到29.1%,上升了3.3个百分点;功能核心区(东城、西城、崇文、宣武)分布的流动人口比例从11.6%下降到8.9%,下降了2.7个百分点;生态涵养发展区(门头沟、怀柔、平谷、密云、延庆)分布的流动人口比例从4.7%下降到4.1%,下降了0.6个百分点。

4. 城市人口性别比例

城市人口性别比例是指城市中人口总数或某个年龄段中男性与女性的人口比例。城市人口性别比例不仅与恋爱、婚姻、家庭和人口再生产有直接关系,而且与城市经济结构的调整、城市建设、规划和管理有密切关系。城市中的男女比例，以及各年龄段男女比例大体保持平衡，是避免一些城市社会问题的关键。

5. 城市人口年龄比例

城市人口年龄比例是指在城市中不同年龄的个体数量的分布情况，或指各年龄段人口分别占城市人口总人口数的比例。城市人口年龄比例可以根据不同的研究需要做不同的划分。一般情况下，把城市人口划分为托幼年龄、中小学年龄、劳动年龄、老龄。依据一座城市的人口年龄比例将城市划分为增长型、稳定型和衰退型三种类型。增长型城市的人口年龄结构中，老年人的比例小，幼年人口比例大；稳定型城市的人口年龄结构中，每个年龄段的个体死亡数接近进入该年龄段的新个体数，人口总数处于相对稳定；衰退型城市的人口年龄比例中，幼年比例小，老年人口多。城市人口年龄构成也对城市的社会、经济和文化等活动有很大影响。人口学研究中，通常用人口的"金字塔"图来表示人口年龄结构及人口性别结构。

6. 城市人口职业结构

城市人口职业结构是指城市劳动人口在各社会部门所占的比例，即各部门的职工或劳动人员占城市在职人口总数的比例。城市的人口职业结构反映出一座城市的性质和职能特点。如在工业中心城市，工业职工所占比重较大；在商业中心城市，从事商贸的人口占绝对比重。

(三)城市人口管理的内容①

如上文所述，城市人口泛指居住在城市范围内从事生产经营活动和其他工作的非农业人口，包括拥有城市户籍的常住人口和在城市暂住人口，以及相当部分的流动人口。所谓城市人口管理，就是指城市政府对城市居民户籍和人口变动、人口流动的行政管理工作。城市人口管理在我国占有重要地位。我国人口城市化的程度远低于世界发达国家，我国城市人口的发展有相当大的弹性空间，搞好城市人口管理，是更好地发挥我国城市功能的重要措施，且任重道远。城市人口管理一般有如下内容：

1. 树立人口意识，贯彻基本国策

控制人口数量，提高人口素质，是我国的一项基本国策。为此，要实行计划生育管理。落实计划生育政策是一项经常性的工作，目标是有效地控制城市人

---

① 　此部分内容参见王雅莉主编：《市政管理学》，北京：中国财政经济出版社2002年版，第270-273页。

口的自然增长,提高城市人口质量,树立人口意识,强化人口观念,使城市人口增长与社会、环境、资源相协调,保证城市的可持续发展。贯彻国策的重点对象是城市流动人口,必须加以足够重视。

2. 正确选择城市人口增长途径

城市人口的数量增长,主要取决于人口的自然增长和机械增长。城市人口的自然增长,是由城市人口自身的再生产带来的增长;城市人口的机械增长,是指由于人口迁移而引起的城市人口增长,它一般随着农业经济结构的变化而变化,并与城市自身的功能和吸引力大小有关。目前,我国城市人口的自然增长受到严格控制,这是我国人口发展总战略的一个组成部分。提高城市人口的比重,绝对不能通过提高自然增长率的途径达到。而对我国城市人口的机械增长,在城市化发展的趋势下,其控制应适度放松,但要对其总量增长的速度和增长方向进行适当的控制。

3. 做好人口普查和人口预测工作

人口普查是一种多目标的调查,是一次性的、直接的、普遍的调查,目的在于了解一个时点内一个国家或整个地区内人口状况的静态资料。城市政府要在国家统一部署下,以公安、民政部门为主组织专门队伍,负责此项工作。做好人口普查工作的作用在于:(1)掌握人口的职业构成和行业的人才分布情况,利于决策机关研究人口的经济结构,使其合理化。(2)掌握人口的年龄构成和文化构成,利于规划托幼养老事业和文化教育事业,也为研究提高劳动力素质提供科学依据。(3)掌握民族人口构成及分布情况,利于制定符合实际的民族政策,特别是少数民族的生育政策。(4)掌握城乡人民各户平均人口情况,利于分析家庭人口变动的一般规律。(5)为研究城乡人口结构、地区人口布局和人口迁移提供资料。(6)为制定人口生育计划,预测人口发展趋势,以及制定切实可行的人口政策提供数据。

人口预测,又称城市人口发展现状的预测,就是根据城镇人口的现状和发展特点,运用科学方法,推测若干年后城市人口的状况。人口预测包括人口数量预测与人口质量预测两个方面。做好城市人口预测工作是制定经济与社会发展计划的需要。制订一定时期内国民经济和社会发展计划,必须了解计划期内全国城乡人口变动情况。城市人口预测既为制定国民经济计划提供依据,也是计划期内人口指标的重要内容。人口规模决定城市规模,城市人口数量是城市规划的重要依据。因此,搞好城市人口预测对制定城市发展规划,预见未来城市经济和社会发展趋势有重要意义。

4. 加强城市流动人口管理

城市流动人口指没有城市常住户口暂住(具有暂住证)或暂时逗留于城市的人口。流动人口问题,是直接关系城市经济发展和社会稳定的重大问题。从积极方面看,流动人口的社会经济活动促进了城镇的生产发展,扩大了对社会商品的需求,繁荣了各地城镇市场,补充了城市劳动力的不足,传播了科学技术文化,促进了经验交流、信息沟通等等,农村剩余劳动力的合理、有序流动对经济发展、社会进步具有重要促进作用。从消极方面看,流动人口也加重了城市基础设施的负担及其与城市经济、社会发展不相适应的矛盾;加重了城市粮食、蔬菜及其他农副产品的供应量以及由此引起的各项财政补贴;加剧了城市社会治安管理的难度,有碍于城市精神文明建设。因此,加强对流动人口的控制与管理,是城市政府的一项经常性工作。

5. 制定城市人口发展战略和规划

这是城市人口宏观管理的基本工作。其主要程序是:(1)定期统计本市人口,正确反映城市的人口质量、人口数量和人口结构,这是预测城市人口变动趋势和制定人口发展战略的基础。(2)搞好城市人口预测。主要预测本市人口自然变动率和机械变动率。(3)制定适度人口发展规划。即将城市人口与基础设施、城市人口与城市环境、城市人口与经济、城市人口与城市社会等相互之间的影响,作为一个整体的系统工程来考虑,使城市人口与城市物质资源达到最佳的配置状态。由于城市人口、经济系统是一个时空统一、多变量、多角度、多层次的复杂结构体,因而,城市适度人口规划的制定,应该根据城市人口系统中各种内在变量的因果关系(具有一定发展方向、性质和职能的城市发展的压力等),并利用"全息系统分析法"(如综合分析法、回归分析法、人口发展方程等先进的分析方法)和计算机拟制各种模型,使城市人口发展规划尽可能与现实发展相接近,提高人口发展规划的科学性。

二、我国城市人口运动趋势

城市人口运动包括城市人口存量、流量、结构等变化趋势。[①]

(一)城市人口存量不断增大

中国是世界第一人口大国。根据《中国统计年鉴(2009)》的数据,我国人口

---

① 此部分内容参见王雅莉主编:《市政管理学》,北京:中国财政经济出版社 2002 年版,第 273－274 页。

已增加到 13.28 亿人,其中城市人口从新中国成立之初的 0.57 亿人增加到 6.06 亿人。城市人口存量的不断增大,也表现为城市化率的不断上升运动。我国城市化水平正处于大发展时期,正在改变着城市化滞后的现状。城市人口增加是经济发展,生产商品化、社会化、现代化的必然产物。根据世界经验,生产方式的变革、科技革命都会使城市化加剧。因此,在我国步入现代化的进程中,加强城市人口管理,必须对城市化和城市人口运动的趋势有充分的估计,并采取相应的对策。

(二)城市人口流量不断增大

城市人口流量也是不断增大的,它表现为城市流动人口数量不断增加的运动。城市流动人口的存在是一种客观现象,它是伴随着改革开放和建立社会主义市场经济体制而出现的一种必然现象,是生产力合理配置的一种必然需要。1982 年我国城市流动人口近 3 000 万,1991 年达 7 000 万,1995 年达 8 000 万,2005 年达 1.47 亿。另据国家统计局 2008 年 2 月公布的第二次全国农业普查数据显示,2006 年全国农村总劳动力资源为 5.31 亿人,其中外出从业劳动力 1.32 亿人[1]。我国现阶段的国情决定今后城市流动人口还会继续增长。

目前上海、北京、广州每日流动人口约达 300 万。一方面,从农村到城市流动着大量的民工,他们从事着城市建筑施工、餐饮服务、保姆、修理工、工厂工人、个体小经营等经济活动。另一方面,以高知识高学历为特征的人才流动也是当前人口流动的重要特点。流动人口构成了城市运行、城市发展不可缺少的一部分。

(三)城市人口结构变化

根据我国近年来的情况,城市人口结构变化主要表现为下面几种情况:

1. 人口结构的老龄化趋势

第五次人口普查反映出我国人口年龄结构发生了较大变化。0～14 岁人口占总人口的比重为 22.89%,比 1990 年人口普查下降了 4.8 个百分点;65 岁及以上人口占总人口的比重为 6.96%,比 1990 年人口普查上升了 1.39 个百分点。随着经济社会迅速发展,人民生活水平和医疗卫生保健事业的改善和发展,我国人口的平均期望寿命已超过 71.4 岁,全国离退休职工主要集中在城市。按

---

[1] 此数据较 1.47 亿低的原因是由于此数据仅统计外出农业人口,对城镇间的人口流动未作统计。——作者注

国际标准,60 岁以上老人占城市人口 10％或者 65 岁以上的老人占总人口的 7％,便被认为步入老龄社会,目前我国 60 岁以上的人口目前已达到 1.32 亿,占总人口的 10.3％,而城市老龄人口的比重要高于这一平均水平。中国的许多城市早已达到或超过人口老龄化的国际标准,如 1979 年,上海 65 岁以上的老人已占到 7.2％,成为中国最早步入老龄社会的城市,1990 年时达 9.38％。截至 2008 年底,上海户籍人口中 60 岁及以上的老年人口为 300.57 万人,占总人口的 21.6％,65 岁及以上的老年人口为 214.50 万人,占总人口的 15.4％,老龄化程度已经接近世界人口老龄化最高国家的水平(人口老龄化程度 23％～25％)。截至 2007 年底,北京户籍人口中 60 岁及以上的老年人口为 210.2 万人,占总人口的 17.3％,65 岁及以上的老年人口为 158.8 万人,占总人口的 13.1％。

2. 文化结构的高层化发展趋势

义务教育的实施,加上城市各级各类大中专职业教育的发达,使得我国城市人口文化素质正在不断提高。全国每万人大学生人数由 1990 年的 142 人(四普数据)发展到 2000 年的将近 350 人,而这些大学生大都在城市集中。

3. 就业结构的服务化趋势

城市劳动力就业结构自改革开放以来发生了两次变化:第一次变化是劳动力从第一产业向第二、三产业转移。改革开放之初,大量从事农业生产的农村人口进城,加入第二、第三产业劳动大军。这种变化主要有两种原因,一是农村人口富余,二是产业之间收入差异造成的劳动力自然流动。第二次变化是劳动力从第二产业向第三产业转移。随着商品经济的进一步发展,国家经济体制的改革和行政体制改革,传统的铁饭碗被打破,劳动就业体制也发生很大变化,第二产业劳动生产率提高了,出现了富余人员,加之国有企业的普遍改制、精简人员,又出现了大量下岗工人,这些人大多流向第三产业。另外,大学生毕业也多数进入第三产业,如金融、保险业、房地产以及文教科研部门,原先从农村进城从事第二产业的民工也有不少人进入了第三产业。

4. 城市人口红利效应正趋于减低

从当前中国人口结构的变化趋势来看,城市人口红利效应正逐渐减低。这主要体现在两个方面:一方面,年龄结构的人口红利效应在减少。我国的人口老龄化趋势日益严重,截至 2008 年底,60 岁及以上人口 1.6 亿人,约占全国总人口的 12％,比上年上升了 0.4 个百分点。全国 65 岁及以上人口 1.1 亿人,占全国总人口的 8.3％,比上年上升了 0.2 个百分点。劳动年龄人口比重下降,老年抚养比提高,社会的抚养负担越来越重。另一方面,城乡结构的人口红利效应在减少。上文已经提到,我国有着数量庞大的流动人口群体,流动人口的增长势头在今后依然会很强劲。而且越来越多的农村进城务工人员都选择携带亲属,这又进一步降低了劳动人口比重,相对提高了社会的总抚养比,减低了人口红利效应。

三、我国城市人口管理特点

我国是一个发展中人口大国,由于人口基数大,城市人口众多,再加上改革开放以来,人口正式迁移和非正式迁移数量剧增,给城市造成了空前的人口压力。从控制城市人口规模,维护城市健康正常的生产与生活秩序,以及有效配置人力资源,提高城市经济效益的角度出发,城市人口管理在城市社会管理中占有重要地位,从而保证城市劳动力充分就业和合理使用,提高城市的经济效益。

中国是拥有 13 亿人口的大国,有着自身特殊的国情条件,自新中国成立以来,我国城市人口管理就形成了区别于其他国家的管理模式和特点,主要体现为居民户口和居民身份证管理、计划生育管理的特殊控制政策,这些具有中国特色的城市人口管理制度也在随着时代的发展而变化。[①]

(一)城市户籍制度

户籍管理的实质是一个国家政府对其所辖人力资源所进行的控制和规划。我国现行户籍制度是新中国成立后随着计划经济体制的确立而逐步建立起来的。其特征主要体现在两个方面:一是户口性质方面,以商品粮供应为标志,将户口登记为"农业户口"与"非农业户口",形成城乡户口的二元结构;二是户口迁移方面,制定多项"农转非"政策和计划控制指标,实行政策与指标双重控制的管理体制;对农村人口进城、小城市人口迁往大城市进行严格控制。这种户籍制度适应了计划经济条件下大规模经济建设对全国人力资源统一管理和调配的需要。但随着经济的发展,特别是经济由计划型向市场型的转化,这一体制所产生的问题也日益明显,主要表现为经济系统的效率低下及人力资源的潜能不能充分发挥。

我国从搞活流通领域开始的市场经济体制改革发展到生产领域后,对生产要素的自由流动提出了更高的要求。其中,人力资源的有效配置和自由流动,是最大限度地提高资源利用效率的基本保证,也是人的全面发展所提出的要求。

---

① 以下内容参见王雅莉主编:《市政管理学》,北京:中国财政经济出版社 2002 年版,第 278－287 页。

于是,我国原有的以城乡二元结构和统一调配为特色的户籍管理制度就必须进行有效的变革。

20世纪80年代中期以来,随着农村联产承包责任制和统分结合的双层经营体制的建立和初见成效,农村剩余劳动力不断增加,大量的农村剩余劳动力进入城镇寻找工作,或跨地区从事经商活动,国家原有的经济体系已经发生了很大变化。为了解决日益严重的流动人口问题,也为了更好地发展本地经济,更好地开发和管理好本地区的人力资源,各地根据自身的情况对原有的户籍管理体制进行了调整和改革。上海、厦门等地相继推出了"蓝印户口"制度,对外地在该市投资超过一定数额、购置商品房或被该市国家机关、企事业单位聘用超过一定年限的外来人员,准予申办"蓝印户口",取得"蓝印户口"连续5年以上,可按有关规定向公安机关申请该市常住户口;北京市也通过允许部分在京人员申办"临时居民证"而对原有的户籍制度进行了部分调整和补充,持有"临时居民证"的外地来京人员可以在银行贷款、申办工商企业、子女上学等方面享有与本市居民同等的待遇。这些都在一定程度上突破了我国原有户籍制度的框架,从而开启了我国户籍管理制度改革的大门。

我国户籍制度改革的目标模式,是建立一个城乡和地区之间劳动力自由流动的动态户籍管理系统,这是全方位高效率配置劳动力资源的内在要求,也是社会主义市场经济深入发展的必然结果。在市场经济条件下,产品在流动,资本在流动,劳动力也在流动,要素流动是市场经济的灵魂,也是市场经济能够实现高效率的原因。市场经济的发展无疑对户籍制度建设提出了新的要求,即户籍制度如何成为适应及推动劳动力要素和其他要素的不断流动、促进经济系统的高效、有效配置人力资源、发挥人的潜能的社会模式。随着中国加入世界贸易组织,各方面开始与国际接轨,这一要求将会日益迫切。但是考虑到我国庞大的人口规模,城乡和区域之间经济、社会等条件的巨大差异,以及"大城市病"可能带来的诸多问题,户籍制度改革应该循序渐进,不应急于求成。在经过各个地区的试点和探索成熟后,再制定出一部新的户籍管理法,以适应不断变化的社会需求。

(二)居民身份证管理

居民身份证制度是为了便利公民进行社会活动,维护社会秩序,保障公民合法权益的一种管理制度。其基本内容包括六个方面:领取;登记;效力和期限;换领和补领;交回、收缴和收回;查验和扣留。

目前,我国在身份证管理上存在许多问题,主要表现在错证多、废证多、无证现象多、假证多、一人多证的现象多。加强居民身份证管理,可以采取以下对策:

1. 从完善法律法规着手,规范居民身份证的管理

一是取消临时居民身份证;二是缩短居民身份证的办证期限;三是进一步完善有关法律、法规,加大依法对居民身份证的管理力度。现行的有关居民身份证管理的法律有《中华人民共和国居民身份证条例》、《实施细则》、《临时身份证管理规定》、《中华人民共和国关于在全国实施居民身份证使用和查验制度的通告》等四部法规,这些法规中有些条款的相互联系、相互衔接不够紧密,因而有必要制订一部系统的《居民身份证法》,对居民身份证管理从法律体系上予以规范。

2. 加强对派出所户籍员工作的管理

目前,基层派出所是颁发居民身份证的第一道关口,而基层派出所的户籍员是第一道关口的责任人,强化户籍员的工作责任教育并对其工作及时检查督导,使他们在颁发居民身份证、户籍管理中严格依法办事,充分发挥他们在颁发居民身份证工作中的积极作用。

3. 加强对居民身份证的日常管理

首先,强化对居民身份证的管理意识,公安机关要在各类执法活动中把对居民身份证的查验,作为基层民警的一件日常工作;对违反居民身份证管理规定的要依法查处。除自身加大查验力度外,公安机关还要依靠城建、工商、民政、计划生育、民航等各个部门协助,在城市建设、办理营业执照、结婚等各种民事活动中,要求公民出示居民身份证,形成查验合力,逐渐形成和提高公民的居民身份证意识。其次,要严格对废证的收缴、回收工作,真正做到发现一个,收缴一个,决不让废证、假证留在社会上。

4. 加强对群众使用居民身份证的宣传教育

公安机关要定期不定期地开展居民身份证的宣传教育,提高公民自觉遵守居民身份证法规的自觉性,不变卖、转借、伪造居民身份证,认真保管好自己的居民身份证,防止不法人员利用其违法犯罪。同时,对社会中涉及需要配合公安机关查验居民身份证的单位和部门,公安机关要召开工作联系会,加大协管力度,逐步形成全社会管理居民身份证的格局。

5. 采用高科技手段完善身份证管理

从 2004 年起,我国已启动第二代居民身份证换发工作。新身份证采用了先进的制作技术,在防伪、信息存贮交换、照片扫描等方面将有很大的改进。同时,

人名字库也进一步扩大,使得一些名字中的冷僻字可以方便地录入。换证工作结合全国人口信息资料库的整合,最大限度地减少重号、错号。

(三)城市计划生育管理

计划生育是指为了贯彻"控制人口数量,提高人口质量"这一基本国策,宣传晚婚、晚育、少生、优生,提倡一对夫妇只生育一个孩子的基本政策。晚婚指提倡和鼓励青年男女比法定结婚年龄晚二三年结婚,其作用是延长人口生育周期,提高人口素质;晚育指适当推迟妇女婚后的初育年龄和生育二胎的间隔年限,延缓人口增长;少生在现阶段主要是提倡一对夫妇只生育一个孩子,农村夫妇不要超过两个孩子,这是降低我国人口自然增长率的重大政策措施;优生指生育身心健康的儿童,并进行优育、优教,这是提高人口素质的先决条件。

计划生育管理对我国经济和社会发展具有重大战略意义。由于计划生育涉及千家万户、各行各业,特别是面对多子多福和重男轻女的封建意识影响,工作难度很大。从多年的经验看,除了在宣传教育、生育指标控制、计划生育保健等方面对于城市户籍人口进行计划生育管理之外,对于暂住流动人口的计划生育管理成为目前城市人口管理中的重点和难点。将在下文讲述。

(四)城市流动人口管理

与我国城市化水平和进程现状相联系,城市流动人口已经成为在城市中生存的不可忽视的群体,对于城市流动人口的管理,必须纳入城市人口管理的工作范围,否则不可能实现有效的城市人口管理工作。

流动人口的管理,涉及方方面面,既有户口管理、治安管理、劳动管理、工商管理,也有卫生管理、计划生育管理、生产安全管理,等等。因此,管理好流动人口,并不是哪一部门的事,需要城市各部门共同参与、齐抓共管。当前,流动人口较多的地方,普遍都设有流动人口管理办公室,流动人口较少的,一般都由公安一家从维护社会治安角度在管理。机构设置健全、合理是管好流动人口的组织保障。

流动人口管理,是一个复杂的动态管理工程,它与公安机关原有户籍相对静止状态的管理有很大区别。因而必须要采取相应的管理机制,才能有效地发挥流动人口在城市中的作用,克服流动人口所带来的负效应。

1. 城市流入人口管理

新中国成立的前 30 年时间里,由于实行严格的户籍制度和计划经济体制,人口流动性很低。改革开放后,人口流动性增大,城市流入人口增多。

流动人口的成分参差不齐,对城市管理冲击较大。主要的问题是:[①](1)治安问题。根据调查显示,城市区域流动人口流动性大的地方,如车站、机场、广场、码头等以及流动人口的聚居地,治安问题比以往都严重得多,市容、工商等管理问题也较多。(2)私自雇工问题。一些工厂、企业个体户私招、滥雇的现象严重,特别是建筑工地的民工流动频幅大,准确数目难以掌握。(3)居住登记问题。出租屋管理漏洞大,出租人员变动大,而且存在一人承租多人住宿现象。并且不按规定申报暂住户口,管理工作存在漏管情况。(4)流入人口中购买本市商品房的暂住人口难以控制,部分购房后转租转卖,不办理有关登记手续,使管理人员难以寻找实际购房人。为促进经济的发展,同时遏制流动人口给社会带来的负效应,城市政府必须对流入本市的人口抓好以下工作:

(1)加强流入人口的暂住登记和发证工作,以便准确地了解流动人口情况;

(2)依靠社会力量,加强对流入人口的治安管理;

(3)加强对流入人口的查验工作,及时掌握流入人口的动态状况;

(4)加强流动人口计划生育管理。

特别的,针对流动人口中复杂多变的实际情况,对流动人口管理采取灵活措施。由于城市经济发展情况不同,流动人口的自身特点不同,使得流动人口管理没有通用模式,城市管理部门必须针对实际情况采取相应灵活的管理措施,才能获得理想的管理效果。从一些城市现有经验来看,对于流动人口,特别是流入人口建立严格的、及时更新的数据资料库对城市人口及其他方面的管理意义重大。

2. 城市流出人口管理

目前,我国流出人口绝大多数是在农村,农村要对流出人口实行流动人口就业登记卡(含婚姻、计划生育、兵役、犯罪情况、专长职业等等)制度,以方便流入地管理部门能够有效地了解流动人口的各方面情况。而城市对流出人口的管理,可能还存在大量空白。然而改革开放以来,城市人口流出人数也与日俱增,他们流动到更大的城市或国外,为城市发展建立了广泛的联系。对此,城市管理部门应有相应的管理,以充分利用城市人力资源,并保护流动人口的有序性和减少盲目性。从当前的实际情况来看,城市流出人口管理的主要内容是:

(1)建立流出人口登记制度

城市管理部门根据流出人员的需要,制作统一规范的流动人口就业登记卡,表明流动者的年龄、学历、专长、职业、婚姻、计划生育、健康、兵役、犯罪等情况,

---

① 引自张觉文编著:《市政管理新论》,成都:四川人民出版社2003年版,第394页。

或者在身份证的基础上,增添有关内容,以方便流动者的流动性就业和居住的需要。

(2)建立流出人员培训制度

城市的发展状况与外出人员往往有密切的关系。城市若能从长远发展的需要出发,对本市流出人员,根据其流出就业的需要,进行职业就业技能、市场活动常识、流入地风土人情、法律自保和求助等方面知识的培训和教育,从而增强本市流动人口在异地的工作和生活能力,将是现代城市管理一项十分有意义的工作。它在事实上构成开发城市竞争力的一项内容,有远见卓识的城市领导应当给予足够的关注。

(3)建立流出人员档案

城市管理部门在流动人口就业登记卡的基础上,建立流出人口的反馈信息登记制度。把这些信息转变成城市发展的有用信息资源,用于开发城市的资源优势和发展城市经济优势。为此,要建立与全国乃至世界联网的劳务市场的信息网络,掌握流动人口的就业情况;建立人才市场的信息网络,掌握城市头脑资源状况;建立社会治安的信息网络,掌握流动人口的社会治安状况,等等。

第二节　城市住宅管理

目前,很多城市在人口管理领域开始出现了新的制度体系,"以业控人"、"以房管人"、"以证管人"的政策不断完善。基于以人为本的原则,不断追求服务均等化。进一步放宽了夫妻投靠、老年人到城市投靠子女等户籍准入的条件。并逐步扩大了工作居住证(各城市绿卡)的申请范围,降低了工作居住证的申请门槛,进一步缩小了持工作居住证者在工作、医疗、教育等领域和户籍人口的权利差距。对于高端人才和各城市经济发展急需的技术人才更是给予落户上的优惠政策,力求彻底打破人才身份限制,促进人才合理、有序、自由地流动。并不断完善流浪乞讨人员救助体系,积极解决城市生活无着人员问题,杜绝简单粗暴执法的现象,在加强管理的同时体现出人文关怀。

作为居住场所的住房是人类生存必不可少的基本条件之一。城市住房属生活资料,是城市居民赖以生活的最基本的物质条件。城市住房的规划、建设、使用、流通等是关系到城市居民安居乐业、社会稳定与进步的重要环节。住宅问题在城市社会经济发展和社会生活中占有重要的地位和作用。

住房管理是城市社会生活中的重要方面,关系到千家万户的切身利益和现实生活。城市住房管理是城市房屋管理的主体。由于各国经济制度的不同、经济发展阶段不同,形成各具特色的城市住房管理特色。本章将重点从我国城镇住房体制改革、城市住宅管理体制,以及城市住房供给制度等方面进行介绍。

一、城市住宅管理的意义[①]

住宅问题在城市社会经济发展和社会生活中占有重要的地位和作用。在城市中,由于住宅是一种使用时间最长的超耐用消费品,居民用于住房的费用往往占家庭开支的很大比重,相当于产业工人平均年工资的几倍至几十倍,因而成为城市居民最为关切的问题之一。

从个人角度看,住房首先是提供安全、满足休养生息的基本消费需要。其次,住房是城市居民社会交往和精神满足的一种需要。再次,住宅是城市居民用于货币保值的一种投资方式。最后,住房还是可以用来取得收入的一种特殊的资本或财产。

从社会角度看,城市住宅首先是社会再生产的必要物质条件,是劳动者延续后代和再生产自身劳动力的重要物质条件。其次城市住宅是促进国民经济发展的重要因素,城市住宅及关联产业的投资是国民经济的一个重要投资领域,它在各国的发展史上都曾作为支柱产业,住房投资和非住宅建筑物共同形成的不动产投资可达国民经济投资额的一半以上。再次,住宅业是一个关联性极强的产业,它与建材、冶金、化工、机械、轻纺、运输、市政等产业密切相关,因而会影响到城市的投资结构进而影响到产业结构。最后,包括住房在内的不动产还是一个广泛的就业领域,随着经济发展和产业分工的深化,形成了诸如不动产开发、评估鉴定、中介、物业管理、登记、金融、税收、咨询服务等十几种职能部门,这些部门为日益庞大的就业需求提供了机会。

二、我国的城镇住房制度沿革[②]

从新中国成立初期到现在,我国的城镇住房制度经历了新中国成立初期由社会主义国营经济、半社会主义合作经济、个体经济、私人资本主义经济和国家资本主义经济并存的所有制结构,和20世纪60年代后期单一的房屋公有制结构以及改革开放以后,多种住房所有制并存的演变过程。新中国成立后,百废待

---

① 参见王雅莉主编:《市政管理学》,北京:中国财政经济出版社2002年版,第195－196页。
② 参见谢经荣等主编:《房地产经济学》,北京:中国人民大学出版社2002年版,第213－216页。

兴,在优先发展重工业的战略指导下,重积累轻消费,国家对城镇住房投入力度不大,再加上人口迅速膨胀,致使我国城镇居民人均居住面积长期停留在4.5平方米左右,再加上住宅成套率低,居民居住条件极差。直到上个世纪90年代开始,这种情况才有所改善。为改善城镇居民的住房条件,新中国历届政府作出了不懈努力,住房政策几经周折,最终朝商品化、社会化方向迈进。

原有的极低租金的城镇住房制度是一种典型的共产主义式的按需分配。我国发展的实践证明,单一的房屋公有制存在着容纳过量、机理失调等问题,难以适应现实发展,特别是难以适应经济体制的改革与发展的需要。因此,始于20世纪80年代初的住房制度改革是及时的,也是必要的。城镇住房制度改革指从20世纪80年代初以来由政府推动的、逐步改变原有城镇住房体制的一系列政策措施,包括20世纪80年代的售房试点、提租补贴、优惠售房,以及90年代以来的以售带租、住房商品化、住房分配货币化等一系列举措。

1998年6月,国务院在北京召开全国城镇住房制度改革和住房建设工作会议,讨论了《国务院关于进一步深化城镇住房制度改革,加快住房建设的通知》。《通知》进一步确定了深化城镇住房制度改革的指导思想、工作重点和基本原则,强调停止住房实物分配,逐步实行住房分配货币化,建立和完善以经济适用住房为主的多层次城镇住房供应体系,发展住房金融,培养和规范住房交易市场。《通知》指出深化城镇住房制度改革工作的基本原则是"坚持在国家统一政策目标指导下,地方分别决策,因地制宜,量力而行;坚持国家、单位和个人合理负担;坚持'新房新制度、老房老办法',平稳过渡,综合配套"。

从总体上看,我国城镇住房制度改革的目标已确定:建立与社会主义市场经济体制相适应的新的城镇住房制度,实现住房商品化、社会化;加快住房建设,满足城镇居民逐步增长的住房需求;发展住房金融,建立和规范住房交易市场,促使住宅业成为新的经济增长点。

根据上述城市住房制度改革的根本目标,城市住房制度改革的基本内容是:

1. 改革城市住房建设投资由国家、单位统包的体制,实行城市住房建设投资由国家、单位、个人三者合理负担的体制,实现城市住房建设资金来源的多元化和投入产出的良性循环。

2. 改革城市住房实物福利分配的方式,实行以按劳分配为主的货币工资分配方式。

3. 改革各单位建房、分房和维修、管理住房的体制,实行社会化、专业化运行的体制。

4. 建立以高收入家庭为对象的商品房供应体系、以中等收入家庭为对象的经济适用房、限价房供应体系和以低收入家庭为对象的具有社会保障性质的廉价房或廉租房供应体系。

5. 根据"个人存储、单位资助、统一管理、专项使用"的原则,全面建立住房公积金制度。

6. 发展住房金融和住房保险,建立政策性和商业性并存的住房信贷体系。

7. 建立规范化的房地产交易市场和社会化的房屋维修、管理市场。

2008 年,根据第十一届全国人民代表大会第一次会议批准的国务院机构改革方案和《国务院关于机构设置的通知》(国发[2008]11 号),设立住房和城乡建设部,为国务院组成部门,将原建设部的职责划入住房和城乡建设部。住房和城乡建设部的设立充分体现了我国国家政策对住房领域的关注,其职能之一就是拟订适合国情的住房政策,指导住房建设和住房制度改革,拟订全国住房建设规划并指导实施。从近期我国城市住房制度、政策的演化来看,城镇低收入家庭住房问题已成为我国住房制度改革下一步将要关注的重点。

城市住房制度改革是一项复杂的社会系统工程,需要财税体制、价格体制、金融体制、工资制度等方面改革的支持和配合,需要法律的保障。新的城市住房制度的建立,是一个长期的、艰巨的过程,必须有步骤、分阶段推进。

三、城市政府住宅管理职责①

由于住房的重要性和解决住房问题的紧迫性,几乎没有一个国家政府不参与住房市场的运转和管理。第二次世界大战以后,多数西方国家都从战略高度上审视住房问题,建立了多级职权明确的住宅管理机构;它们制定了种种住宅政策和计划,并充分利用立法来保证其实施。如日本从 1948 年就在内阁之下设立了建设省,下设专管住宅建设的住宅局;加拿大联邦政府劳务部下设有住房抵押公司,包括联邦、省、市三级住房抵押公司执行管理职能;美国政府中设有城市与住房发展部,下设公众住房局负责解决低收入家庭的住房问题。联邦政府住房管理局负责解决中等收入家庭的住房问题。政府对城市住宅行使多种管理职能。从我国的具体情况看,在城镇住房制度改革逐步深入,城镇居民的住房商品

---

① 此部分内容参见王雅莉主编:《市政管理学》,北京:中国财政经济出版社 2002 年版,第 196－200 页。

化水平日益提高的条件下,城市政府的住宅管理职能主要有如下内容:

(一)住宅发展规划管理

城市政府引导城市经济和社会发展,其中一个重要的内容是城市住宅的发展规划。这项工作主要有两方面内容:

1. 城市住宅需求预测

城市住宅需求预测一般有有效需求预测和标定需求预测两项内容:(1)有效需求预测,是根据居民对住宅有支付能力的需求状况,即居民购买住房的欲望和其收入的能力,而对住宅需求所作的预测。它与预测其他商品有效需求量的方法基本一致,可以用时间序列、回归分析等方法进行。(2)标定需求预测,是根据城市居民每户平均标准居住面积或规划居住面积、人口数量、家庭户数等因素,得出所估计的标定需求数量的方法。它需要具体分析人口年龄结构的变化、青年进入成年人数量、青年进入婚龄人口数量、城市职能(如旅游城市等)以及计划生育政策和社会风俗习惯等因素,然后用数量分析方法做出预测。

2. 住宅发展规划

首先要确定城市住宅的发展目标,即根据住宅需求的和标定的预测数据,以及住宅经济的发展规律,制定出住宅发展目标。住房经济发展规律主要是参照世界各国人均国民收入不同水平阶段上住宅投资的不同比重,据世界银行分析,人均国民生产总值为 1 400 美元时,住宅投资比重会由 2%~3%提高到 8.5%,这时是它的最高值。人均国民生产总值再上升时,住宅投资比重会逐步下降。其次是制定住宅发展规划,我国许多城市制定了人均居住面积 18 平方米、20 平方米或更高的发展规划,实现规划的途径一是建新房,二是改造旧房。前者要服从城市总体规划,后者有拆建和改造两种方式,要在城市总体规划指导下,因地制宜地运作。

(二)一般行政管理

城市住宅一般行政管理是城市住房管理部门的一般职能。其主要职责是:

第一,城市房产的产权、产籍管理。首先要登记城市住房产权和使用情况,弄清产权关系。从公房来看,有各级国家机关的住房,还有各企事业单位的住房,也有一幢大楼分属两个单位的情况;私房情况更为复杂,弄清产权才能够更好地调整住房结构。其次要摸清使用情况。原有福利住房成为公有租赁房、房改房后,由于很多市民有了改善居住条件的能力,购买了商品房,就将原来的福利房私自高价出租,没有向国家纳税,造成国家资金的损失。因此,住房实际使用情况必须查清。同时也应该弄清有哪些需要协助解决住房的住房特困户。再次还应了解房屋质量,对危险房屋必须责成住房产权人及时修理,等等。

第二,房地产税费管理。在上述"三产管理"的基础上,城市政府应收集完善的数据资料,掌握纳税清册、房产业主名单及其财产价值估算表,掌握市场数据资料及有关住房格局、公民收入资料等,以便完成房产税收任务和为完善税收奠定基础。

第三,城市房产的法规管理。首先要参与房产法规的制定。主要内容有:公、私房产管理法规,房产交易和房产市场价格管理法规,房屋修缮管理法规,房产拆迁、安置和补偿办法等法规。其次要监督执行国家房产法规。

第四,对房产开发经营企业进行业务指导,协调各房产专业经营企业的活动。同时制定有关政策和规章制度。

(三)住宅市场调控管理

住宅市场是房地产市场的重要组成,其市场波动不但直接影响居民的消费,影响家庭的财富状况,而且有可能催生经济泡沫,引致城市经济剧烈波动。因此,必须对城市住宅市场进行合理、有序的调控管理。

但是,由于住宅市场受到多方面的影响,其市场调控不仅需要住房管理部门的介入,而且需要土地管理、经济管理、金融机构乃至相关媒体等多方的密切配合。因此,住宅市场调控管理就更加显现其复杂性。

城市住宅市场调控管理应包括:

1. 住宅市场预警管理。对城市住宅的供应情况、空置率、价格变动情况、投资增幅等指标进行长期、连续、密切的监控,及时了解相关问题并根据相关问题的重要程度和影响范围发布预警或启动预案。

2. 住宅及土地投放管理。特别注重公有住房、保障性住房的投放区位、时序、结构、节奏等相关内容,与城市土地管理部门密切合作,通过土地供给间接调控住宅市场。

3. 住宅价格与租金管理。密切监控住房价格与租金走势,对房屋价格和租金进行必要干预,在房地产市场泡沫激增或住宅市场萧条的条件下注意平衡相关风险。如经济适用住房的销售限价等就属于此类政策。

4. 住房需求管理。由于住宅产品的供给弹性小,价格受需求影响大,故而住房政策的关键之一就是影响市场需求,通过抑制、遏制、鼓励、刺激等不同措施来影响需求,平衡供需矛盾,促进市场稳定运行。从国家层面来看,2008年我国出台了若干住房消费的刺激性政策,2009年12月,中央决定终止部分刺激性住房消费政策(如,取消住房转让营业税优惠等)就将直接影响住房需求。从城市层面来看,南京、长沙等城市 2008~2009 年出台的首次购房享房价一定比例补贴的政策也属于此类政策,会在一定程度上刺激住房需求。

四、政府对城市公共住宅的供给和经营管理①

(一)城市公共住宅的性质与管理内容

公共住宅是由政府出资建造、国家给予补贴、并具有一定住宅质量(符合本国政府规定的最低住宅水准)的廉价住房,在国外又称为"公屋"。它一般具有社会商品和社会福利的双重性质。城市政府的公共住宅目标是"解急"、"解困",重点解决住房困难户以及无房户的住房问题。在西方国家,除了少数福利国家如瑞典的公共住宅是向全体国民提供外,大多数公共住宅都是面向中低收入家庭,特别是低收入家庭。在美国,公共住宅的建设始于 1937 年,其房租低于私人住宅市场同类住房租金的 20%;在英国,城市政府也以低于市场租金水平的租金向低收入家庭出租公房。公共住宅在缓解城市住宅矛盾、保证低收入者居住条件、发展城市经济、提高城市社会生活水平和质量都有重要的现实意义。在我国,目前城市公共住宅的主要形式包括经济适用房、廉租房、限价商品房、经济租赁房(公共租赁房)。

从各国的经验看,城市公共住宅管理的范围包括:住房事务和服务的管理,即城市政府对公共住宅建设活动的开展、管理和评价;公共住宅标准的建立和管理以及公共资助的住房租金和标准的管理;为一般公众或有特殊需要的人员提供专门住房,即建造购置、改造和修缮住所以及购置建造住房所需的土地;与提供住房有关的低收入社区管理;用以增加、改善或维护住房的津贴、补助或贷款的管理;提供和传播有关住房公共信息的机关以及与住房标准和设计有关的应用科研和试验开发。

(二)城市公共住宅的供求管理

提高城市公共住宅的管理质量,必须从分析城市公共住宅的供求关系入手。

1. 确定对城市公共住宅的需求量

除了参考如上所述的对城市住宅的有效需求和标定需求外,还要从市政公共事务管理的角度详细分析决定公共住宅需求的因素。这些因素主要有:(1)城

---

① 此部分内容参见王雅莉主编:《市政管理学》,北京:中国财政经济出版社 2002 年版,第 201-205 页。

市中低收入人口数量及其构成。(2)城市中低收入家庭及其构成。(3)城市中低收入家庭的住宅需求倾向和需求结构。根据对这些因素的分析,要制定为符合享受公共住宅条件的每户中低收入者提供公共住宅的标准面积。这由市政当局确定,常从三个方面着手:

第一,由专业小组、有关官员或行政管理人员规定较为明确的住房标准,并以此衡量低收入住户的住宅状况。如果立法机关将此标准批准成为一项法规,则它们对地方当局就具有法律的约束力,而且对建设中使用新材料和新技术也有重要的影响。

第二,考虑住宅消费者的偏好和需求愿望,住宅使用者的想法和反应是衡量城市市政部门工作的一个尺度。

第三,考虑住户获得合乎规定住宅的可能性以及他们对住宅的经济支付能力。住宅的负担能力是指每个家庭能把收入的多大部分用于住宅,它要受气候、传统习惯、文化观念、就业状况、食品及其他基本必需品的费用(医药、交通费等)、社会因素(如教育等)、收入水平因素的影响。世界银行认为,尽管各国的情况不同,但低收入户用于住宅的费用以不超过其家庭平均收入的 20% 为宜。

2. 确定对城市公共住宅的供给量

供应公共住宅,关键性的问题就是其建设资金的筹集,即建立稳定的公共住宅建设资金渠道。在目前情况下,应本着如下原则进行筹资:坚持公共住宅再生产的良性循环;坚持调动各方面建房的积极性;坚持统筹兼顾、合理安排。

在发挥社会各界积极性的情况下,公共住宅的资金主要来源于以下渠道:(1)国家投资。即在城市财政基本建设预算中安排一定的住宅投资。(2)房产开发商投资。包括国有房产开发商和享受国家政策优惠承担政府公益责任的非国有房产开发商两种来源。这部分住宅开发活动应享受市政优惠政策,其投资应能够通过公共住区与使用后的运营收回其成本。(3)出售城市原有公房。即根据国家房改政策,陆续出售城市原有公房,所获资金用于新的公共住宅的建设。(4)鼓励城市中低收入者对公共住宅进行投资。主要是按照中低收入市民的投资数量,相应地确定其对公共住宅的部分产权,即通过产权界定来吸引更广泛的投资。(5)建立和完善城市房产税制度,以房产税(物业税)等财产保有税种作为住宅建设资金的来源。(6)建立城市住宅信用,通过城市银行的住宅建设专项贷款,或发行建房公债以及城市集中的退休与保险基金等作为住宅建设资金来源。

公共住宅建设中,主要的管理内容是:(1)住宅建设的资金概算。城市公共住宅计划的资金概算,重点是估算基本住宅所需的资金。基本住宅是指能满足低收入阶层中最贫困的家庭基本居住需要的住宅。(2)住宅建设的适当规模。即与城市发展能力和居民消费水平相当的适当规模。(3)公共住宅建设政策。主要表现为减免税和补贴。补贴主要有两方面:一是给住户的补贴。具体的形式包括给予住户抵押贷款利息的补贴;政府以低息或无息的方式向金融机构或住宅发展总部提供资金;豁免改建私房的财产税,等等。二是给住房经营者的补贴。主要形式有:建房期间借款利息的补贴;降低宅基的地价,或由政府出面征地;给建房者以建材补贴;减免重要进口建材的进口税;在住房开发方面,按低于成本或低于市价的价格提供有关的基础设施。(4)住宅建设的可行性分析。其主要内容是对住宅建设进行财务分析、经济分析等。

(三)城市公共住宅的经营管理

城市住宅的经营管理是指住宅建设完成和交付使用后的经营、管理工作。城市公共住宅的经营管理主要包括以下内容:

1. 城市公有住宅的分配与交换管理

城市公有住宅的分配与交换管理是指房管部门如何分配公共住宅以及分配后发生调换时重新分配的管理。市房管局在公共住宅交付使用后的一定的时期内,依据有关标准或规定,将房源提供给有关申请住房的居民的房管部门,作为执行政府基本住房计划的代理机构,及时把房源交付使用,投入营运。由城市政府投资新建的住宅,一般有两种分配方式:一种是将住宅出售,出售的住宅多是属于福利性质的商品住宅,在价格上要低于市场价格,但对于申请的购买者有一定的条件限制,主要目的是要解决和改善低收入居民和特殊阶层的居住状况,如我国许多城市的安居工程、解困房、经济适用房等。另一种是将新建的住宅交由一定的房管机构如市房管部门、物业管理机构代为出租,许多西方国家都采用这一方式。

2. 租赁租金管理

对于不能购买住房的低收入者,要以低租金的方式提供公共住宅,于是就产生了公共住宅的租赁和租金管理问题。世界许多国家特别是发展中国家,政府每年都要拨出专款兴建一大批公有住宅以供出租之用,我国公有住宅的出租也占有相当大比例,所以对公有住宅的出租管理具有特殊意义。公共住宅租赁,一般是由房管部门将房屋的使用权交予承租人,承租人按照承租合同的规定,向国家交纳租金。承租合同明确规定了承租人与国家房管部门的权利和义务关系,在合同到期时,承租人要将房屋退还房管部门。其次,要做好租金收缴工作。我国公共住宅经营管理的一个重要问题是正确确定租金水平。随着城镇住房制度改革的深入,过去的低租金逐渐上升,但是还没有达到成本租金,更没有达到市场租金。当然,公共住宅的租金要低于市场租金,但是应逐渐向成本租金趋进。

3. 城市住宅维修

为了防止或减缓房屋的损耗,全面或者部分地恢复房屋的使用功能,除加强宣传教育、进行使用指导外,更重要的是要加强房屋的维修管理。我国城市公房的修缮工作,一般实行三级修缮体制,即小修、中修、大修工作分别由三级独立核算单位进行。小修由房管所的房管员和维修工人进行"管养结合";中修由房管所专门的中修队承担施工;大修由房产经营公司或房管所发包给房屋修缮工程公司进行施工。三级修缮体制比较合理,大部分城市采用这种体制。对于出售后的原公有住宅,由当地房地产管理机关依照国务院发布的《城市私有房屋管理条例》和当前国家推出的一些新规定来实施管理。进行维修养护处理原则是:个人产权个人负担,共同所有的共同负担。

4. 关注经济适用住房退出体系建设①

在公有住房体系中,廉租房和经济租赁房都是采用无产权租赁的形式,而经济适用房的不同之处在于购房主体是以购买的形式获得了房屋一定的产权。因此一旦原来购买经济适用房的中低收入阶层在收入水平上有所提高,具备了购买商品住宅的能力,就应该退出政策性保障住宅的供给范围,将有限的社会住宅资源留给真正需要扶助的人。

然而,当前我国关于经济适用房的制度仅仅在准入门槛上执行较严格的资格审核和限制监管,例如对户籍的本地限制,对收入(家庭收入)的限制,对年龄、婚姻状况和家庭结构设定差异性门槛,对现状住房水平进行严格判定等,并且遵循的大都是静态和刚性的政策。但对退出政策和机制却少有关注和规定。由于经济适用房的价格和市场上商品住宅的价格之间存在差值,特别是在住宅市场化程度较高、交易规范化程度又较低的条件下,如果不能设立严格的退出和使用监管制度,这种"双轨制"的存在很容易使原本由政府通过转移支付的方式给予中低收入者的福利性补贴成为一部分人侵占公共资源的契机。②

---

① 参见张波、刘江涛《经济适用住房退出机制的构建》,《经济理论与经济管理》,2008(07)。

② 多数城市在实施经济适用住房制度的过程中都显现出了一些问题。例如,一方面经济适用房购买机会难得,有市民多日通宵排号和购高价房号的情况;另一方面一人购买多套经济适用房,将经济适用房出租,或将经济适用房转售获取暴利,开豪华轿车住经济适用房等现象也屡见不鲜。不可否认,这些问题当中有相当一部分是由于入口不严造成高收入者获得经济适用住房购买资格造成的。然而,如能同时设定有效的退出机制,也可以在一定程度上减少高收入者占据公共住宅或者占有经济适用住房收益的情况。

考虑到需防止通过经济适用房的转售和出租获利,2007 年 11 月建设部等七部委联合发布的《经济适用住房管理办法》设置了相应的交易限制门槛,明确规定:"购买经济适用住房不满 5 年,不得直接上市交易,购房人因特殊原因确需转让经济适用住房的,由政府按照原价格并考虑折旧和物价水平等因素进行回购"。"购买经济适用住房满 5 年,购房人上市转让经济适用住房的,……政府可优先回购;购房人也可以按照政府所定的标准向政府交纳土地收益等相关价款后,取得完全产权。"然而,现实中仍有大量的经济适用住房房主在实际的"使用退出"之后将其用于出租。[①] 因此,针对经济适用房这类政策性住宅的退出而言,实际使用的退出只是形式上的退出,而资源获利的退出,即真实的社会福利和收益权利的退出,才是真正意义上的退出。

并且,从法理层面来看,购买得来的权利不宜被动退出,因为经济适用房的购买主体已经通过购买形式获得了部分产权,强制令其退出和剥夺其应得的增值收益都是缺乏依据且不合理的。特别的,因为原来的经济适用住房在购买时并未签订带有经济适用住房不得转为商品住宅并且政府在某种条件之下有强制统一回购权的这类附加条款的合同。所以,理论上回购的经济适用住房政策只适用于今后政策健全之后的新增部分,即我们通常所说的"老房老办法,新房新办法"。

因此,要实现经济适用住房的真实有效合法退出,首先要在中低收入家庭购房时,设定由开发商和政府专门机构参与的三方合同,规定购房者和政府对于经济适用住房的共有产权,政府在购房者收入水平的提高的条件下可以行使部分产权回购经济适用住房,存入政府公共住宅贮备库,再次定价后投放给新的符合标准的家庭。在回购条件的附加合同条款中,需要进一步深入研究与核定的是退出经济适用房的家庭收入标准门槛和回购价格的设定,这些标准直接关系到家庭居住的稳定和正常收益的取得。此类标准的设定将是一项复杂庞大的系统研究,需要在今后的研究中继续探索。

---

① 例如,借助中介机构的"帮助",通过订立"黑白"合同,卖方不仅能够获得接近商品住宅价格的房款,免交大量的税费,同时还能获得一个以"原购入价格将经济适用住房转售给符合经济适用住房购买条件家庭"的记录,也就等于说仍然有资格再次购买经济适用住房,能够再次获得政策性住宅的隐性补贴,有机会再次攫取指向中低收入住房困难家庭的福祉。

第三节　城市社区管理

一、城市社区的涵义与类型

(一)城市社区的涵义①

社区是区域性社会或社会区域共同体的简称,是社会学的一个基本概念。早在1881年,德国社会学家弗·腾尼斯(F. Tonnies)最先提出和使用了"社区"(gemeinschaft)这一概念。他认为社区是指那些由具有共同价值趋向的同质人口组成的、关系亲密、守望相助、疾病相抚、富有人情味的社会团体。尔后的美国学者查尔斯·罗密斯把腾尼斯的"社区"从德文"gemeinschaft"译成了英文"community",是公社、团体、共同体的意思,并不强调地域性。随着美国经验社会学研究的兴起,许多社会学家在研究社会共同体时发现,要具体研究各类居民共同体,必须从地域共同体着手,因而更多地注重关系、社会组织同地域的相关性,也赋予社区更多的地域涵义。20世纪30年代,以费孝通为首的一批燕京大学学生,首先将英文"community"一词译为中文"社区"。从那以后,这个译名在我国社会学界被一直沿用下来。

关于社区的定义,据美国匹兹堡大学杨庆望教授研究,大约有140多种,从其出发点来看,可归为两大类:一类是功能主义的观点,认为社区是由有共同目标和共同利害关系的人组成的社会团体;另一类是地域性观点,认为社区是一个地区内共同生活的有组织的人群。尽管对社区的定义众说纷纭,但大多数社会学家认为,社区有一特定区域。根据前人的研究成果和我国社会生活的实际情况,社区可规定为:一定区域内有特定生活方式并且具有成员归属感的人群所组成的相对独立的社会共同体。

社区作为一种区域性社会系统,主要由以下几种要素构成:(1)稳定的自然环境和生活居住地域;(2)具有相对稳定的社会关系和生活方式的人群;(3)相对稳定的生活环境和生活设施;(4)具有本地特征的文化积淀;(5)居住人群对居住地的情感沟通和心理认同。

城市社区在社会学领域是与农村社区相对应的一种社区类型,我们认为,城市社区是城市中的社区,是指城市中被道路环绕的居住地段上,由有特定生活方

---

① 　引自张永桃主编:《市政学》,北京:高等教育出版社2000年版,第385-387页。

式并且有成员归属感的人群所组成的相对独立的社会共同体。

城市社区主要有以下特点:第一,城市中被道路所环绕的居住地段为其地域,这一地域边界较为确定,范围较小;第二,社区的人群规模大、密度高、异质性较强;第三,公共设施较齐全,能够承担相对完整的社会功能,满足社区居民基本的物质、文化生活需要;第四,社区内社会组织结构复杂,经济、文化发达,人们之间的联系较为密切,有较强的归属感。

(二)城市社区的类型

1. 从地域特征和管理角度考察,城市社区主要有三大类:[①]

(1)法定社区。这主要是指具有法定地位,其界限可明确标定在地图上的社区,尤其是指街道办事处、居民委员会两级辖区。这两级辖区的划分分别以《城市街道办事处组织条例》和《城市居民委员会组织法》为依据。

(2)自然社区。这是指人们长期共同生产生活或按照自己的意愿选择而形成的聚集区,如各种住宅小区、居民小区和新村以及城市化了的村落等。这种类型的社区或大或小,规模不定,界限也是或明确或模糊,划定标准不一。

(3)功能社区。这种类型是指由于人们从事某些专门的活动而在一定地域上形成的聚集区。一所大学、一座军营、一个单位大院等都可以是一种功能社区。这种社区一般都具有自己独特的文化和生活方式,社区成员职业结构简单,同质性较高,对社区具有明显的归属感和认同感。

三种类型社区的界限并非总是鲜明固定的,它们的边界有时是重合的,有时则是交错的。由于社区之间的联系日益密切,各种活动愈发频繁。人口流动日渐增强,社区的边界也变动不定。因而,对社区的管理也不断发生变化。

2. 从城市社区起源基础、产业和功能的不同出发,又可以分为两类:[②]

(1)居住型社区

主要特点是以常住居民楼宇为物质载体,集休息、娱乐等休闲性功能于一体的居民聚集区。这类社区是城市居民工作之余最主要的居住地,它们能否发挥其应有的基层民主、政治、经济、文化生活的功能,直接关系到城市文明建设的成败。近年来各大城市为解决城市居民的居住条件而兴建的各类住宅小区是这类社区的典型代表。居住型社区要求居民委员会改革其原有行政模式,随着居住型社区的变

---

① 参见张永桃主编:《市政学》,北京:高等教育出版社 2000 年版,第 387 页。
② 引自王雅莉主编:《市政管理学》,北京:中国财政经济出版社 2002 年版,第 368-369 页。

化,调整居委会管理范围和职能。居住型社区集中了市民的绝大多数,是我国城市市政建设、基层民主政治建设、街区经济发展、文明城市建设的核心区域。居住型社区能否满足市民生活需要,是实现城市政治社会化和社会稳定繁荣的关键。

(2)职业型社区

主要特点是以某种专业作为人群聚集的条件,在这一区域内可能有常住居民,但更多的是作为生产或工作的区域而存在。这种社区包括行政型社区(政府官员聚居在政府大院而组成的社区)、科技文化型社区(高等院校、高新技术产业园区等)、企业型社区(工矿企业或商业聚集而组成的社区)等。职业型社区是城市发展的动力所在。在多数情况下,职业型社区也包括城市居民住宅区。所以,在一定程度上它又具有居住型社区的特点,但这种居民住宅区的许多工作与服务是由居民所在单位提供的,又不同于单纯的居住型社区。在职业型社区,首要的生活空间是厂房与办公室,如何为市民创造良好的工作环境是最重要的。当然,休闲娱乐设施、医院、图书馆等也是必需的。

城市社区的这两类并不是彼此完全独立的。实际上,城市社区往往既包含有居住区又含有企事业单位,而且在社区的生活空间结构上,城市居民的属地性和单位性同时存在。

二、城市社区管理的涵义和主体①

(一)城市社区管理的涵义

城市社区管理是指在市及市辖区人民政府的领导下,以街道为主导、居委会为协同,以社区组织和社区成员为依托,运用行政与法律、经济与教育、公德与情感等手段,合理调配和利用社区资源,发展社区事业,提高社区成员的生存质量,促进社区经济和社会协调发展的过程。

关于社区的管理,国外主要有三种组织管理模式:一是自治型,一般是政府负责规划、指导,给以资助,社区组织负责具体实施;二是政府主导型,其特点是政府部门中设立专门的社区组织管理部门,政府负责领导,社区居民组织贯彻实施;三是混合型,或是由政府部门与社区组织共同组成社区管理机构,或是由政府部门对社区建设和发展进行一定程度的干预,同时拨给社区相当经费,但社区有一定自主性。我国目前的社区建设和社区管理正由"单位型"向社区型转变,以上三种模式

---

① 此部分内容参见张永桃主编:《市政学》,北京,高等教育出版社 2000 年版,第 387-389 页。

均可以借鉴,各地、各社区可根据具体情况和条件选择适合的模式,但目前阶段,基层政府对社区管理进行领导则是必要的。

(二)城市社区管理的主体

在我国,对社区管理的定位存在着两种代表性意见:一种观点认为城市社区管理是在市辖区或派出机关街道办事处之下,居民委员会之上这个层次。理由有三:(1)城市社区管理的主体是居民群众,居民群众的参与和居民群众的自我管理、自我教育、自我服务的行为是城市社区管理的生命力所在。(2)城市社区管理有一定程度的政府行为。政府的支持、指导和帮助,是社区自我建设能够顺利开展的保证。(3)城市社区管理是一项系统工程,是一项涉及社区社会进步方方面面的工作,是一个只有在较大区域内才能完成的事业,起码是两个或者更多一点的居委会空间。另一种观点认为城市社区管理应放在街道办事处这个层次。理由有四:(1)街道办事处是区政府派出机关,但其功能已相当于一级政府,城市社区管理需要有一定权威的部门去领导、协调、规划。(2)城市社区管理规模不能太小,如果区域划定在居委会则太小,不能实现社区资源共享,反而造成资源浪费。把城市社区管理定在街道一级,则可充分解决人口与资源的矛盾问题。(3)城市社区管理要讲求一定质量,将社区管理区域确定在街道,实际是街道、居委会两个层次,这样可以使社区管理工作具有整体性,可统筹安排、上下配套、互相补充。(4)把城市社区管理放在街道还有利于城市基层政权建设。

无论是基于上述哪一种意见,关于城市社区管理的主体组成,都是既包括各类社区组织,也包括社会成员个体。各类社区组织按功能不同可分为行政性的、企事业的、社团性的三大类。现将各类主体分述如下:

1. 行政性组织。这主要是指街道办事处及各政府主管部门在社区中的派出机构。街道办事处作为市辖区、不设区的市人民政府的派出机关,主要负责执行人民政府的交办事项,指导居民委员会的工作,反映居民的意见和要求。它虽然不是一级人民政府,但是区政府的派出机关,基本上涵盖了一个区域性政府的所有职能。政府主管部门的派出机构则主要包括工商所、房管所、派出所等。这种机构以"条"的形式出现,职能较为单一,行政特征突出,在辖区内进行各项专业管理和服务工作。

2. 企事业组织。这主要是指社区中的各类生产、服务性组织,如工厂、商店、医院、学校以及物业管理公司等。这些企事业组织的管理对象大都局限于本辖区之内,如物业管理公司在自己的物业范围内提供的管理与服务几乎涵盖了社区管理的所有内容。长期以来,企事业单位形成一个个独立封闭的"小社会",成为游离于所在社区之外的小社会,与所在社区缺乏内在的有机联系。

3. 社团性组织。这是指群众性自治组织及专业性社会团体。《城市居民委员会组织法》规定:"居民委员会是居民自我管理、自我教育、自我服务的基层群众性自治组织"。但在实际的社区管理当中存在着居委会行政化的倾向,这表现在:居委会承担了大量法律规定外的属于政府行政部门职责范围内的工作;居委会配备专职干部,在职期间享受事业编制待遇;等等。专业性社团如各类行业协会、街道共青团、妇联、民兵组织等,都按各自的组织目标和工作程序在一定范围内为管理和服务社区而工作。这类社区组织已成为社区组织体系中不可缺少的组成部分。

4. 社区成员。从性质上来看,目前社区管理是行政性、社会性与自治性相结合的一种模式,但无论从其本质还是从其发展来看,走向自治才是社区管理的基本方向。社区管理的最终目的还是要实现它的自治,即由社区居民自己管理自己生活所在社区的社会事务。社区成员要真正成为社区管理的主体,就要从参与自我管理社区、自我建设社区着手,发挥建议、议事、监督、反馈的作用,不断提高民主自治的意识和能力。

三、城市社区管理的内容

城市社区管理处在城市管理的第一线,管理内容纷繁复杂,在当前的城市管理体制下,社区管理承担了大量市、区人民政府职能部门职责范围内的工作,甚至连三废处理设备改造、建设工程对环境影响的审核及区人大代表提名的落实与联络等工作,也需要社区协办,与此同时,社区管理还须完成大量的与社区居民生活密切相关的事务,包括以下主要内容:[①]

(1)社区社会治安综合治理。这是指由社区内司法、警察、安全、消防等部门组成的社区治安综合治理委员会及由社区居民组成的从事治安保卫工作的自治性组织(如治保会、联防队、门栋关照小组等组织),为创造安全有序的良好社会环境,而对社区内的社会公共秩序、户口、特殊行业(如旅馆业、旧货业等)、道路交通、消防及法制和安全教育进行的管理。

(2)社区环境卫生管理。这是由街道环卫所及各房管所、园林所及社区内各单位组成的城市管理委员会以及群众自治性组织和全体社区成员,为谋求适合居民身心健康的和谐环境,而对生活垃圾、污水、粪便处理工作,道路清扫工作,植树种

---

① 引自张永桃主编:《市政学》,北京:高等教育出版社 2000 年版,第 390－391 页。

草等绿化工作,以及环保宣传工作等等进行的管理。

(3)社区卫生保健。这主要是指由街道卫生科、计划生育委员会及地段医院和社区内企事业单位的卫生保健部门,组织发动社区成员,为保证社区居民的身心健康,而对卫生防疫、计划生育、老年人保健、妇幼保健和少年儿童保健,以及心理咨询、社区康复等工作进行的管理。

(4)社区精神文明建设。这主要是指由社区自治性组织和各专业性团体,以及精神文明建设办公室发动全体社区成员,积极开展创建文明小区、文明里弄、文明楼和文明家庭等活动,进一步完善调解、帮困、服务网络。同时,做好教育、科学、文化、艺术、体育及传媒的发展规划,以生态环境物质文明为基础,加强理想、道德、法制教育,提倡科学的生活方式,形成文明的社区社会风尚。

四、国外社区管理的典型模式

西方国家的社区管理已有一百多年的历史,特别是在英、美等发达国家,社区管理发展到了相当高的水平,已成为城市管理工作中重要的一部分。由于各国的历史背景、国情不同,社区治理模式也各具特色。根据政府与社会结合的紧密程度的不同,可以将社区管理分为自治型、政府主导型和混合型三种模式。①

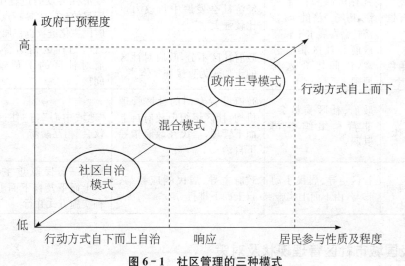

图 6-1　社区管理的三种模式

---

① 参考:《社区建设——理念、实践与模式比较》、《国外城市社区管理模式的比较与借鉴》、《2007 年北京市体制改革报告》、《美国社区管理管窥》。

1. 自治型社区管理模式

自治型模式是社区主导、居民主动参与、由下而上实施的社区管理模式。政府以间接介入为原则,通过制定各种法律法规来规范协调社区内的各种利益关系,为社区居民的参与活动提供制度规范。社区层面的组织及居民按照自主自治的原则处理社区具体事务。美国是这种模式的典型代表。

2. 政府主导型社区管理模式

政府主导型模式是政府主导、居民响应参与、自上而下推行的社区治理模式。政府与社区行为紧密结合,对社区的干预较为直接和具体,并在社区中设立各种形式的派出机构,社区治理表现浓厚的行政色彩。新加坡是这种模式的典型代表。

3. 混合型社区管理模式

混合型模式是政府—居民处于双重主导地位、自上而下及自下而上两种实施方式并行的社区治理模式。政府对社区发展的干预较为宽松,政府的主要职能是规划、指导并提供经费支持,官方色彩与民间自治特点在社区发展的许多方面交织在一起。日本是这种模式的典型代表。

表 6 - 1   国外三种社区管理典型模式比较

	自治型	政府主导型	混合型
代表国家	美国	新加坡	日本
产生背景	具有法制和民主传统,市场经济健全,经济社会发展水平较高	经济社会发展中行政力量比较强大	经济社会发展过程中有明显的政府主导特点,同时民主化进程也在加快
政府角色	政府和社区相对分离,以间接介入为原则	政府社区不分,政府对社区的干预较为直接和具体	政府与社区相结合,政府对社区的干预较为间接
社区治理主体	政府、社区委员会、非营利组织各司其职	政府设置专门的社区管理机构,社区组织由政府自上而下管理,居民在政府指导下自治	"地域中心"与"住区协议会"相互制衡
运行机制	社区主导、居民主动参与、由下而上实施	政府主导、居民响应参与、自上而下推行	政府—居民双重主导、自上而下及自下而上两种实施方式并行

五、我国城市社区管理现状及对策①

随着我国由计划经济体制向社会主义市场经济体制转型,我国的社会管理

---

① 此部分内容参见张觉文编著:《市政管理新论》,成都:四川人民出版社 2003 年版,第 429 - 431 页。

体制和社会整体结构也在发生变迁,过去"单位办社会"的状况开始改变,"单位体制"逐步瓦解,"单位"的社会管理和服务职能已经开始弱化,大量的社会职能向社区回归和转移,人们由过去隶属单位、依赖单位变为走进社区、依托社区,社区成为人们安居乐业的重要场所和实现社会整合功能的基础单元。

这种从"单位人"向"社区人"的转变,使得"社区居民"的角色定位凸现,这带来了城市居民个人和群体角色的转变:(1)政治角色的转变。随着我国市场经济特别是私营经济的兴起,市民在原国有单位的"主人翁"政治角色日益淡化,市民在公司企业中只保有经济人的动机和角色,社会主义主人翁的政治角色转而落实到社区。所以,推进社区民主化进程,保证社区管理的民主性、参与性、群众性,是"社区人"政治角色的根本要求。(2)社会角色的转变。市民主要生活在社区,家庭关系、邻里关系日益紧密,生活的高质量化要在社区里得以保障。所以,社区开始成为哺育文明、和谐人际关系、激励人奋发向上和安居乐业的摇篮,市民的社会角色在社区中得以体现。(3)文化角色的转变。社区成为市民生活的主要场所,同时也成为思想道德、科学文化、精神文明传播和建设的主要阵地。市民在社区中享受文化消费,接受文化传播,参与文化建设,并一道创造出科学、健康、独具特色的社区精神。所以,"社区人"的文化角色得以确立。

除了"社区居民"的角色定位发生变化外,另一方面,经济的转型给社区管理带来了许多新的挑战。这种挑战表现为诸多问题:(1)"无单位归属人员"日益增多。改革开放以来,伴随着个体、私营经济发展,伴随着计划经济向市场经济的过渡,"无单位归属人员"中除以前极少数未就业的家庭妇女和极个别的社会闲散人员外,又增加了大量的下岗职工、个体工商户、私营企业主、待业青年和失业人员,以及自由职业者等等。对这些居民的行为监督、思想教育、社会保障和行政管理只能依靠基层社区组织。也就是说,"无单位归属人员"的增多,客观上要求社区组织更要发挥社会管理和社会整合的作用。(2)外来人口越来越多。我国城市外来人口日益增多是一个显而易见的事实,外来人口一方面为城市经济的繁荣作出了积极的贡献,另一方面,也给城市社区尤其是微型社区的环境整洁、治安秩序、计划生育、人口管理、安置就业等工作带来了新的压力。在这种情况下,社区的工作对象就不仅仅是本社区的正式居民,也包括一部分非正式居民;社区的管理内容就不仅仅包括对本地区的正式成员进行管理和提供服务,还包括对外来人口进行管理和提供服务。(3)随着城市管理体制的权力着力点的下移,许多繁重的市场管理、市容保洁、园林绿化、民政福利、计划生育、社会秩序、道路畅通、居民动迁安置等管理任务逐渐在社区一层展开工作,这给城市社区管理提出了更高的整合能力的要求。

我国城市社区管理的现状及面临的问题充分说明,众多的社会管理职能单纯依靠政府专业管理部门已难以完成,继续维持政府包揽一切的城市管理模式也很难取得理想的效果,唯一的出路是进行城市管理体制的变革,把繁重而细化的社会管理落实到社区,但同时,当前我国社区管理还不适应新的形势要求,还不能很好地完成政府移交的社会管理职能,所以城市社区管理本身也必须进行与时俱进的改革,在党和政府的领导下,健全社区组织体制,完善社区功能,培育社区意识,使社区政府组织、社会团体、企事业单位和社区居民都成为城市管理的参与者。

六、城市社区自治

社区自治的发展是最近几年来中国城市基层所出现的最大变化之一。这种变化产生的原因植根于城市经济的发展所带来的社会变化,必须要找到一种与之相适应的社会基层组织形式。这种社会基层组织的形式和功能,要能够适应市场经济的发展,让人们能够更加自由地表达自己的意见,更加自由地参与社会活动,更加自由地代表各自的利益,更加自由地自我组织并开展活动。

目前在城市社区管理的实施层面上,我国形成了很多极具特色的模式,其中比较具有代表性的主要有侧重居民自治的沈阳模式、侧重行政主导的上海卢湾模式、行政和自治组织并行发展的深圳盐田模式。

沈阳模式通过社区建立“议行分离、相互制约”的机制,改革社区基层自治组织体系,强化基层民主自治功能;上海卢湾模式强化了街道办事处的权力、地位和作用,并通过街居联动发展社区各项事业,行政力量在社区建设与管理中居绝对主导地位;盐田模式按照“议行分设”的原则,分离社区行政执行职能,形成社区工作站和社区居委会两个相互独立的机构,分别承担行政执行和自治职能。

这三种社区管理模式是在我国社区建设中涌现出的典型经验总结,对今后其他地区社区管理的建设和改革具有很高的参考和借鉴价值。就总体而言,社区自治的内容和组织关系可如下阐述。

(一)社区自治的主要内容

社区自治的主要内容之一是居民自治,居民依法管理自己。在这种社区政治的发展过程中,出现了两种基本的组织形态,一种是社区居委会的自治发展以及在居委会内部所出现的各种居民自治活动;另外一种就是以业主为主要成员的业主委员会的发展。

在中国的许多地方,社区自治非常活跃,形式也多种多样。例如在武汉江汉区出现的社区居民评议政府行为的活动,规范了政府的行为;在沈阳出现的社区居民通过选举的方式产生社区居民代表直接参与基层人民代表大会的活动,起到了扩大居民参与政治的途径和监督政府行为的作用。在这些能够开展居民自治和民主的地方,不仅居民自治得到了发展,而且居民的民主意识都有了相当大的提高,居民的参与方式也发生了重大变化。在业主委员会向物业公司以及物业公司背后的某些地方政府部门争取利益的斗争中,业主们为了自己的合法权益,以法律为武器据理力争,还得到了一些维权律师的支持。这样就实际上形成了中国城市社区的另外一种组织形式。从2003年的发展情况来看,中国城市社区自治和民主的发展是基层社会和政治变化的一个亮点。[①]

(二)社区自治组织与政府关系

在推行社区自治、加快城市民主化建设的进程中,并不是要否定和弱化城市各级政府组织在城市社区工作中的领导,而是将政府在社区管理中的精神和意志通过社区自治组织的形式灌输下去,同时,提高社区管理的效率和水平。在处理社区自治组织和城市政府各级相关机构的关系中,要注意遵循以下的原则:

1. 面向社区,重心下移的原则

社区工作的核心是管理与服务。各级组织都要正确处理管理与服务的关系,寓管理于服务之中,把贴近群众、服务社区、服务群众作为强化管理的着眼点,将工作重心下移,利用各自的职能指导和配合社区居委会为社区群众排忧解难;支持街道办事处履行综合管理和协调职能,积极为社区实现“资源共享、责任共担、共住共建”创造条件,并提供必要的人力、物力、财力上的支持。

2. 事权下移,责、权、利配套的原则

要加快城市基层工作社区化、社区工作社会化的进程,各级组织要在事权下移、责任下移的同时,将财力和利益也随之下移,真正做到责、权、利统一。属政府职能部门的工作若确需社区配合的,须与街道协商,经政府同意后,实行部门指导,“权随责走、费随事转”的运作方式。通过责、权、利的配套统一,加大社区工作力度,调动社区居委会工作的积极性。

3. 以人为本,资源整合的原则

各级组织要始终坚持全心全意为人民服务的宗旨,坚持以人为本的原则,以改善社区人居环境、便利社区居民生活、丰富社区文化、提高社区居民素质、保障

---

① 李凡:《社区自治与基层民主的新实践》,《新闻周刊》,http://www.chinanewsweek.com.cn/2003 - 12 - 26/1/2805.html

社区居民安居乐业为己任，把社区居民是否满意作为评价各级组织工作的根本标准。各级组织要充分发挥社区居民的积极性、创造性，善于整合社区内的各类资源，与社区单位和社区居委会共同建好社区。

4. 有利于扩大民主，依法自治的原则

社区居委会是社区群众民主选举、民主决策、民主管理、民主监督的自治性组织。各职能部门、街道办事处及其他组织应尊重居委会自我教育、自我管理、自我服务的法律地位，在支持《城市居民委员会组织法》立法宗旨和立法原则的前提下，根据社区工作的性质和特点，支持、帮助社区居委会从实际出发，利用社区资源、环境和条件，找准工作切入点，大胆探索和创造符合自身实际的新型社区工作特色和管理模式，切实增强社区依法自治功能，避免社区居委会成为政府的一级准行政组织。①

【本章小结】

一、本章关键词

城市人口　人口密度　城市流动人口　老龄社会　房改房
经济适用房　公共住宅社区　功能社区　居住型社区
职业型社区　社区自治

二、本章知识点

老龄社会的标准
城市人口的特征指标
我国城市人口运动趋势
我国城市人口管理制度
我国城镇住房制度沿革
我国城镇住房改革目标
城镇住房产权产籍管理
城市公共住宅
城市社区的分类
城市社区的内涵和内容
社区自治的主要内容

---

① 摘自北京市社科"十五"规划项目《社区自治与政府职能转变》阶段成果。

三、本章复习题

1. 描述城市人口的特征指标有哪些?

2. 简述我国城市流动人口管理的主要内容。

3. 简述城市人口的内涵和城市人口管理的主要制度特征。

4. 简述我国的城镇住房制度沿革。

5. 市房管局的城市住宅行政管理的一般职能是什么?

6. 简述城市公共住宅的性质与管理内容。

7. 简述我国城市社区管理现状及对策。

8. 社区自治组织与政府关系的处理原则是什么?

四、本章思考题

1. 目前我国统计数据中的城市人口同实际意义上的城市人口是否吻合?

2. 户籍管理在城市社会管理中的历史意义和作用是什么,有没有完全放开的可能?

3. 城市政府可以通过哪些手段对城市住宅供给进行调控?

4. 廉租房相对于经济适用房在城镇住房体系中有哪些优势,其管理的要点在哪里?

5. 居住型社区管理在职住逐渐分离的现代城市面临怎样的挑战?

五、建议阅读材料

1. 链接:《中国户籍制度改革路在何方? 五大方面将优先解决》,2004 年 10 月 08 日 13:50,中国新闻网:http://www、chinanews、com、cn/news/2004/2004 - 10 -08/26/491664、shtml

2. 杜凤莲、高文书:《中国城市流动人口:特征及其检验》,《市场与人口分析》,2004 年 04 期。

3. 链接:人民网时政专题:《关注户籍制度改革》,http://www、people、com、cn/GB/shizheng/252/6093/。

4. 中国建设部、国家发展和改革委员会、监察部、国土资源部、中国人民银行、国家税务总局:《经济适用住房管理办法》,2007.11.30。

5. 莫光辉:《完善廉租住房制度切实解决最低收入家庭的住房困难》,《中国房地产》,2004(6)。

6. 北京市国土资源和房屋管理局、市建委、市发改委、市财政局:《关于已购经济适用住房上市出售有关问题的通知》,2004 年 5 月 11 日。

7. 张晓莉:《叫停经济适用房投机行为》,《北京晨报》,2004 年 05 月 21 日。

8. 链接:韦克难:《社区管理教程》,四川广播电视大学,http://www、scopen、net/asfroot/scddip/sqgl/

六、本章参考资料

1. 张觉文编著:《市政管理新论》,成都:四川人民出版社 2003 年版。参阅第九章相关内容。

2. 王雅莉主编:《市政管理学》,北京:中国财政经济出版社 2002 年版。参阅第九章、第十一章相关内容。

3. 马彦琳、刘建平主编:《现代城市管理学》,北京:科学出版社 2003 年版。参阅第四章相关内容。

4. 张永桃主编:《市政学》,北京:高等教育出版社 2000 年版。参阅第十三章相关内容。

5. 谢经荣等主编:《房地产经济学》. 北京:中国人民大学出版社 2002 年版。

第七章　城市环境管理

◎ **教学目的与要求**

通过本章的学习,了解城市环境管理的基本内容,城市生态环境保护的涵义和内容,城市环境管理中的循环经济理念;理解城市环境管理和原则;掌握城市环境管理的一般手段,循环经济中的 3R 原则。

◎ **内容提要**

本章主要介绍了城市环境的涵义和特征,城市环境管理的主要方面和手段,城市环境管理的循环经济理念。第一节从城市环境的概念入手,介绍了城市环境的组成、内涵以及与城市环境相关的一些专用概念;认为城市环境具有复合性、人为性、开放性和脆弱性的特征,揭示了现代城市中出现的环境污染问题以及治理城市环境污染的主要瓶颈。第二节从城市管理的角度提出了城市环境管理的概念和内容,从行政的、法律的、经济的等方面列举了城市环境管理的基本手段,介绍了城市环境管理预防、治理、监督与检查等环节的制度安排。第三节介绍了从源头上解决环境问题的城市环境管理的新理念——循环经济。

第一节　城市环境的涵义和特征

一、城市环境的涵义[①]

(一)城市环境的概念

环境通常指作用于人类所有外界影响因素的总和,是人类赖以生存的空间的总称。环境是由各种性质不同、运动状态不一的物质所组成的有机统一体,是经过从无机环境到生物协调与智能社会三个发展阶段,由岩石圈、水圈、大气圈、生物圈以及技术经济圈组成的复杂体系。它既受自然发展规律控制,也为人类社会经济活动约束,是人类从事生产活动的物质基础,也是人类赖以生存的基本条件。

所谓城市环境,是指影响城市人类活动的各种自然的或人工的外部条件的总和。

(二)城市环境的组成

城市环境包括两大部分,一是城市的自然环境,由城市空间范围内的地质、地貌、土壤、大气、地表水以及城市生物系统等自然因素构成的自然环境的总体;二是城市的人工环境,它是在前者基础上建造的社会环境、经济环境、文化环境和建设设施环境等。人工环境是人类利用自然、改造自然的结果,包括人类在改造自然过程中人工创造出来的环境空间,如各种建筑、工矿企业、文化古迹、人工园林等。城市环境既是一种客观存在,又是一种主观创造。它是城市一切活动的基础、一切生产对象和一切成果的体现;同样,也是人类各种不理智活动的最终承受者。由此可见,城市环境是城市自然因素、城市生态系统与城市人工活动的综合体。

(三)城市环境的内涵

由自然环境和人工环境组成的城市环境在内涵上包括以下三个方面的关系:(1)人口与环境的关系。人口是推动社会经济发展的动力,城市系统中人口

---

① 此部分内容参见王雅莉主编:《市政管理学》,北京:中国财政经济出版社 2002 年版,第 344 - 346 页。

的集聚,改变着自然环境。从城市生态学的观点看,城市人口的增长与自然环境相匹配,可以实现城市社会生产系统和自然生态系统的平衡。(2)经济与环境的关系。环境是人类生存发展的客观条件,城市工业的发展造成污染物的大量排放,进而导致城市环境恶化。有效控制污染物的排放,并对其进行综合治理,需要经济的发展为其提供资金和技术。(3)资源与环境的关系。资源是经济发展的物质基础,对自然资源的开发利用,是人类与环境之间进行物质转换的一个主要方面。人类对自然资源不合理的开发利用,是造成城市环境恶化的主要原因。而经济发展和科技进步可以提高资源的利用效率,合理利用资源,维护城市生态环境的平衡。

(四)城市环境相关概念

在研究城市环境问题时,有几个十分重要的相关概念,这里阐释如下:

1. 环境容量:指在人类健康与自然生态不致受害的前提下,某一环境所能容纳污染物的最大负荷量,是考察污染是否发生的重要标志。

2. 环境污染:指自然环境要素中,混入对人体有害、破坏自然生态的物质或非物质形式,并达到一定的程度、超出环境自我净化能力的现象。或者说,环境污染是由于有害物质或非物质形式的积累超过了环境容量的结果。

3. 环境质量:指自然环境构成的诸要素(大气、水体、土壤、生物等)之一,或环境整体受到污染的程度。

4. 环境保护:指采取各种方法保护环境,使之适合于人类的生存发展和自然生态平衡的实现。它包括两部分的工作,一是防止污染的发生和过度积累;二是对已经受到污染的环境进行综合整治,以恢复或重建城市环境。

二、城市环境的特征[①]

(一)复合性

城市环境是一种高度人工化的自然—人工复合环境。城市环境既不是单纯的自然环境,也不单纯是人工环境。自然环境与人工环境的高度融合是城市环境最显著、最基本的特征。因此,城市环境的发展和演化,既遵循自然规律,也遵循人类社会的规律。自然环境是城市环境的基础,但人工环境是城市环境的主

---

① 本部分内容参见马彦琳、刘建平主编:《现代城市管理学》,北京:科学出版社 2003 年版,第135页。

体。城市是人类对自然环境施加影响最强烈的地方,城市的各种自然要素都带有明显的人工痕迹,甚至已经被人工改造得面目全非。但即使如此,城市环境仍然受到自然规律的制约,城市的自然环境仍然遵循着自然演化规律。例如,城市的"热岛效应"是城市的"小气候",但这种小气候仍然处于城市所在的经纬度所决定的气候区中。

(二)人为性

城市环境是以人为主体和中心的环境。人是城市环境的主体,人不但创造了城市的人工环境,而且剧烈地改变了城市的自然环境,因此人是城市环境的创造者。人创造城市环境的目的是为了人本身,因此"以人为本"是城市环境的根本宗旨。但是,"以人为本"并不是"人类中心论",不是追求人对自然的绝对主宰和控制,而只是强调城市环境的"人文关怀"。

(三)开放性

城市环境是一个高度开放性的环境系统。每一个城市都在不断地与周边地区和其他城市进行着大量的物质、能量和信息交换,输入原材料、能源,输出产品和废弃物。因此,城市环境的状况,不仅仅是自身原有基础的演化,而且深受周边地区和其他城市的影响,城市的自然环境与周边地区的自然环境本来就是一个无法分割的统一的自然生态系统。城市环境的这种开放性,既是其显著的特征之一,也是保证城市的社会经济活动持续进行的必不可少的条件。

(四)更高的脆弱性

由于城市环境是高度人工化的环境,受到人类活动的强烈影响,自然调节能力弱,主要靠人工活动进行调节,而人类活动具有太多的不确定因素;而且影响城市环境的因素众多,各因素间具有很强的联动性,一个因素的变动会引起其他因素的连锁反应,因此城市环境的结构和功能表现出相当的脆弱性。城市环境的脆弱性,主要表现在城市的环境问题种类繁多,而且日益严重。与乡村地区相比,城市是人类生产和生活活动集中之地,污染源众多,污染物数量大,污染现象严重,尤其是大气污染。城市的环境污染不仅影响到城市本身,而且往往扩散到城市的周边地区。城市环境对外部资源的依存性以及城市环境本身的易变性决定着城市环境系统的脆弱性,也意味着城市对于环境污染的承受力不强。治理污染是保持良好环境、提高城市竞争能力的重中之重。

三、城市环境问题的出现和污染的严峻现实

随着城市化的迅速发展,人口迅速向城市聚集,加之城市环境卫生基础设施建设的滞后,城市环境问题突出出来。我国目前的城市环境污染主要表现为以下几方面:

(一)大气污染

煤烟型与机动车尾气的复合型污染直接破坏了城市大气环境。我国大多数城市的能源消费结构是以煤为主。煤烟型细微颗粒物 PM10(可吸入颗粒物,直径小于等于 10 微米)对人体健康危害最大,成为城市大气污染的主要"杀手"。汽车保有量的提高和道路不畅造成汽车尾气排污量增大,也对城市大气环境产生严重影响。据公安部交通管理局数据,截止 2008 年底,全国机动车保有量为 1.7 亿辆,汽车约占 6 500 万辆。而城市是机动车集中使用的地域,就北京而言,预计 2010 年全市机动车保有量将超过 400 万辆。这两大"杀手"致使很多城市降尘量远远超过国际空气质量标准。2008 年,在我国监测的 519 个城市中,仍有 21.8% 的城市刚刚或未达到三级标准,处于中度或严重污染。[①]

空气污染降低人体的免疫功能,诱发或加重多种疾病的发生。长期生活在高浓度空气污染物的环境中,可引起上呼吸道炎症、支气管哮喘、肺气肿等疾病。癌症,尤其是肺癌的多发,更是与空气污染有密切的关系。

(二)水污染

有机污染仍然是水环境污染的主要问题。据最新的水环境质量监测结果,城市河流仍主要是有机型污染,氨氮污染逐渐加重。同时,随着城市规模的扩大和数量的增加,将在沿流域两岸形成城市群,生活及工业活动更加密集,再加上乡镇工业废水的排放,流域水环境问题的矛盾将更加突出,致癌、致畸形、致突变的有机污染物危害问题日益严重。目前,全国近 70% 的污水未经处理便直接排入水域,造成全国 1/3 以上的河流、90% 以上的城市水域污染,50% 以上的城镇水源不符合饮用水标准。

---

① 中国国家统计局:《中华人民共和国 2008 年国民经济和社会发展统计公报》。

(三)固体废弃物污染

城市垃圾是城市环境的重要问题。据统计,目前我国城镇年生活垃圾总量已近 2 亿吨,并以年均 10% 的速度增加。大量垃圾运到城郊裸露堆放。全国现有 660 个城市,2/3 都在垃圾环带的包围中。目前,一些大中城市仅采用简单填埋的方式处理,不仅浪费了资源,而且占用了大量土地。垃圾堆放还会污染土壤,并经雨水渗沥,污染地表水和地下水。据测算,由这些垃圾造成的损失每年约为 250~300 亿元,而这种可再生资源本可创造价值高达 2 500 亿元的财富。可怕的还不止严重的垃圾现状,而是垃圾越来越多的增长趋势。经济繁荣、消费激增,丢弃的废物随之增加,垃圾的容积量越来越大、热值越来越高,有毒有害物越来越多。

此外,噪声污染、光污染、电磁波污染和视觉污染等在城市环境中的破坏作用也不容忽视。

四、城市污染治理的主要瓶颈

(一)思想观念的转变相对滞后

在错误的发展观指导下,人类对资源采取掠夺式的开发,资源回收和循环利用水平低,不考虑环境容量的承载能力任意排放污染物。其结果是资源遭到严重破坏,环境受到严重污染。直至今日,仍有不少城市,特别是中小城市,出于经济发展考虑,采取牺牲环境的做法,只为追求投资增长,而吸收环境污染严重的企业进城落户。

(二)污染治理机制尚不健全

由于环境污染造成的私人成本远低于社会成本,厂商和消费者具有向外排污的内在冲动,因而在单纯的市场条件下公共环境极易出现无人照管的"公地悲剧"。政府可以通过向企业和居民征收排污费和环卫费,用以治理污染;或是由政府出面协调,将污染的外部性予以内部化。但在现实中,仅靠政府来治理污染显然是不够的,将公共环境交由企业或个人处理还有诸多问题,排污费的收取标准和使用机制还不完备,环卫公司政企分开的市场化改革推进困难,尤其是一些纯粹公益性的污染治理项目仍需依赖并不充足的公共财政。

(三)技术水平不高和经费不足仍是污染治理的强硬约束

中国现有垃圾处理技术仍十分低下,真正符合国家环境控制标准和建设标准的垃圾无害化处理率仅有 25% 左右。处理垃圾不仅是技术上的问题,令管理者更为头痛的是,环卫经费严重不足。目前,全国每年投入的资金近 400 亿,这笔巨大的投资相当于全国每年开采黄金的总产量的价值。在这笔资金中,垃圾处理队伍(其中包括近 10% 的退休人员)的工资费用占了约 70%,其余才是购置设备的费用。这对于技术水平要求越来越高的污染处理来说远远不够。

(四)污染治理的公众参与度不高

科技发展在污染治理方面固然重要,但并不能够"包治百病"。治污之重不在于"治",而在于"防"。"治"是治标,"防"才是治本。这个"防"靠的正是城市公众(企业、居民)自觉自愿地维护公共环境,采用新技术减少污染,保持良好的生活习惯,不随地吐痰,不乱扔垃圾。但我们看到的是,诸多陈规陋习和不良的生活习惯仍然影响着城市的公共环境。

第二节　城市环境管理的主要内容

一、城市环境管理的概念和发展[①]

城市环境管理(UEM)指按照一定环境功能目标,运用行政、法律、教育、经济与科学技术等手段,协调人类的社会经济活动与城市环境之间的关系,以防止环境污染、维护城市生态系统平衡的一种措施。

按照社会发展阶段与城市环境功能特征的不同,城市环境管理目标可分为环境污染控制、自然生态保护、物种保护、历史文物保护以及环境战略目标等类型。

20 世纪 70 年代开始,城市环境管理得到了世界各国的普遍重视。1973 年国际城市管理协会为美国环保局(EPA)作过地方环境质量调查,并将城市环境问题进行了排序。70 年代中期,美国的贝利等人汇编了城市生态环境管

---

① 引自王雅莉主编:《市政管理学》,北京:中国财政经济出版社 2002 年版,第 347－348 页。

理的研究成果《城市环境管理》。前苏联在 20 世纪 40 年代设立了城市建设研究所和城市环境保护研究室,就城市环境管理的理论和方法进行了大量的研究,并将城市环境的保护和改善纳入各类城市规划设计中。日本在 1974 年制定了《国土利用计划法》,按城市的不同功能进行分区,把城市环境规划纳入城市建设规划中。

我国的城市环境管理,在 20 世纪 70 年代开始从城市污染源调查和城市环境质量评价入手进行城市环境管理,到 1979 年成都环境保护会议提出"以管促治,管治结合"的方针,使城市环境管理走上综合防治的轨道。自从 20 世纪 80 年代特别是 1992 年在里约热内卢确立可持续发展战略以来,人们对城市环境管理提出了一系列新的看法。从系统的角度看,所谓城市环境管理就是通过调整城市环境中的物质流和能量流,使城市生态环境得以良好运行。因此,基于可持续发展的城市环境管理也逐渐由单纯的环境污染控制转向综合的城市生态环境管理。如今,在可持续发展理念引导下,城市环境管理已经成为世界各国可持续发展战略的重要组成部分。

二、城市环境管理的内容[①]

城市环境管理的内容依存于国家和城市社会经济发展的水平和条件,从一般情况来看,包括如下主要内容:

(一)城市环境的国家标准管理

国家标准指中央政府确定的污染水平和结构,城市环境的国家标准管理指城市管理部门按照国家标准控制城市环境利用的过程。具体管理内容包括:

1. 污染物控制指标管理

污染物控制指标管理又称污染物浓度指标管理,它是根据国家、地方、行业制定的污染物排放标准,控制污染物的排放。污染物控制指标一般分为三个:(1)综合指标。它包括污染物的产生量、产生频率等。在水环境中有丰水期、平水期、枯水期的污水量最大日或时排放量,在大气环境中有冬季或夏季主导风向的烟尘排放量、最大漂移距离等。(2)类型指标。该项指标是按污染物排放造成的环境污染类型,分为化学污染指标、生物污染指标和物理污染指标,各类指标都是一个单项指标的集合。(3)单项指标。单项指标一般有多种,任何一种环境

---

① 此部分内容参见王雅莉主编:《市政管理学》,北京:中国财政经济出版社 2002 年版,第 348－354 页。

中的物质如果其含量超过一定限度就会导致环境质量的恶化,就可以把它作为一种环境污染的单项指标。例如,在水环境中常用的单项指标有 PH 值、生化需氧量(BOD)、化学需氧量(COD)、溶解氧(DO)、挥发酚类等;在大气环境中常用的单项指标有气体温度、颗粒物、二氧化硫、氮氧化物、一氧化碳等。

污染物控制指标管理和排污收费制度相结合,构成了我国城市环境管理的一个重要方面。这种管理方法对于控制环境污染、保护环境资源起到了很大的作用。

2. 污染物总量指标管理

它包括对污染物和污染源两方面的控制管理,即:

(1)污染物总量控制管理。环境保护部门控制一个城市某种污染物的排放总量,以达到预定的环境质量目标。总量控制一般有两种途径,一种是控制污染物的流量,另一种是控制污染物的流出浓度。

(2)污染源总量控制管理。它建立在污染物总量控制管理的基础上。首先,向城市环境中排放污染物质的单位,都要向当地环境保护部门提出排污申请。申请中应注明每个排污口排放的污染物量、浓度以及消减该污染物的具体措施、完成年限。重点排放污染物的单位,要按月填报排污月报,然后由市环境保护部门按照污染物排放总量控制的要求,核定排污大户和各地区允许排放的污染物总量;再由区、县环境保护部门核定辖区内其他排污单位允许的排污量;最后发放排污许可证。环境保护部门对排污单位进行不定期的检查,若发现违反排放许可证规定的指标,将予以罚款直至停产的处理。

3. 城市环境总量结构控制管理

该项管理一般有三种结构控制方法:(1)污染物结构控制。即根据城市环境保护目标的要求,确定出城市各类污染物的允许排放总量,然后采用优化的方法使各类排污总量在全市范围内得到最佳分配,以便使城市环境治理的总费用最少。(2)城市区域结构控制。即按照功能把城市分为若干个区域,根据城市环境污染物排放总量的要求,确定出各区域的分配量,然后采用数学优化的方法,使排污总量在整个城市中得到最佳分配。(3)行业结构控制。由于各行业污染物的排放量、排放途径具有一定的相似性,因此,将城市环境的排放总量按行业进行分配,便于统一管理和提高效益,而且有助于促进行业的技术进步。

(二)制定城市环境发展战略

城市环境管理不只是单纯执行国家标准,从城市长期稳定发展的需要出发,城市应制定环境发展战略。由于我国仍然属于发展中国家,存在着经济发展和环境保护之间的大量矛盾,因此,寻求城市经济与环境协调的可持续发展是城市环境发展战略中的重要内容。

在城市发展中,城市经济结构、城市经济发展水平、城市经济开放度等均会对城市环境产生影响。例如,追求个人利益最大以达到全社会福利最大化的市场经济,虽然是自由竞争有序的经济,但在主要通过价格机制实现资源配置的模式下,资源总是流向资金边际报酬率最高的领域,这就存在着为了追求经济效率而造成环境污染和生态破坏的可能;此外,经济发展中广泛存在的外部性、环境资源无法用经济手段创造等,是造成经济发展中产生环境问题的主要原因。对这些"市场失灵"问题,如果解决不好,最终会由于环境污染和生态破坏而严重制约社会经济的进一步发展,甚至危及城市的生存。

因此,协调城市经济发展与环境的相互关系,突出可持续发展的重要性,为"发展是硬道理"寻求更有效的生长途径,成为我国加快城市化速度,发挥大城市的中心地位和辐射作用,深化现代化进程的重要目标之一。为此,城市管理部门必须认真研究本市环境条件及其与经济发展的关系,制定正确的城市环境发展战略。

(三)城市环境规划管理

城市环境规划是城市环境发展战略的具体化,是城市环境管理的重要内容。科学合理的城市环境规划有助于协调城市社会经济发展与环境之间的关系,对于城市环境管理向科学化发展、指导城市环境保护工作,具有重要的意义。

城市环境规划编制的依据:一是城市总体规划和社会经济发展规划;二是本地区的环境状况和改善环境的要求;三是经济技术的现实条件和发展水平。在规划的编制过程中,要注意信息的反馈,及时对规划进行必要的调整和修正,使城市空间内的经济效益、社会效益和环境效益相互协调,以求得实现三者综合效益的最优方案。

城市环境规划有单项规划和综合规划,其研究内容十分广泛。单项规划主要有城市土地资源适宜度规划、城市适度人口规划、城市资源利用保护与受害生态系统恢复与重建规划、城市生物保护规划、城市生态环境污染控制与防治规划、城市生态系统整体优化研究等。城市环境综合规划,涉及社会、经济、自然等多方面的因素,人口、资源、环境等诸方面的关系,以及效益、机会、风险等多项指标的综合评价。

城市环境规划的基本作用是,运用生态控制论原理,合理调整人口、资源、环境与发展之间的关系,解决发展与环境之间的矛盾。由于城市的性质、特点和规划的阶段目标不同,城市环境规划的技术路线也不可能完全相同。概括而言,城市环境规划程序和内容主要有:

1. 确定环境规划目标

目标的确定是编制规划的中心环节,需要预测环境受干扰和破坏的程度以及与环境建设目标之间的差距,并运用费用—效益分析方法进行正、反方向控制的推断和权衡、优选,从而确定具有经济、社会和环境综合效益的最佳环境目标。

2. 掌握城市区域的环境现状、特征、主要环境问题与制约因素

主要是进行调查以及收集整理、监测分析城市环境的基础资料,包括利用各种政府统计资料,分析航空和卫星遥感图像,开展污染源、城市环境质量本底调查和现状评价,进行民意测验与实验统计,以获得对城市环境的全面认识。为城市自然环境和自然资源保护规划和自然灾害防治规划提供科学依据。

3. 进行人口、资源、环境预测

为了使规划具有可操作性和实用性,对社会、经济和环境的发展变化趋势进行预测是一个关键环节。预测可分为警告性预测、目标预测和规划预测三类。目前国内还没有成熟的预测模式,可以借鉴国外的某些预测模式,或采用类比法、类比与模型相结合的方法进行。例如,通过人机对话建立若干系统的模拟模型,根据与现实系统的比较结果,经过专家集成,反复修改完善。

4. 提出控制污染、改善环境的具体要求和实施方案

在提出具体要求和措施时,要着眼于区域背景下的城市环境综合整治。寻求社会、经济和环境效益的统一,充分发挥环境的自然净化能力和环境管理的效能。

(四)城市环境综合整治

1. 城市环境综合整治的内涵和目的

城市环境综合整治,就是在市政府的统一领导下,以城市生态理论为指导,以发挥城市综合功能和整体最佳效益为前提,采用系统分析的方法,从总体上找到制约和影响城市生态系统发展的综合因素,理顺经济建设、城市建设和环境建设的相互依存又相互制约的辩证关系,用综合的对策整治、调控、保护和塑造城市环境,为城市人民群众创建一个适宜的生态环境,使城市生态系统良性发展。

城市环境综合整治的目的在于解决城市环境污染和提高城市环境质量。为此,综合整治规划的制定,对策的选择,任务的落实,乃至综合整治效果的评价,

都必须以改善和提高环境质量为依据。

城市环境综合整治,就是从发挥城市整体功能最大化出发,协调经济建设、城乡建设和环境建设之间的关系,运用综合的对策、措施来治理、保护和塑造城市环境,促进城市环境的良性循环。对于城市环境综合整治的重点,各个城市都有各自不同的情况和特点,一般说来就是要控制水体、大气、固体废弃物和噪声污染。其中保护水体和大气是重点,而保护饮用水源和控制烟尘污染是重点中的重点。

2. 环境综合整治的定量考核

国务院环境保护委员会《关于城市环境综合整治定量考核的决定》指出:"环境综合整治是城市政府的一项重要职责。市长对城市的环境质量负责,把这项工作列入市长的任期目标,并作为考核政绩的重要内容。"定量考核是实行城市环境目标管理的重要手段,也是推动城市环境综合整治的有效措施。它以规划为依据,以改善和提高环境质量为目的,通过科学的定量考核的指标体系,把城市的各行各业、方方面面组织调动起来,推动城市环境综合整治深入开展,完成环境保护任务。

几年来,城市环境综合整治工作取得了一定成绩,但由于城市工业和人口集中,长期积累下来的环境问题较多,环境综合整治工作进展落后于城市环境保护发展的需要。

首先,城市环境综合整治的理论、规划、工作程序、效果评价等还不够完善,没有做到法律化、程序化与定量化。各城市间综合整治的进展也不平衡。

其次,市长负责制,部门参加,环境保护部门监督管理,分工合作,各负其责的综合整治管理体制还没有完全建立起来,各部门参与环境综合整治的工作还不够积极主动。

城市环境综合整治还没有成为城市市长和各部门负责人的任期责任,仍然存在着"定量管理少于定性管理,科学管理少于经验管理"的一般化管理倾向,目标不清,责任不明,综合整治缺乏科学的定量评价。近年来,一些省市在改革开放形势的推动下,开展了环境保护的目标管理与定量考核,对全国城市的环境保护工作起了很大促进作用。

1988 年国务院环境保护委员会在总结各地经验的基础上发布了《关于城市环境综合整治定量考核的决定》,要求自 1989 年 1 月 1 日起实施城市环境综合整治定量考核工作,引起全国各地的普遍重视。1989 年 1 月,国务院环境保护委员会又发布了《关于下达〈关于城市环境综合整治定量考核实施办法(暂行)〉的通知》。在1989年4月第三次全国环境保护会议上把定量考核作为环境保护工作的重要制度并提出了一些具体要求。从此,城市环境综合整治定量考核作为一项制度纳入了市政府的议事日程,在国家直接考核的32个城市和省(自治区)考核的城市中普遍开展起来。政府"绿色GDP"的绩效考核推进也将进一步促进城市环境综合整治工作。①

3. 城市环境综合整治的工作重点

城市环境综合整治是一项复杂的系统工程,它关系到城市经济和社会发展的各个方面。从城市环境管理的角度出发,应当努力做好以下几方面的工作。

(1)把环境保护纳入城市建设总体规划

推进城市现代化进程,应同步规划和实施城市发展建设规划和城市环境综合整治规划。通过城市基础设施的建设,完善城市排水管网,建设城市污水处理厂,提高城市环境保护设施的水平;通过园林绿化建设、整治城市水系以及旧城改造等途径,改善城市环境,提高环境的自净能力,促进城市生态系统的良性循环。

(2)改革城市环境管理体制,强化环境管理

目前我国城市环境管理存在政出多门、重复决策等问题,造成重复管理和环境管理真空同时并存的现象,为此,需要通过体制改革采取措施进行统一规划、协调和管理。作为城市环境管理的职能机构,环保局负有制定技术政策、行政法规的职责。要通过行政的、法律的和经济的手段,促进城市环境的综合整治。

(3)广开渠道,解决城市环境综合整治的资金来源

随着城市经济的发展,城市环境整治的投入需要加大,这除了来自城市预算外,应从经营城市的策略出发,制定城市公共政策广泛利用城市社会资金,以加快城市环境保护设施的建设,使之与城市经济发展相协调。对于城市环境综合整治与建设项目,要实行优惠扶持政策,例如,减免税收、给予补助金和奖励等。城市的建设维护税、排污收费等要做到专款专用。与此同时,要合理进行社会集资,本着"取之于城市,用之于城市"的原则,发动受益单位支持城市环境的综合整治工作。

---

① 参见济宁市环保局:《城市环境综合整治定量考核制度》,http://www.jiningepb.gov.cn/xzsp/xzspd.asp 2004/08/22

(4)加强政府对城市环境综合整治的领导

城市各级政府要高度重视城市建设和城市环境综合整治工作,城市环境保护部门要会同城市规划经济、城建等部门,协助城市主要负责人做好城市环境综合整治计划,按照各自主管的业务,做好组织协调工作。要加强环境保护的宣传教育工作,提高城市居民对环境保护工作的认识,动员广大群众积极参与城市环境的管理与监督。

三、城市环境管理的原则与手段[①]

(一)环境管理的基本原则

1.全面规划、合理布局

该原则有三层涵义,一是城市的环境保护规划与城市的经济和社会发展规划相结合。根据我国《环境保护法》的规定:"国家制定的环境保护规划必须纳入国民经济和社会发展规划,国家采取有利于环境保护的经济、技术政策和措施,使环境保护工作同经济建设和社会发展相协调。"二是城市的环境保护规划与城市规划相结合。我国《城乡规划法》第四条专门指出:"制定和实施城乡规划,应当遵循城乡统筹、合理布局、节约土地、集约发展和先规划后建设的原则,改善生态环境,促进资源、能源节约和综合利用,保护耕地等自然资源和历史文化遗产,保持地方特色、民族特色和传统风貌,防止污染和其他公害,并符合区域人口发展、国防建设、防灾减灾和公共卫生、公共安全的需要。"由此可见,改善生态环境,防止污染与公害已成为国家法律规定的强制性内容。三是全面规划城市的环境保护工作。以上三层涵义中第一、第二层涵义强调城市环境保护规划应当与城市经济、社会发展规划,与城市总体规划紧密结合、统筹安排,使城市经济社会发展、城市建设与环境保护三者协调发展,第三层涵义强调环境保护管理本身的规划需要全面综合考虑。

2.综合利用、化害为利

这是指全面和充分地利用各种生产和生活的废弃物,变废为宝、化害为利,既充分地利用资源和能源,又减少环境污染。这是治理污染、节约资源、发展生产、保护环境而必须贯彻的一项重要原则。当前,世界上许多国家都非常重视废弃物的回收、利用和处理,并制定了相关的法律法规。因为废弃物中大多含有未被充分利用的有用资源,对其回收利用对节约资源和减少污染是一举两得。在

---

① 参见张觉文编著:《市政管理新论》,成都:四川人民出版社 2003 年版,第 328-334 页。

废弃物的利用技术和方法上,西方发达国家有许多成功的经验。如日本利用城市下水道污泥经高温熔化固化制成建筑材料(如道路地砖),利用垃圾焚烧发电,美国充分利用高炉渣制水泥等。

3. 预防为主、防治结合

城市环境一旦污染便很难恢复,因此保护环境应以预防为主,但预防不可能完全避免污染,对已经存在的污染必须治理,因此要防治结合。

4. "三同时"原则

这一原则要求在进行新建、改建和扩建工程时,防治污染和其他公害的设施必须与主体工程同时设计、同时施工、同时投产。这一原则我国早在1973年便正式作出规定,这是我国在环境管理中防止污染的一项重要原则,也是防止污染的重要制度之一。

5. 依靠群众、大家动手

保护环境、防治污染不仅仅是政府的职责,也是全体社会组织和市民的职责。我国《环境保护法》规定:"一切单位和个人都有保护环境的义务,并有权对污染和破坏环境的单位和个人进行检举和控告。"保护环境、防止污染仅靠政府也难以达到理想的效果,只有全社会成员增强环保意识、积极参与才可能达到较好的效果。

6. 污染者负担原则

指污染和破坏环境造成的损失,由排放污染物和造成破坏的组织或个人所承担。这一原则自20世纪70年代初由国际经济合作与发展组织环境委员会提出后,得到国际社会的广泛认同。污染者负担原则在法律上一般表现为三种方式:征收排污费或多种形式的污染税、赔偿损失、罚款。其中被广泛采用的是"排污收费制度"。我国参照这一原则,在《环境保护法》中规定了"谁污染谁治理"的具体原则,以明确污染者的责任。

除了上述原则以外,城市环境保护与管理还应始终坚持一个总的原则,即可持续发展原则。

(二)环境管理的基本手段

1. 行政手段

这是以政府的名义,通过研究制定城市环境管理的政策,组织制定城市环境规划以及在自身职能范围内的一系列政策活动对城市环境进行管理。

城市政府及其下属的城市环境保护管理行政机构是运用行政手段进行环境

管理的主管机构。如环境保护管理局、园林管理局、环境卫生管理局等。

2. 法制手段

包括建立和健全环境管理的法律、法规体系,并且按照环境法律、法规依法对城市环境进行管理。一是做到有法可依,二是做到依法办事,三是做到违法必究。城市环境保护管理行政机构应协助和配合立法机构和司法机构。

我国的《环境保护法》是对城市环境进行法制管理的基本依据。

3. 市场手段

指运用价格、成本、利润、税收等与价值有关的各种经济杠杆,影响和调节社会再生产过程,利用和保护城市生态环境,使国民经济在生态环境健全的基础上发展。

具体做法包括:征收排污费,排污权交易,征收开发、利用自然资源税,奖励和鼓励综合利用废弃物,对违规行为给予罚款并责令对受害方进行经济赔偿等。

4. 技术手段

即用现代高科技手段对城市环境进行管理,改进城市环境管理的手段,提高环境管理的质量。

这里的技术手段包括改进工业生产技术,比如采用技术水平高、效率高的新技术、新设备代替技术水平低、效率低的旧技术、旧设备,以提高资源的利用率和防治污染的水平;提高对环境管理的技术水平和对废弃物处理的技术水平。如利用现代计算机技术,研究开发城市环境信息系统,使城市环境管理的信息收集、加工、使用现代化;积极发展物耗少、能耗少、排污少而效率高的高新技术工业,垃圾袋装化和分类回收,废弃物的再生利用技术等。

5. 教育手段

包括两个层面的教育,一是环保知识的教育,教育各社会组织和公众懂得如何进行环境保护;二是环保意识的教育,教育社会组织和公众懂得城市环境对人类生存的重要性,养成良好的环保习惯。两方面的教育应结合,只有环保意识而缺乏环保知识则无法有效参与环保工作,缺乏环保意识则更是无法进行环保工作。政府及有关部门应采用各种方式进行这方面的宣传教育。

上述几方面的手段应综合使用,不能偏废,其中法制手段是根本保障,教育手段是长远基础,技术手段是优化条件,行政手段和经济手段是日常管理的必要条件。

四、城市环境管理制度的基本内容①

包括预防方面的制度、治理方面的制度和监督方面的制度。总的来看,我国环境管理制度体系尚不健全,特别是监督方面的制度,缺乏规范性和可操作性。

(一)预防方面的制度

1. 环境监测制度

有关部门定期、定点对城市环境中各种因素的指标进行测试,以查明环境现状,据此采取相应对策。城市环境监测的范围对象包括:环境大气监测、环境水体监测、环境土壤监测。具体工作内容包括:弄清污染物来源、性质、数量和分布,检测环境质量变化动态等。

2. 环境影响评价制度

要求重大工程建设项目在规划和实施之前要对周围环境进行调查研究和综合分析,对建设项目可能造成的环境影响作出评价,制定防止或减少环境损害的方案。具体形式是由建设单位提交环境影响报告书,经项目主管部门预审后,报环境保护行政主管部门审批。

环境影响报告书被批准后,工程项目才能够进行。

3."三同时"制度

前文已讲过这既是环境管理的重要原则,同时也是一项重要制度。

4. 许可证制度

指凡是对环境有影响的各种开发、建设项目,排污设施以及经营活动,均须事先由经营者提出申请,经主管机关批准颁发许可证后,方可进行。

在环境管理中使用的许可证种类很多,有适用于资源开发、工程建设的开发许可证;适用于危险、有毒物品的产品生产销售许可证,以及向环境排放污染物的排污许可证等。

实行许可证制度可以把各种影响环境的活动纳入国家统一管理的轨道,严格限制在国家规定的范围内,便于主管机关针对不同情况具体管理。

(二)治理方面的制度

1. 排污收费赔偿制度

对经允许排污的单位和个人收取排污费,对排污者由于排污超过城市环境

---

① 参见张觉文编著:《市政管理新论》,成都:四川人民出版社 2003 年版,第 328－334 页。

可接受的状态,而对环境造成危害或对某些单位和个人造成损害的,则依法要求赔偿。污染及赔偿的纠纷,可以根据当事人的请求,由环保部门处理,也可以直接向法院起诉。

2. 谁污染谁治理制度

这既是环境管理的一项重要原则,也是一项重要的制度。对排污者由于排污所造成的对环境的破坏,除了经济赔偿或处罚以外,还要限定排污者对其所造成的破坏在一定期限内完成治理任务。

3. 排污权交易制度

排污权交易是指在一定的区域内,在污染物排放总量不超过允许排放量的前提下,内部各污染源之间通过货币交换的方式相互调剂排污量,从而达到减少排放量、保护环境的目的。

排污权交易的基本思路是,在总量控制和满足环境要求的前提下,由政府建立合法的污染排放权利即排污权,并允许这种权利像商品那样被买入和卖出,以此来进行污染物的排放控制。通常的操作方法是:首先由政府部门确定出一定区域的环境质量目标,并据此评估该区域的环境容量,然后推算出污染物的最大允许排放量,将最大允许排放量分割成若干规定的排放量,即若干排污权。政府通过公开竞价拍卖、定价出售或无偿分配等方式分配这些权利,并通过建立排污交易权市场使这种权利能合理地买卖。

排污权交易是当前国际上发达国家广泛采用的一种污染物总量控制的市场运作方式,即在排污总量控制的前提下允许企业买卖排污指标,以经济杠杆促使企业主动削减排污量。

4. 奖励制度

对积极从事环境治理保护活动的单位和个人,给予精神的和物质的奖励。

(三)监督方面的制度

环境保护目标责任制度对一个地区、一个单位的主要负责人,规定必须运用目标化、定量化、制度化的管理方法,确保责任范围内的环境质量符合要求。从市政府的市长、环保局长到各基层部门和各企业,层层签订环境保护责任书,并进行年度考核,考核成绩与奖惩和升降级挂钩。

(四)排污检查制度

环保部门有权对排污单位进行现场检查,监督其是否遵守排污许可证规定。

第三节 城市环境管理新理念——循环经济与源头导向①

城市环境问题的解决存在着两种不同的思路。一种是针对事件的治标性的对策思路;一种是针对原因的治本性的思路。在加强城市环境管理时,不仅需要突击式的治理不时发生的城市环境问题,而且需要深入地抑制或减少它们赖以产生的经济社会原因。只有这样才能从根本上减少城市环境问题的反复发生,实现我们共同追求的城市可持续发展。

将原因导向的城市管理思路用到城市环境问题的研究上,可以发现,我们需要从末端治理为主的环境保护走向发展源头导向的循环经济。下面图7-1中的因果关系是这样的:人类活动对环境施加压力,导致环境状态发生变化,例如人类能源消耗导致大气中温室气体浓度增加;社会机构对环境变化做出响应,以恢复环境质量或防止环境退化。但社会机构做出的响应有应对性和根本性之分。循环经济是针对原因的对策,末端治理是针对后果的对策;末端治理是治标性的对策,而循环经济则是治本性的对策,它将导致环境问题的根本性解决。

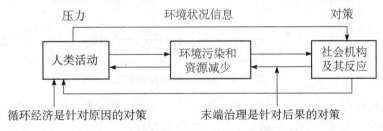

图7-1 循环经济从源头上解决环境问题

一、循环经济是从源头解决环境问题的经济

"循环经济"(circular economy)一词是对物质闭环流动型(closing materials cycle)经济的简称。20世纪90年代以来,学者们和政府在实施可持续发展战略的旗帜下,共同认识到当代城市资源环境问题日益严重的根本原因在于工业化运动以来以高开采、低利用、高排放(所谓"两高一低")为特征的线性经济模式,为此提出人类社会的未来应该建立一种以物质闭环流动为特征的经济即循环经济,从而实现可持续发展所要求的环境与经济双赢,即在资源环境不退化甚至得到改善的情况下促进经济增长的战略目标。

---

① 本节内容引自尤建新主编:《现代城市管理学》,北京:科学出版社 & 武汉:武汉出版社2003年版,第173-179页。

从物质流动和表现形态的角度看,传统城市社会的经济是一种由"资源—产品—污染排放"单向流动的线性经济,如图 7-2。在这种线性经济中,人们高强度地把地球上的物质和能源提取出来,然后又把污染和废物大量地扔弃到空气、水系、土壤、植被这类被当作地球"阴沟洞"或"垃圾箱"的地方。线性经济正是通过这种把资源持续不断变成垃圾的运动,通过反向增长的自然代价来实现经济的数量型增长的。与此不同,循环经济倡导的是一种与地球和谐的经济发展模式。它要求把经济活动组织成一个"资源—产品—再生资源"的反馈式流程,所有的物质和能源要能在这个不断进行的经济循环中得到合理和持久的利用,从而把经济活动对自然环境的影响降低到尽可能小的程度,如图 7-3。

图 7-2 传统的线形经济系统

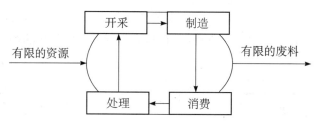

图 7-3 崛起的循环经济系统

循环经济本质上是一种生态经济,它要求运用生态学规律而不是机械论规律来指导人类社会的经济活动。循环经济与线性经济的根本区别在于,后者内部是一些相互不发生关系的线性物质流的叠加,由此造成出入系统的物质流远远大于内部相互交流的物质流,造成经济活动的"高开采、低利用、高排放"特征;而前者则要求系统内部要以互联的方式进行物质交换,以最大限度利用进入系统的物质和能量,从而能够形成"低开采、高利用、低排放"的结果。一个理想的循环经济系统通常包括四类主要行为者:资源开采者、处理者(制造商)、消费者和废物处理者。由于存在反馈式、网络状的相互联系,系统内不同行为者之间的物质流远远大于出入系统的物质流。循环经济可以为优化人类经济系统各个组成部分之间的关系提供整体性的思路,为工业化以来的传统经济转向可持续发展的经济提供战略性的理论模式,从而在根本上消解长期以来环境与发展之间的尖锐冲突。

二、循环经济对末端治理的历史性超越

循环经济的思想萌芽可以追溯到环境保护思潮兴起的时代。20 世纪 60 年

代美国经济学家鲍尔丁提出的"宇宙飞船理论"可以作为循环经济的早期代表。还在环境运动兴起的初期鲍尔丁就敏锐地认识到必须进入经济过程思考环境问题产生的根源。他认为,地球就像在太空中飞行的宇宙飞船(当时正在实施阿波罗登月计划),这艘飞船靠不断消耗自身有限的资源而生存。如果人们的经济像过去那样不合理地开发资源和破坏环境,超过了地球的超载能力,就会像宇宙飞船那样走向毁灭。因此,宇宙飞船经济要求以新的"循环式经济"代替旧的"单程式经济"。鲍尔丁的宇宙飞船经济理论在今天看来有相当的超前性,它意味着人类社会的经济活动应该从效法以线性为特征的机械论规律转向服从以反馈为特征的生态学规律。

然而,在国际社会开始有组织的环境整治运动的 20 世纪 70 年代,循环经济的思想更多地还是先行者的一种超前性理念,人们并没有积极地沿着这条道路深入下去。当时,世界各国关心的问题仍然是污染物产生之后如何治理以减少其危害,即所谓环境保护的末端治理方式。20 世纪 80 年代,人们注意到要采用资源化的方式处理废弃物,思想上和政策上都有所升华。但对于污染物的产生是否合理这个根本性问题,是否应该从生产和消费源头上防止污染产生,大多数国家仍然缺少思想上的认识和政策上的举措。总的说来,20 世纪 70~80 年代环境保护运动主要关注的是经济活动造成的生态后果,而经济运行机制本身始终落在他们的研究视野之外。

只是到了 20 世纪 90 年代,特别是可持续发展战略成为世界潮流的近几年,源头预防和全过程治理才替代末端治理成为国家环境与发展政策的真正主流,零敲碎打的做法才有可能整合成为一套系统的循环经济战略。20 世纪 90 年代思想飞跃的重要前提是系统地认识到了与线性经济相伴随的末端治理的局限:传统末端治理是问题发生后的被动做法,因此不可能从根本上避免污染发生;末端治理随着污染物减少而成本越来越高,它在相当程度上抵消了经济增长带来的收益;由末端治理而形成的环保市场产生虚假的和恶性的经济效益;末端治理趋向于加强而不是减弱已有的技术体系,从而牺牲了真正的技术革新;末端治理使得企业满足于遵守环境法规而不是去投资开发污染少的生产方式;末端治理没有提供全面的看法,而是造成环境与发展以及环境治理内部各领域间的隔阂;末端治理阻碍发展中国家直接进入更为现代化的经济方式,加大了在环境治理方面对发达国家的依赖。

三、循环经济的 3R 原则

循环经济的建立依赖于一组以"减量化、再使用、再循环"为内容的行为原则(称为 3R 原则),每一个原则对循环经济的成功实施都是必不可少的。其中,减量化或减物质化(reducing)原则属于输入端方法,旨在减少进入生产和消费流程的物质量;再利用或反复利用原则(reusing)属于过程性方法,目的是延长产品和服务的时间强度;资源化或再生利用原则(recycling)是输出端方法,通过把废弃物再次变成资源以减少最终处理量。

(一)减量化原则

循环经济的第一法则是要减少进入生产和消费流程的物质量,因此又叫减物质化。换句话说,人们必须学会预防废弃物产生而不是产生后治理。

1. 在生产中,制造厂可以通过减少每个产品的物质使用量、通过重新设计制造工艺来节约资源和减少排放。例如,轻型轿车既节省金属资源又节省能源,仍然可以满足消费者关于各种轿车的安全标准;而光纤技术能大幅度减少电话传输线中对铜线的使用;由于大量的资源浪费和废弃物排放来自包装,因此过度包装或一次性的物品是不符合减量化原则的。

2. 在消费中,人们可以减少对物品的过度需求。例如减少人们所要买的东西,如果人们不是消费至上主义地去买它,它就不会变成垃圾。人们可以学习大宗的购买(但不要大于人们所必需的量),选择包装物较少和可循环的物品,购买耐用的高质量物品等。如果人们这样去做,那么就是在身体力行地减少对自然资源的压力、减少对垃圾填埋场的压力。

(二)再利用原则

循环经济第二个有效的方法是尽可能多次以及尽可能多种方式地使用人们所购买的东西。通过再利用,人们可以防止物品过早成为垃圾。

1. 在生产中,制造商可以使用标准尺寸进行设计,例如标准尺寸设计能使计算机、电视机和其他电子装置中的电路非常容易和便捷地更换,而不必更换整个产品。人们还需要鼓励重新制造工业的发展,以便拆解。修理和组装用过的和破碎的东西。例如,某些欧洲汽车制造商正在把它们的轿车设计成各种零件易于拆卸和再使用的形式。

2. 在生活中,人们把一样物品扔掉之前,应该想一想在家中和单位里再利用它的可能性。确保再利用的简易之道是对物品进行修理而不是频繁更换。人们可以将可用的或可维修的物品返回市场体系供别人使用或捐献自己不再需要的物品。例如,在发达国家,一些消费者常常喜欢从 Goodwill 和 Salvation Army 这样的慈善组织购买二手货或稍有损坏但并不影响使用的产品。像纸板箱、玻璃瓶、塑料袋这样的包装材料也可以再利用以节约能源和材料。可再利用的饮料瓶可以消毒、再灌装、返回到货架上去,有时候甚至可以多达 50 次循环。

(三)资源化原则

循环经济的第三个原则是尽可能多的再生利用或资源化。资源化是把物质返回到工厂,在那里粉碎之后再融入新的产品之中。资源化能够减少人们对垃圾填埋场和焚烧场的压力,制成使用能源较少的新产品。有两种不同的资源化方式:

1. 最合意的资源化方式是原级资源化,即将消费者遗弃的废弃物资源化后形成与原来相同的新产品(报纸变成报纸、铝罐变成铝罐,等等)。

2. 略为逊色的资源化是次级资源化,即废弃物被变成不同类型的新产品。

原级资源化在形成产品中可以减少20%～90%的原生材料使用量,而次级资源化减少的原生物质使用量最多只有25%。与资源化过程相适应,消费者和生产者应该通过购买用最大比例消费后的再生资源制成的产品,使得循环经济的整个过程实现闭合。

四、循环经济中 3R 原则的排列顺序

(一)3R 原则在循环经济中的重要性并不是并列的

人们常常简单地认为所谓循环经济仅仅是把废弃物资源化,实际上循环经济的根本目标是要求在经济流程中系统地避免和减少废物,而废物再生利用只是减少废物最终处理量的方式之一。例如,1996 年生效的德国《循环经济与废物管理法》,规定了对待废物问题的优先顺序为避免产生—循环利用—最终处置。该法规的思想要义是:首先要减少经济源头的污染产生量,因此工业界在生产阶段和消费者在使用阶段就要尽量避免各种废物的排放。其次是对于源头不能削减的污染物和经过消费者使用的包装废物、旧货等要加以回收利用(这部分被称为可利用废弃物),使它们回到经济循环中去。只有当避免产生和回收利用都不能实现时,才允许将最终废物(这部分被称为处理性废弃物)进行环境无害化的处置。以固体废弃物为例,这种预防为主的方式在循环经济中有一些分层次的目标。

1. 通过预防减少废弃物的产生;

2. 尽可能多次使用各种物品;

3. 尽可能地使废弃物资源化和堆肥;

4. 对于无法减少、再使用、再循环或者堆肥的废弃物则焚烧或处理;

5. 在前面四个目标满足之后剩下的废弃物在先进的填埋场予以填埋。

(二)人们必须认识到再生利用存在的某些限度

废弃物的再生利用相对于末端治理虽然是重大的进步,但人们应该清醒地看到以下事实:

1. 再生利用本质上仍然是事后解决问题而不是一种预防性的措施。废物再生利用虽然可以减少废弃物最终的处理量,但不一定能够减少经济过程

中的物质流动速度以及物质使用规模。例如,塑料包装物被有效地回收利用并不能有效减少塑料废弃物的产生量。相反,由于塑料回收利用给人们带来的进步错觉,反而会加快塑料包装物的使用速度以及扩大此类物质的使用规模。

2. 以目前方式进行的再生利用本身往往是一种环境非友好的处理活动。因为运用再生利用技术处理废弃物需要耗费矿物能源,需要耗费水、电及其他许多物质,并将许多新的污染排放到环境之中。

3. 如果再生利用资源中的含量太低,收集的成本就会很高,只有高含量的再生利用才有利可图。事实上,经济循环中的效率与其规模关系至为密切。一般来说,物质循环范围越小,从生态经济效益上说就越合算。这就是说,清洗与重新使用一个瓶子(再使用原则)比起打碎它然后烧制一个新瓶子(再循环原则)来更为有利。因此,物质作为原料进行再循环只应作为最终的解决办法,在完成了在此之前的所有的循环(比如产品的重新投入使用、元部件的维修更换、技术性能的恢复和更新等)之后的最终阶段才予实施。

(三)综合运用 3R 原则是资源利用的最优方式

循环经济 3R 原则的排列顺序,实际上反映了 20 世纪下半叶以来人们在环境与发展问题上思想进步走过的三个历程:首先,以环境破坏为代价追求经济增长的理念终于被抛弃,人们的思想从排放废物前进到了要求净化废物(通过末端治理方式);随后,由于环境污染的实质是资源浪费,因此要求进一步从净化废物升华到利用废物(通过再使用和再循环);最后,人们认识到利用废物仍然只是一种辅助性手段,环境与发展协调的最高目标应该是实现从利用废物到减少废物的质的飞跃。在人类经济活动中,不同的思想认识可以导致形成三种不同的资源使用方式:一是线性经济与末端治理相结合的传统"用完就扔"方式;二是仅仅让再利用和再循环原则起作用的资源恢复方式;三是包括整个 3R 原则且强调避免废物优先的低排放甚至零排放方式。显然,只有第三种资源利用方式才是循环经济所推崇的经济方式。循环经济的目的,不是仅仅减少待处理的废弃物的体积和重量,相反,它是要从根本上减少自然资源的耗竭,减少由线性经济引起的环境退化。

【本章小结】

一、本章关键词

环境　城市环境　环境保护　城市环境管理　城市环境综合整治
"三同时"原则　许可证制度　循环经济　线性经济模式　3R 原则

二、本章知识点

城市环境的涵义和组成

城市污染治理的瓶颈

环境管理的市场手段

城市环境综合整治

环境管理的基本原则

循环经济

3R 原则

三、本章复习题

1. 我国目前的城市环境污染主要表现在哪几方面？

2. 简述城市环境管理的内容和基本原则。

3. 城市环境管理中的手段有哪些类型？

4. 简述城市环境管理制度的基本内容。

5. 简述循环经济中 3R 原则及其排列顺序。

四、本章思考题

1. 城市环境在进入现代社会之后有哪些突出的特点？

2. 城市环境污染治理的原则和方法在区域或者流域污染治理中是否适用？

3. 为什么说循环经济是从源头上解决环境问题的城市环境管理理念？

五、建议阅读材料

1. 冯东方：《中国城市环境现状及主要城市环境管理措施》，《城市发展研究》，2001(04)。

2. 链接：南京市环保局，《绿色人居环境社区考核指标实施细则》，http://www. njhb. gov. cn/zhzz/khzb. htm

3. 链接：中国排污权交易网：《排污权交易 100 问》，http://www. cet. net. cn/new/policy/qa100_content. htm

六、本章参考资料

1. 王雅莉主编：《市政管理学》，北京：中国财政经济出版社 2002 年版。参阅第十一章相关内容。

2. 张觉文编著：《市政管理新论》，成都：四川人民出版社 2003 年版。参阅第七章相关内容。

3. 张永桃主编:《市政学》,北京:高等教育出版社 2000 年版。参阅第十一章相关内容。

4. 饶会林:《中国城市管理新论》,北京:经济科学出版社 2003 年版。

5. 尤建新主编:《现代城市管理学》,北京:科学出版社 & 武汉:武汉出版社 2003 年版。参阅第七章相关内容。

第八章　城乡关系协调与管理

◎ **教学目的与要求**

通过本章的学习了解我国现代城市化发展过程,城市中的农村人口的出路如何;理解城市边缘区与城中村的成因,城乡一体化的意义和发展要点;掌握城市边缘区与城中村问题的管理对策。

◎ **内容提要**

在绪论部分,我们给出了对城市化基本概念的阐释,并介绍了城市化浪潮的成因,在此基础上,本章第一节将总结我国新中国成立以来的现代城市化发展脉络。第二节提出现阶段城市与乡村发生冲突的关键地带是城市边缘区和城中村,对城市边缘区进行了界定和特征分析,归纳了城市边缘区管理中存在的问题和可能的对策,对城中村进行了概念界定和成因、生命周期、影响的分析,提出了引导城中村城市化的对策。第三节描绘了城乡协调发展的最高境界——城乡一体化的发展趋势。

在绪论中,我们简要地说明了城市与乡村的关系。本章,我们将在进一步介绍世界城市化发展特征和我国城市化发展态势的基础上进一步探讨城乡关系的协调发展与相关管理内涵。自本章起的内容很少涉及具体的城市管理部门的职能和行为,主要是从管理理念和意识的层面引导城市管理者关注城乡关系的协调、城市群的协调发展和城市突发事件的管理。

第一节 我国现代城市化发展脉络

这一节里,我们将介绍中国现代城市化发展的脉络,即中华人民共和国成立以后的城市发展。新中国成立后,开始了大规模的战后重建和经济恢复工作,城市工业的恢复和发展,为我国城市发展和城市化进程的加快创造了条件。新中国成立时,我国城市人口仅占总人口的 10.6%,建制市 136 个。新中国成立以来,我国城市发展取得的成就是显著的,但回顾历史,我们曾经走过弯路,经历过艰难曲折,大起大落,最终才走向一条健康发展的道路。新中国成立以来中国的城市发展历程大致可分为以下几个阶段。①

一、城市建设健康发展时期(1949 年～1957 年)

这是我国社会经济和城市化水平保持协调发展的较好时期。新中国成立后,随着国民经济的恢复,中国很快进入了大规模的城市建设和城市改造。围绕着 600 多个重点建设项目,特别是前苏联援华的 156 个重大项目,采取了"重点建设,稳步前进"的发展方针,新建了 6 个城市,大规模扩建了 20 个城市,一般扩建了 74 个城市。

这一时期,国家实施并提前完成了发展国民经济的第一个五年计划。同时,根据经济发展的需要,制定了一系列有利于经济发展和城市建设发展的相关政策,如户籍政策和用人政策,规定任何企业、机关、团体和事业单位都可以根据生产和工作需要,自行招聘职工,职工来源不限,户籍不限,只要本人符合条件,可以是城镇户口,也可以是农村户口,农村户口人员进城工作户口随迁与否自便,未迁入城市的农村户口也无粮油及副食品供应的限制。这样,随着城市建设发展的需要,大量农村人口进入城市投身于城市建设发展之中。

到 1957 年底,全国城市人口由新中国成立时的 5 765 万增至 9 949 万,增加了 72.58%,城市化水平由 10.6%升至 15.4%,年均增长 0.6 个百分点。建制市由 1949 年的 136 个增至 1957 年的 176 个,增加城市 40 个,平均每年增加 5 个。城市面貌也有较大改观,基础设施日趋健全。一批新兴的工业城市逐渐发展成为我国区域经济中心,在国民经济中起到重要作用。如湖南的株洲市,甘肃的玉门市,内蒙古的赤峰市,吉林的延吉市,山东的淄博市,江苏的新海连市

---

① 参见张觉文编著:《市政管理新论》,成都:四川人民出版社 2003 年版,第 89-94 页,有修改。

(1961年改名连云港市),安徽的马鞍山市,河南的平顶山市、鹤壁市,湖北的黄石市,云南的东川市[①]等,均是这一期间新兴的工业城市。

二、城市发展波折时期(1958年～1965年)

这一时期,城市发展出现大起大落。

1958年开始,在"左"的错误思想指导下,在全国范围内形成不顾客观经济规律的、急于求成的"大跃进"狂潮。当时提出"以钢为纲",试图"超英赶美",集中力量抓重工业,农村人口大量进城,城镇人口急剧增长,仅1959年一年间,城镇人口就增长了1 650万,城市化水平提高了2.2个百分点。这种发展势头直到1960年底才迫于形势而止住。至1960年,城镇人口由1957年的9 949万增加到13 073万,增长了31.4%,但事实证明,这种发展进程是违背客观规律的,是极不正常的。

由于"大跃进"年代的"浮夸风"、"共产风",农村的人民公社化,严重地挫伤了广大农民的生产积极性,破坏了农村生产力。而且"大跃进"、大炼钢铁,造成城市基本建设规模过度膨胀,战线过长,国民经济发展比例失调。

加之从1959年至1961年连续三年的自然灾害,农业产量大幅度下降,使国民经济一下子陷入困难境地,无力承受过度增长的城市人口。城市人口的迅猛增长和农产品的严重短缺成为当时一个严重的矛盾。为了解决这一矛盾,国家被迫从1961年开始对国民经济进行调整,包括压缩城市人口、压缩城镇建制等控制城市发展的政策措施。于是,城市发展经历了大起之后又开始大落。

1962年10月,中共中央、国务院在关于当前城市若干问题的指示中做出调整市镇建制的决定;1963年12月中共中央、国务院又做出《调整市镇建制,缩小城市郊区》的决定,发布了新的市镇设置标准,提高了市镇建制人口规模和非农业人口比重的标准。根据这一决定,有关部门对建制市重新进行了审查,撤销了不合条件的市。至1965年底,市的总数由1961年的208个减少到168个(其中,直辖市2个[②],地级市76个,县级市90个),城市化水平由1960年的19.8%下降到1963年的16.8%。

同时,从1961年开始大规模地压缩城镇人口,精简企事业单位职工,动员部分职工和家属回乡务农,动员城市无业人员下到农村。从1961年到1963

---

① 现为昆明市东川区。
② 天津市于1958年由中央直辖改为河北省管辖,1968年又复改为中央直辖市。

年,全国共减少城市人口 2 600 万,从 1961 年至 1963 年我国城镇人口的数量和比重呈逐年下降趋势。1960 年我国的城市人口为 13 073 万,人口城市化水平为 19.75%,其后三年城市人口分别为 12 707 万、11 659 万、11 646 万;城市化水平分别为 19.29%、17.33% 和 16.84%。我国城市化进程出现了倒退的状况。

回顾这一阶段,从 1958 年到 1960 年是过度发展,即非正常状况的高速发展(过度城市化,南美很多国家的城市现在仍存在此类问题,即城市化超前于工业化,大量人口在城市集中,但就业机会少,城市中心区出现贫民窟化);从 1961 年到 1963 年是前一阶段过度发展所导致的倒退;从 1964 年到 1965 年则又缓慢地恢复发展。1965 年的城市数量虽然比 1961 年减少了,但城镇人口数量又逐渐恢复到接近 1960 年的水平,达 13 045 万人,城市化水平达到 17.98%。

总的来看,大起大落是这一时期的主要发展特征,但大落之后的发展水平比起 1957 年仍有进步,当然,如果没有波折,正常发展的水平应当更高。

三、城市发展停滞时期(1966 年~1978 年)

1966 年至 1976 年是"文革"十年动乱、国民经济濒临崩溃的时期,1976 年至 1977 年是粉碎"四人帮"以后,国民经济徘徊不前的两年。在这整个期间,城市建设和发展也同样处于停滞不前的状态。

从 1966 年到 1976 年,城市化水平从 17.8% 下降为 17.4%,到 1978 年才提高到 17.9%,整整 13 年间,仅提高了 0.1 个百分点。到 1978 年底全国设市数为 193 个,比 1966 年的 171 个仅增加了 22 个。至 1978 年,全国城镇人口有 17 245 万人,比 1965 年的 13 045 万人增加了 4 200 万人,但这主要是城市人口自然增长的结果,城市人口占全国总人口的比重几乎没有提高,城市化进程停滞不前。

综上,在 1978 年以前,我国的城市化水平处在成长—衰退的波动之中。

四、城市发展恢复正常、城市化进程加快时期(1978 年以后)

自十一届三中全会以来,我国经济体制改革由农村逐渐转入城市,我国城市化步入一个健康的、快速发展的时期。

改革开放以来,中国城市化进程彻底摆脱了长期起伏、徘徊不前的局面,城市化水平不断上升,在 1978~2008 年,城市数量从 193 个增长到 655 个,城市人口从 1.7 亿人上升到 6.07 亿人,城市人口占总人口的比率也从 17.92% 上升为

45.68％。根据世界银行的统计资料,1970 年至 1980 年,我国的城市人口年均增长率仅为 3％,低于低收入国家平均水平的 3.6％;但是,从 1980 年至 1995 年,我国城市人口的年均增长率为 4.2％,高于低收入国家平均水平的 4％,这标志着我国开始步入了城市化发展的"快车道"(见表 8-2)。据此,诺贝尔经济学奖得主斯蒂格利茨曾断言中国的城市化将是 21 世纪世界经济的主要推动力之一,中国城市化的实践似乎正在有力的诠释着这句话。

表 8-1　中国城市人口增长情况　　　　（单位:万人）

年份	城市数量	全国总人口	城市人口	所占比重	农村人口	所占比重
1978	193	96 259	17 245	17.92％	79 014	82.08％
1980	223	98 705	19 140	19.39％	79 565	80.61％
1985	324	105 851	25 094	23.71％	80 757	76.29％
1990	467	114 333	30 191	26.41％	84 142	73.59％
1995	640	121 121	35 174	29.04％	85 947	70.96％
1998	668	124 810	37 942	30.40％	86 868	69.60％
1999	667	125 786	43 748	34.78％[①]	82 038	65.22％
2000	663	126 743	45 906	36.22％	80 837	63.78％
2001	662	127 627	48 064	37.66％	79 563	62.34％
2002	660	128 453	50 212	39.09％	78 241	60.91％
2003	660	129 227	52 376	40.53％	76 851	59.47％
2004	661	129 988	54 283	41.76％	75 705	58.24％
2005	661	130 756	56 212	42.99％	74 544	57.01％
2006	656	131 448	57 706	43.90％	73 742	56.10％
2007	655[②]	132 129	59 379	44.94％	72 750	55.06％
2008	655	132 802	60 667	45.68％	72 135	54.32％

资料来源:国家统计局;《中国统计年鉴》各期,中国统计出版社。

这期间城市发展出现了一些新的变化:

一是地域型市的出现。这主要是整县改市和实行市领导县体制而产生的,这种市不同于以往市镇型的市,管辖区域除市镇外,还包括广大农村,尤其是辖

---

① 由 1999 年开始,我国城市人口的统计口径发生变化,城市人口概念由户籍非农业人口扩展至包含户籍人口和暂住人口的城市常住人口,导致城市人口数据的异常增长。

② 21 世纪以来,我国设市城市数量的减少主要是由于近年来部分城市撤市设区,如萧山、余杭二市并入杭州市。撤市设区模式对提高城市整合竞争能力具有重要作用。

县的市,管辖区域更为广泛,行政层次更复杂。

二是市管县体制的广泛推行。从 20 世纪 80 年代开始,撤地建市,市管县体制在全国广泛推行,这种做法的目的是为了解决城乡分割、地市矛盾等过去存在的问题,使中心城市更好地发挥地域中心作用。实施中利弊皆有,此处不对此展开讨论。这种体制下出现了一种新的现象,即"市管市"现象,即地级市领导县级市,为统计城市人口、经济状况等增加了复杂性。

三是小城镇建设的迅速发展。由于乡镇企业的崛起,带动了小城镇的发展,一些乡村集镇逐渐发展为小城镇,20 世纪 90 年代以来,全国新设了 8 000 多个建制镇,小城镇的发展也使我国城市化进程加快了速度。

比起西方发达国家,我们的发展水平还很低。比起世界平均城市化水平53%,我们仍有一定差距。我国的城市化总体水平还滞后于社会发展,城市数量还较少,城市基础设施水平落后。从地区分布来看,城市发展很不平衡,城市现代化水平和生态环境条件还比较落后,城市管理和行政还面临很多问题,这都需要我们高度重视,认真对待,合理解决。但同时也要看到,这一时期的城市发展状态是新中国成立以来最好的时期。

表 8-2.1　世界各国经济水平和城市化水平比较

	低收入国家	下中等收入国家	中等收入国家	上中等收入国家	高收入国家	中国
1983 年人均 GNP	$260	$750	$1 310	$2 050	$11 060	$290
1995 年人均 GNP	$430	$1 670	$2 390	$4 260	$24 930	$620

表 8-2.2　城市人口占总人口比率　　　　　　　　　　　　　（%）

	低收入国家	下中等收入国家	中等收入国家	上中等收入国家	高收入国家	中国
1970	18	42	46	55	74	12
1980	21	48	52	64	75	19
1995	29	56	60	73	75	29

表 8-2.3　城市人口年平均增长率　　　　　　　　　　　　　（%）

	低收入国家	下中等收入国家	中等收入国家	上中等收入国家	高收入国家	中国
1970—1980	3.6	3.0	3.3	3.7	1.1	3.0
1980—1995	4	2.8	2.8	2.8	0.7	4.2

资料来源:世界银行《世界发展报告》各期。

第二节　城乡发展中的冲突与调和

城市与乡村是两种异质的人类聚落空间。在工业化、城市化和整个社会的现代化历史进程中,城乡之间的相互联系和相互作用始终是贯穿其中的主线。人口、资金、信息和物资在城乡之间的流动便是这种相互联系和相互作用的具体体现,其空间效果构成了城乡经济和社会的空间组织方式。在城市和乡村发展的过程中,特别是在城市化的过程中,随着城市实体空间向农村地域的扩张和农民不断进入城市就业,城乡之间出现了一些新的问题。这些问题概括起来有如下三类,即(1)城市和乡村的空间交界地带——城市边缘区中存在的众多经济、社会问题;(2)城市中的灰色地带——城中村的发展状况不容乐观;(3)生活工作在城市中的农民工的生存与发展问题。在城市管理当中,如果仅仅将眼光放在传统的城市内部、市民内部的范畴,则会产生对于很多事物的片面理解,从而不可能实现城市的健康成长,城市管理职能也不可能很好地得以实现。本节将对这三方面的问题分别予以阐述。

一、城市边缘区的经济和社会问题

(一)城市边缘区的界定

"城市边缘区"(urban fringe)有诸多的同义、近义词,如"城乡结合部"、"城乡过渡带"、"城乡交错带"、"城市边缘带"、"围绕城市的地带"、"城市近郊区"、"城市化地区"等,其所指的区域内涵相似,即受城市影响的城乡过渡地域。但是,自从这一概念出现以来,中外学术界就一直对其具体内涵有颇多的争议,对于城市边缘区概念的争论和辨析主要是由于城市边缘区本身的层次性引起的。

1. 城市边缘区概念

对于处在城市和乡村之间的这样一个过渡地带,目前国际学界公认的较为完整的概念,是普内(R. J. Pryo)于1968年提出的"城市边缘区是一种在土地利用、社会和人口特征等方面发生变化的地带,位于连片建成区和郊区以及几乎完全没有非农业住宅、非农业占地和非农业土地利用的纯农业腹地之间,是土地利用发生转变的地区"[1]。这一定义不仅反映了土地利用特征的变化,同时也对社会、人口等方面的要素进行综合考虑,在地域上也较明显地与城市、乡

---

[1]　R. J. Pryor,"DefiningtheRural-urban Fringe",*Social Forces*,Vol. 407,1968.

村分开。

2. 我国对城市边缘区概念的界定

城市边缘区的研究,在我国始于 20 世纪 80 年代,我国最早比较系统地研究城市边缘区的著作是顾朝林等著《中国大城市边缘区研究》(1995),这一领域目前已成为城市地理学、城市规划界、社会学界、城市管理学界等学科研究的主要热点课题之一,各学界对城市边缘区概念内涵的理解也有一定差异。结合国内的城乡发展状况和研究需要,目前国内大多学者认为,城市边缘区是城市发展到特定阶段所形成的紧靠城区的一种不连续的地域实体,是处于城乡之间,城市和乡村的社会、经济等要素激烈转换的地带。通俗地讲,城市边缘区是处在连片的城市建成区之外和纯粹的农业腹地之间的区域,同时受城乡两种发展力量的影响。这一区域根据中心城市对其作用程度,可以依次分为内缘区、外缘区和城市影响区三个部分(如图 8-1 所示)。

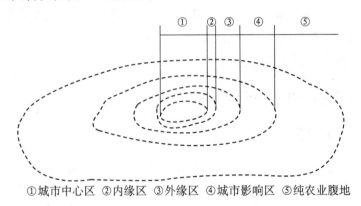

①城市中心区 ②内缘区 ③外缘区 ④城市影响区 ⑤纯农业腹地

图 8-1 城市边缘区结构示意图

注:由于城市边缘区是一个动态发展的区域,没有明确固定的空间界限,所以图中各地带的界线以虚线表示。

(二)城市边缘区的主要特征

过渡性的区域位置使城市边缘区呈现如下若干明显特征:

1. 城乡交错的地域综合性

城市边缘区是城市和乡村相互融合、并逐步走向一体化的转型中的地区,受城市辐射影响,在政治、经济、文化发展上对城市有较强的依附性,形成相应的城市功能与特征,同时又保留了农村的体制、管理和运作制度,表现出"亦城亦乡"、"非城非乡"的地域综合性。

2. 二元社会经济结构的复杂性

与空间形态、结构上的交错综合性相对应,城市边缘区在体制、管理、产业、人口等方面都存在"二元结构"的社会经济特征,表现出更大的复杂性。

3. 功能的双重性,即表现为对城市的依附性和对农村的带动性

城市边缘区是依附于城市的辐射带动发展起来的,其功能是建立在城市郊区的功能基础上的,主要定位在为城市经济服务,同时又为农业资源和劳动力提供价值转化的场合,并通过小城镇的发展带动农村地区的繁荣,是乡村与城市之间产业转移、服务传递的中介与桥梁,具有双重功能。

4. 发展演变的动态性和不均衡性

城市边缘区是个处在不断变动中的地区,其范围、结构、特点、功能都处于一种不稳定状态,而且随着城市发展重点和扩展方向的变化,城市边缘区在方向上、规模上、速度上都存在不均衡的动态转化。

(三)城市边缘区管理中现存的问题及其成因

1. 城市边缘区存在的问题

城市边缘区范围广、变动快、情况复杂,尽管城市政府在推进城市化的过程中不断加大对其改造力度,但由于城市边缘区长期积淀的管理体制、社会经济结构、组织形式的特殊性和规划、建设、管理的相对滞后,以及整治改造的长期性,目前仍存在环境建设、社会治安、人口管理等多方面的问题,反映出城市边缘区与城市不协调的一面。各地的城市边缘区中,隐藏着的各种各样的问题,给城市管理提出了多方面的挑战。

归纳起来,这些问题包括:

(1)发展建设无序,违法用地、违章建设现象普遍存在;

(2)基础与公共配套设施不完善,生活环境质量较差;

(3)经济收益主要依赖不断升值的土地及物业租赁,利益调控缺乏弹性;

(4)社会治安形势严峻,是刑事犯罪的高发区;

(5)精神文明建设落后,社会文化层次偏低;

(6)流动人口大量聚集,是城市人口管理的"盲区"。

2. 问题产生的原因

(1)城乡二元管理体制造成的双重标准和管理漏洞是根本原因

城市边缘区一直存在农村和城市两种管理体制,在体制改革过程中,从镇分设出来的新街道实行"街带村"的混合管理体制,但实际上仍保留各自的管理方

式。城市和农村两种管理体制存在较大的差异,城市边缘区的特殊性又造成许多方面两种管理都无所适从,产生管理漏洞,出现各种社会问题。同时,由于城市化的政策不明确,在大城市的扩展中,只注意到空间结构调整的问题,对周边农村的城市化方向和道路没有确定,体制也没有理顺。二元管理体制直接导致了经济社会的二元结构,阻碍城乡走向融合和一体化。

(2)管理的理念仍停留在农村层面,导致了问题的复杂化和治理难度加大

城市边缘区是个不断发展变化的异常活跃的地区,具有许多特殊性,这就决定了城市边缘区的管理必须具有针对性和前瞻性。目前的管理制度对不断变动中出现的新情况、新特点缺乏及时的制度调整,存在管理滞后和不力的弊端,对"城市边缘区是农村向城市转型的地区,是未来城市的一部分"的认识不足。管理思想仍停留在农村层面,贻误了整治改造的有利时机,造成更加复杂的局面,给城市化进程设置了重重障碍。

(3)改制与后续管理衔接不够,造成改革不彻底或阻力较大

城乡管理体制改革的目的是理顺城乡关系,使乡村尽快纳入城市管理体系。城市边缘区改制后,经济结构调整、就业、分配、社会保障、社区建设、教育培训等还没有完全与城区接轨,往往造成农民身份变化后心理上无所适从,甚至感到失大于得,进而影响转制的积极性和动力,这是造成改革难以顺利推进的最大阻力。

(4)在城市化扩展中对城市边缘区的规划建设与管理滞后

城市边缘区作为大城市的战略发展区域,缺乏专项的发展规划,现有的规划主要是针对规划建成区范围和小城镇、村的规划,对城市边缘区这样的综合发展区,也是城市改造的敏感区,却没有考虑充分的前瞻性的规划。城市边缘区普遍存在的违章乱建、抢建,征地成本提高,用地结构不合理等现象,这都是对城市边缘区缺乏超前规划和用地控制管理的突出表现。

(四)城市边缘区的管理原则

1. 更新观念,强化大都市整体意识

随着城市经济实力的不断增强,特别是在大城市的边缘,城市边缘区已经成为城市的重要组成部分,也是城市形象的代表,它的成长发展直接影响到城市未来的空间结构和功能发挥,对城市边缘区的认识必须与中心城市的发展定位紧密联系起来,把城市边缘区看作未来城市最具活力的潜在部分,代表着城市的成长发展方向,绝对不能停留在农村的层面来看待,而降低对它的发展要求。

2. 加快改制步伐,理顺管理体制

尽快消除"二元结构",转向一体化发展。管理是有效组织、协调地区资源的一种重要职能,当基础建设和积累初步成型后,管理即成为调控城市发展的重要组织力。管理体制在管理实施中起主导作用,必须加快改革城市边缘区现行管理体制,按照"两级政府、三级管理、四级网络"的城市管理体制和属地管理原则,强化街道办事处的职权,理顺与市、区职能部门的关系,保证"以块为主"功能的实现,要尽快实现"村转街"的体制。即在集体土地转为国有土地的前提下,让农民转为城市居民,村民委员会改为居民委员会,村集体经济转为股份公司等等。农村建制地区要稳步推进撤村建居委会,通过建立试点村,直接推行农村社区管理模式,条件成熟时再逐步扩大并直接纳入城市社区管理。在完成农村到城市的关键性转变后,要进一步完善配套改革,保证转制的彻底性。

3. 加强统一规划、建设,严格监督管理,纳入法制化管理轨道

城市边缘区要尽快纳入城市的分期发展规划进行严格控制,并在用地、经济布局、人口规模、基础设施等专项规划中做统一控制、衔接,城市边缘区的村镇规划必须严格服从上一层次规划,提前做好各项指标控制,按城市发展的要求预留好发展空间。应尽快制定适用于城市边缘区的各项政策、法规,将城市边缘区的发展建设纳入法制化管理轨道,从而建立一套与现代化中心城市相适应的高效、有序、严格的管理制度。具体可从完善土地开发使用制度,加强非农建设用地管理,建立健全人口动态管理制度,加强出租屋管理等方面入手。

4. 推进小城镇建设,实行主动与被动相结合的双向城市化改造措施

小城镇是随着多种产业集聚逐渐由乡村形态转变为现代化城市的过渡性社区。城市化过程有两种形式:一种是由大城市不断向郊区扩张,从而拉动小城镇的发展,即小城镇被动接受改造,实现城市化的过程;另一种是小城镇主动发挥靠近城区的优势,吸引各种城市型产业和劳动力集聚,推动工业化,提高城市化水平,反向吸引城市的扩张,加速与城市融为一体,表现为"双向性",这种双向城市化过程显得更有活力。城市边缘区的小城镇,特别是大城市边缘区的小城镇可以走双向改造道路,利用市场机制加快发展,着重从高起点搞好规划,控制好用地规模,改革户籍管理制度,实行居住地管理,尽快取消农村劳动力进城落户的限制,放开劳动力在城乡可按市场需求的流动,提高城镇人口比重,扩大消费,推动经济发展。大力发展城市型经济,增强对农村腹地的辐射带动作用,使小城镇成为商品化农业的服务基地和流通中心,成为更大空间内城市网络体系的有机组成部分。

5. 营造良好的社区生活环境

现代社会发展已步入"以人为本"的阶段,城市的发展已由单纯追求经济增长转向追求全方位的社会进步。改变城市风貌,营造一个适宜创业和居住的优美生活环境,已成为城市发展的主要目标。城市边缘区的发展建设要从微观层面入手,搞好与居民生产、生活紧密相关的社区建设,不仅要加快环境和公共配套服务设施建设,促进社区成长与更新,从物质上满足社区居民追求高尚生活的需要,而且要大力推进社区精神文明建设,培养社区情感和社区精神,增强居民对社区的认同感和归属感,建设文明有序的新社区。社区建设的重点是搞好社区服务和管理,解决好与社区居民密切相关的生活服务问题,还要通过加强宣传教育和开展有益的文化活动,引导人们合理利用闲暇时间,追求高雅的精神生活。搞好社区建设的关键是提高社区成员的素质,社区成员必须具备较强的主人翁意识、遵纪守法意识、团结协作意识和奉献精神,才能搞好政府指导下的自我管理和自我服务。

二、城市中的乡村——必须妥善解决的课题

改革开放以来,特别是近十年,国内大中城市(尤其是沿海发达城市)规模日益扩大,发展速度很快,城界延伸到与城市邻近的村落,这样不得不面临扩张发展的诸多新问题,如何合理整治、改善"城中村",真正做到城乡协调发展便是诸多问题中的一个。

(一)城中村的概念

"城中村"是城市经济迅速发展,周边农村土地被征用,村庄进入城市的产物。"城中村"虽然在地域上已成为城市的组成部分,但在户籍、土地权属、经济组织和行政管理体制方面仍然保持着农村的旧模式,违法建设情况严重,成为城市建设管理中的"死角",又被称为"灰色区"。城中村现象在我国城市快速发展过程中是一种普遍现象,各地"城中旧村"普遍密度过大,布局混乱,市政基础设施严重不配套,卫生、防灾条件和环境质量恶化,外来人口大量聚集,出租屋甚至成为"黄、赌、毒"滋生地,存在大量安全隐患,给当地城市建设、管理和社会治安带来了许多难题。因此,彻底改造城中村势成必然。

(二)城中村的成因

城中村的产生是多种因素长时间共同作用的结果。我国实行市场经济体制

后,城市建设投资渠道与方式发生了根本变化,城市不再像计划经济时代那样按部就班地发展,它的发展方式除受政府的宏观政策影响外,更主要地取决于各种投资主体的效益回报判断,这就造成了部分不宜建设或建设成本过高的农村地区,未能像那些条件优越的地区一样被"整体消化"而是被有意避开,使城市在快速发展的同时也在增加着融入城市范围的灰色区的面积。具体说来,城中村产生原因主要有四种:

1. 投资主体回避农村居民点以减少建设成本

在缺乏政策引导及法规约束的条件下,经济效益往往是城市建设投资主体追求的唯一目标。城乡交界处规划编制的粗放、政府吸引投资的迫切、投资主体对"效益最大化"的追求等综合作用,使农村居民最终成为"弱势群体"。占据优势的投资方在征地费用低廉、适于成为建设用地的农田菜地和居住密度大、拆迁安置费用相对较高、建设周期较长的居民点之间,毫不迟疑地选择了前者。为降低补偿成本,也为了避免处理与城中村相关的一系列复杂的社会管理问题,城市在征地中有意避开城中村,村镇也乐意保留原有的居住方式与社区关系,这是城中村产生的直接原因。

如某钢管厂 1992 年建设国家重点工程"高压锅炉管生产线"时,征用了相邻村庄的大部分鱼塘和耕地,而位于锰制品厂和火车西站料库之间的农民聚居区未被征用,成了"灰色区"(图 8-2)。

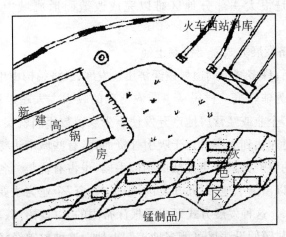

图 8-2　某钢管厂锰制品厂灰色区示意图

2. 交通轴的效益衰变规律和灰色区的形成

交通轴如公路、铁路等是城市对外人流、物流的通道,由于"增长极"效应,临近交通轴的城市地区呈指状发展,介于两交通轴之间的农村地区渐被"环抱"(见

图8-3)。随着城市辐射力的增强,城市区域垂直于交通轴方向向外扩展。研究结果说明,投资效益与城市辐射力成正相关关系,在交通轴周边体现为衰变规律,即距交通轴越远其投资效益越低,投资效益趋零的地区逐渐演化为城市灰色区。

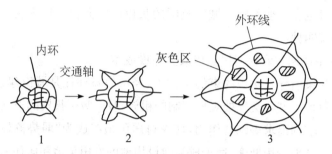

图8-3　灰色区演变示意图

3. 农民对被动快速城市化的回避

原位于城市边缘区的农村集体组织在"围入"城市后,逐渐意识到土地的价值而不愿被动城市化,或是受"土地增值获利"动机的驱动,不愿马上被"城市化"。如衡阳郊区高兴村,利用与城市的紧密关系,以位置优越的土地为依托,建立起一批服务于城市的农工商联合企业,获利丰厚,故不愿"被动城市化"。或者在城市化过程中农民提出难以接受的安置费用,拒绝征地拆迁,这种农民卖地获利的惯性思维是很大一部分地区难以完成改造而形成城中村的典型成因之一。[①]

4. 村镇经济发展方式需要控制土地

改革开放后,许多城市周边村镇经济迅速发展,经济结构由单纯农业向以工商业为主、农业为辅转变。村民从事非农活动的收入大大超过种田、养鱼的收入。兴办"三资"企业或经营房地产开发使不少乡镇数年间就实现了工业化,村民生活水平也迅速达到小康。对于吸引外资而言,有些城市边缘区的农村因为比城市有更多的引资关系和更灵活的招商手段,也占有优势。各种内外部因素的综合促进下,以出借土地、兴办开发区,吸引"三资"企业为主要方式的村镇经济逐渐发展起来。这种发展方式形成了根深蒂固的"以地招商、卖地致富"的直观经验。因此,村镇便设法尽可能多地控制土地。这种村镇经济发展方式成为城中村产生的另一直接原因。

---

① 上述1.2.3点原因参见史永亮:《透视"城市灰色区"》,《现代城市研究》,2001(3),第11-14页。

(三)城中村对城市建设管理的负面影响

1. 城市整体环境的恶化

与城市紧密相连的灰色区有着与城市相异的管理体制和生活模式,在与城市进行物资、文化交流的同时也在破坏城市的整体环境。它们在形方面与城市密不可分,在质方面却与城市脱节,环境卫生的脏、生活秩序的乱、建筑风格的差与城市地区形成鲜明对比,在一定程度上影响了城市的正常肌理,恶化了城市环境。

2. 土地资源的浪费和远期更新成本的增大

城市灰色区的特殊性和改造对策的缺乏,使城市规划部门往往对其采取妥协的态度,管理被动。而农民的"建房占地,独门小院"的思想造成土地的占用率高、利用率低,更不能通过规划进行功能组合,发挥土地的级差地租效益,同时,农民的高密度、超容量建设也给远期的更新增加了成本。

3. 社会问题的滋生

行政权力的交错和衰减及人口构成的复杂,使灰色区成为社会问题滋生的场所,抢劫盗窃、吸毒、赌博现象的发生率高于普通城区。

(四)城中村的生命周期

同时,我们也应该明确,城中村并非永久存续的现象,其发展有自身的阶段性,从形成到消亡要经历四阶段:

1. 聚落形成阶段:传统农村居住聚落

也可称为"前城中村"阶段。这时城市尚未扩展至村镇,城中村还只是单纯的农村居住聚落,以农业为主,经济落后,农民收入较低。村镇主要功能是农民居住聚落或农村中心地,社会组织带有明显的传统封建宗法制特征。

2. 城市边缘区阶段:城乡接触

随着城市用地拓展,周边村镇的耕地、鱼塘、果园等农业用地逐渐被城市征用,开发成城市居住区、工业区,城乡用地相互楔入,给水、供电、燃气、道路等城市基础设施不断向农村延伸,农田种养收益被城市级差地租收益替代。工商业逐渐成为城中村主要经济来源,越来越多的村民转向从事非农活动,农民的生活空间逐渐收缩到狭窄的聚落内部。

3. 城中村阶段:城乡冲突

此时村镇耕地几乎全部被城市征用,只剩下完全被城市建成区包围的村镇居住聚落,这个阶段形成了典型的城中村。原来的农田变成了建成区,原来的农民已不种田,但户口上仍然是农民身份(仅从户口意义上讲),没有实现同步城市化。行政上,城中村还属村镇建制,农业收入极少甚至没有。城中村村民完全依赖土地征用补偿费及出租自营物业为生,自办工业多数破产。城中村治安恶化,"二世祖"现象普遍。此时,城"村"之间在建设及社会文化方面的冲突日趋明显。

4. 城中村瓦解阶段:完全城市化

随着城市发展,主观方面,部分城中村后代受到更好的教育,他们乐于融入现代城市,脱离城中村的环境,主动迁移到其他地方居住。客观方面,城市也越来越不能容忍城中村继续存在,要求尽快消除城中村给城市景观、交通、治安、防灾等方面带来的不利影响。最终,通过某项具体的城市建设项目将拆除城中村纳入议事日程,城中村社区逐渐瓦解,村民逐渐融入城市社会。

经过上述四个阶段,城中村完成了从形成、发展到消失的过程,因此,也称为城中村的四阶段"生命周期"。

(五)引导城中村城市化的对策

城中村问题不是简单的负面问题。必须正视城中村在城市发展过程中曾起到重要的作用,这种作用主要包括:城中村为城市住民提供了简易、低价的住房,有利于缓解城市住房、特别是城市低收入群体的住房压力(如深圳市城中村面积曾达到数千万平方米,解决了上百万打工者的居住问题);减低了城市在当时的扩张成本,使城市的高速发展得以获取相对廉价的土地资源;缓解了城市扩张对农村耕地的过分挤压。现在,引导城中村的城市化,也不单是规划建设问题,还涉及经济、人口、土地等方面的配套政策与措施,城市应承担更多的经济、政策上的义务,最终目的是同步实现城中村的城市化与城市经济发展。2007年《中华人民共和国物权法》(以下简称《物权法》)的通过,对城中村及其住民的权利保护与认定具有深远的影响,为城中村问题的合理化解提供了法理保障,完善了城中村城市化的制度体系。同时,《物权法》对于合法私有财产的保护为城中村住民维护合法权益提供了法律保障,特别是第四章、第五章关于所有权和私人产权的保障性条款,使得城中村城市化过程中住民的话语权得以加强。在原有的法律体系之下,城市政府掌握绝对主导权,在"城中村就是毒瘤"的单一性思维指引下,可以本着法权,直接以对抗性思维拆除城中村。但现在,根据《物权法》的规定,城中村的拆迁应当确立"以人为本"的解决思路,通过更为柔性化的方式和手段,多管齐下,探索城中村问题的化解之道。

为此,除继续强化规划控制措施外,还可从八个方面入手,综合运用城市管理手段,标本结合,综合治理。

1. 从发展决策入手,进一步集中城市决策权

城市管理应自上而下实施,若以"块块为主",将助长局部利益。停止设立新的县级市,表明这个问题已开始受到重视。"撤市(县)设区",撤村设街,人口农转非是未来区域中心城市行政区划改革的方向。如,深圳市 1997 年撤宝安县,设宝安区、龙岗区,为改善城市人居环境,提高城市环境质量,以及高新技术产业的发展排除了长期干扰因素,这不啻是历史性的举措。像广州目前实行的市、区(县级市)、镇(街道)、村(居委)二级政府、四级管理的行政体制,总的来说仍符合当前社会实际。但应进一步加强市级政府决策的权威性、有效性,可尝试将城市总体规划范围内的村镇逐步改为区街体制。

2. 从城中村内在要求入手,启发、鼓励其自身进步

失去耕地的城中村,经济构成中已没有农业成分,必须转向第二、三产业,体制上也应向城市管理体制转变。广州部分城中村已逐渐意识到这一点,对自身长远发展问题已有所觉悟。如天河区石牌村于 1997 年 5 月组建企业集团公司;在 1999 年 5 月的"撤村改制"过程中,杨箕村投了 100% 全票等。对此,应加以鼓励引导。

3. 从体制入手,改革土地、人口与城市管理体制

目前在城市扩张过程中,"只占地,不管人"的情况比较普遍,使城中村社区仍停留在松散落后的传统农村状态,没有同步实现人的城市化。为此,必须改革城市土地、人口与规划管理体制,走城市主导型的城郊农村城市化道路。建议将村镇改制与城市扩张结合起来,做到既征地又管人,使就业居住性质与户口性质同步转变。

城中村村民不愿意放弃农村户口,有以下一些原因:(1)村民教育水平低,即使"农转非"也不能改善他们在城市谋职难的处境;(2)农村户口可满足村民生育两胎的愿望,即使超生,也无开除公职之忧;(3)农村户口是参与村镇经济收入分红的条件;(4)农村户口拥有一定的宅基地配额,村民可建屋收取租金。针对以上状况,必须从户籍管理上将并不务农的"村民"纳入城市人口管理系统。如对某一年度以后出生的城中村子女一律纳入城市户口,政府提供教育、就业上的优惠倾斜。

4. 从经济入手,将城中村纳入城市经济体系

城中村问题的核心是农民失去土地以后无以为业,对此,政府可组建专门的

经济发展公司,撤村改制,将城中村所属企业及土地、村屋等不动产折合成股份,使城中村农民彻底脱离土地,成为集团公司股东。一方面,政府对这类公司提供优惠的税收与财政政策,另一方面,集团公司具有经济与社会双重职能,经济职能是经营城中村继承的企业、物业,社会职能是设法改变城中村传统社会形态,促进社区城市化。或许有人会问,农民失去了耕地,再失去栖身的城中村将何以为生? 其实,城市征用农村土地所付出的代价已可以为村民提供更好的教育机会和生活机会,村民完全有条件凭自己的劳动加入到千百万城市产业大军中去。如果靠"食利"为生或将土地征用补偿费用于消费挥霍,再多的补偿也不够。

从经济入手改造城中村的关键环节无疑是城中村土地在征用过程中的补偿安置,这一环节处理是否得当将直接影响城中村居民未来在城市发展的愿景。在 2009 年发布的《中华人民共和国土地管理法(修订草案征求意见稿)》,在土地征收征用方面对原有的《土地管理法》做出了一定的修改,在原有的"每公顷被征收耕地的安置补助费,最高不得超过被征收前三年平均年产值的十五倍"以及"土地补偿费和安置补助费的总和不得超过土地被征收前三年平均年产值的三十倍"之外,增加了如下表述:"征收土地的补偿费用标准应根据当地社会经济发展水平适时进行调整。被征收土地上的附着物和青苗的补偿标准,由市、县人民政府制定,报省、自治区、直辖市人民政府备案。"[①]这对于城中村改造过程中,实现因地制宜,发挥市场的价格生成作用,体现城中村作为非典型农村地带的土地资源价值,构建合理的城中村改造补偿机制提供了一定的支持。

此外,在实际的城中村土地流转过程中,村民的选择权应得到充分的尊重,允许城中村的城市化进程出现多种模式并存,而伴随着选择权的确立和可选模式的增多,市场手段发挥效用的空间将进一步增大。在传统的政府主导模式之外,应当允许村民发挥主观能动性。在实际操作过程中,已经出现了部分经由集体土地资本化形式,对土地实施整理、置换和缴纳复垦费,将耕地调整为建设用地,企业有偿租赁,村民分享收益。在未来,城市政府、农村集体和村民的协作模式将成为一种趋势,即由多元主体按照一定原则分享土地级差收益,并将基础设施建设和村民社保纳入城乡一体化,实现村民身份的转换,促进城市化的良性发展。

5. 从文化入手,针砭城中村弊端,弘扬城乡融合与现代文明

利用传媒树立正面典型,促进村民转变观念,融入城市社会。要调和城乡冲

---

① http://hi.baidu.com/gjgt/blog/item/e758c4d4c1741509a18bb7f9.html4

突,长远之计在于提高村民素质,扫荡"黄、赌、毒",抨击丑恶、庸俗、低级趣味的社会现象。为使村民融入城市社会,可向村民提供就业上岗培训、普法教育机会,关注村民后代教育问题等。一旦没有了"城中村人",城中村存在的时间也不会太久了。

6. 从法律入手,严肃处理城中村所滋生的违法现象

要在短期内扭转城中村治安混乱、违法建设的现象不是一件容易的事,但可集中力量抓一两个典型,细致检查城市治安与规划建设执法情况。此外,应加快地方性配套法规的立法,制定针对城市边缘区的规划管理、住宅建设、人口管理等法规,明确城市与村镇的法律关系,明确城市周边土地权益让渡的法律程序,建立公平、公开、公正的村镇集体土地一级、二级市场。

7. 从组织人事入手,培养高素质的村镇领导人

组织人事部门抓住对村镇领导的任免权,保证基层领导"听使唤",这是大连、苏州、北京等城市发展的经验。政府应有计划地对城中村的基层领导,尤其是年轻领导,进行现代城市经济与规划建设管理的专项培训,提高其认识水平和管理水平。

8. 借鉴其他城市处理城乡矛盾的经验

对于村镇聚落来说,深圳与苏州的经验值得借鉴。近10年来苏州新区与新加坡工业园区开发了130平方公里土地,是苏州老城14平方公里的近10倍。新加坡工业园区位于农业发达、村镇密集地区,一次性征用数十平方公里土地,将区内分散的村镇聚落,迁移到区外,实现了"空城转让",苏州新区内的村镇聚落,则统一规划,建设集中的村民居住区,这些居住区在秩序、文明友善与美观整洁等方面,堪与城市别墅区媲美。深圳市最近加大治理城郊村镇,如宝安县有的村镇选送优秀青年进大学深造,有的村镇把平时自由懒散惯了的14～35岁无业青年,组织起来举办青年培训营,有军事训练、形势教育、专题知识讲座等。将青年学习、培训情况与本村股份公司分红及其他收益挂钩,同时为他们寻找就业机会。

长远来看,城中村必然被改造为城市的一部分,而近中期则始终应坚持渐进方式。解决城中村问题的方式与力度,要考虑社会承受能力。在有限的近期内,可维持村(镇)办企业集体经济所有权、经营权不变和村民享受的福利待遇不变,远期则应与城市人口同等对待。[①]

---

① 郑静:《论广州城中村的形成、演变与整治对策》,《规划与观察》,2000(1)。

三、城市中的农民:要成为享受居民待遇的城市住民

新中国成立以后在长期的计划经济体制下,虽然消灭城乡差别曾被长期看作我国社会主义经济发展的主要目标之一,但由于城乡经济活动在相对隔绝的系统内运行,各种生产要素的流动都受到很大的限制,尤其城乡劳动力更是处于几乎凝滞的状态,二元结构成为影响我国社会生活各个方面的基本特征。

20世纪80年代中期,在农村改革进入第二阶段以后,城乡改革开始汇流,同步展开。打破城乡壁垒,组织经济活动也具有了现实可能性。在1984年通过的《中共中央关于经济体制改革的决定》中,提出了"要充分发挥中心城市的作用,逐步形成以城市特别是大、中城市为依托的,不同规模的,开放式、网络型的经济区"。由此推动了全国范围内区域经济协作和城乡一体化的热潮的出现。在由传统的计划经济向有计划的商品经济转变过程中,区域经济协作成为转变政府行为,推动经济发展的有益尝试。在此背景下,上海、天津、江苏、辽宁等经济发展相对超前的地区开始了对中心城市与周边乡村地区的发展作通盘考虑的城乡一体化发展战略。实施这一战略的直接目的是促进乡村地区非农产业整体水平的提高,同时为中心城市的产业扩展寻找新的发展空间。

据2000年全国第五次人口普查,我国城市中的非城市户籍人口接近1亿人,其中大多数为农民。珠江三角洲、长江三角洲部分地区如东莞、深圳、昆山等地的非户籍人口数量已经超过本地户籍人口的3~4倍,成为当地外向型经济发展的劳动力主体。外来人口特别是其中的农村人口对我经济发展发挥了重要的推动作用,一方面,他们为城市发展提供了充足的劳动力,实现了大量廉价劳动力与劳动力密集型产业的结合,促进区域整体经济实力的提升;另一方面,广大的外来劳动力作为城市的消费者,带动和促进了第三产业的发展,促使了区域合理的产业结构的形成。

但是,从中国多年来城市规划制度、城市统计制度与城市计划部门的工作进程来看,政策上和统计上都很少考虑农民进城并长期居住的事实。中国城市统计中,所列出的项目多为建成区面积和所谓的城市户籍人口。比如,2008年深圳常住人口达877万人,而户籍人口仅为232万,仅占26%。[①] 但是,根据《规划法》其制定的城市建设用地规模,必须按户籍人口规模与建设用地级别来进行核定。这一方面造成基础设施、公共服务设施和城市的很多诸如金融、服务、信息、

---

① 数据来源于 http://forum.home.news.cn/thread/66696075/1.html

居住等基本功能无法满足必要的需求,城市进入一个低层次循环的过程,经济发展受到成长管理政策的压制和压抑;另一方面,城市的真正竞争优势和重要的比较优势也在这个过程中被淡化和削弱,甚至成为未来中国城市在亚太和全球经济中竞争能力丧失的起点。

著名区域经济学家、北京大学杨开忠教授认为,不认可流动人口还有一个人才本地化的悖论。本地化不够是制约甚至将成为珠三角地区城市和区域发展的最大劣势。比如,深圳是移民城市,绝大部分为非户籍人口。第五次人口普查显示,深圳的户籍人口132万,而暂住人口却高达580多万,占了总人口的80%,这其中又有300多万人是非户籍常住人口。他们长期在深圳生活和工作,是深圳不可或缺的力量。这些非户籍人口没有得到本地化待遇,但为深圳的发展做出了突出贡献。他们边干边学,做了几年之后,积累了一些知识与经验,但是工作几年后就离开了深圳,又换一批新人,工人的经验和技能总是停留在一个水平上,不能够得到理智性的提高。另一方面,这些人在深圳赚了钱,就寄回家乡,很少能转化为当地的投资,对深圳的市场需求不利,而且也会延缓深圳资本的积累。总之,本地化不够,让居民缺乏归属感和文化认同感,总认为自己生活在别人的城市,没有"根"的感觉,那么整个城市的心态就会浮躁,既限制本地文化的形成,长期间的移民文化也会使地方缺乏凝聚力和创新活力。[①]

因此,城乡协调发展的一个重要途径是努力实施本地化战略,实行外地移民,特别是其中的农村居民的本地化,这是事关资本积累,特别是人力资源积累的重大战略。

第三节　城乡关系的最高形式:城乡一体化

具有伟大历史意义的党的十六大,为进入21世纪的中国勾画出了富民强国的宏伟蓝图,明确提出了全面建设小康社会的奋斗目标。全面建设小康社会,是实现现代化建设第三步战略目标必经的发展阶段。经过上世纪后20年的努力,我国已实现了现代化建设的前两步战略目标,人民生活总体上达到了小康,但这是低水平的、不全面的、不平衡的小康。为此,在实施第三步战略部署中,将本世纪头20年划分为一个阶段,提出全面建设小康社会,目的是巩固和提高目前达到的这种小康水平。这个目标包括六个"更加"和一个"惠及":一是经济更加发

---

① 杨开忠:《如何进一步明确深圳的发展目标》,http://www.bahr.com.cn/rsj/redie2.htm

展,二是民主更加健全,三是科教更加进步,四是文化更加繁荣,五是社会更加和谐,六是人民生活更加殷实,七是惠及十几亿人口。

党的十七大在十六大确立的全面建设小康社会目标的基础上对我国发展提出了新的更高要求,对协调性和可持续性发展的诉求呼之欲出。"城乡、区域协调互动发展机制和主体功能区布局基本形成,社会主义新农村建设取得重大进展,城镇人口比重明显增加"正是增强发展协调性,努力实现经济又好又快发展的题中之义,是科学发展的集中体现。十七届三中全会指出:"在改革开放三十周年之际,……大力推动城乡统筹发展,对于全面贯彻党的十七大精神,深入贯彻落实科学发展观,夺取全面建设小康社会新胜利、开创中国特色社会主义事业新局面,具有重大而深远的意义。"

显然,全面小康社会绝不仅仅是城市人口的小康,同时也是农村人口的小康。城乡关系发展的最高形式,即是消除城乡差别,使得十几亿人民不存在身份、户籍上的差别,生存环境和生命质量能够进一步提高,且差距缩小。这也就是要达到城乡一体化。

一、城乡一体化定义

城乡一体化是指城市和乡村作为一个统一的整体,通过要素的自由流动和人为协调,达到经济一体化和空间融合的系统最优的状态。此时的城乡系统是资源配置合理,城乡共享现代文明的"自然—空间—人类"系统。城乡一体化亦表示达到这一状态城乡关系日益优化的过程。城乡一体化是城乡统筹发展的最高表征。因此,十七大报告从战略高度出发,进一步指出:"统筹城乡发展,推进社会主义新农村建设。解决好农业、农村、农民问题,事关全面建设小康社会大局,必须始终作为全党工作的重中之重。要加强农业基础地位,走中国特色农业现代化道路,建立以工促农、以城带乡长效机制,形成城乡经济社会发展一体化新格局。"

二、城乡一体化的战略意义

十七届三中全会指出:"我国总体上已进入以工促农、以城带乡的发展阶段,进入加快改造传统农业、走中国特色农业现代化道路的关键时刻,进入着力破除城乡二元结构、形成城乡经济社会发展一体化新格局的重要时期。"在我国农村人口比重大,城市化进程高速发展的现实条件下,城乡一体化的战略意义将更加突出。

1. 实现城乡一体化是城乡二元结构转换的需要

尽管我国城乡面貌都发生了很大的变化，但典型的二元结构仍然存在。《中共中央关于推进农村改革发展若干重大问题的决定》指出："（我国）城乡二元结构造成的深层次矛盾突出。……构建城乡经济社会发展一体化体制机制要求紧迫。"要从传统的乡土社会向现代社会过渡，就必须要打破传统的二元结构束缚。随着二元结构的转换，城乡间的要素流动和商品交换就构成了城乡间最重要的联系机制。因此，就必须以城乡一体化战略作为城市—乡村协调发展的指导思想。

2. "分久必合"——城乡复合系统发展的需要

城市离不开乡村，乡村也离不开城市。城市和乡村本为"一家"，只是随着社会分工及生产力发展的需要，才逐渐从空间上分离，并由此产生了社会、经济、环境等方面一系列的差别。历史上的城乡关系经历了混沌—对立—隔离的过程，然而，随着社会经济的进一步发展，经济的重心将逐渐由城市转向了城市—乡村地域，城乡系统也将趋向统一融合。生态学家马世骏曾强调，对城乡这样的社会经济自然复合系统，不应将各亚系统分别对待，必须重视整体综合。在城乡系统中，各子系统的发展是相互依赖的，都要求其他系统的配合与支持。因此，要建设现代化的城市和乡村，就必须以城乡一体化为指导思想和战略目标，采取积极有效措施，保证城乡间的顺利贯通。

3. 农村剩余劳动力转移的需要

我国目前有 2 亿多农村剩余劳动力，他们既是农村经济发展的巨大潜力和财富，又是城乡进一步发展所必须面对和解决的重大问题。人口与就业问题，特别是农村剩余劳动力的安置问题，是我国城市化和农村发展要解决的核心问题所在。特别是，无地、无学历、无劳动技能、无资产的"四无"农村劳动力的安置和发展问题将成为城市必须面临的问题。由于城市化的快速发展，也容易造成城市边缘区的农民在社会保障系统尚未完备的前提下，过早、过快的被动城市化。这些群体都是必须关注的对象。

剩余劳动力不可能全部涌入城市，也不可能全部滞留农村。要保持城乡这一复杂巨系统的高效率运转，必须要强调和重视系统内部各子系统及外部系统间要素的自由、合理流动。正所谓"流水不腐，户枢不蠹"，城乡间人口的合理流动，将会促进城乡间人才、科技、信息、文化等的交流，从而繁荣城乡经济。解决农村剩余人口问题，必须要从城乡两方面统筹考虑，重在疏导和分流。

三、城乡一体化的发展要点

(一)城乡一体化不是城乡"一样化"和"平均化"

有人认为城乡一体化就是要完全消灭城乡差别,最终达到城乡的绝对融合。这种观点实质上就是将城乡一体化引向了"城乡一样化",这在理论和实践上都是行不通的。因为城市和乡村这两种社区形态的形成和发展有着其特定的自然、社会、经济、历史等条件,只要这些方面存在着差别,城乡差别就不可能消失。同时,城乡一体化并不会导致城乡的"低层次平衡发展"和"平均主义",它不是降低城市的地位,而是将乡村的地位加以适当提高,使其在市场体制下处于与城市同等的竞争地位。城乡一体化强调城乡间各要素的融合、贯通,但并不排斥差别,相反,通过科学、合理的规划,可以将差别转化为各自的特色,这将有利于形成城乡系统的高层次协调发展。

(二)城乡一体化的动力机制:城市化和农业产业化

城乡一体化是城乡两大系统发展的一种社会、经济、生态过程,同时又是这一过程的战略目标。在分析城乡关系问题上,有学者认为,城市化的滞后是中国城乡经济难以协调发展的症结所在,并由此导出了通过重新发动城市化来解决城乡发展问题。还有一些学者主张靠农村工业化来解决城乡问题。事实上,农村的发展,不能单靠城市化的辐射,也不能盲目推行农村工业化,造成生态环境的破坏。实现城乡协调发展必须两头启动,依靠城市化和农业产业化加以推进,这就是城乡一体化的动力所在。

(三)城乡统一市场的建立是城乡一体化的核心

市场是城乡经济联系的纽带,也是缩小城乡差距、优化城乡资源配置的有利渠道。城乡经济要素的流动,是二元结构转换、城乡协调发展的关键。这就需要打破原有的各种体制束缚,以市场体制为契机,在原有城市市场和农村市场的基础上,构建城乡统一市场。这将是一个市场类型齐全、功能完备的市场体系,它既包括产品市场,又包括要素市场。通过统一的市场体系使农村的资源优势转化为商品优势,剩余劳动力转化为生产要素,并得到优化组合,从而为实现城乡全面贯通、走向一体奠定坚实的基础。

(四)城乡一体化要从人的需要出发,即"以人为本"

从人本主义角度讲,人们从事的一切活动都是为其自身各方面需要服务的,城乡发展从本质上来说是人与自然在协调基础上的自我发展。因此,城乡一体化建设要求为人类创造一个良好的生产、生活和发展的环境,同时要有利于提高人的综合素质,特别是广大农村人口的素质,使其享受现代城市文明,从而利于整个社会的进步。

四、近年来我国推进城乡一体化发展的政策和相关实践

党的十七大提出的实现全面建设小康社会奋斗目标的新要求,再次将"统筹城乡发展"提到了一个新的高度。相应的,十七届三中全会确定了到 2020 年"城乡经济社会发展一体化体制机制基本建立"的阶段性目标,并确定了城乡一体发展的重要原则:"必须统筹城乡经济社会发展,始终把着力构建新型工农、城乡关系作为加快推进现代化的重大战略。统筹工业化、城镇化、农业现代化建设,加快建立健全以工促农、以城带乡长效机制,调整国民收入分配格局,巩固和完善强农惠农政策,把国家基础设施建设和社会事业发展重点放在农村,推进城乡基本公共服务均等化,实现城乡、区域协调发展,使广大农民平等参与现代化进程、共享改革发展成果。"为了建立促进城乡经济社会发展一体化制度,报告提出了一系列的制度保障政策:

(1)在城乡规划、产业布局、基础设施建设、公共服务一体化等方面取得突破,促进公共资源在城乡之间均衡配置、生产要素在城乡之间自由流动,推动城乡经济社会发展融合。

(2)统筹土地利用和城乡规划,合理安排市县域城镇建设、农田保护、产业聚集、村落分布、生态涵养等空间布局。统筹城乡产业发展,优化农村产业结构,发展农村服务业和乡镇企业,引导城市资金、技术、人才、管理等生产要素向农村流动。

(3)统筹城乡基础设施建设和公共服务,全面提高财政保障农村公共事业水平,逐步建立城乡统一的公共服务制度。统筹城乡劳动就业,加快建立城乡统一的人力资源市场,引导农民有序外出就业,鼓励农民就近转移就业,扶持农民工返乡创业。

(4)加强农民工权益保护,逐步实现农民工劳动报酬、子女就学、公共卫生、住房租购等与城镇居民享有同等待遇,改善农民工劳动条件,保障生产安全,扩大农民工工伤、医疗、养老保险覆盖面,尽快制定和实施农民工养老保险关系转移接续办法。

(5)统筹城乡社会管理,推进户籍制度改革,放宽中小城市落户条件,使在城镇稳定就业和居住的农民有序转变为城镇居民。推动流动人口服务和管理体制创新。

(6)扩大县域发展自主权,增加对县的一般性转移支付、促进财力与事权相匹配,增强县域经济活力和实力。推进省直接管理县(市)财政体制改革,优先将农业大县纳入改革范围。有条件的地方可依法探索省直接管理县(市)的体制。

(7)坚持走中国特色城镇化道路,发挥好大中城市对农村的辐射带动作用,依法赋予经济发展快、人口吸纳能力强的小城镇相应行政管理权限,促进大中小城市和小城镇协调发展,形成城镇化和新农村建设互促共进机制。积极推进统筹城乡综合配套改革试验。

近年来,在全国范围内,城乡统筹或城乡一体化方面的实践总体上较多,且模式各有不同,其中大都市的城乡一体化发展战略以北京为典型,而中西部地区以重庆和成都两个"全国统筹城乡综合配套改革试验区"最具有典型性。

1. 北京

2008年末,北京市委十届五次全会通过《中共北京市委关于率先形成城乡经济社会发展一体化新格局的意见》(下称《意见》),指出:"北京已经进入从中等发达城市向发达城市迈进的新阶段,必须进一步加快农村改革发展,着力破除城乡二元结构,率先形成城乡经济社会发展一体化新格局",并确立了"把率先形成城乡经济社会发展一体化新格局作为推动首都经济社会发展的根本要求,加快体制机制创新,统筹推进城乡基础设施和公共服务均等化,着力发展都市型现代农业和适合北京农村特点的各类产业,大幅度增加农民收入,切实保障农民权益,充分发挥农民主体作用和首创精神,推动农村经济社会又好又快发展"的指导思想,为大城市实现城乡一体化,探索巨型城市的城乡统筹发展模式提供了新的范式。

在农村制度建设方面,《意见》指出:鼓励农民以转包、出租、互换、转让、股份合作等形式流转土地承包经营权;开展多种形式的适度规模经营;全面推进农村集体经济产权制度改革;建立耕地保护责任考核动态监测和预警制度;加快建立商业性金融、合作性金融、政策性金融相结合,资本充足、功能健全、服务完善、运行安全的农村金融体系,并特别强调"不需要抵押担保的农户小额信用贷款"和"农业再保险机制"等。

在农村经济和产业结构调整方面,《意见》指出:大力发展都市型现代农业,建立都市型现代农业发展奖励资金,培育走廊经济、流域经济、园区经济,探索都市型现代农业产业体系和新型业态;建立与首都多元化消费需求相适应的农产品物流体系;鼓励城区实体经济向郊区转移,鼓励高端产业区带动郊区产业发展等。

在城乡互动方面,《意见》指出:构建现代城镇体系,实施城镇化与新农村建设"双轮驱动";依法赋予经济发展快、人口吸纳能力强的乡镇相应行政管理权限;鼓励和支持区县结合自身特点,大胆探索,先行示范,在绿化隔离带建设、土地使用制度、农民整建制转居、劳动就业、社会保障、管理体制等重点领域取得重大突破。

在完善社保方面,《意见》指出:推进城乡基本公共服务均等化,加大对农村教育、医疗、社会保障等最薄弱、最迫切领域的投入力度,加快城乡制度接轨步伐,使广大农民学有所教、劳有所得、病有所医、老有所养、住有所居。

2. 成都、重庆统筹城乡综合配套改革试验区

2007 年 6 月 7 日,国家发展和改革委员会下发《国家发展改革委关于批准重庆市和成都市设立全国统筹城乡综合配套改革试验区的通知》,通知要求成都市和重庆市从实际出发,根据统筹城乡综合配套改革试验的要求,全面推进各个领域的体制改革,并在重点领域和关键环节率先突破,大胆创新,尽快形成统筹城乡发展的体制机制,促进城乡经济社会协调发展,为推动全国深化改革,实现科学发展与和谐发展,发挥示范和带动作用。这一战略举措是在西部大开发背景下,探索适合中西部地区的城乡一体发展模式,构建统筹城乡发展道路的关键一步。

成都与重庆由于各自的经济社会条件不同,改革举措也各有侧重。其中,成都侧重于统筹利用资源,合理探索城市化过程中土地利用和社保问题的解决之道,而重庆则侧重于结合三峡移民问题,探索城乡一体化发展过程中的城乡人口统筹管理机制。以成都为例,成都的统筹城乡改革包含九大先行先试领域:建立三次产业互动的发展机制;构建新型城乡形态;创新统筹城乡的管理体制;探索耕地保护和土地节约集约利用的新机制;探索农民向城镇转移的办法和途径;健全城乡金融服务体系;健全城乡一体化的就业和社会保障体系;实现城乡基本公共服务均等化;建立促进城乡生态文明建设的体制机制等。

【本章小结】

一、本章关键词

中国现代城市化　城市边缘区　城中村　城乡一体化

二、本章知识点

城市边缘区的界定和结构

城中村的成因

城中村的生命周期

城乡一体化的战略意义

城乡一体化的发展要点

三、本章复习题

1. 简述世界城市化浪潮的成因和城市化发展的一般进程。

2. 简述我国现代城市化发展脉络。

3. 城市边缘区管理中现存的问题和成因是什么？如何解决？

4. 城中村的成因是什么？如何引导城中村城市化？

5. 简述城乡一体化的战略意义和发展要点。

四、本章思考题

1. 支撑我国现阶段高速城市化发展的条件是什么？

2. 我国的城市边缘区和美国的城市郊区有什么区别？

3. 为什么说"城乡一体化"并非"城乡一样化"？

4. 我国城市化统计指标应当如何科学地设定？

五、建议阅读材料

1. 朱可：《城市经营与城市政府管理制度创新》，《湖南广播电视大学学报》，2004 年 03 期。

2. 李奇：《"城市革命"与"政府革命"》，《理论与改革》，2004 年 04 期。

3. 谢爱华：《化"边缘人群"为城市稳定因素》，《上海青年管理干部学院学报》，2003 年 01 期。

4. 颜海林：《城市管理与城市化》，《经济工作导刊》，2002 年 19 期。

5. 孙超英：《发展中国家城市化道路及其借鉴》，《四川行政学院学报》，2002 年 05 期。

6. 链接：中国城市化网，www. curb. com. cn/

7. 链接：城镇体系规划项目，上海同济城市规划设计研究院，http:// www. tju-pdi. com/chinese/project/p2. htm

六、本章参考资料

1. 饶会林：《中国城市管理新论》，北京：经济科学出版社 2003 年版。本章参阅第一章内容。

2. 刘江涛：《中国城市边缘区土地利用规制研究》，北京大学博士学位论文，2003。

3. 胡彩屏:《推进广州城乡结合部管理的对策探讨》,《探求》,2001 年第 6 期（新 69 期·总第 132 期）。

4. 史永亮:《透视"城市灰色区"》,《现代城市研究》,2001(3)。

5. 张觉文编著:《市政管理新论》,成都：四川人民出版社 2003 年版。本章参阅第十章、第十一章内容。

6. 郑静:《论广州城中村的形成、演变与整治对策》,《规划与观察》,2000(1)。

7. 甄峰:《城乡一体化理论及其规划探讨》,《城市规划汇刊》,1998(6)。

8. 胡锦涛:《高举中国特色社会主义伟大旗帜　为夺取全面建设小康社会新胜利而奋斗——在中国共产党第十七次全国代表大会上的报告》,2007 年 10 月。

9.《中共中央关于推进农村改革发展若干重大问题的决定》,2008 年 10 月。

10.《中华人民共和国土地管理法(修订草案征求意见稿)》,2009 年 7 月。

11.《中华人民共和国物权法》,2007。

12.《中共北京市委关于率先形成城乡经济社会发展一体化新格局的意见》,2008 年 12 月。

第九章　城市—区域协调发展与管理

◎ 教学目的与要求

通过本章的学习,了解城市作为开放系统的属性,以及区域和城市群协调发展的好处。理解中外城市和区域协调的种类和可能途径。掌握区域协调发展的有效手段。

◎ 内容提要

本章首先明确了城市发展的非独立性,指出了传统的封闭式的城市发展思路的不足,提出了城市群以及区域协调的内涵、特征、优势以及一般要求。第二节主要是引介西方发达国家城市群与区域协调发展的具体做法,具体介绍了美国区域规划机构运作的典型案例。第三节结合我国区域发展中需要解决的主要问题,归纳了城市与区域协调发展的可能类型和组织管理形式,列举了区域协调发展中可能用到的法律、财政和经济、行政以及规划手段,并指明了城市联盟的发展趋势。

随着我国城市和区域经济的发展,区域经济一体化进程的深入,各地之间的社会经济联系逐渐增多,对区域内有限发展空间和资源的争夺也日趋激烈,各个城市在产业发展、大型基础设施建设及土地开发等方面互不协调、互为掣肘,区域发展不协调已成为制约我国若干城市和区域整体优势发挥和竞争力提升的"瓶颈"。过去,我们一提到城市或区域发展不协调,就很自然地和区域重复建设、产业同构、盲目竞争等联系起来,重视问题但却缺乏对协调发展的清晰分析。

今天,必须明确的是,随着全球化、信息化的加快,城市将越来越不可能作为封闭和相对独立的发展实体出现,取而代之的必然将是开放、协作的城市。因此,必须首先了解城市封闭式发展的不足和区域协调发展可能带来的有利格局,了解城市和区域协调发展可能的模式和有效途径。

第一节　城市发展的非独立性

一、传统的封闭式城市发展思路的不足

(一)行政区隔的束缚严重限制城市发展

中国城市的行政区划使城市发展的决策选择一般局限于行政区划范围,无论是城市空间的成长方向还是需要的资源调配,封闭、独立的城市发展思路都与周围城市的衔接考虑不足。不能促进城市有效合作以集中供给与需求,出现了诸如规划的城市空间发展方向与区域整体经济不协调的实例。

例如,行政区划调整前广东省江门市与新会市是独立的城市,但两城市的联系很紧密,表现在城市建成区接近;历史上同处于"五邑文化"一体中;产业的前后向关联紧密等多个方面,建成区基本连接成片,实际两城市建成区最近处仅相距6公里,江门与新会实际上是处于一个整体的都市区中。但在行政区隔下,原来两城市规划的空间发展方向决策出现了背离的特点。[①] 表现在:

江门市城市总体规划(1994~2010)空间发展方向选择为生活性用地向北发展;沿西江发展,在西江两岸形成新的城市中心。重点向东发展高新技术产业区。

新会城市总体规划(1991~2010)空间发展方向选择为"双中心片区式结构",即以旧城和滨江新城为中心,城市采用跳跃式发展模式,向银洲湖沿岸发展。

而实际上,"新会的社会经济活动对外联系主要在往江门的轴线上,向南往珠海发展的势头虽在逐步加强,但主势仍在江门,而且新区开发又不属于两个市之间,其开发是背向的,因此建设相当困难。从两城市的空间发展方向规划的具体实施效果看,江门所作的向东发展高新技术产业区的规划并不成功,高新技术产业发展势头较弱,实际建成区面积与规划面积相去甚远。新会所作的向南跳跃式发展更成为一个城市空间发展方向规划失误的典型,新会规划的南部以行政中心为主的新市区虽然进行了大规模的基础设施建设,但建成效果不容乐观,至1998年底,其建成区面积为83.53公顷,占规划面积14.41平方公里的5.8%。此外在新市区的建成区内部,商贸城出现大量空置,解困小区销售

---

① 据王纯:《城市空间发展方向规划的博弈问题——以江门市为例》,北京大学硕士论文,2004。

不理想,行政区建设上只有政府迁入。而新会老城区,按规划应受控制,但实际上只是政府对其基础设施建设投入减少,而新会市区的房地产仍集中在旧城区,控制未达到目的,导致旧城区建筑密度加大,园林绿地减少,园林城市的特色减弱"。

与之相似的情况还发生在我国很多地方,比如过去的广州也是由于受到行政区划的限制,不得已在自身的行政辖区内选择所谓的最优发展路径,但是一旦将这种路径放到跨城市的区域空间尺度下,这种发展模式的弊端则将暴露无遗。在国家创造性的思路调整下,广州做出的南向南沙地区发展是实现跨越式发展,获取最优发展路径的关键性选择。

(二)未能全面考虑社会经济发展状况影响的相关利益主体

城市发展需要实力的支持,而城市实力的增加必然涉及较多的利益主体。这里可能涉及的利益主体会跨越城市的边境范围,比如,某一城市的人力资源招聘优惠条件如果远远高于另一个城市的条件,周边甚至跨区域的人才流入都将成为可能,从而使人才流出地方的发展受到威胁。伴随着城市化的阔步推进,区域内城市密度提高,城市集聚和辐射能力增强,相邻城市之间资源和信息的交换趋于频繁。随着人力资源、金融资本、信息、物资等产品的流动速度加剧,城市发展的相关利益主体已经越来越不局限于城市的内部,仅仅从某一个城市自身考量城市管理的政策优劣或者发展战略选择都将是不科学、不持续的。

(三)强调城市自身发展的影响

随着我国社会经济的进一步发展,国民收入的进一步提升,我国城市化的进程正在进一步加速。伴随城市化进程的加速,如果仅仅从一个城市自身的发展需求出发,城市之间的竞争就必然十分激烈。

一方面,城市的竞争表现在对高素质劳动力资源、资本、土地资源和信息资源掌控的竞争;另一方面,城市的竞争更表现在对城市产品的市场,包括城市有形产品如城市的工业产出等和无形产品如城市的旅游格调、城市的综合信誉等多方面的竞争。比如,我国各地大大小小的城市圈的组建和发展中,诸侯经济的负面影响广为存在。行政区域分割、圈内恶性竞争等问题,极大地扼制了城市圈协同效应的发挥。从目前发展的现实状况来看,城市和区域发展不协调是普遍现象,它会从很多方面反映出来,但最为直观的反映莫过于城市建设方面,包括重大建设项目布局、基础设施建设等。

二、区域协调的内涵和特征

(一)协调的概念辨析

区域协调发展的要害是如何理解"协调"的涵义,如果在这一点上出现分歧,对许多问题的认识就难以形成共识。协,从字义上说有"和"、"合"、"帮助"、"协理"、"和谐"、"协调"的意思。调,从字义上说是"配合得均匀合适"、"调解"两层意思。一般论及区域协调时,往往认为包含两层意思——协作与调解。因此,区域协同问题大体包含三个方面:一是在一定的区域范围内,一个或多个城市或地区在发展过程中为追求更多利益而需要与辖区之外的其他城市和地区进行协作的问题;二是一个城市或地区在发展过程中与其他城市和地区发生矛盾和冲突时,需要通过谈判或仲裁等方式达成妥协和调解的问题。三是一个城市或地区在发展过程中与其他城市和地区为了达到某一目标,共同努力,达成和谐的问题。

据此为基础,城市研究学者杨保军精辟地指出,"协"字有"和"的意思,"和"是中国古代哲学的一个重要范畴,指两种或者两种以上事物间的和谐关系,即事物多样性的统一,协调的涵义应有三重:协作、调解、和谐。[①]

(二)区域协调的基本特征

从城市和区域协调的涵义出发,城市和区域协调的基本特征包括两个方面,即:必定发生在具有独立利益的个体之间;必定发生在各个体联系密切、相互影响程度很大的领域内,特别是公共领域内,如跨地界的基础设施建设、共有资源的利用、环境污染问题等。

比如,1999年,厦门市与黑龙江省黑河市本着"南联北和、综合开发"的宗旨,达成联合拓展中俄经贸旅游大通道的意向,开发台湾—厦门—五大连池—黑河—俄布市—莫斯科—圣彼得堡旅游线路。上海,江苏的南京、苏州、无锡、南通、常州、扬州、镇江,浙江的杭州、宁波、温州、嘉兴、湖州、舟山、绍兴等15个城市,加上安徽的黄山,这些城市的旅游局长在杭州签署15+1合作宣言,共同打造长三角黄金旅游圈。从以上两个案例可以看出,城市和区域的协调发展必然发生在两个或者多个城市主体之间,以某种影响和相关性很大的事件作为其间的纽带。

---

① 杨保军:《区域协调发展析论》,《城市规划》,2004(4)。

三、城市群协调发展的益处①

城市和区域协调发展意味着区域走向一体化,它至少有以下好处:

1. 区域内各城市之间的壁垒消除,加快要素自由流通,有利于降低运行成本,也有利于资源在更大地域空间的有效配置;

2. 市场一体化会带来市场规模的扩大,使各城市有更大的可能获得规模经济,从而进一步提高生产率;

3. 一体化意味着城市内部竞争激化,迫使企业加强经营管理、开发利用新技术、提高劳动生产率、降低生产成本,这样又反过来会提升区域竞争力;

4. 各城市在一体化的信息平台上更有利于研发和生产的结合,相互之间的学习交流机会增多,创新的成功率提高,产生分割状态下所不能得到的效果;

5. 各城市以综合的力量,采取协调一致的行动来加强和扩大对外经贸合作关系,更有利于融入国际市场;

6. 一体化使各城市对区域培养出归属感,进而凝成一种合力,可以有效降低交易成本和违约风险;

7. 一体化的区域把全球市场化为区域市场,有效地降低了国际资本在全球范围内配置资源的搜寻成本,从而提升本地区对外资的吸引力;

8. 协调发展能使区域在经济与社会、环境之间取得平衡,维持地区的持续竞争力和魅力。

四、城市群协调发展的要求

城市群协调发展,不单单是城市微观和中观层面的任务。国家从宏观角度出发,应编制好全国性的社会经济发展战略规划、城市体系规划和区域规划,对全国城市的发展作出战略规划和设计,明确城市发展的主要方向和建设重点,包括城市化水平、城市数量指标、城市空间布局、城市经济实力、城市产业结构等。各地区、各省也都需要制定相应的战略、规划和设计。在此基础上,各城市应在总体规划和区域经济的指导下,制定相应的战略、规划和设计,力求做到与当地的社会经济发展目标相吻合,与每一个城市的发展战略相结合,充分体现城市发展特色,避免每一个城市之间产业结构的趋同化、城市形象的雷同以及城市基础设施的重复建设,避免造成不必要的内耗,切实在规划上做到全国一盘棋。

---

① 杨保军:《区域协调发展析论》,《城市规划》,2004(4)。

每个城市要依据自身的资源、区位、市场潜力、历史文化条件以及总体规划,实事求是、科学地进行城市定位,注重城市文脉,充分体现各个城市的特色。并且要在城市发展的过程中不断调整其定位,从定位和优势出发建设特色城市。各个城市之间既存在差距,又具备各自优势。如在沿海城市和发达地区存在技术、人才及区位优势,而在中西部城市和地区又有着资源和劳动力成本低廉的优势。通过科学的城市定位,正确发挥每个城市的优势,对于一个城市、一个地区的经济发展具有重要意义。每一个城市必须以自己的优势为依托,走发展特色经济之路,以避免城市之间的重复建设,减少国内城市间的无序竞争。

第二节　西方发达国家区域协调的具体做法[①]

西方发达国家尽管市场调节能力在逐步加强,但区域行政协调组织仍在快速发展,从世界范围看,区域协调组织随城市地区的发展而逐步发展,二战后全球不同形式的区域协调组织约有 10 处,现已达到 150 多处,这是世界城市化发展在空间上形成"城市地区"后的必然产物。大都市地区管理组织形式可以在现有行政机构上设立常设的区域协调组织机构,也可以在现有行政机构之间以共同的目标和纲领结成协调组织,可以是自上而下的,也可以是自下而上的。

之所以要借鉴西方发达国家的区域协调经验,主要是因为西方发达国家区域经济发达,区域一体化进程早、水平高,区域协调问题由来已久;西方发达国家市场经济较为成熟,在如何纠正市场失灵以及进行政府宏观调控方面积累了较为丰富的经验;西方国家都市集权与地方自治的矛盾更加尖锐与复杂,在如何平衡统一管理与分权管理方面进行了多种形式的摸索。

一、国外区域协调机构的发展过程和特征

(一)区域协调机构的形成

随着欧美城市化高度发展,城镇群日渐增多,城市间的许多问题需要共同解决,区域协调机构应运而生。其必要性基于以下几个方面:

1. 大城市人口和地域迅速扩展,城市需要新的发展空间

城镇群区内各个市镇和周围地区在行政区划上相互孤立,新的自治市镇又

---

① 本节内容摘录自王富海等:《珠江三角洲城镇群协调发展研究协调机制专题》,中国城市规划设计研究院、深圳市城市规划设计院,2003。编者进行了重新整合。

在大量涌现,行政区划过小,城市政区挤在一起,城市发展空间受阻。

2. 地方政府组织机构过小

由于地方自治,对关系到整个城市地区的社会公共问题,地方政府或者无力解决,或者解决的效益低下,客观上要求在城镇群地域基础上进行统一规划、建设和管理。如交通、住宅、供水与排水等问题都需要从比单个城市更大的范围或整个城镇群的角度去规划建设。

3. 城市之间各自为政

市镇之间存在许多矛盾,尤其是跨州或跨郡的城镇群内的市镇问题更为复杂。州政府对市政府行使监督权,而无权干预地方政府的决策,市镇缺少有力的协调机构和途径。地方主义与城镇群发展的协作需求的矛盾日益突出,实行统一规划困难重重,严重影响了城市管理的效果和质量。

基于上述问题,美国、英国、加拿大等城镇群发展程度高的国家先后对城镇群的行政管理结构进行改革,寻求更为有效的,既能兼顾各市镇利益又能适应整个城镇群发展要求的管理体制。建立这种体制的一个主要途径是形成统一的城镇群政府或协调机构,对某些需要从整个城镇群角度进行规划建设和管理的项目实施统筹管理,进而在城镇群形成双重政府结构——城镇群联合政府与地方城市政府。在世界上成立较早(20 世纪 50 年代初)的是多伦多大都市区政府(The Municipality of Metropolitan Toronto),1965 年伦敦成立了大伦敦政府,20 世纪 70 年代中期在欧洲普遍出现了大都市区的行政管理机构。但是这类政府的性质是不尽相同的,有的是国家行政机关性质的,如法国巴黎大区议会;有的是由各个城市的代表组成的政府,如大哥本哈根议会;有的是经过参盟城市之间选举的代表组成的政府,如法兰克福大都市区议会;还有的是经过参盟城市之间协商组成的协议机关,如海牙大区协议会。

(二)区域协调机构的类型

西方区域协调机构有 4 种类型:

1. 综合性的城镇群政府。加拿大多伦多城镇群政府和已解散的大伦敦议会为此种类型。这样的政府组织职能是在城镇群范围内行使类似于地方政府的综合职能。

2. 仅有单项职能的专门机构。英、美、加等国城镇群都有这类组织,以美国最为普遍。这类组织是几个地方政府的联合体,负责某专项公共服务,如消防、供水等。

3. 某一区域的专门管理机构。负责管辖某一特殊系统或地域,如港口、桥梁等。

4. 非政府的城镇群协调机构。在更广泛的范围内协调各城市、郡(县)之间的关系,美国、加拿大一些城镇群都设有这种协调机构。

城镇群政府委员会由各个城市的代表组成,一般中心城市所占席位最多。由于郊区城市人口剧增,郊区城市不断合并扩大,如伦敦和多伦多郊区城市都经过合并,以此提高行政管理规模和效率,同时郊区在城镇群政府中的权力也相应提高。

西方国家城镇群政府是城市政府联合体,建立这一联合体的主要目的是在传统地方政府的基础上组成一个有能力协调解决整个城镇群问题的行政组织,同时为城镇群内地方政府之间创造沟通与对话的渠道。由于城镇群人口和地域的不断扩大,人口流动与分布特点不断变化,城市公共服务的类型和需求分布也不断变化,要求城镇群政府的组织形式和职能不断适应新的变化。城镇群行政组织方式及其职能界定一直是西方国家政府关注的问题,并一直在为建立更为有效合理的都市管理体制进行着不懈的努力和探索。

(三)大都市政府形成与发展[①]

1. 早期大都市政府的形成

在世界上成立较早的是英国的大伦敦政府,其后,1957 年美国的迈阿密大都市政府成立,1964 年荷兰的大鹿特丹政府成立,1967 年大温哥华地区政府成立,1974 年巴塞罗那联合政府成立,至 20 世纪 70 年代中期在欧美普遍出现了大都市区的行政管理机构。下面扼要介绍其中的三个:

(1)伦敦大都市政府:成立于 19 世纪末,是最早建立的大都市政府,开创了大都市政府的先例,经历了伦敦郡、大伦敦和大伦敦议会的不断变化,历次改革与重组的目的都是力图解决由于都市化所带来的一系列管理问题,使大都市管理范围与大都市的实际地域范围相吻合。到 20 世纪 80 年代,由于大都市政府建立时以及以后运作过程中复杂的政治背景,两级政府之间的某些重要职能分工不清,如在城市交通方面,大都市政府负责交通规划,而区提供实际交通设施,两方面常常难以协调,加之对地方政府权力的强调,使大都市政府宏观调控能力减弱。

---

① 张京祥、刘荣增:《美国大都市区的发展及管理》,《国外城市规划》,2001(5),pp6-8。

（2）迈阿密大都市政府：成立于1957年，区域内非城市地区的所有服务均由大都市政府提供，大都市政府资金来自于大都市区范围的相关税收及那些非自治市地区的特别税，对道路、铁道、公共汽车、飞机场、港湾等区域性交通系统实施明确的一元化管理，而各市、县政府承担更具体的公共服务工作。大都市政府理事会是大都市政府的最高决策机构，由全体居民选出的9名理事组成，在理事会下设有8个常设委员会，协调解决财政、政府间关系、交通、环境和土地利用、社区事务等各项工作。联合大都市政府与下层次政府并不是严格的行政等级隶属制，在两个层次政府之间有明晰的分权。采取双层制结构体制是人们认识到了统一全地区共有职能的必要性，而同时又希望能在地方性事务方面保存地方经营与管理的自主权。

（3）大温哥华地区政府：成立于1967年，1971年比西省政府从法律上明确了大温哥华地区政府的功能和定位。这是一种灵活的政府形式，由区内政府选派有关代表组成联合政府，其组织包括董事会及下属各部门，并设有区域长官管理下属各部门的运转。大温哥华地区政府的主要功能有两个方面：一是协调跨市、区的区域性事务；二是提供比各市单独提供更有效的区域性的基本服务，包括供水、污水处理、空气质量管理、交通规划、固体废物处理、大区营利住房、大区公园等。根据经济、有效和平等的原则，区内各市通过大温哥华地区政府联合起来提供上述服务，但在这个体制下，大温哥华地区政府对各市、区的事务没有直接的干预权，各市、区仍保持自己的独立性。

2. 早期大都市政府存在的问题

西方大都市政府的发展并不是一帆风顺的，由于都市集权与地方自治矛盾的尖锐与复杂，统一管理与分权管理很难进行协调，大都市政府在处理集权与分权的关系方面面临两难处境：一方面，要解决大都市共同问题需要依赖地方政府、社会团体和大众的一致努力，但这样就会降低大都市政府的权威；另一方面，大都市政府仍旧是等级官僚体系中的一环，只是权力的传递者。至20世纪80年代，早期的大都市政府许多被废除，1986年保守党政府废除了伦敦大都市政府，而用提供较少服务的特别机构替代它，1985年荷兰的大鹿特丹政府被废除，1987年巴塞罗那联合政府被废除。

3. 大都市政府的发展与复兴（20世纪90年代至今）

大都市政府复兴始于20世纪90年代，这个时期许多国家又重新出现了大都市政府。1994年，在意大利的波各那省的48个自治市，成立了大都市政府。随后，意大利罗马等其他大都市地区也成立了各自的大都市政府，法国、荷兰也成立了类似的机构。1994年,德国斯图加特地区政府成立,包括179个自治市和五个县,代表200万居民,这个机构以选举方式产生了一系列的服务部门(策略规划、公共运输、废物处理和经济发展)。

1994年,波各那省和波各那的48个自治市签订了一个建立在自愿和弹性的基础之上的协议(简称ACM),ACM导致了新的大都市级政府的设立:一个政治机构,即由各自治市的市长和省长组成的大都市会议;一个管理机构,即大都市会议秘书处,负责ACM的执行;三个技术机构,包括经济区域部、管理和金融部以及健康和社会服务部。有别于先前的大都市政府,大都市会议并非决策主体,它只负责产生大都市会议秘书处和技术委员会,实际上,它提供了一个讨论城市问题的讲坛。

这个时期的大都市政府的构建突出谈判、合作、自愿参与和弹性,大都市政府产生的过程很长,不像传统的大都市政府的组成过程那样短,而且这种过程随时能停下或减慢速度,而产生的结果也不确定,因为大都市级政府的法律效力是由所有的行为者在组成大都市政府的过程中产生的。

吸取以前大都市政府的一些经验教训,新大都市政府在组织上进行了三个方面的改善:第一,大都市政府机构不应当成为附属机构,相反的应成为已存在的省的替代品,这样可以解决它们之间权力的冲突问题,如在波各那和鹿特丹,未来的大都市公共机构具有省的层次;第二,涉及大众合法性,所有措施的目的都是建议大都市的形式和内容趋于公民投票;第三,权威中心城市的分解和一些自治市的重组已经写入了法律。

总结大都市政府的发展过程,大都市政府在组织架构、权力分配、调控方式等方面一直在进行调整,以顺应区域经济一体化和管理弹性等新的发展趋势和要求。

(四)大都市政府的主要类型

按政府机构的权力大小,可以将大都市政府分为超城市的和城际的两种类型。超城市的是最纯粹的"大都市模式",具有直接的政治合法性、明确的财政自治和对一定功能地区行使多元权力。而城际的政府不是这样,首先,城际政府机构的政治合法性依赖城市的地方政府;其次,城际的政府没有财政自治权,它们的资金来源于地方政府和上层次政府的积累,而它们的能力和对地区的控制与超城市的政府似乎没有明显的区别。

(五)非政府协调机构的形成与发展

非政府协调机构又分为综合功能的协调机构与单一功能的协调机构两种类型。

1. 综合功能的非政府协调机构

以华盛顿大都市区统一组织的管理模式为例,华盛顿大都市委员会,组建于1957年,目前已发展成为包括18个成员政府、120个雇员、年预算1 000万美元的统一正规组织。其财政来源于联邦和州的拨款(60%)、契约费(30%)、成员政府的分摊(10%)。华盛顿大都市委员会的职能众多,从交通规划至环境保护,以及许多公众关注的区域问题。虽然它是一个没有执法权力,由县、市政府组成的自愿组织,但由于其较好地解决了区域问题并为成员带来了实质利益,因而是一个相对稳定的联合形式,其对成员的主要作用体现在以下两个方面:一方面,将联邦和州拨款分配给它的成员,联邦法律长久以来要求交通、住房和环境拨款通过区域组织予以分配,不参加这些组织的地方政府没有资格获得拨款,这是一种自上而下的干预作用。华盛顿大都市委员会现在每年可直接分配用于区域公路设施建设的资金约为25亿美元,其利用环境经费的分配权组织成员单位对波多马克河的治理,使污染物减少了90%。另一方面,为成员提供跨地方的服务。除一些区域性的社会服务、基础设施共享外,华盛顿大都市委员会提供给成员最切实的利益是通过其组织合作性购买石油、天然气及其他公用设备,给成员节约了大量的费用。这反映了华盛顿大都市委员会的协调机制正从区域内普遍的交通、环境问题转向一定程度的经济合作,也表明华盛顿大都市委员会正成为一个更具综合职能的实体性组织。

2. 单一功能的非政府协调机构

纽约大都市区单一功能的管理模式:针对一些具体的区域性问题,如供水、排水、垃圾处理等,各种专门的协调组织也在不断产生、变化以及消亡,在纽约大都市区展现的是一种松散而无统一行政主体,以专门问题的协调组织运行为主的管理模式,它反映了美国政治文化传统:强调地方政府的联合行动,以处理不同领域的各类问题。它们可以通过各种共同建立的专门机构去处理区域问题,但不去建立一个管辖全区事务的大都市政府。即只建立管理体制,不愿意建立政府体制。

(六)发达国家区域协调机构的特点

1. 形式多种多样,且在不断调整

由于国家、地区政体的差别,文化背景的差异及所面对的具体问题不同,不同国家和地区的区域协调组织的管理架构和运行机制也是多种多样的。从区域协调机构的发展历程可以看出,区域协调在组织架构、权力分配、调控方式等方面一直在进行调整,以顺应区域经济一体化和管理弹性等新的发展趋势和要求。

2. 在组织上更多采用合作、自愿参与和弹性的方式

早期大都市政府更多是作为等级官僚体系中的一环,是权力的传递者,经过一段时间的运作,社会各阶层一致认识到要想解决大都市共同问题,就必须依赖地方政府、社会团体和大众的一致努力,大都市政府的构建形式中有了更多的合作、自愿参与和弹性的成分,更多地采用非政府协调机构的组织形式。如上文所述纽约大都市区。

3. "政府"与"非政府"两类协调机构逐步融合

大都市政府与非政府协调机构两种组织类型本身就很难截然分开,随着区域协调机构在组织上更多采用合作、自愿参与和弹性的方式,"政府"与"非政府"两类协调机构也逐步走向融合,两者界限越来越模糊。如波各那大都市政府中设有三个技术机构,技术机构负责具体项目,并把各个自治市的专家联合起来一起为这个具体项目工作;组建于1957年的华盛顿大都市委员会是一个没有执法权力的非政府的综合性协调机构,但却是一个由18个政府成员组成的正规组织。

4. 受政党更替的影响大

区域协调机构受政党更替的影响大,20世纪80年代英国保守党上台后很多区域协调机构(如伦敦大都市政府)被废除,在波各那实践的成功是因意大利共产党统治着这个省,但是如今取而代之的是两个新的党派,它们可能不想继承共产党对波各那的统治方式,也不看好大都市政府的未来。

二、典型案例——美国区域规划机构的运作方式分析

(一)区域规划机构的建立

1. 在组织机构建立上,地方立法机构具有较大的权力

从美国的运行实践来看,地方立法机构在组织机构建立方面有着较大的权力。当地方立法机构通过决议后,他们向上级政府提出请求或者与其他政府共同协商组建区域规划机构。区域规划机构的建立,一般都经历相应的协商程序,通过市场协议明确区域规划机构的权力、义务和相关责任。这种以市场为基础的契约管理方式,为政府间的协调和合作创造了基础。

2. 在组建机构的过程中,对具体机构的运行做了明确的规定

各级政府通过协议的形式成立相应的区域规划机构,一般都会在协议中明

确多方面的内容,如建立机构的目的、机构组建的时限、其他政府加入程序、该机构的财政支持等等内容。一方面,对以上内容在协议中加以明确,是为了保证该机构能够正常运转并发挥应有的作用;另一方面,是明确协议的法定性,地方政府必须依照相应的事权划分,明确区域规划机构的职能和自身在配合区域规划机构方面应该履行的职能。

3. 在区域规划机构建立上,更多地体现了自下而上的制度创新行为

虽然在美国不乏通过委任组建区域规划机构的事例,但是从区域规划机构组建的程序上看,更多地体现为自下而上的立法保障下的机构组建行为。县、市或者州之间的协议的制定,体现了区域行政管理与规划协调方面的法治经济的要求。说明,法律保障在区域规划机构建立方面具有不可替代的作用。

(二)区域规划机构的构成

1. 在人员构成上,由地方政府自行确定或者上级政府委任确定

与区域规划机构组建相对应,在区域规划机构的构成上,有两种方式,一是由地方当局自行斟酌确定区域规划机构的构成形式与成员资格,二是以委任的方式确定区域规划机构的构成形式与成员资格。在地方政府自行确定机构构成时,具有投票权的代表的数量、资格、任期与任命方式等详细内容,都是由参与合作的立法机构协商确定。在委任确定情况下,要求区域内的所有地方政府作为区域规划机构的成员,人员比例不得低于 2/3。另外具有投票权的 1/3 的人员,是由州长直接任命,并报参议院批准。州长还会把州规划机构、州交通部门、州环保部门等职能部门作为不具备投票资格的成员列入区域规划机构。从整个区域规划机构的构成看,地方政府和其他具有投票权成员的任命,既体现了三权分立下的监督制约,又体现了成员构成上的公平。

2. 在区域规划机构运转经费方面,主要是由各地方政府承担

在地方政府自行确定区域规划机构人员构成条件下,由参与合作的立法机构协商确定各地方政府承担的费用比例,同时授予该机构以划拨相应份额款项的权力。在委任确定区域规划机构人员构成时,州长要求各地方政府按比例支付成员经费。各个地方政府作为机构的成员,按照人口比例支付相应的经费,保证区域规划机构的实际运行。而州职能机构作为不具投票权的成员,既体现了权利与义务的对等,也为区域规划机构展开活动奠定了广泛的决策基础。

3. 在区域规划机构组织架构上,由推选出的主席组阁

区域规划机构建立,一般都要推选出主席。主席再根据区域规划机构的执

行要求,设立诸如执行委员会、顾问委员会等组织机构。这些机构隶属于区域规划机构,是由各成员选举产生。在人员要求方面,顾问委员会成员要求具有相当的资历与素质,有足够的能力和兴趣履行相应的职责。

(三)相应的职权与义务

区域规划机构的权限和义务,主要体现在规划编制、规划管理和规划实施等方面,具体而言,可以分为以下内容:

1. 规划方面

在规划编制方面,区域规划机构主要履行以下职能:遵照相关要求,为区域编制、审批规划;参与本区域相关的跨州、区域和国家规划工作;

在规划协调方面,对本机构的规划活动与州规划机构、地方政府和特别区的规划活动加以协调;与联邦政府部门在规划职能的行使方面开展协作并为其提供帮助,从而使联邦政府部门的规划活动与区域规划保持协调;遵照相关规定,审查总体规划和其他规划,以确保其与区域总体规划和其他区域规划协调一致;与州规划机构合作,发挥区域情报交换所的作用,在为各州、私营部门、地方政府和特别区之间搜集资料、传播信息加以协调。

在规划研究方面,在必要的情况下开展专项调查研究;收集、列表显示、分析和定期出版有关全域开发的区位、进展的资料与报告,包括人口、住房、经济、建设许可证等方面的资料,但不限于此。同时在开展此项工作时与州规划机构开展协作,以避免重复;在必要的情况下,评估区域遭受自然灾害威胁的情况并撰写报告,包括该区域的建筑物、构筑物和基础设施相对于这类自然灾害的脆弱性,以及这类威胁对区域与地方规划的意义;与统计局和其他联邦机构开展合作,使人们能更便利地获得联邦政府所能提供的统计成果、数据和信息。

在提供的技术支持方面,在有关方面提出要求的情况下,为本区域的地方政府、特别区和其他政府部门提供技术支持,包括协助其编制地方总体规划和其他规划、制定实施规划的措施和为自然灾害区和灾后更新区编制规划提供帮助等;在必要的情况下,维护地理信息系统以便在必要时为地方政府和特别区在这一领域提供支持;区域规划机构每5年至少应为区域及其成员地方政府编制一次20年人口预测,同时与州规划机构在这一领域开展合作,以尽量减少重复。

2. 管理、教育与培训方面

在具体管理方面,区域规划机构应依据法律、行政命令或行政规章对区域规划机构的联邦政府与州政府资助项目加以管理;就区域工作与联邦政府进行协调;坚持采取区域行动,确保公众广泛参与规划工作;在必要的情况下,有权向私营或非私营机构寻求帮助,以及对区域规划机构采取的行动加以宣传,使公众达成共识;有权起诉与应诉;在与该机构通过的行政、人事和预算程序相一致的前提下,有权任命与聘用雇员、代理和律师;编制、通过年度运营与基本建设费用预算案及使用计划,同时有权使用该预算款;有权申请与接受州、联邦政府和私有部门提供的资助与贷款。在教育与培训方面,参与与其活动有关的公共信息与交流活动;为地方政府、特别区的雇员和选举、任命的官员提供规划、公共管理和相关方面的教育与培训,同时与州规划机构在这方面开展协作。

3. 规划的执行方面

在规划审查方面,区域规划机构应遵照相关要求,审查地方规划,对其提出意见并加以证明;遵照相关要求,对州规划的评审稿加以审查并提出意见;遵照相关要求,参与建立区域影响审查程序;通过行政法规,建立一项程序,使任何个人或机构能通过该程序,就某一目标、政策或原则是否适用于区域总体规划或区域功能性规划,得到区域规划机构的明确答复;审阅关于在管辖范围内建立特别区的建议书,并在 30 天之内,就该建议的区域意义,向有关的地方政府提交报告;对那些在管辖范围内的、具有区域影响力的特别区的规划予以审阅与批准;对管辖范围内州机构、地方政府、特别区和私有非营利性组织为申请联邦政府部门、机构的资助或贷款以落实联邦法所要求开展的工作、实现有关目标的申请,区域规划机构应加以审查与评论,关键是看该申请是否与已批准的区域总体规划或区域功能性规划相一致;对管辖范围内州机构、地方政府或特别区提出的重大基础设施项目建议书加以审查。

在规划具体协调方面,遵照相关要求,就区域规划和区域协调签署协议;遵照相关要求,召集各方为城市服务缔约;遵照相关要求,提出值得州政府重点关注的地块;对解决争端和冲突实行管理;在与县、市、村、镇签署双边协议,由前者将其规划委员会本应具有的全部或部分功能、权力或职责转交或委托给区域规划机构后,由区域机构拥有该功能、权力或职责。

4. 服务提供方面

服务提供上,当区域规划机构在建立之初被赋予提供服务功能时,区域规划机构可以完成以下服务工作:

在协议管理方面,在经多方权力部门合作达成协议后,在协议方提出要求的情况下,对该协议实行管理;在有利于解决共同关注的问题的情况下,行使本应由其成员地方政府行使或有能力行使的权力,即保证这些权力由涉及的每一成员政府的理事会通过决议案特别委派给区域规划机构。

在资金筹集方面,在得到成员地方政府大多数(不含州长任命的人选)赞同票的情况下,区域规划机构能行使任何一项区域功能或开展区域活动;成员地方政府必须至少代表全区域 60% 的人口,为给此类功能或活动提供财政资助;区域机构可根据有关程序,向使用者收费和发行、发售财政债券,并可从联邦、州、地方政府获取资助。

在采购权限方面,根据合约,代表加入区域规划机构的政府部门或其他政治属区,开展物资、服务、设备、设施等的采购工作。

从区域规划机构的权利和义务来看,更多地体现了区域规划机构与地方规划机构事权的划分。区域规划机构所承担的权利和义务,都是从区域发展整体出发,偏重于地方政府所无法解决的跨行政区的规划相关的事宜。这种职责和权限的划分,是在立法程序下完成,起到了明确区域规划机构与地方政府合理的事权划分的作用,体现了促进区域整体利益与地方利益协调的初衷。

第三节　城市与区域协调发展的类型与途径[①]

一、当前我国区域协调中需要解决的主要问题

区域协调的内容随着经济发展水平的不同而不同,当前我国区域协调中迫切需要解决的有以下几个方面的问题:

(一)产业的分工与合作

为了避免在城市与周边地区展开恶性竞争,导致产业结构严重趋同和资源浪费的现象出现,需要在产业方面进行协调,即包括各城市在产业上如何进行分工合作,如何在产业政策上进行衔接以提高区域产业的整体实力等内容。

(二)环境的治理与自然生态、人文资源保护

生态环境具有公共性,各个主体(城市或区域)在利用生态资源时都倾向于

---

① 本节内容摘录自王富海等:《珠江三角洲城镇群协调发展研究协调机制专题》,中国城市规划设计研究院,深圳市城市规划设计院,2003。编者进行了重新整合。

自身利益最大化。为了实现全社会生态环境的全面改善和建立良好的补偿机制,需要在各个主体间进行协调。如流域内污水的排放标准、固体废弃物的共同处理、大气污染的控制、水资源的分配利用等内容,都属于环境方面的协调。而森林、湿地、生物多样性等自然资源以及历史文化资源等虽然可能只位于某局部地区,但却是整个区域的共有资源,需要共同努力进行保护。

(三)基础设施建设的协调和共享

在交通和通讯联系日益发达的条件下,许多大型公共设施和基础设施的可能服务半径已经超出城市或区域的范围。而且,所有设施的建设和运营都是有一定的"规模门槛"约束的。如果允许各主体(城市或区域)从自身利益出发,在自己的属地范围内都进行大型基础设施建设,将降低设施的利用效率,造成成本的上升和资源的极大浪费。因此需要在大型公共设施建设上进行协调,形成功能互补、共同享用的公共设施体系。

此外,由于经济和社会活动的跨地界性,对于区域范围内的基础设施的整体系统运行提出了更高要求,使得各城市范围内自行规划建设的设施的衔接变得十分重要。唯有如此才能大大提高设施的整体运行效率。

(四)共同的行为规则和标准的制定

市场经济是法制经济,也是规则经济。只有制定一套公平公正、大家共同遵守的规则,才能界定和约束各利益主体的行为选择,保证良好的市场运行环境。目前区域协调中存在的诸多问题,如土地的"零地价"出让、污染排放、设施建设标准不一造成难以彼此衔接等,很大程度上都源于缺乏一个明确的指导和约束各地方政府的行为标准和准则,而这是区域协调机构的最重要职能。

(五)区域整体形象塑造与创新网络构建

经济全球化形势下,国家之间的竞争反映为各国核心城市的竞争,也表现为区域之间的竞争。要增强区域的整体竞争力,需要各个城市结成同盟,以一个整体参与对外合作交流和竞争,同时也需要以一个整体进行宣传和推介自己。塑造区域的整体形象,既是提高区域的影响力,也是增强区域内各城市的吸引力和竞争力的重要手段和内容。此外,影响区域竞争力提高的关键因素在于区域持续的创新能力的培育,而这依赖于一个高效的区域创新网络的构建而不能单靠个别城市的发展。区域的整体创新能力的培育取决于区域的创新意识和进取精神,最终是建立在整个区域的文化建设和人文精神造就的基础上,这是培育区域长久竞争力的关键所在。

二、城市和区域协调发展的类型

按照不同的标准,区域协调可以分为不同的类型。

(一)外部协调和内部协调

根据区域协调问题的性质的差别,可以分为外部协调和内部协调两大类型。本区域与其他区域之间的协调,属于外部协调问题;区域内的城市或地区之间的协调,属于内部协调问题。比如,珠江三角洲经济区内各城市之间竞争与合作而产生的协调问题,为珠江三角洲的内部协调问题;而珠江三角洲经济区某一城市与其他区域,如省内的粤东、粤西、粤北,省外的黔桂、湘赣、福建、长江三角洲、京津唐经济区、港澳以及东盟的协作问题,是外部协调的主要内容。

(二)政府协调与民间协调

根据沟通和运行的渠道的不同,区域协调问题可以分为政府协调和民间协调。在城市和区域协调问题中,有一部分问题对于双方的整体利益和长远发展具有重大影响,是必须采取官方层次的正式会晤和磋商、通过政府之间的协商和谈判才能得到解决的;但同时在许多领域也存在大量问题,特别是企业和微观层次的问题,可以通过非政府机构和民间组织的形式开展工作,更加方便并更具实效,不一定需要政府出面干预。政府协调和民间协调是相互联系、相互补充支持的,政府协调为民间协调创造更好的条件和议事规则,提供正式制度安排的支持;民间协调可以作为政府协调的基础和先导,同时也将政府的协调领域进一步引向深入。

(三)纵向协调与横向协调

从问题的相互关系不同,区域协调问题可以分为上级与下级之间发生的纵向协调和同级主体之间产生的横向协调,也可以称为垂直协调和水平协调。纵向协调问题既包括上级政府与下级政府之间的协调,也包括上级部门与下级部门的协调;协调的途径既可以自上而下,也可以自下而上;在我国现有的垂直管理体制下,纵向协调问题往往可以直接通过行政手段加以解决。横向协调问题既包括同级政府之间的协调,即"块"与"块"的协调;也包括同级政府各部门之间的协调,即"条"与"条"的协调;这些问题往往需要通过相互协商和谈判的手段加以解决,必要时请求上级政府和部门进行调停和仲裁。整个区域与其他区域的协调也属于横向的协调,如珠江三角洲与港澳的合作关系,珠江三角洲与其他经济区的联系等。此外,垂直和水平协调问题也存在相互之间的交叉和重叠关系,即存在地方政府的"块"与上级职能部门的"条"之间的协调问题。

(四)局部协调与整体协调

根据区域协调问题涉及和影响范围的不同,可以分为局部协调问题与整体协调问题。局部协调问题往往是发生在少数个体之间,通过相关个体之间的协商和谈判就可以解决,例如两个城市之间道路网络的衔接,交界地带的开发和管理等。而整体协调问题虽然也可能是由个别城市引起,但往往对整个区域都会造成重大影响而非仅涉及相邻的一两个城市,如个别城市污染的超标排放造成全流域的环境破坏,个别地区"零地价"出让造成整个区域竞争环境的无序,某一地段道路的不衔接造成区域交通网络运行效率的下降等。整体协调问题往往需要通过高层次的协调手段加以解决。

(五)行为协调与规则协调

根据协调对象的不同,可以分为具体行为的协调和规则的协调。行为方面的协调主要针对某一具体的问题而展开,如区域性大型项目的选址、流域的综合治理等。而规则方面的协调则是制定区域共同的行为标准与准则,界定和约束各利益主体的行为选择,以创造公平的竞争环境,如流域共同排放标准的制定,废弃物治理标准的确定,最低地价的确定等。区域规划的编制也是规则协调的一种重要手段。

三、区域协调的不同调控模式

区域协调的方式与国家的政治经济体制存在密切的关系,国家的政治经济体制决定了区域协调的调控方式,也决定了区域性协调组织机构的不同形式。总体而言,区域协调机构的组织方式与运行机制可以分成强调控模式、弱调控模式和多元调控模式三类。①

---

① 张京祥、芮富宏、崔功豪:《国外区域规划的编制与实施管理》,《国外城市规划》,2002(2),p31。

(一)强调控模式

以前苏联及东欧等社会主义国家最为典型;在西方资本主义国家中,采用这种模式的以法国、荷兰、希腊及日本、新加坡等国家为代表。这些国家一般拥有较高的中央集权传统,社会主导价值观念提倡集体主义和国家主义,中央政府手中掌握着较强的调控权力,并且大多数地区都成立了大区政府以协调较大范围内城镇群体的发展;区域规划是作为大区政府的主要职责之一,拥有健全的规划机构与机制。

以法国为例,国家政治制度实行中央集权制。在土地政策方面,实行先行土地储备制度,即土地公有化和政府预先留有保留地的制度,不断向扩大土地公有的方向发展,为政府对城市空间的支配打下基础。法国设有双层的政府机构负责城市规划工作:中央政府、行政区政府以及省政府构成一个层次的规划机构,负责管理国家级和地区级规划;另一层次的规划机构即为市镇级政府。法国的大区协调机构,包括大区官员联席会及工、贸、学术界专家组成的大区委员会。除此以外,为完成某项专项规划或某个特殊的目的,政府会组建各类专业机构,如在主要集合城市地区设有区域研究会,以推行中央政府、地区的整体规划观念。另外,法国中央政府、行政区政府以及省政府控制了用于城市建设的大部分资金分配权,这样使规划实施有了强有力的资金保证。

(二)弱调控模式

这类国家对区域发展实施调控的力度较弱,一般对规划不作集中统一管理,也不强调区域发展的统一安排,各种规划由区域或城市自行编制。虽然也设有国家级规划管理机构,但其职能主要是制定全国或全区性的立法和分配国家对区域建设的财政补助,以此制定并执行政府的有关政策。

以美国为代表,实行联邦制,土地实行私有化。美国基本不编制区域性的规划,因而也没有统管各州和地方政府规划的国家规划,甚至大多数美国人认为这是社会主义和共产主义的做法。美国的规划以区划制度为主,实际上对空间物质环境的直接管理较弱,其优点是具有较大的灵活性。传统的城市地方政府自治体制下形成了强烈的地方自治愿望和势力,对建立强势的区域协调管理机构造成重重阻力。在美国众多的城镇群体发展地区,许多区域性的问题通常是由大量的单一机构来协调,并且私人企业的影响力很强。美国许多地区并未建立典型的大都市区政府,但为了协调各城市之间的矛盾并解决跨界的公共服务和管理问题,美国大都市区往往采取设立协调机构的方式来行使类似于大都市区政府的某些职能,采取协商手段对涉及大都市区的治安、交通、环保、水利、保健等问题进行统一规划,协调解决。政策的推行主要依靠协商及经济手段,如政府鼓励建立各种各样的跨行政区的联合大都市协调管理机制,通过联邦基金的调配来增加政府的调控能力。

(三)多元调控模式

对区域发展实行多元调控模式的国家以英国、德国、丹麦、意大利等国为代表。这些国家的政府更多的是通过预算、税收、福利、基础设施以及竞争等政策和立法手段,对社会和经济生活进行干预、指导和总体协调,并将其作为区域规划的实质。虽然一般不由中央政府制定统一的区域规划,对地方的发展控制亦多通过采取政策与经济措施来加以影响,但中央政府往往还通过制定、实施一些综合专项规划,如全国的铁路网规划、机场选址、高速公路网规划等,在很大程度上来影响着地区的发展,并要求地方的发展规划服从这些全国性的专项规划。这些方式既丰富了多元化的调控手段,也在其特定的政治体制下强化了政府的干预作用。

以英国为例,是实行议会制的君主立宪单一政体的国家,虽然拥有较强的中央政府,但地方政府又有较大的自治权。中央政府通过多种方式鼓励、帮助形成跨城镇的大区领导机构,努力健全各级规划组织,促成各级政府编制区域性的规划,有时成立区域性的专门机构来解决区域发展中共同遇到的问题。中央政府对地方规划具有一定的指导权,并依靠法律、政策、经济等手段对地方进行调控。又如德国,虽然和美国都属于联邦制国家,但区域协调组织形式与之完全不同,德国联邦政府编制规划,但实施权属于州,通过区域协调组织制定统一的开发政策,着重提供基础设施和财政支持。特别是著名的鲁尔煤田协会,不仅是地区协作的规划咨询机构,也是拥有实权的执行机构。

四、区域协调的管理组织形式

区域协调的管理组织形式可以在现有行政机构上设立常设的区域协调组织机构,也可以在现有行政机构之间以共同的目标和纲领结成协调组织,可以是自上而下的,也可以是自下而上的。区域公共事务管理组织与一般的行政组织在性质、目标和组织结构上存在本质区别,详见表9-1。

表 9-1　区域协调机构与一般行政机构的比较

	一般行政机构	区域协调机构
一般性质	封闭机械式	开放有机式
目标设置	单一明确自上而下的管理等级结构	由多方利益制约,自上而下与自下而上广泛参与
目标结构	单一目标	不断探索多目标系统
权力结构	集中的、等级式的	分散的、网络式的
计划过程	重复、固定、具体的	变化、弹性、一般的
控制结构	等级具体、成员外部控制	交互作用、成员自我控制

五、区域协调的多种手段

在市场经济体制环境中,实施区域协调并不能简单依靠指令性方式来进行人口、资源和产业的调配和布局,而是要采用法律、经济、行政、公众参与等综合方式以及提高规划管理的科学性等手段,通过基础设施建设、提高生活环境质量、促进工业区形成等途径,大力采取引导的方式,使国土开发与区域规划建设能够按协调有序的方向发展。

(一)法律手段

区域协调开展得较好的国家无一不以完备的法律为保障。一些国家大都制定有对区域规划的基本任务、组织、管理进行界定的基本法,作为编制区域规划和综合开发计划的依据,并在实施中制定相关的具体法律、法令以及政策作为保障。

德国依据《基本法》(相当于宪法)制定了《国土规划法》和《国土整治法》,联邦、州和管理区的规划是指导性规划,市县规划是指令性规划,这些规划经议会通过后,均具有一定的指导作用和法律效力。日本在 20 世纪 50 年代制定了《国土综合开发法》,该法具有国土开发基本法或组织法的特点。此外日本还有包括地域开发、土地、水资源、交通、生活环境整备等较为庞大、完备的国土法律体系。针对一些大城市发展地区,还制定了地区性的区域法规,如《首都圈整备法》、《首都圈工业配置控制法》等。法国早期在实施领土整治计划中就制定了不少法令,《国土规划法》就是建设的基本法。1995 年,法国议会也通过了《领土整治与开发指导法》,包括制定全国性领土整治纲要,创建领土整治与开发全国委员会,设立新的行政区划试点,建立新的行业发展基金,极大地强化了国家财政补贴力度以及对重点地区的倾斜政策。美国并没有明确的区域规划法,但《地区复兴法》、《城市增长与社区发展法》等,也承担了一定的区域性管理权力。

(二)财政和经济手段

主要是通过政府的投资、经济补贴、基金、诱导资金、减免税收等方式,来保障进行区域协调所需要的资金来源,这些手段往往也以法律和政策规定的形式出现。以德国为例,其财政政策中有关区域协调的内容主要有:

1. 明确划分联邦、州、地方的事权和财权,《基本法》规定各级政府承担实现各自任务的支出。联邦政府承担建设和管理联邦基础设施,负责社会保障,进行跨区开发以及全国性经济发展与调整等;各州政府主要负责州的公路和住房建设,改善农业结构、环境以及科教文卫等事业;地方政府主要负责地方公路建设和公共交通事务、住宅与城市发展、城镇水电和能源供应、社会救济、文教体育保健等。

2. 实行横向和纵向的拨款,保证各州财政平衡。《基本法》规定,人均收入高的州通过横向拨款帮助人均收入低的州,联邦政府通过纵向拨款补助财政不足的州。

3. 国家投资政策,联邦政府财政预算中一直保持 20% 的社会基础设施投资。由于大部分的基础设施建设都是通过地方进行,各州和地方的财政预算中政府投资高达 80% 以上。

4. 诱导资金和减免部分税率的办法。历年德国各级国土主管部门均掌握一部分对企业的补贴资金,用以引导企业按国土规划的要求进行建设。

(三)行政手段

1. 区域协调管理机构的设置

在这方面不同国家的情况有很大差异,基本上可以划分为强力健全型、松散组合型和折中型几种类型。

强力健全型的典型如 20 世纪 90 年代以前社会主义阵营中的匈牙利和资本主义制度下的日本,一般拥有自上而下的强有力的区域规划管理机构和明确的权力分配,上级规划对下级规划给出有力的指导或指令。

松散组合型在美国等实行高度自由市场经济的国家中采用,没有直接、明确的区域协调机构,联邦政府主要通过联邦基金的划拨获取一定的支配管理权力。

折中型主要是实行"计划市场经济"的国家采用,例如英国和法国。英国环境部是全国最高区域与城市规划机构,并在郡级、市级设置规划部门,负责组织和指导各层次的区域规划。20世纪80年代以后,英国的区域规划实施管理部门已经完成了由一元走向多元,从政府单一行为到私人部门、相关团体的广泛参与的巨大转变。法国区域与城市规划的管理分国家、大区、省和市镇四个层次,国家在大区和省设有分支机构,贯彻落实中央政府的法规和政策,指导和协调市镇的规划工作,同时负责征求地方当局和公众的意见,指令有关市镇实施基础设施、公共和防灾工程等国家重点建设计划。

2. 行政权力的行使方式

一般是通过审批、发放许可证、签订合同等,鼓励或限制某些地区、某些项目和企业的发展。例如,德国主要是通过行使土地管理和审查权,限制和制止某些企业的建设和发展。日本政府的干预中虽然没有相应的制裁措施,但各省(厅)都拥有相应的审批权力以及贷款、税收、补贴等奖励性政策。法国对巴黎的各项建设用地,只有不适合在外省搞的项目,经"外迁委员会"审核、发放许可证后,方可进入。

(四)规划手段

通过城镇体系规划和区域规划来协调区域发展中的各种空间和产业问题是十分有效的方法。

城镇体系规划(urban system planning)是在一定地域范围内,以区域生产力合理布局和城镇职能分工为依据,确定不同人口规模等级和职能分工的城镇的分布和发展规划。《城乡规划法》第十二条规定:"国务院城乡规划主管部门会同国务院有关部门组织编制全国城镇体系规划,用于指导省域城镇体系规划、城市总体规划的编制。"第十三条规定:"省、自治区人民政府组织编制省域城镇体系规划,报国务院审批。"同时指出:"省域城镇体系规划的内容应当包括:城镇空间布局和规模控制,重大基础设施的布局,为保护生态环境、资源等需要严格控制的区域。"其中省一级的城镇体系规划在国家城乡规划体系中位于较为宏观的层次,在国家宏观经济发展和城镇与区域统筹协调发展中起着其他层次的规划不可替代的作用。

区域规划(regional planning)是指在某个特定的地域范围内,对国民经济和社会进行综合性、战略性和政策性的总体战略部署。区域规划的主要内容一是确定规划地区经济社会发展的基本方针;二是合理进行生产力布局;三是拟定区域人口和城镇居民点体系的发展规划;四是统一规划区域性基础设施;五是建立区域生态系统的良性循环;六是统一规划、综合平衡,以达到最优的社会效果。区域规划受国民经济发展规划的影响,侧重于地区各项建设的空间部署。城市与区域是"点"与"面"的关系,城市不可能孤立地发展,不能就城市论城市。城市的发展要建立在区域发展的基础上,在一定程度上取决于区域的资源、交通、能源、市场、人文以及与区域内其他城市的协作等条件。城市的发展,特别是区域内一些中心城市的发展,也会促进和带动整个区域的发展,区域规划是战略性、政策性规划,应作为下一层次操作性的城市总体规划的依据,并且通过各城市总体规划的编制得到进一步的修改和充实。区域规划应与城市规划相互配合协同进行。

(五)社会手段

主要是采用公众参与和广泛的社会支持,以动员各种社会资源参与规划,保证与监督区域规划的实施。在这方面做得比较好的国家有德国、日本等。由于信息、科技的发展及社会中各种正式、非正式力量的成长,人们如今所崇尚与追求的最佳管理和控制往往不是集中的,而是多元、分散、网络性以及多样性的。区域规划作为对未来时空范围内经济、社会、资源、人口、环境、科技等方面发展协调的总体战略和宏观调控手段,其传统带有很强指令性色彩的单一、纵向模式已越来越不适应新时代的要求,实施的难度也越来越大。发展一个公平、公开又具有竞争力的区域管理与协调系统就成为保障区域、城市可持续发展的迫切要求。因而,管治理念在区域规划编制与实施管理中的应用成为当今区域规划发展的必然。

可以预见,随着国际、国内经济社会的发展,我国的权力管理架构及经济组织体系也将发生更为深刻的变化,区域空间结构及形态也将发生巨大的变化,而文化、生态、资源等不仅成为更为稀缺的社会或经济成本,更对国家与地区的可持续发展及国际竞争地位的提高具有战略的意义,所有这些都昭示着区域规划及新的区域规划理念的重要性。我国具有区域规划的良好传统和宏观环境基础,但其传统的思维及方法已与新的环境极不匹配,只有主动地探索与积极地改造,增强区域规划的现实价值和社会认同,方能积极地应对新时代的挑战。

六、区域协调的新形势:"Citistate"(城市联盟)

区域经济一体化是当今世界经济发展中的一个重要的经济现象。所谓区域经济一体化,是指同一区域的国家或地区为了维护共同的经济利益和加强经济联系与合作,通过契约和协定,形成一个跨越国界或地区的商品、资本、人才和劳务等自由流通的统一经济区的组织形式。与国际社会相对应,国内区域经济一体化的趋势也日益明显。其中,区域贸易一体化、对外直接投资一体化、货币金融一体化等经济分支领域的一体化实践和理论已相当成熟或正在趋于成熟。区域协调发展的目标是实现区域发展的一体化。

传统的城市发展战略一般是立足于本城市行政区划范围来制定的,因而是一种"City"(城市)战略。随着现代信息网络的发展和高速交通运输系统的建立,城市之间的联系日趋紧密,资源配置的空间范围大大拓展,经济发展的时空边界发生了巨大的变化,城市之间的依存度越来越高,城市的发展不仅表现出群落化、区域化、轴心化等一系列特点,而且也越来越"Citistate"(城市联盟)化。"Citistate"是指由相同特征和功能的城市和城镇环绕所组成的社会、经济和环境上相对独立的贸易、商业和通讯区域。也有人把"Citistate"称为区域共同体或现代城邦。大量实践表明,城市的发展在不断提高自身空间聚集效益的同时,空间的聚集状态也越来越向边缘化扩展,空间资源的整合利用已经扩展到城市之间,城市群落的聚集经济效益正在日益凸显。"Citistate"的城市发展模式便是这一趋势的典型代表。所谓"Citistate",实际上是由一个或多个历史性中心城市所组成的区域,是一个在社会、经济和环境上相对独立的商贸区域和通讯区域。"Citistate"不是一个行政边界,而是一个组织边界、市场边界、信息边界、社会边界,乃至生态与环境的边界。"Citistate"反映了城市群区域内各经济要素的联结关系,是城市吸引力与辐射力在一定区域空间范围内的表现。国际上"Citistate"发展战略的成功实践表明,城市的发展应当突破现有城市之间行政区划的种种限制,发挥各自的比较优势和竞争优势,将资源的优化配置在更大空间展开。

【本章小结】

一、本章关键词

区域协调纵向协调　横向协调强调控模式　弱调控模式　Citistate(城市联盟)

二、本章知识点

区域协调的内涵

城市群协调发展的益处

发达国家区域协调机构的特点

区域规划机构的职能

西方区域协调机构的类型

城市和区域协调发展的类型

区域协调的手段

三、本章复习题

1. 简述区域协调发展的内涵和特征。

2. 简述发达国家区域协调机构的特点。

3. 简述当前我国区域协调中需要解决的主要问题。

4. 简述纵向协调与横向协调的区别和联系。

5. 简述区域协调发展的手段。

四、本章思考题

1. 对于城市的发展,区域这样一个外围环境的地理界限如何划定?

2. 在区域协调发展中,城市群关系和城乡关系如何处理?

3. 美国的区域协调机制对于我国的借鉴意义。

4. 在我国现阶段,弱调控模式和强调控模式哪一个更有优势?

五、建议阅读材料

1. 吴良镛:《大北京地区空间发展规划遐想》,《城市》,2002(2)。

2. 金铸:《区域经济一体化和"大北京"发展问题研究》,《城市开发》,2003(10)。

3. 《长三角与珠三角经济发展比较分析》,《领导决策信息》,2003(12)。

4. 桑秋、修春亮:《都市圈政策浅析》,《城市发展研究》,2003(4)。

5. 仇保兴:《我国三大城市群如何均衡发展》,《城市开发》,2003(3)。

6. 杨保军:《区域协调发展析论》,《城市规划》,2004(4)。

7. 国家发展改革委地区经济司,《区域经济一体化:瞩目"长三角"》,《中国经贸导刊》,2004(12)。

8. 袁瑞军:《囚徒困境中的最佳选择——重复博弈条件下的集体行动困境初论》,《科学决策》,1998(5)。

六、本章参考资料

1. 王纯:《城市空间发展方向规划的博弈问题——以江门市为例》,北京大学硕士论文,2004。

2. 杨保军:《区域协调发展析论》,《城市规划》,2004(4)。

3. 王富海等:《珠江三角洲城镇群协调发展研究协调机制专题》,中国城市规划设计研究院,深圳市城市规划设计院,2003。

4. 张京祥、刘荣增:《美国大都市区的发展及管理》,《国外城市规划》,2001(5)。

5. 饶会林:《中国城市管理新论》,北京:经济科学出版社 2003 年版。

6. 杨保军:《珠江三角洲区域成长与协调发展研究》,北京大学博士学位论文,2004。

第十章　城市突发事件管理

◎ **教学目的与要求**

通过本章的学习,了解城市突发事件管理的一些突出案例;理解城市突发事件的界定和分类,理解城市突发事件处理的一般程序和方法;掌握城市突发事件管理的内涵、结构体系、功能体系。

◎ **内容提要**

本章关注城市突发事件的管理和运行机制。第一节从城市突发事件的界定和分类入手,给出了城市突发事件判定的标准,重点介绍了城市突发事件管理的构成体系和功能体系。第二节总结了城市突发事件处理的一般程序和手段。第三节以美国联邦反应计划和纽约危机管理办公室的运作为例,具体介绍了城市突发事件管理的运作细节。第四节结合突发事件的实例,指明了几类具体的城市突发事件管理的主要原则和关键环节,并以北京 2008 年奥运会为综合案例,介绍了此次奥运会突发事件管理的原则、方针、关键举措和成功经验。

第一节　城市突发事件管理概述

城市作为一个依附于自然系统的复杂子系统,在常规管理运行的过程中可能会因为各种原因出现一些突发性的负面事件。如何应对这些突发事件,使得城市在面对突发事件时有章可循,不致乱了方寸,并且在最短的时间恢复正常状态,成为城市突发事件管理的重要任务。

一、突发事件的界定与分类

"突发事件"一词在各国立法上名称不一,近似的提法还有"紧急事件"、"紧急情况"、"非常状态"、"特别状态"等,此外,还包括一些狭义上的"戒严状态"、"战争状态"等。"突发事件"在各国宪法和法律上的描述也不尽一致,但大致上的内容是近似的。

"突发事件"一词比较有代表性的相关定义是欧洲人权法院对"公共紧急状态"(public emergency)的解释,即"一种特别的、迫在眉睫的危机或危险局势,影响全体公民,并对整个社会的正常生活构成威胁"。

据此,判断突发事件与否可以根据以下几个特征:(1)必须是现实的或者是肯定要发生的;(2)威胁到人民生命财产的安全;(3)阻止了政权机关正常行使权力;(4)影响了人们的依法活动;(5)必须采取特殊的对抗措施才能恢复秩序等。

根据引起紧急状态的原因不同,一般可以把"突发事件"分为两种:一种是自然灾害引起的紧急状态;一种是由非自然因素引起的紧急状态。

由自然灾害引起的突发事件包括诸如地震、洪水、雷暴、飓风、暴雪、泥石流、火山爆发等自然灾害,如1976年的唐山大地震对城市人民的生产和生活带来巨大的灾难性损失。

由非自然因素引起的突发事件主要包括这样几类:

第一,事故灾难,主要包括民航、铁路、公路、水运等重大交通运输事故,工矿企业、建设工程、公共场所及机关、企事业单位发生的各类重大安全事故,造成重大影响和损失的供水、供电、供油和供气等城市生命线事故以及通讯、信息网络、特种设备等安全事故,核辐射事故,重大环境污染和生态破坏事故等。如2004年北京密云灯展踩踏事件,2004年重庆氯气泄漏事件,1986年前苏联核电站泄漏事件。

第二,突发公共卫生事件主要包括突然发生,造成或可能造成社会公众健康严重损害的重大传染病疫情(如霍乱、肺炭疽、传染性非典型肺炎等)、群体性不明原因疾病、重大食物中毒和职业中毒,重大动物疫情(如近年来的禽流感疫情,2006 年夏季云南等地的狂犬病疫情),以及其他严重影响公众健康的事件。

第三,突发社会安全事件,主要包括重大刑事案件、涉外突发事件、恐怖袭击事件、社会动乱、经济安全事件以及规模较大的群体性事件等。如 2001 年石家庄市特大爆炸案,在社会上造成了非常严重的影响。

第四,突发城市信誉危机事件,主要指由与城市相关的某事件引起的对城市信誉的严重损害,并直接影响城市某些相关产业的发展。如 1994 年千岛湖发生的恶性事件,对千岛湖的旅游产业产生了负面影响,近年来发生的劣质奶粉和假药事件对安徽阜阳的城市信誉产生了负面影响。

由于城市空间范围有限,人口和产业集中,在国民经济中的影响和带动作用强,所以城市中的突发事件较农村地区更加引人注目,能够造成更大范围和更深层次的危害,所以在现代城市管理中万万不能忽视对于突发事件的管理。

二、突发事件管理及其结构

美国著名咨询顾问史蒂文·芬克(Steven Fink)在其《危机管理》一书中,认为危机管理是指组织对所有危机发生因素的预测、分析、化解、防范等而采取的行动。包括组织面临的政治的、经济的、法律的、技术的、自然的、人为的、管理的、文化的、环境的和不可确定的等所有相关因素的管理。这一定义可以认为相当于突发事件管理的基本内涵。

对于突发事件而言,其涉及的内在结构体系并非单纯的线性逻辑抑或平面关联,而是一个包含决策、信息、执行、保障等系统的四位一体的构架体系。正如美国的突发事件应对系统(参见本章第二节)是一个全方位、立体化、多层次和综合性的应急管理网络,从结构体系来看,结构体系的四大系统具有密切的关联性和互补性。

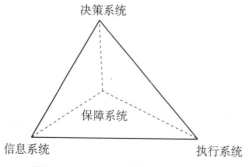

图 10-1　突发事件管理的结构体系

(一)决策系统

决策系统是突发事件管理结构体系的核心。决策系统的主要任务是制订突发事件处理预案,构建预案储备库;对突发事件的性质、程度、潜在范围和影响进行预判断,并在此基础上调整细化对事件的判断;从而对事件的处理作出敏捷的、具有针对性和可执行性的决策;根据决策执行调整或重新制订决策以及总结突发事件运作绩效等内容。

由于突发事件发生突然,其现场抢救、控制和转运救治、中长期监控、原因调查和善后处理往往涉及多系统多部门,必须依靠多重政府部门的综合协调处理。因此,突发事件管理的决策体系不但涉及某一部门内部的治理结构问题,还涉及多部门的整合与协调问题。比如,2004 年 7 月的北京暴雨,不仅需要如交通部门、天气预报部门这些直接参与部门的通力合作,城市规划部门、城市市政设施管理部门等都需要进行直接的投入。

从国外的一般经验来看,分级管理、各负其责的从属性原则是各国突发事件管理的普遍原则。决策系统的重要作用就是在尽可能短的时间内、在不完备信息的情况下,迅速作出反应,启动相应规模和层次的处理机制,既要屏蔽危害,又要减少对危机事件处理所产生的负面影响。比如,2003 年我国抗击 SARS 过程中,我国政府就注意到突发事件处理中的综合平衡,在北京、天津等疫区,既要注意对病情的防范,又要考虑到过严的防范措施可能造成的恐慌和对经济的负面影响。从对决策体系的研究来看,如何划定区划,界定突发事件的决策主体,界定各行政单元政府的职能、权限和相互联系是各个国家决策系统的关键所在,各个国家也基于其各自的空间特点、经济实力、服务能力进行了不同的探索,都以最优的执行可能作为首要原则。

(二)信息系统

信息系统是突发事件管理结构体系各个系统关联衔接的重要通道。信息系统的任务在于适时、适度的发布警情和公示,让公众获取有益、可信、清晰、及时、有权威和具有安定效力的信息,同时,其任务还突出表现在三个方面,其一是对突发事件的事前宣传,只有通过良好的事前宣传和教育才能在突发事件产生时降低恐慌和其他的不利影响,掌握基本应急措施的住民在第一时间内的正确反应,是防止和控制突发事件恶性结果爆发、蔓延的核心要旨之一,良好的宣传体系和信息发布制度可以有效的降低人们的恐慌。2003 年中国局部地区突发

SARS 的条件下,虽然总体上没有出现大的恐慌和抢购,但是局部地区仍出现对食醋、艾草、板蓝根等产品的盲目抢购。其二,信息系统还必须兼负多部门、多层次、多主体之间的信息传递,在对灾情、疫情等总结和统计中,实现信息低损耗的、敏捷的传递是制订正确决策的基础,也是执行的首要保障。这其中,应当特别强调各种突发事件直接管理部门内部的信息共享。这一点对我国健全和完善突发事件处理机制也具有十分重要的作用:同样以"非典"为例,我国科研人员由于医疗部门内部信息共享机制的缺失,虽然具有独立研究发布病毒的能力,但是最终仍被美国科学家抢先发布病毒基因图谱,实现了知识产权的垄断。其三,信息系统还必须具有强化监控与即时反应突发事件特征性指标变化的功能,定期向公众公布突发事件的现时状况,预测发生、发展及流行趋势,并向政府提出政策建议。

特别的,在信息传播过程中,现代传播学认为,政府是传播主体,大众传媒是正常的传播渠道,广大公众是传播对象。在这些事件中,最简单、最主要也最有效的一般传播链条是,传播主体→传播渠道→传播对象。从传播效果看,尤其在各种信息芜杂纷乱的时候,来自于权威可靠的信息源(政府)的信息,可以为受众消除大部分来自群体的不确定信息的压力。[①]

(三)执行系统

执行系统是突发事件管理结构体系中最直观的表征。执行系统的任务在于对决策进行敏捷的、全面的贯彻。具体来看,执行系统必须保障能够迅速启动预案,对于首次出现的情况应能够迅速转化采取近似处理方案;即时反馈执行结果,并通过信息系统向决策系统进行执行反馈;对执行决策需要的资源进行细化和整合,保障在较小的投入下能够完备的实现对突发事件的处理,对执行中的短缺资源进行评估,并及时反馈至决策系统,采取替代或加大投入的方法来保障执行的绩效。

对执行系统而言,最为重要的方面是执行的敏捷化程度,而这一点又与信息系统的完备和信息渠道的顺畅息息相关。在执行过程中,还必须保证明确部门职责,密切部门配合,使国家安全部门、卫生、财政、公安、工商、农业、教育、民政、运输、环保、新闻媒体等有关部门履行各自职责,共同控制公共卫生突发事件。例如,我国在对抗 SARS 过程中提出的"首诊负责制"就是根据我国目前的执行

---

① 陈福锋:《透视危机事件传播链的断裂》,传媒观察,http://www.hbxftv.com/news/ dispnews. asp? id=631

能力而进行的决策调整。

(四)保障系统

保障系统是突发事件管理结构体系的支撑。前面所提到的三个系统建设，并非空中楼阁，而是需要诸多方面的支撑，而保障系统就是人、财、物、智、时、空、信息等诸元素的集成者。对于保障系统而言，其主要作用集中于以下三个方面：

1. 为应对突发事件提供物质资源保障。

2. 为应对突发事件提供非物质资源保障，如信息库、数据库、人才库等等。

3. 提供有效的作为绩效评估系统基体的物质载体。

突发事件的特殊属性，要求决策系统提供包括即时绩效评估在内的评估体系。决策系统对执行绩效的评估将集中于过程和事件、管理者、当事人三个方面。对于过程和事件以及当事人两个方面，决策系统内部可以进行奖惩判别，但是决策者很难直接对自身进行必要的惩戒，这就需要保障系统作为一个具有相对独立属性的第三方对绩效评估的结果进行奖惩。日本阪神地震后公共部门职员和志愿者能够有序、自觉地履行其职责除了与其良好的决策预案系统与执行系统相关外，以物质和非物质保障为基础的完善的绩效体系也起到了重要作用。

在实际运作中，借鉴计量手段(和其他包括数理统计和经验评判在内的方法)对某一城市或者某一事件的管理绩效进行评估是常用的手法。从而能够更加清晰地把握突发事件处理的薄弱环节。

三、突发事件管理的功能体系

根据突发事件的发展特征，突发事件管理的功能体系相应的可以分为预防、准备、反应、恢复、总结等五个重要方面。必须明确的是，功能体系的某一点并非对应于结构体系的某一元，而是与四位一体的结构体系发生方方面面的联系。

(一)预防

预防是突发事件管理最为重要的功能要求，是重中之重，也是各个国家突发事件处理中最为关注的焦点。如美国采取的安全级别、日本对国民的强化教育等都是加强预防功能的有效途径。普遍来看，贯彻"预防为主"的原则主要从四个方面执行：

1. 宣传教育。

2. 准备预案。根据既有的和潜在的事件设立多重备选预案,缩短反应时间。

3. 构建预警机制,推行公示措施。预警就是为了缩短政策时滞,事先对系统的异常态势提出警告,使政策调控同步甚至超前于现实波动,以期干预突发事件周期波动。对于预防这一功能体系而言,还必须在平时就逐步推行公示措施,建立健全突发事件报告系统,根据突发事件特征和历史规律,加强预测预报,使城市内密集的人口能够形成提前意识和做到事前防范。

4. 加强网络建设和管理,使官、产、学、民、媒之间的信息传递通畅。

(二)准备

就总体而言,准备包括根据预案制订应急防范方案,落实应急防范的组织措施和技术措施,从组织队伍、人员培训、应急演练、通讯装备、器材物资、检测仪器、交通工具等方面加以落实,做到有备无患。一旦发生各类有可能危及公众,造成社会影响的中毒、污染、事故、疫情等突发事件即能迅速及时的组织力量,有效的处置,最大限度的快速处理、控制和减少危害面。准备包括三个层次,即平时准备、"战时"转换、"战时"准备。特别需要注意的是"平"、"战"结合与"平"、"战"转换的问题。能否迅速实现"平"、"战"转换,并尽快形成"战时"积累能力,是各个城市在突发事件中减少损失的关键所在。在我国抗击 SARS 的过程中,由于既往预案不足,对初期疫情的重视不够,造成一定范围内的感染,2003 年 4 月的"平"、"战"转换显示出仓促的迹象,医疗设备、医护人员等方面都暴露出准备不足。

(三)反应

预防与准备只是在突发事件到来之前的热身,而反应则是处理突发事件的主要"舞台"。反应的要旨是在认清级别的基础上,实施快速反应。对于突发事件而言,能够实现快速反应是降低危害程度的最重要方面。

坚持快速反应,就必须把握"快、准、齐、实"四个要点。"快"就是信息完整,准确和快捷,在此基础上,迅速召集突发事件处理队伍进行快速反应,赶赴现场处理。"准"就是接到报告后,特别是到达现场后,对突发事件的发生、发展和事态现状进行综合分析,作出准确判断,拟定强有力的针对性措施。"齐"就是对突发事件的调查处理要做到统一领导、统一方案、统一发布信息。"实"就是调查处理方案确定之后,分工负责,狠抓落实,并且进行督促检查,督办到位。

对于反应而言,留有足够的"预备队"是十分关键而又往往容易被忽视的环节,突发事件除了有突发性的特征之外,还可能具有持久性的特征。无论平时准备的如何充分,都有可能在突发事件处理的过程中消耗殆尽。因此,反应过程中留有足够水平的"预备队"并在最需要的时候投入就十分必要。在 2003 年北京抗击"非典"的过程中,一时医护人员告急、呼吸机等设备告急、病房告急等就显示出留有"预备队"的必要性。

(四)恢复

在突发事件的影响逐步消除的过程中,另一个功能是实现社会经济生活的全面恢复。这一功能的实现包含四个方面的内容:

1. 恢复生产、生活。

2. 应对突发事件周期性特征中的下降、回复阶段,进行全面的宣传,通过包含媒体、政界等多方、多重的影响,提升住民预期,改变和提升外界对地方的预期。

3. 坚决避免事件"死灰复燃",强化扫尾工作。

4. 逐步实现突发事件相关资源和"生产"能力,从"战时"向"平时"的转化。

(五)总结

对突发事件的处理还必须十分关注对突发事件处理的总结,日本在东京沙林毒气事件之后、美国"911"事件之后都对事件的处理过程和操控进行深入的总结。这里所指的总结,并非单一强调对经验教训的总结,而是把总结提升为突发事件管理的一个功能单元,把危机管理的理念拓展到城市和区域管理的方方面面中去。

第二节　突发事件处理的一般程序和手段

一、确认危机来源

在城市遭遇突发事件的时候,第一步就是要确认危机的来源,要去积极地管理风险,而不是等待风险的出现。因而,我们要预测城市可能会存在什么样的风险,并对这些风险进行有效的处理和安排。由于时间和资源的稀缺性,使我们不能对每一种情况和不确定性进行管理,这就需要建立某种形式的优先注意权。这种优先注意通常是由对每种风险的大小及事发频率的估量来决定的。一旦我们确认了风险或是为它们排列了优先等级,我们就可以考虑用最合理的时间和资源搭配去应对。具体来说,对风险的管理可由下列步骤进行:

1. 对城市的发展情况进行调查,列举出可能出现的风险。

2. 对这些风险进行确认,排除不存在的风险。

3. 将各种风险列举在管理目录中。

4. 对列出的风险进行横向分类与纵向分级。横向分类是指将目录中类似的风险进行分类,比如可将城市的风险划分为自然灾害、公共安全危机、信用风险、环境风险、公共卫生危机和其他风险等等,并对不同种类的风险确定不同的处理办法。而纵向分级则是指按各类风险的大小和威胁程度排序,从而建立起风险管理的某种优先顺序。

二、危机判断

接着,我们就应该对这些风险的类型进行判断并采取相应的处理措施:

1. 对可以预见且时间和资源允许处理的风险,采取排出和缩减。

2. 对可以预见但可能发生概率较低的风险,可以进行投保将风险转移给保险公司。

3. 对现在没有表现出来,但其爆发总存在一定征兆的风险,采取建立预警系统对其监控。

4. 对那些完全不可预测到的风险,比如"非典",则必须建立起一个有效、完善的危机处理机构,以对随时出现的风险进行处理和恢复。

三、预警系统的建立

危机是由于不确定性的大量存在而引起的,具有相当强的突发性和偶然性。但冰冻三尺非一日之寒,危机突然爆发的背后总会有一个从端倪到爆发的变化过程,总会表现出来一些征兆。这时建立起一套规范、全面的危机管理预警系统就显得极其重要。从最小化损失的角度来看,危机管理需要构建足够敏捷的即时预警系统,在一些领域甚至要构建具有负时间属性[①]的预警机制。当预警系统发出警告后,城市可以及时地采取防范或补救措施,完全可以避免危机的发生或使损害和影响尽可能减少。

一套完善的危机预警系统是很必要的,这可以保证对收集的信息进行有效、真实的传递,也便于监管者及时做出反映。而按照不同的部门对信息进行收集,可以充分利用不同部门的长处。

---

① 所谓负时间属性,系指在达到预警警示标准以前、某些情景达到某一标准后,给出的可能启动预警机制的管理属性。

当信息收集完成后,下一步工作是对信息进行判断和处理,即对监测得到的信息进行鉴别、分类和分析,对未来可能发生的危机类型及其危害程度做出估计,必要时发出危机警报。

预警系统是否有效还取决于两个方面。一个方面是城市的管理人员,另一个方面是具体执行的员工。有效的预警系统要求城市管理人员有敏锐的洞察力,能根据日常收集到的各方面信息,及时做好预警工作,并采取有效的防范措施。与之相配合,具体执行的员工也应该提高对预警正确反应的能力,配合管理者做好工作。

四、危机管理的应对阶段

危机管理对速度的要求是很高的,反应的时间越短,越能证明城市处理危机的能力。

建立一套完善的突发事件应对机制,是危机管理的前提与根本。只有在具备了这一危机处理系统之后,才可能对危机进行预警、反应和恢复。接下来,我们将对危机爆发后,突发性事件的应对机构如何对危机进行反应作进一步的分析。

(一)第一波反应:对危机的反应

在前文中曾经谈到,对一些完全不可预测到的风险,比如 SARS,必须事先建立起一个有效、完善的危机处理机构对随时出现的风险进行处理和恢复,这是突发性事件应对机制的重要组成部分。专门的危机处理机构所担负的责任是巨大的,当不可抗的危机或是预警系统失效所造成的危机爆发时,它必须立即发挥作用,对危机进行积极的反应。

1. 危机的评估

危机管理中的一个关键问题,就是要选择合适的响应策略。当危机爆发之后,由于信息不明、时间紧迫或是不能确定哪些物资或人员处于危机之中,这时,对危机的评估显然格外重要。而恰当的危机评估建立在对危机事件的准确掌握之上。这时对危机事件进行调查,进行危机事件的信息收集,应当成为最为关键的一步。

第一步,计划与情报部门应及时、积极的对危机事件进行调查和信息收集,确保在较短时间内,将准确的信息传递给危机应对机构的指挥者。

第二步,根据获取的信息,对危机事件进行评估。

第三步,对危机的起因进行调查,找到危机爆发的真正原因,并确定主要危机。

第四步,危机反应计划的制定。在对危机事件进行调查和信息收集之后,我们找到了危机的起源,找到了主要危机,并对危机的规模以及自身对危机的处理能力有一个认识之后,就应该着手制定危机反应计划,并在计划的指导下,对危机做出积极反应。

2. 危机计划制定过程中的几个要点

(1)在现有的可利用人员水平上,确定危机处理的领导小组。并保证其他非危机部门能够正常的运转。

(2)谨记变化应比计划快。危机事件中,不确定性很高,类似于"做什么"、"如何做"的教条似的计划是不可取的。

(3)将危机指挥和协调部分写入计划当中。在制订适当的危机反应计划之后,应遵循计划的大原则、大方向,在危机应对机构的统一调度、安排与协调之下,对危机事件进行迅速、果断的处理。

(二)第二波反应:危机后的恢复

危机暴露出了城市存在的众多弊病、缺点和问题。而这一系列的问题是在危机爆发之前就存在于城市当中,危机过后的第一件任务就是要去研究危机爆发的原因。我们去研究危机,是为了避免犯下同样的错误。从另一个角度来讲,危机的巨大破坏性,使得无论是在物质上,还是在人的心理上,不可避免地对城市造成了冲击。这一系列的问题,可能会在危机结束后的很长一段时间内长期存在。危机过后,对危机爆发原因的研究与怎么才能恢复城市正常的经营秩序的研究,共同构成了危机事件管理的第二波反应。[①]

第三节 美国及纽约市突发事件管理体系简介

一、美国国家突发事件管理体系

(一)发展背景

自 1976 年开始,美国的危机事件处理导入突发事件管理机制,以 2001 年"911"事件为新的标志,美国的突发事件管理在 21 世纪表现出新的特征。

2001 年 9 月 11 日,美国遭受了伤亡重大的恐怖袭击,世贸双塔被撞倒,伤亡几千人,给美国的经济和社会造成了巨大的冲击。"911"之后,紧接着就是炭疽热恐怖袭击,使得美国面临着一个新的反恐时代。

---

① 据胡俞越、黎亮:《企业危机管理之道》,新理财,http://finance.sina.con.cn,2003 年 9 月 28 日。

2001 年,美国通过《公共卫生安全和反生物恐怖主义法案》,把生物恐怖袭击的预防和救助作为公共卫生的重要任务。

2001 年 10 月,布什总统提议并通过了《爱国法案》。

2002 年,美国通过了《生物恐怖主义准备和反应法案》《生物恐怖主义准备法案》和《国内安全法案》,计划成立国土安全部,以及解决生物性传染病的防护、监控和公共安全基础设施不足的问题,通过联邦投资,进行生物恐怖袭击的研究、计划和准备。

2003 年,国务安全部成立,国家灾难医疗反应系统纳入国土安全部,全面负责国内突发事件的管理和协调,包括公共卫生突发时间的管理和协调。

(二)美国突发事件管理统合基础——联邦反应计划

2003 年修订的联邦反应计划包括 1 个基础计划,12 个紧急支援功能、1 个回复和重建功能、7 个支持功能、1 个恐怖袭击反应功能,以及 4 个附录。

表 10 - 1　美国政府部门在突发事件中的分工

援助计划机构	交通	通讯	公共工程	消防	信息计划	伤者照顾	资源	卫生服务	搜救	除有害物	食品	能源
农业部	S	S	S	P	S	S	S	S	S	S	P	S
商业部		S	S	S	S		S					
国防部	S	S	P	S	S	S	S	S	S	S		S
教育部					S							
能源部					S		S	S		S		P
卫生部			S		S	S		P	S	S	S	
国土安全部	S	P		S	P	S	S	S	P	S	S	S
住房和城市发展部						S						
内务部		S	S	S								
司法部					S			S	S			
劳动部			S				S			S		
国务院	S									S		S
交通部	P				S		S	S		S		S
财政部					S							
退伍军人事务部				S			S	S	S			
国际开发署								S	S			
美国红十字会					S	P		S			S	S

援助计划机构	交通	通讯	公共工程	消防	信息计划	伤者照顾	资源	卫生服务	搜救	除有害物	食品	能源
环境保护局			S	S	S			S		P	S	
通信委员会		S										
综合服务局	S	S			S	S	P					
航空局					S		S		S			
原子能委员会					S					S		S
人事局							S					
小企业管理局					S							
田纳西河谷局	S		S									S
邮政部	S					S		S				

(三)美国重大突发事件应急体系

在重大突发事件发生时,联邦-州-地方协调进行突发事件初步损害程度估计。在认为事件足够严重之后,上报给总统。总统进行重大突发事件宣布后,联邦反应计划才能启动。

1. 授权

在总统宣布重大突发事件之后,总统可以命令任何联邦机构利用它们的权力和资源去支持州和地方。这个权力也可以进一步授给国土安全部部长、国土安全部的区域领导和联邦协调官(Federal Coordinating Officer,FCO)。

国土安全部(Department of Homeland Security,DHS)代表总统任命联邦协调官,他主要负责协调及时的援助被送往受影响的州和地方或受害人。在很多情况下,联邦协调官也是一个突发事件重建的管理者。联邦协调官紧密和州协调官(State Coordinating Officer,SCO)联系和协调。州协调官由州长任命以视察州的受害情况,他是州长的权利代表,具有代表州执行任何突发事件援助措施的权力。

除了总统有重大突发事件宣布的权利外,少数几个联邦机构也有独立宣布突发事件的权利。

2. 资源反应

(1)事发的州和地方是突发事件反应和支援的第一线,它们提供突发事件所需的大多数资源,而临近的州和地方则起共同支持的作用。

（2）一旦事发的州以及临近州的资源难以满足突发事件资源所需时,可以请求联邦援助。

3. 应急机构

根据法案,国土安全部是一个主要的突发事件反应和恢复的协调机构。为了执行多部门协调的功能,国土安全部拥有很大范围的管理权。

（1）部长行动中心（Secretary's Operation Center,SOC）

部长行动中心作为一个国土安全部的官方实际突发事件处理点,能够 24 小时监控各种突发事件信息,包括相关联邦机构、国土安全部所辖地区和新闻媒体的信息。部长行动中心主要向国土安全部高级官员、国土安全部区域领导和相关联邦签字部门①报告突发事件的情况。

每个国土安全部区域都由一个机动突发事件反应中心组成。每一个机动中心也需 24 小时工作,主要任务是进行监控,并向国土安全部区域领导和部长行动中心提供持续的信息。

（2）区域行动中心（Regional Operation Center,ROC）

区域行动中心的信息主要由区域支援队（Regional Support Team,RST）搜集。区域支援队和联邦反应相协调,直到紧急反应队（Emergency Response Team,ERT）的建立。联邦协调官负有主要的协调责任。

区域支援队是由国土安全部的区域长官基于需要而成立的,由一个队长领导。它主要包括了行动部门、信息和计划部门、后勤部门和金融管理部门。

（3）紧急反应先遣队（Emergency Response Team — Advance Element）

它是由国土安全部领导,由各个相关援助部门的代表和工作人员组成。部分人员将直接分派到州紧急行动中心（State Emergency Operation Center, SEOC）,和州一起工作,获得突发事件的信息以及了解具体州对联邦的请求。另一部分人员将分派到事发的地点,进行实地交流和行动,确定机动指挥中心的地点。

（4）紧急反应队（Emergency Response Team,ERT）

紧急反应队设在灾区工作站（Disaster Field Office,DFO）,由联邦协调官领导,它保证了联邦救援物资能够及时有效的满足各州的需要。紧急反应队由国土安全部区域官员以及相关联邦支援机构的代表和员工组成。它主要包括紧急服务部门、人道服务部门、基础设施支持部门和行动支持部门。

---

① 美国紧急事件反应体系具有契约特点。其应急计划均不属于联邦法律,而是参加计划的不同联邦政府部门之间分工合作、共同行动的协议。所以,计划制定或修订后,参加计划的政府部门首脑都必须在应急计划协议上签字,协议才能生效,并对计划参与者产生法律约束力。故本文使用"签字部门"一词。

（5）紧急支援队（Emergency Support Team，EST）

紧急支援队由国土安全部的国家突发事件多部门行动中心领导，负责协调区域支援队、紧急反应先遣队和紧急反应队的实地活动，以及负责协调和监督初始反应资源、实地办公室设备、突发事件信息交换站程序包和其他反应者所需设备是否按时分发到。紧急支援队也是突发事件指挥总部的主要信息来源。它主要包括行动部门、信息和计划部门、后勤部门和金融管理部门。

（6）重大突发事件反应团（Catastrophic Disaster Response Group，CDRG）

重大突发事件反应团可以根据需要设立，是由所有联邦反应计划签字部门的代表组成，是一个国家层次的、指导和解决联邦协调官和突发事件援助部门（ESF）反应的问题的机构。

（7）突发事件重建中心（Disaster Recovery Center，DRC）

突发事件重建中心一般设立在事发地点，获得各种联邦、州、地方机构和志愿组织的重建计划信息，帮助家庭和企业完成小企业管理局的贷款表，提供重建咨询等。

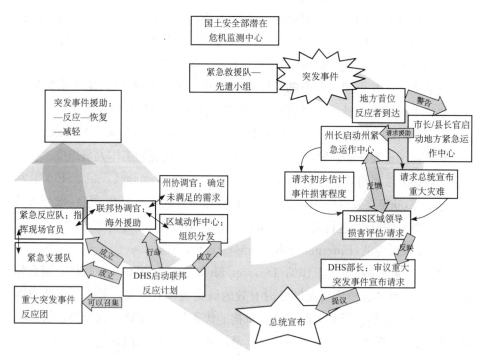

图 10-2　美联邦突发事件处理过程图

资料来源：《联邦反应计划 2003》，http://www.fema.gov

二、纽约市危机管理办公室介绍

(一)OEM 的简要回顾

纽约的危机管理办公室(Office of Emergency Management,OEM)在 1996年建立,并成为市长办公室,在 2001 年 11 月纽约《城市宪章》的重新修订中成为城市政府的永久组成部分,由城市、州、国家和非营利组织任命的 100 个工作人员组成。作为多机构联合的协调者参与地方、州、国家和私人的不同实体,目的是为纽约提供全面的危机反应,灾害规划和灾难减轻。这一办公室会在灾害或是紧急事件的事前、事中和事后保证跨部门之间的协调运作。即面对 21 世纪的新挑战,为纽约人提供最高水平的紧急事件的服务。同时无论事件的大小均同样关注,不管是很小的水管爆裂事件还是灾难性的"911"事件。

为了完成这一使命,OEM 配备了一支训练有素的人员队伍,包括反应人员、计划人员、指挥人员以及管理和支撑人员,用来对不同的灾害进行辨别和反应。OEM 对研究灾难反应和减轻的国家、州政府和城市的工作人员和他们的委托人提供资助。因为与选举的政府官员之间的良好关系有助于 OEM 目标的实现,这一机构对市长考虑危机的识别和消除过程中起到智囊团的作用。通过它的信息渠道,OEM 向公众和媒体提供在纽约的关于危机管理计划、反应和灾害消除的及时并且准确的信息。最近的 CNN 研究表明作为美国最大城市的纽约市成为对危机有着最有效防备的城市。

(二)危机的准备

OEM 负责制订危机反应计划以及保证城市能够成功完成这些计划。OEM设定和实行不同危机事件的演习训练,同时安排多部门的反应。这些不同的危机事件涵盖了很广的范围:

(1)生物、化学、常规、核相关的恐怖事件;

(2)严重的海岸风暴和洪水;

(3)酷热和严寒;

(4)公共设施的损毁;

(5)劳工组织罢工。

危机准备同样包括了主动的、有计划的去减轻和消除危机,包括:

(1)建立公众——私人的危机合作项目;

(2)实施一个对灾害的风险分析;

(3)发展一个城市尺度的监管体系;

(4)建立一个公众接近的反应项目。

1. 卫生与医疗

卫生和健康单位主要负责危害纽约市民生命和健康的灾难的先期准备。包括筹备防生化的演习,例如运作 TriPOD[①] 以及在酷热的时期实施城市防暑计划。

2. 人员服务

人员服务单位与政府机构和非营利组织合作按照一定规则向灾害的受害者提供援助。相关的合作机构和单位包括房屋与食物单位(Mass Care)、捐赠、资源者、财政援助和帮助受害者的其他机构,动物控制计划和自愿机构协调。OEM 同样要保证在危机发生时市民得到照顾。

3. 恢复和减轻

恢复和减轻单位是负责计划恢复相关运作,例如残骸管理、灾害评估和基础设施重建。在减轻的方面,这一单位进行前瞻性的可持续研究寻求减轻未来灾害的影响和城市其他部门协作在灾害中保护相关设施。

4. 地理信息系统(GIS)

在灾害分析和研究中的一个重要工具准备就是地理信息系统(Geographical Information System)。GIS 是一个强有力的描绘和分析工具,可以帮助 OEM 判断在地理区域上不同灾害的潜在影响,主要用以衡量自然和技术灾害。OEM 通过 GIS 将风暴、巨浪、洪水影响对不同区域的影响程度进行识别。从基本的模型出发,OEM 定义应该撤离的区域,并且指明最为合适的撤离路线。同时关注在这些区域内关键性的基础设施并且为类似医院等重要设施提供方便。

5. 本土安全

在"911"事件之后,OEM 为了保证城市反恐计划的实施,联合警察部门、消防部门以及城市、州和联邦的各级机构来共同保卫本土安全。

(三)OEM 的运作

1. 监控指挥

OEM 的监控指挥作为整个机构的交流中心,24 小时运转。监控指挥人员

---

① TriPOD:在 2002 年 5 月 22 日,OEM 举办了首次防灾点状扩散的演习训练(Operation TriPOD)——去测试城市在遭受生化袭击时反应的有效性,这个历经六小时,模拟真实情景的演习参与者包括了城市、州、联邦以及私人的机构。城市官员研究在其他尺度的灾难中运用这种 TriPOD 模型的可能性,同时联邦官员研究怎样在国内推行这种点状扩散的防灾模型。

通过无线电和计算机的辅助对整个城市公共安全机构的系统进行监控,并且维护一个大型交流网络的运行。这一交流网络包括城市、相邻乡村、州、联邦的机构、私人非营利组织、设备提供商以及医院。监控指挥人员通报危机情况以保证城市的所有资源可以被用来支持危机反应的运作。同时,还将判断突发事件是否危害城市。

2. 实地反应

OEM 负责协调和联合在危机或灾害事件发生时的多部门的联合反应:

(1)在危机发生的现场反应;

(2)评估当时情境;

(3)协调对资源的需求,并且作为连接危机指挥者和相关反应机构之间的桥梁。

3. 多部门联合指挥中心

OEM 配置了一台装备了高级通讯设备和视频播放系统的指挥车。这部车主要是为了当需要广泛的合作协调时能够到事件现场进行指挥。全市的跨部门协调者将这部指挥车看作是快速的流动站。同时在现场的高层管理者也把这部车比作中心协调点,例如可以用于跨部门会议的召开。

4. 情境室(Situation Room)

在情境室中,OEM 可以协调小规模突发事件的城市反应。在"情境室"中专员和其他 OEM 实施人员用多种手段评估现有情境,包括了互动地图的应用、接收现场人员的简报并且分配资源支持反应计划。

5. 危机运作中心

OEM 的设备包括了一个危机运作中心(EOC),主要是应付大型危机事件。当 EOC 开始运作的时候,城市管理机构以及州、联邦和私人机构的高级官员都会进入 EOC,他们在这里研究整个事件的对策。

EOC 配备了大量的计算机工作站和高级通讯设备。自 1996 年以来 EOC 运作了超过 50 次,处理过"911"事件、严寒、酷热、海岸风暴、电力中断和罢工等事件。

(四)告知公众

OEM 运用透明化的原则教育公众如何去准备和减轻危机,同样的在危机发生的时候向公众提供重要的信息。

1. 公众的接触和教育

OEM 用它的网页增强公众对现有以及潜在危机的认知,并且向公众提供信息告知他们一个给定的情境是如何影响他们生活的。为了帮助公众准备应对这些突发情境的出现,OEM 开发了危机管理在线系统(EMOLS)。这样纽约市民就可以在线上知道自己所处位置是不是处于撤离区,并且得到一些有关撤离的设施情况。

OEM 举行活动区教育公众市民关于特定灾害的常识,包括海岸风暴、酷热等。并且用多种语言设计了手册让市民提高认知。

2. 告知公众信息

当城市尺度危机来临的时候,适当告知公众信息是非常关键的。提供给公众正确的信息在很多方面成为关键,包括减低灾害影响、防治恐慌、保障第一批快速反应人员进行他们的工作以及在有需要的时候方便撤退。OEM 与市长办公室和城市机构进行合作保证在危机出现时统一的信息广播和发送。

(五)加强危机管理的合作

纽约市的 OEM 与很多州、联邦的机构和办公室保持着良好的合作伙伴关系,包括州危机管理办公室(SEMO)、联邦危机管理机构(FEDA)、司法部门(DOJ)、国家气象局(NWS)、能源部(DOE)。在一起分享有效反应运作的重要信息、协调初期规划、实施训练和演习。

第四节　城市突发事件管理相关案例

一、城市自然灾害应对

(一)城市自然灾害应对原则

城市处于自然系统之中,对于自然灾害不能完全避免,应对自然灾害城市应当在如下方面进行努力:(1)建立科学的决策指挥体系和过硬的反应队伍。(2)建立完善的技术支撑体系,包括预警和信息发布平台。(3)提供城市空间规划建设保障,提供必要的应急避难场所并减少灾害损失。(4)进行宣传教育,使市民在自然灾害面前临危不乱减少损失。

(二)相关案例——日本阪神地震

日本是一个地震多发的国家,对抗震防震的教育非常普及,国民对于地震灾害的知识比较丰富,在城市建设方面也有众多预防灾害损失的措施,所以一般地震灾害在日本造成的损失并不大。但是1995年1月17日发生在神户东南兵库县淡路岛的7.2级地震却造成了相当大的损失。这次地震造成5 000多人死亡,几十万人无家可归,受灾人口达140万人,地震造成的经济损失总计约1 000亿美元。成为1927年关东地震后损失最大的地震。

这次地震损失巨大,首先与日本地震学家对关西地震活动关注不够,认为千年难遇一次大震,疏于防范有关。其次,这次地震中除房屋倒塌引起大量伤亡外,最严重的是地震次生的火灾。由于200多处煤气管道破裂,煤气大量泄露引发火灾,而城市消防能力很差,木结构房屋过多进一步增加了火灾造成的损失。再有,城市的生命线系统在地震中受到重创,阪神之间高速公路10处断裂、8处崩落,新干线铁轨变形,城市水、电、气、电话,全部中断。给救灾工作的组织造成很大困难。最后,政府的反应过慢,对震灾的评估过于保守,致使紧急对策反应过于迟缓。震后5小时,政府对灾情仍无把握,认为仅死亡300人。整个救援工作滞后,耽误最佳救灾时机。

二、城市事故灾难处理

(一)城市事故灾难处理原则

如前所述,城市事故灾难包括重大交通运输事故,各项设施事故,工矿企业事故等。这些事故发生在城市之中,由于涉及区域人口密集,造成的影响也很严重。在处理城市事故灾难中要遵循以下原则:(1)积极疏散救治,减少人员伤亡;(2)加强日常安全管理,防患于未然;(3)积极努力创造安全空间,减少事故隐患。

(二)相关案例——重庆市区氯气泄漏事故反思

2004年4月15日晚处于重庆主城区的天原化工总厂发生氯气泄漏事件,16日凌晨和下午分别发生了两次氯气罐爆炸,造成死伤十数人,附近约15万市民被迫紧急疏散。虽然通过各界的共同努力,处在危险区域中的城市居民由于疏散及时,没有在稠密人口区域造成大规模的人员伤亡,政府有关部门也积极同媒体合作,及时透明发布事故信息,并未引起大范围的恐慌,事故灾难也在三日内得到了控制。但是这次事件还是留给城市管理者沉重的思考。

天原化工厂15日晚已经发生氯气泄漏,但17日上午9时才报告市有关部门,启动相应应急预案。这期间工厂内部曾经认为泄漏事故基本上已经得到控制,因为发生事故并非第一次,2003年以来,这家企业已经发生过两次氯气泄漏事故,最近一次是 2004 年 2 月 14 日。多次发生事故却疏于从根本上消除隐患最终酿成大祸。

另外,重庆天原化工厂 1940 年建厂,当时位于人口稀少的城市外围,但是随着半个多世纪过去,重庆城市逐步扩张发展,厂区周边逐渐成为人口稠密地区,成为重庆的主城区。城市管理者已经认识到这样的工厂对市民安全的威胁,所以决定将其搬迁至远离主城区的万州,前期工作在 2003 年已经展开,预计在 2005 年底完成。但重大事故还是在搬迁之前发生了。搬迁是历史遗留的问题,是对城市产业发展的要求,更是对城市安全的要求,天原化工的情况并非特例,重庆类似需要搬迁的企业有 78 家之多,这种情况在我国很多城市中也普遍存在。在搬迁经费和市民安全两者的权衡中,管理者应当有决心做出正确的选择。

三、公共卫生突发事件处理

(一)公共卫生突发事件处理原则

公共卫生突发事件处理,第一原则是迅速的阻绝传染,将可能发生的危机尽可能缩小。在公共卫生突发事件爆发的过程中,一定时期的传染者数量将呈现几何级数增长,如果不尽早实现传染源的彻底阻绝,则可能产生极其恶劣的负面影响。其次,公共卫生突发事件处理还要注重对公众的实时传播,即时准确的公示信息是避免猜测、恐慌的最佳方案。

(二)相关案例——纽约应对非典型性肺炎(SARS)

2003 年 4 月 5 日,布什签发总统行政命令,将非典型肺炎列入诸如霍乱、鼠疫、天花、肺结核和埃博拉等严重传染病之列,授权卫生部门对感染者进行隔离或检疫。这是美国政府近 20 年来首次在严重传染病名单上增添新的内容。

美国卫生部门各项危机紧急计划随即启动,迅速展开了针对 SARS 的调查、响应、防范、控制、科研等方面的工作。

在 SARS 调查方面,卫生部门组成各类紧急调查小组,对国内外病例展开积极调查,同时加强与国际调查组等各方面的信息交流。3 月 14 日,美国疾病预防控制中心(CDC)启动紧急行动计划,对美国可能的 SARS 病例进行调查。同日,CDC 与危机应急部门召开了一个跨部门研讨会,与会机构有国务院、国防部、交通部和海关等,共同研究紧急对策,监视传染病的发展态势。

3月 27 日,CDC 本部也成立了特别调查组,关注国际小组的调查情况。

在 SARS 危机响应方面,CDC 及时发布有关传染病警告,建立隔离与检疫标准,并在机场、港口等入境口加强对病发区来客的检测和监测。3月 14 日,CDC 发布旅行告示和疾病警告,同时提出有关传染病的隔离与检疫措施标准的建议,供卫生与公众服务部和总医官参考。总医官当即主张,机场对来自病区的亚洲旅客实行检查,防止将疾病带入境内。

在国内 SARS 调查和控制方面,美国注重加强与各州和地方政府卫生官员的网络联系,并利用"传染病监测网络",对患者和感染者实施检测与主动监测计划,通过"旅游警告机制",要求近期到过病发区的人员接受测试检验。到 4月 7日,CDC 共发出 50 万份疾病防范警告,建议人们一旦出现发烧、干咳现象,应立即与医生联系。

CDC 立即着手进行的工作还包括:

1. 监察 SARS 可能的传染途径,制定防范传播措施。3月 21 日,针对可能的传染途径和场所,CDC 专门新成立了以调查有关患者居住场所的"宾馆调查小组",同时对容易被传染的、人群集中的地区展开调查,制定防范措施。

2. 颁布 SARS 患者分类准则,并采用隔离与检疫机制,进行分类管理。4月 17 日根据各方面调查研究信息进展,CDC 进一步明确了 SARS 症状定义,制定了 SARS 患者与感染者的分类标准,由此使美国发现的可能病例从 208 例减到 35 例。

3. 制定和更新非典型肺炎从诊断、调查到实验室科研各环节的一整套工作和防范指南,并在网站上及时公布。工作指南包括 SARS 医疗诊断和病情评估指南;实验室病毒采集、处理和运输等工作指南。防范管理卫生指南包括病人和可能感染者的安置及防治的卫生指南;接触病人的调查人员和医务人员的防护指南;受传染病影响的学校、学生和家庭成员的防护指南;受影响的医疗设施、商业飞机的清洁卫生指南;研究分析传染病病毒的实验室防护指南等。

在发布公众信息与开展教育方面,CDC 通过设立网站、热线咨询电话、散发防范宣传手册等形式,介绍传染病基本知识及防范措施,包括症状、传播途径、可能的致病原因,以及预防措施等,同时要求公民经常查看 CDC 网站以及世界卫生组织的网站,以了解最新的情况。

在有关 SARS 科研方面,启动实验室响应网络,加紧对 SARS 检测、病因和治疗手段的攻关。"911"事件后,美国意识到应对可能发生的大规模突发疫情和生物恐怖攻击,首要工作是开发疫苗。因为传染病发生后,除治疗少数患病的人外,最主要的是开发预防疾病疫苗。疫苗开发出后可使国民人心稳定,减少恐惧心理。由于 SARS 可能属复发性传染病,即可潜伏下来,以后周期性地爆发,开发疫苗更是一项根本性措施。4 月 14 日,CDC 完成了新冠状病毒的基因测序,确定新冠状病毒是 SARS 的病因,并加紧研制疫苗。

四、公共安全突发事件处理

(一)公共安全突发事件处理原则

2001 年 9 月 11 日,美国纽约恐怖事件造成的死亡人数达 3 000 多人,成为近年来最为严重的一起公共安全突发事件。公共安全突发事件发生的不可测度性最强,可能产生的一次性危害巨大,事件发生后的影响也会相当长久。因此,对于公共安全突发事件而言,只有建立指挥得力、反应敏捷的应变中心才能够尽可能的降低可能的危机。

(二)相关案例——天安门建立突发事件应急指挥体系及处理机制①

2004 年 4 月 12 日,《天安门地区管理规定》已获通过,并于 2004 年 4 月 20 日正式实施。该《规定》将责成天安门地区管理委员会制定该地区突发事件应急预案,并责令其在该地区建立突发事件应急指挥体系及处理机制。

为维护天安门地区的社会秩序,北京市政府制定该《规定》,要求天安门地区管理委员会应当组织政府有关部门制定天安门地区突发事件应急预案,建立突发事件应急指挥体系及处理机制,并组织应急演练。《规定》同时要求,该市公安、城市管理综合执法部门应根据天安门地区突发事件应急预案制定本部门的分预案,借此加强对工作人员应急处置知识的培训及应急演练。

这项即将实施的政府规章还规定,在升降旗及节假日期间,公安及城管部门应加强对天安门地区主要人员通道、公众聚集部门等易造成拥挤或易发生事故的场所进行现场巡视、检查。针对人员密集的情况,须及时做好引导及疏散工作。

五、综合案例——北京 2008 年奥运会

举世瞩目的北京 2008 年奥运会是世界上最大型的、级别最高的综合性运动

---

① 见千龙网 http://www. qianlong. com/2004 - 04 - 13 07:44:37

会,涉及参赛国家及地区 204 个,比赛项目 302 项(28 种运动),参赛运动员、教练等超过 2 万人,赛会志愿者参与人员约 7 万人。这次奥运会全方位展示了中国的国际形象、国际地位以及改革开放近 30 年来的综合国力,其成功举办被国际奥组委主席罗格形容为"无与伦比"。

作为一个非常规事件,奥运会要求政府具有强大的资源调配能力,尤其依赖政府对于各种不确定的危机或事件的一流处理与服务水平。从城市突发事件管理的角度来看,北京奥运会的成功、顺利举办,与中国和北京对于突发事件的应对和管理能力密切相关。

(一)北京奥运会突发事件的复杂性

任何一个组织的活动都会受到各方面因素的影响,并非总是处于理想的稳步发展状态,有时会因为某种非常性因素的作用而形成一定的危机状态。对于奥运会这个世界性综合类活动更是如此,随着奥运会规模越来越大,影响因素也越来越多,突发事件发生的频率也越来越大,对于奥运会组织管理过程中的可控性和可测性提出了严格要求。

这里,奥运会突发事件并不是指奥运会期间发生的突发事件,而是指对于奥运会具有危害性的突发事件。与一般性突发事件不同,奥运会突发事件复杂性更高,涉及领域更为广泛,对政府应对和管理水平的要求也更为严格。2008 年北京奥运会突发事件几乎囊括了所有突发事件类型:(1)自然灾害,如奥运会举办时北京可能出现高温湿热天气、暴雨冰雹等;(2)事故危害,如人为或非人为出现的城市火灾,城市水电供给中断,重大交通事故,通讯网络中断等;(3)公共卫生事件,如食物安全问题,流行疾病、传染病以及其他严重影响运动员和观众健康和生命安全的时间;以及(4)公共安全事件,如国内外恐怖组织可能会趁机制造混乱,国际上一些不友好国家可能会进行各种形式的政治干涉,以及与奥运相关的暴力犯罪、体育骚乱和网络安全事件等。

表 10 - 2　奥运会突发事件类型

突发事件类型	突发事件内容
自然灾害	水旱灾害、气象灾害、地震灾害、地质灾害等
事故危害	火灾、供水供电中断、交通通讯中断等
公共卫生事件	食物安全问题、流行疾病、传染病,以及其他严重影响运动员和观众健康和生命安全的事件
公共安全事件	暴力犯罪、国内外恐怖主义、体育骚乱、政治干涉事件、网络安全事件等

(二)北京奥运会突发事件的应对和处理

1. 应对和处理的总体方针[①]

为保证奥运会的成功、顺利进行,北京市在奥运会开始之前,出台了突发事件应对办法,采取预防为主、预防与应急相结合的原则,构建了统一领导、综合协调、分类管理、分级负责、属地管理为主的应急管理体制,制定了全方位的突发事件管理系统,成为奥运会突发事件处理的总体指导。

(1)预防与应急准备:从市级政府、到区县级政府和乡级政府,再到街道办事处,都制定了各自区域的突发事件应急预案,各机关、团体和企业、失业单位也根据法律、法规和政府要求,结合实际情况,制定了单位内部的突发事件应急预案。这样,北京市结合了纵向和横向两个维度的组织、单位,建立起科学、规范的突发事件应急预案体系。

(2)监督与预警:北京市建立了由各级人民政府、有关主管部门以及专业机构、监测网点、居民委员会和村民委员会等构成的信息收集与报送网络,统一了突发事件信息系统,通过多种途径汇集、储存、分析、传输有关突发事件的信息,并逐步实现与国务院及其部门突发事件信息系统的互联互通,另外还建立了专业监测和社会监测相结合的突发事件监测体系和突发事件预警制度,对可能发生的突发事件进行跨部门、跨区域、跨灾种的综合监测和风险结果评估。

(3)应急处置与救援:根据监督与预警阶段上报的信息,按照突发事件的预警级别、特点和性质等,由各级政府成立的突发事件应急委员会或专项应急指挥部统一指挥调配,安排专门机构或组织,并根据具体情况动员公民、法人和其他组织开展自救和互救,以多种方式进行应急处置和救援。同时通过新闻媒体和政府门户网站,采取授权发布、接受记者采访、举行新闻发布会等形式,统一、准确、及时发布有关突发事件事态发展和应急处置工作的信息。

(4)事后恢复与重建:当突发事件消除后,各级人民政府及时宣布应急处置结束,停止执行应急处置措施。一方面对突发事件的原因、处置方式、结果等进行总结和评估,以为未来发生同类事件提供经验或教训,另一方面安排恢复与重建工作,对突发事件发生地区进行资金等多方面的支持,并对受害人员进行医治、安抚等。

---

① 参见《北京市实施〈中华人民共和国突发事件应对法〉办法》,2008 年 5 月。

2. 关键举措

(1)人员配备上,除了安保工作计划投入的执勤警力和备勤警力外,北京市奥运会还配备了大量志愿人员,其志愿者总数约7万左右,是奥运会历史上的最高水平。这样,对于突发事件,北京市奥运会在人员配备上实现了专业人员同普通人员的相配合,其中专业人员负责相应突发事件的准备、检查、处理工作,普通人员起到宣传、警示、组织、协调等作用。

(2)组织机构上,建立了统一的奥运安保指挥系统,具有高度的整体调度能力和全面指挥权利,直接向奥运安保指挥系统最高领导报告和负责。据统计,奥运会期间直接参与安保工作的与会人员超过9万人,另外北京还成立了反恐特警部队等专业部队,负责协同处理重大公共安全突发事件。

(3)安全防范措施上,部署了全面广泛的安全防范工作,全国各地尤其是涉及奥运会的七个城市,对重点部位、部门和地区进行了反复的安全检查,采取了严格的防范措施。此外,北京市还组建了一支强有力的防暴处突队伍,制定了一系列突发事件处置预案,部队、武警、公安联合,进行了反复的实战演练,能够有效防范和处置恐怖暴力活动。

(4)特别重视奥运会前的各种突发事件预演练,提高应对能力。演练的范围包括食品安全事件、物流仓储调配、交通重大事故处理、比赛突发事件,以及奥运会医疗、食堂等后勤服务,几乎包括了奥运会涉及的所有工作和范围。另外,各城市在奥运会开始前进行了多次赛事测试演练。对于这些测试演练,北京奥组委主席刘淇说到,"在测试准备工作中,提高应急意识、做好应急预案是筹备工作的重点,我们要不断地完善应急预案,尤其是提高应急预案的可操作性和可靠性,使得对各种突发性事件都能够实现恰当处理"。综合测试不仅包括场馆测试,还包括指挥系统测试,奥运指挥中心与各奥运场馆和分指挥中心的协调沟通在模拟演练中也进行了充分测试,对于完善指挥体系,初步形成指挥中心、场馆团队和城市相关部门之间的协调配合的指挥系统,提高突发事件应对能力和反应能力提供了机会。

(三)北京市奥运会突发事件管理的成功经验

1. 多元主体共同管理,尤其调动了志愿者资源参与管理

(1)专业管理主体

奥运会突发事件管理上,政府作为主要管理主体,成立了奥运会总指挥中心和多个分指挥中心,以及各级突发事件应急指挥小组等多个专门性组织,负

责奥运会突发事件的统一指挥和人员调配。除此之外,各级政府部门、机关、企事业单位都成为突发事件管理的主体,对潜在的突发事件实行实时监控、预警措施。

(2)志愿者资源

北京奥运会的最大特色之一在于充分发挥、调动了广大的志愿者资源,参与到奥运会突发事件的管理中。据统计,北京奥运会参与志愿者余约7万人,包括专业志愿者和非专业志愿者,前者主要从事专业性强、技术技能要求高的志愿服务工作,后者包括大学生志愿者、中学生志愿者、社会志愿者、各省市自治区志愿者、京外赛区城市志愿者、港澳台志愿者、海外华侨华人志愿者、在京外国人志愿者、国际志愿者;志愿者成为突发事件处理的重要一线人员,他们分布在赛会的各场馆(含竞赛场馆、训练场馆和非竞赛场馆),以及有关赛会的各社区,志愿服务领域包括礼宾接待、语言翻译、交通服务、安全保卫、医疗卫生、观众服务、沟通联络、竞赛组织支持、场馆运行支持、新闻运行支持和文化活动组织支持等。通过宣传、警示、组织和协调等方式,志愿者对北京奥运会突发事件的预警、应对和处理起到十分重要的作用。

2. 高效、快捷、及时的管理系统——决策系统,信息系统和执行系统

北京奥运会建立了高效、快捷、及时的管理系统,包括决策系统、信息系统和执行系统。其中决策系统由奥运会总指挥中心和分部指挥中心,以及各级突发事件指导小组,各指挥部门直接向奥运会最高指挥负责,一旦发生突发事件,按照事件的性质、危害程度报由各级指挥部门处理;执行系统既包括专业的执勤警力和备勤警力、反恐特警部队,还包括广大的志愿者资源,对于简单、微小性突发事件可以直接处理,对于复杂、无法处理的事件,上报指挥系统后,服从指挥系统的统一指挥和调配;信息系统由广大新闻媒体、政府门户网站等多种方式组成,负责实时报告突发事件发生、发展、处理进展等,起到连接决策系统、执行系统与外界之间的媒介。这样,北京奥运会形成了一只由指挥中心、场馆团队和城市相关部门之间的协调配合的管理系统,对突发事件的处理达到了高效、快捷、及时的要求。

3. 全方位的管理功能体系——预防、准备、反应、恢复、总结

北京市主要针对奥运会出台的突发事件管理办法,作为奥运会突发事件管理的总体指导方针,对突发事件的预防、应急、监督、预警、应急处置、救援、事后恢复、重建等都作了详细的说明和规定,建立了全方位的管理功能体系。

【本章小结】

一、本章关键词

突发事件 突发事件管理

二、本章知识点

突发事件的界定、分类

突发事件管理的结构体系和功能体系

突发事件处理的一般程序和手段

各类突发事件处理的主要原则

三、本章复习题

1. 如何判断紧急状态的发生？

2. 城市突发事件分为哪两类？具体包括什么？

3. 城市突发事件管理包括那几个系统？

4. 城市突发事件管理包括哪些功能体系？

5. 城市简述突发事件处理的一般程序和手段。

四、本章思考题

1. 城市突发事件管理体系是否单一专门职能部门就能解决？

2. 哪些城市突发事件能通过预防的措施来规避，哪些不能？

3. 城市突发事件管理中的关键是什么？

五、建议阅读材料

1.《从上海案例看中国城市危机管理》，来自:新华网(2003—06—16 18:50:43)http://news. Xinhuanet. com/newscenter/2003—06/16/content_ 921912. htm

2. 辛华:《暴雨突袭考验城市应急机制》,《人民公安》,2004(14)。

3. 傅琼:《城市政府应对突发事件的理论思考》,《中共青岛市委党校. 青岛行政学院学报》,2004(4)。

4. 房桂芝、董礼刚:《论政府公共危机管理》,《理论学刊》,2004(7)。

5. 杨开忠、陆军等编著:《国外公共卫生突发事件管理要览》,北京:中国城市出版社 2003 年版。

六、本章参考资料

1. 杨开忠、陆军等编著:《国外公共卫生突发事件管理要览》,北京:中国城市出版社 2003 年版。

2. 胡俞越、黎亮:《企业危机管理之道》,新理财,http://finance. sina. com. cn, 2003 年 09 月 28 日。

3. 陈福锋:《透视危机事件传播链的断裂》,传媒观察,http://www. hbxftv. com/ news/dispnews. asp? id＝631,2004 年 3 月 7 日。

4. 思龙企业发展顾问有限公司:《企业危机管理》,思龙顾问,http:// think-long. com. cn/zcfg－view. Asp? id＝97,2004 年 1 月 12 日。

5.《北京市实施〈中华人民共和国突发事件应对法〉办法》,2008 年 5 月。

参考文献

1. [芬兰]肯戈斯:《社会保障筹资模式的国际比较研究》,《国外社会科学》,2001。

2. [日]植草益:《微观规制经济学(中译本)》,北京:中国发展出版社 1992 年版。

3. [英]K. J、巴顿:《城市经济学——理论与政策》,北京:商务印书馆 1984 年版。

4. Gale,DennisE Eight State - Sponsored Growth Management Programs: A Comparative Analysis Journal of the American Planning Association, Autumn1992,58(4):425-439.

5. R. J. Pryor,"Defining the Rural—urban Fringe",*SocialForces*,Vol. 407,1968.

6. Virgo,J. (December2001),"Economic impact of the terroris-tattack of September 11, 2001." *Atlantic Economic Journal*. 29(4), 353 - 357. Retrieved June 7,2003.

7. 艾建国:《中国城市土地制度经济问题研究》,武汉:华中师范大学出版社 2001 年版。

8. 安福仁:《中国市场经济运行中的政府干预》,大连:东北财经大学出版社 1999 年版。

9. 毕宝德主编:《土地经济学》,北京:中国人民大学出版社 2001 年版。

10. 陈福锋:《透视危机事件传播链的断裂》,传媒观察,http://www. hbxftv. com/news/dispnews. asp? id=631

11. 陈振光、胡燕:《西方城市管治:概念与模式》,《城市规划》,2000(9)。

12. 陈振明:《公共管理学》,北京:中国人民大学出版社 1998 年版。

13. 成思危:《中国社会保障体系的改革与完善》,北京:民主与建设出版社 2000 年版。

14. 戴均良：《中国市制》，北京：中国地图出版社 2000 年版。

15. 戴晓晖：《新城市主义的区域发展模式——Peter Calthorpe 的〈下一代美国大都市地区：生态、社区和美国之梦〉读后感》，《城市规划汇刊》，2000(5)。

16. 董鉴泓：《城市规划历史与理论研究》，上海：同济大学出版社 1999 年版。

17. 方凌霄：《美国的土地成长管理制度及其借鉴》，《中国土地》，1999(8)。

18. 菲利普·科特勒：《科特勒市场营销教程》，北京：华夏出版社 2000 年版。

19. 冯东方：《中国城市环境现状及主要城市环境管理措施》，《城市发展研究》，2001(4)。

20. 顾朝林等著：《经济全球化与中国城市发展——跨世纪中国城市发展战略研究》，北京：商务印书馆 1999 年版。

21. 胡彩屏：《推进广州城乡结合部管理的对策探讨》，《探求》，2001(6)。

22. 黄建云：《城市经济城市基础设施经营机制的改革——市场化》，《城市发展研究》，2000(1)。

23. 金磊：《中国城市防灾综合管理的对策研究》，《建筑电气资讯》，2002(1)。

24. 空竹：《中国城镇住房制度改革理论政策与实践的发展》(中)，《北京房地产》，1996(11)。

25. 李国荣：《城市土地利用若干问题探讨》，《现代城市研究》，1994(2)。

26. 李青、叶裕民等：《政府职能转变过程中的区域经济管理模式》，北京：经济管理出版社 2001 年版。

27. 李祖革：《对经营城市的几点认识》，《学习论坛》，2000(1)。

28.《联邦反应计划》2003，http://www.fema.gov

29. 梁小民：《经济学是什么》，北京：北京大学出版社 2001 年版。

30. 刘君德、汪宇明：《制度与创新——中国城市制度的发展与改革新论》，南京：东南大学出版社 2000 年版。

31. 刘文华、丁亮华：《公共物品、市场自由与宏观调控》，《宏观经济法制文集》，北京市法学会经济法学研究会编。

32. 吕玉印：《城市发展的经济学分析》，上海：三联书店 2000 年版。

33. 马彦琳、刘建平主编：《现代城市管理学》，北京：科学出版社 2003 年版。

34. 孟峰：《市政公用基础设施市场化经营探析》，《商业经济与管理》，2000

(5)。

35. 倪鹏飞:《提升中国城市竞争力的战略选择》,《中国城市经济》,1999 (4)。

36. 潘小娟主编:《市政管理体制改革:理论与实践》,北京:社会科学文献出版社 1998 年版。

37. 饶会林:《中国城市管理新论》,北京:经济科学出版社 2003 年版。

38. 饶会林著:《城市经济学》,大连:东北财经大学出版社 1999 年版。

39. 任致远:《谈城市中的三大战争》,《城市发展研究》,2000(3)。

40. 桑玉成等:《从五里桥经验看城市社区管理的体制建设》,《政治学研究》,1999(2)。

41. 上海社会科学院城市综合竞争力比较研究中心:《国内若干大城市综合竞争力比较研究》,《上海经济研究》,2001(1)。

42. 沈晖等著:《房地产法的理论与实践》,上海:同济大学出版社 2000 年版。

43. 沈建法:《城市化与人口管理》,北京:科学出版社 1999 年版。

44. 史永亮:《透视"城市灰色区"》,《现代城市研究》,2001(3)。

45. 世界银行:《发展与环境(1992 年世界发展报告)》,北京:中国财政经济出版社 1993 年版。

46. 世界银行:《里约后五年——环境政策的创新》,北京:中国环境科学出版社 1998 年版。

47. 世界银行:《绿色工业》,北京:中国财政经济出版社 2001 年版。

48. 世界银行:《增长的质量》,北京:中国财政经济出版社 2001 年版。

49. 世界银行:《中国:空气、土地和水》,北京:中国环境科学出版社 2001 年版。

50. 世界银行等:《可持续的城市发展与管理》,北京:党建读物出版社 2001 年版。

51. 世界银行:《里约后五年——环境政策的创新》,北京:中国环境科学出版社 1997 年版。

52. 宋启林:《从宏观调控出发解决容积率定量问题》,《城市规划》,1996 (2)。

53. 孙成仁:《城市营销时代的来临》,《规划师》,2001(5)。

54. 孙荣、许洁:《政府经济学》,上海:复旦大学出版社 2001 年版。

55. 陶志红:《中国城市土地集约利用研究》,北京大学博士学位论文,2000。

56. 李德华主编:《城市规划原理(第三版)》,北京:中国建筑工业出版社 2001 年版。

57. 童林旭:《城市生命线系统的防灾减灾问题》,《城市发展研究》,2000 (3)。

58.《土地政策明年面临重大改革,第三轮土地规划将开始》,无锡房地产信息网,http://house. wxren. com/coolnews/newsfiles/185/20031223/14995. shtml2003

59. 王纯:《城市空间发展方向规划的博弈问题——以江门市为例》,北京大学硕士论文,2004。

60. 王富海等:《珠江三角洲城镇群协调发展研究协调机制专题》,中国城市规划设计研究院主持,深圳市城市规划设计院主创,2003。

61. 王洪芬、刘锡明主编:《城市规划与管理》,北京:经济日报出版社 1995 年版。

62. 王沪宁著:《行政生态分析》,上海:复旦大学出版社 1989 年版。

63. 王雅莉主编:《市政管理学》(21 世纪高等院校公共管理类统编教材),北京:中国财政经济出版社 2002 年版。

64. 韦正球:《市场、政府"失灵"与中国宏观经济调控新机制的构建》,社科与经济信息,http://www. xslx. com/htm/jjlc/lljj/(2003-4-25)。

65. 吴建清:《论流动人口的管理》,《湖南公安高等专科学校学报》,2000 (12)。

66. 夏大尉、史东辉:《市场经济条件下的政府规制:理论、经验与改革》,《上海社会科学院学术季刊》,2001(4)。

67. 夏书章主编:《市政学》,北京:高等教育出版社 1991 年版。

68. 厦门大学远程教学财政学讲义,http://www. mdjx. net/course/hep/caizhengxue/17/17-3-3. htm

69.《限制发展地区划设与成长管理策略研拟,修订台北县综合发展计划》,台湾大学,2001。

70. 肖笃宁:《土地利用规划与城市规划》,《中国土地科学》,1996(6)。

71. 谢经荣等主编:《房地产经济学》,北京:中国人民大学出版社 2002 年版。

72. 徐颂陶、徐理明主编:《中国市政——城市现代化的金钥匙》,北京:中国人事出版社 1996 年版。

73. 徐效坡、刘云刚：《对经营城市的思考》，《城市发展研究》，2001(增刊)。

74. 颜军祥、崔光胜：《如何建立学习型政府》，《学习时报》，第 215 期。

75. 杨开忠、陆军等编著：《国外公共卫生突发事件管理要览》，北京：中国城市出版社 2003 年版。

76. 杨开忠：《如何进一步明确深圳的发展目标》，http://www.bahr.com.cn/rsj/redie2.htm

77. 杨遴杰：《我国城市土地储备制度研究》，北京大学博士学位论文，2002。

78. 杨山：《城市边缘区空间形态演变及机制研究》，《理学与国土研究》，1998(3)。

79. 杨士弘等编著：《城市生态环境学》，北京：科学出版社 1997 年版。

80. 杨咏：《地方营销中地方形象的设计与传播》，北京大学硕士论文，2001

81. 尤建新主编：《现代城市管理学》，北京：科学出版社 & 武汉：武汉出版社 2003 年版

82. 余晖著：《政府与企业：从宏观管理到微观管理》，福州：福建人民出版社 1997 年版。

83. 张秉忱：《中国城市化道路求索》，哈尔滨：黑龙江人民出版社 1995 年版。

84. 张国云：《消除经营城市的政策障碍》，《安徽决策咨询》，2001(11)。

85. 张宏斌，贾生华：《城市土地储备制度的功能定位及其实现机制》，《杭州土地》，2000(2)。

86. 张觉文编著：《市政管理新论》，成都：四川人民出版社 2003 年版。

87. 张立荣、李莉：《当代中国城市社区组织管理体制：模式分析与改革探索》，《华中师范大学学报》，2001(3)。

88. 张永桃主编：《市政学》，北京：高等教育出版社 2000 年版。

89. 郑静：《论广州城中村的形成、演变与整治对策》，《规划与观察》，2000(1)。

90. 中国城市科学研究会：《21 世纪城市综合减灾防灾的战略思考》，《城市发展研究》，2000(3)。

91. 中国国家统计局：《国民经济和社会发展统计公报》(2002 年)

92. 周干峙：《迎接城市规划的第三个春天》，《城市规划》，2002(1)。

93. 朱铁臻：《正确认识和对待经营城市》，《光明日报》2003 年 8 月 19 日 B2 版

94. 朱铁臻:《经营城市是现代城市发展理念的创新》,来自中国城市发展网,http://www.chinacity.org.cn/content/csyj/05zhutiezhen_1.asp

95. 诸大建等:《走可持续发展之路》,上海:上海科学普及出版社 1997年版。

96.《"三赢"巧解"城中村"——珠海市城中旧村改造初探》,载《中国建设报》,2002 年 05 月 14 日,第一版。

97. [美]曼昆著:《经济学原理》,北京:北京大学出版社 1999 年版。

98. 高雪莲:《再造学习型的城市政府》,《阜阳师范学院学报(社会科学版)》,2004(4)。

99. 胡俞越、黎亮:《企业危机管理之道》,新理财,http://finance.sina.com.cn2003 年 09 月 28 日

100. 黄秉维、邓静中:《现代地理学辞典》北京:商务印书馆 1990 年版。

101. 济宁市环保局,《城市环境综合整治定量考核制度》,http://www.jiningepb.gov.cn/xzsp/xzspd.asp,2004/08/22

102. 李凡:《社区自治与基层民主的新实践》,《新闻周刊》,http://www.chinanewsweek.com.cn/2003 - 12 - 26/1/2805.html

103. 李津逵:《城市经营的 10 大抉择》,深圳:海天出版社 2002 年版。

104. 刘江涛:《中国城市边缘区土地利用规制研究》,北京大学博士学位论文,2003

105. 马洪波、赵永芳:《国外城市基础设施市场化产业化建设经营经验借鉴》,http://www.bjpopss.gov.cn/bjpopss/cgjj/cgjj20040601.htm

106. 潘静成、文华主编:《经济法》,北京:中国人民大学出版社 2000 年版。

107.《世界银行城市发展战略教程》,北京大学中国区域经济中心内部译稿,2001。

108. 思龙企业发展顾问有限公司:《企业危机管理》,2003 年 12 月 2 日"思龙顾问"http://www.thinklong.com.cn/zcfg_view.asp? id=97

109. 汪利娜:《中国城市化进程及战略选择》,《经济要参》,2001(38)。

110. 杨保军:《区域协调发展析论》,《城市规划》,2004(4)。

111. 杨保军:《珠江三角洲区域成长与协调发展研究》,北京大学博士学位论文,2004

112. 于洪平、刘长德主编:《城市经济学》,呼和浩特:内蒙古大学出版社 1997 年版。

113. 袁瑞军:《囚徒困境中的最佳选择——重复博弈条件下的集体行动困境初论》,《科学决策》,1998(5)。

114. 张波、刘江涛:《成长经济理论与中国城市发展》,《经济问题探索》,2003(8)。

115. 张波:《中国城市成长管理研究》,北京:新华出版社2004年版。

116. 张海如:《论市场失灵与政府失灵》,《山西财政税务专科学校学报》,2000(10)。

117. 张进:《美国的城市增长管理》,《国外城市规划》,2002(2)。

118. 张京祥、刘荣增:《美国大都市区的发展及管理》,《国外城市规划》,2001(5)。

119. 张京祥、芮富宏、崔功豪:《国外区域规划的编制与实施管理》,《国外城市规划》,2002(2)。

120. 甄峰:《城乡一体化理论及其规划探讨》,《城市规划汇刊》,1998(6)。

121. 中国区域经济研究中心,江苏省旅游局:《江苏省旅游发展总体规划》,2002。

122. 邹高禄:《综论土地利用规划》,《四川师范大学学报(自然科学版)》1996(1)。

123. [荷]曼纳·彼得·范戴克著,姚永玲译:《新兴经济中的城市管理》,北京,中国人民大学出版社2006年版。

124. [美]张庭伟:《新自由主义、城市经营、城市管治、城市竞争力》,《城市经营》,2004(5)。

125. 金太军:《新公共管理——当代西方公共行政的新趋势》,《国外社会科学》,1997(5)。

126. 刘彦平:《城市营销战略》,北京:中国人民大学出版社2005年版。

127. 钱振明:《善治城市》,北京:中国计划出版社2005年版。

128. 宋刚等:《复杂性科学视野下的科技创新》,《科学对社会的影响》,2008(2)。

129. 谢罗奇:《市场失灵与政府治理——政府经济职能与行为研究》,长沙:湖南人民出版社2005年版。

130. 徐洁昕、牛利民:《增长极理论述评》,《科技咨询导报》,2007(14)。

131. 杨国亮:《论范围经济、集聚经济与规模经济的相容性》,《当代财经》,2005(11)。

132. 叶裕民:《中国城市管理创新的一种尝试》,《中国软科学》,2008(10)。

133. 俞可平:《增量民主与善治——中国人对民主与治理的一种理解》,转引自王浦劬、谢庆奎:《民主、政治秩序与社会变革》,北京:中信出版社 2003 年版。

134. 俞可平:《治理与善治》,北京:社会科学文献出版社 2000 年版。

135. 张波、刘江涛:《城市管理学》,北京:北京大学出版社 2007 年版。

后 记

　　《城市管理学基础教程》在人事部中国高级公务员培训中心、中央广播电视大学和国家行政学院出版社的大力支持下，行将付梓。

　　人事部中国高级公务员培训中心继续教育处邹晓青处长从本书编写伊始就十分关注本书的框架、内容以及进度，亲自审定大纲和稿件，提出了若干宝贵意见。人事部中国高级公务员培训中心继续教育处李林老师为本书出版付出了大量时间和精力，协助我们进行了诸多有关的事务性工作。国家行政学院出版社刘水编辑、樊克克编辑认真校阅了本书的稿件，为我们提出了很多有益的修订信息。同时，笔者从杨遴杰、杨咏、王纯等部分学友的论文中也汲取了大量有用信息，这里一并表示感谢。

　　为保持教学工作的连续性和稳定性，应人事部高级公务员培训中心的要求，编者们近将原书中部分失去时效的内容进行了删改，但没有对全书进行系统的修改和扩充，因此部分内容有可能与近年发展情况略有距离，对此，编者将在今后不断的改版过程中，逐步调整。

　　最后，由于作者水平有限，本书错误和不足仍难免，恳请读者和同仁批评指正。

张　波

2009 年 10 月

图书在版编目(CIP)数据

现代城市管理学基础教程/张波主编. —北京:国家行政学院出版社,2009.12
ISBN 978-7-80140-851-8

Ⅰ.①现… Ⅱ.①张… Ⅲ.①城市管理—教材 Ⅳ.①F293

中国版本图书馆 CIP 数据核字(2009)第 232164 号

书　　名	现代城市管理学基础教程
作　　者	张　波　主编　刘江涛　副主编
责任编辑	刘　水　樊克克
出版发行	国家行政学院出版社
	(北京市海淀区长春桥路 6 号　　100089)
电　　话	(010)68920640　68929037
编 辑 部	(010)68929095
经　　销	新华书店
印　　刷	北京金秋豪印刷有限责任公司
版　　次	2010 年 1 月北京第 1 版
印　　次	2014 年 7 月北京第 2 次印刷
开　　本	787 毫米×1092 毫米　16 开
印　　张	24.5
字　　数	426 千字
书　　号	ISBN 978-7-80140-851-8/F・74
定　　价	35.00 元

本书如有印装质量问题,可随时调换。联系电话:(010)68929022